JN306427

宮沢みち

はじめに

出会いを幸運に導く「手相術」

宮沢みち

私たちは生まれたときから、人とかかわっています。日々いろいろな人と会い、それは死ぬまで続いていきます。出会いによって、人生はつくられていくといってよいでしょう。どんな人と、いつ出会い、どうつき合うのか、それによって人生は大きく変わるのです。

つまり、いい人生というのは、いい人とどれだけ出会えたかということだと思います。成功も、人とのつながりで生まれます。どんなに才能があっても、人とかかわりを持たずに引きこもっていたり、才能を認めてくれる力のある人に出会えなければ、開花することなく一生を終えるでしょう。人との出会いによって、人生の成功が決まるといっても過言ではありません。

ただし、人とかかわるということは大変な労力も必要です。ストレスだと感じる人も多いのではないでしょうか。人と上手につき合えるというのは、一つの才能です。それは人生において、何よりも大切な能力かもしれません。仕事の悩みの多くは、実際の仕事内容よりも、職場での人間関係だったりします。

つまり、自分にとって必要な人とうまくつき合うことができれば、よい人生を送れることができるのです。

その方法を、具体的にそのまま記し、教えてくれるのが手相です。手にはその人の人生が、性格が、そのままの形になってあらわれます。相手の手のひらをみれば、その人との接し方がわかるというわけです。相手の手相を読み解くことで、より相手を深く知ることができるでしょう。そして、相手をよく理解したつき合い方の中で、自分でも気づかなかった部分を、今度はその人から引き出してもらうことにつながっていきます。さらに手に線を描いたり、マッサージをすることで運が開け、理想とする人生に近づくこともできるでしょう。

手相というのは、人と人とがつながるのに本当に役立つものです。手を通してのコミュニケーションは、あなたの人生をより豊かで幸せなものにしてくれるでしょう。

CONTENTS

はじめに 2

Part 1

運命のサインを読む
手相の基本レッスン

手相で一体何がわかるの? 16

Lesson 1 「丘」と「平原」 18

金星丘／月丘／木星丘／土星丘／太陽丘／水星丘／
第1火星丘／第2火星丘／火星平原

Lesson 2 手のひらの線の名前&意味 24

生命線／知能線／感情線／運命線／太陽線／財運線／結婚線／
金星帯／水星線／寵愛線／健康線／マイホーム線／航海線／社会反抗線

Lesson 3 「流年法」で運命の転機をズバリ読みとる 40

Lesson 4 運気アップのラッキー線 48

Lesson 5 チャンスや危機を知らせるマーク 52

手相Q&A
手相は右手と左手のどっちをみるの？ —— 56

Part 2
手でスパッと本性を見抜く！
性格チェック

自分や気になる人の本当の性格を知りたい！ —— 58
手でみる！　カンタン性格判断 —— 60
1 自分自身でも気づかない**裏人格**を知りたい！ —— 64
2 意外と知らない自分の**本当の性格**は？ —— 66
3 自分に**隠れた才能**があるか知りたい！ —— 68
4 どんな人生を歩むのか**自分の将来**を知りたい！ —— 70
5 私への本気度&**カレの本性**が知りたい！ —— 72
6 **夫の私への関心度**&隠れた本性が知りたい！ —— 74
7 友だちとの**友情は本物なのか**知りたい！ —— 76
8 **上司**とどうつき合えばいいのか知りたい！ —— 78

9 職場の**同僚や部下と仲よくできるか**知りたい！ …… 80
10 家族も意外と知らない**親・兄弟の本性**を知りたい！ …… 82

手相Q&A
手相って遺伝するの？ …… 84

Part 3 恋愛・結婚

幸せになる？ 愛の人生劇場をみる

自分も相手もハッピーになるアゲアゲ線 …… 86
ズバリ！ 恋愛&運気ダウンにつながる線 …… 88
1 近々、**よい出会い**はある？ …… 90
2 私の**モテ期**はいつ頃くる？ …… 92
3 カレに**思いが通じる？** …… 94
4 **誠実な人**とつき合える？ …… 96
5 私って**重い女？** …… 98
6 けじめをつけて**別れるべき？** …… 100

CONTENTS

7 男を振りまわす**小悪魔タイプ？** 102

8 元カレと**ヨリを戻せる？** 104

9 恋が**長続きしない**タイプ？ 106

10 **略奪愛**に燃えるタイプ？ 108

11 もしかして**浮気**している？ 110

12 **遠距離恋愛**でうまくいく？ 112

13 私って**尻軽タイプ**なの？ 114

14 **別れの危機**が迫ってる？ 116

15 **Hにハマる**タイプ？ 118

16 これから**恋愛体質**になれる？ 120

17 カレの**マザコン度**は？ 122

18 バレずに**複数の人**と恋愛できる？ 124

19 **熱しやすく冷めやすい**タイプ？ 126

20 カレは**アブノーマル？** 128

21 **面食い線**ってあるの？ 130

22 **男に遊ばれちゃう**タイプ？ 132

23 カレは**将来有望？** 134
24 カレは**草食系？　肉食系？** 136
25 周囲に**祝福されて結婚**できる？ 138
26 **働かない夫**と別れられる？ 140
27 バツイチだけど、**再婚できる？** 142
28 カレは**いつ頃プロポーズ**してくれる？ 144
29 **何歳で結婚**できる？ 146
30 **玉の輿**のおいしい結婚ができる？ 148
31 **今のカレ**と結婚しても大丈夫？ 150
32 **婚活**は成功する？ 152
33 **専業主婦**になれる？ 154
34 結婚後、**ダメ夫**にならない？ 156
35 **子宝**に恵まれる？ 158
36 夫は**イクメンになれる？** 160
37 **結婚してもモテ期**はくる？ 162
38 夫と**離婚するべき？** 164

39 おひとり様の人生になりそう？ 166
40 外国人イケメンとの結婚あり？ 168
幸運をつかんだ手相エピソード❶
手に輝きとツヤが出てモテ運がアップした小島さん 170

Part 4 金運
天国？ 地獄？ マネー人生がわかる

人生のマネー状況を教えてくれる線 174
1 億万長者になれる？ 176
2 将来、収入は上がる？ 178
3 カレの金銭感覚が知りたい 180
4 私はおごる派、おごられる派？ 182
5 金運のよい時期ってわかる？ 184
6 コツコツ貯金できるタイプ？ 186
7 お金は順調に入ってくる？ 188

8 **お金の管理**をしっかりできる？ 190
9 **親のスネ**はいつまでかじられる？ 192
10 もしかして**買い物依存症？** 194
11 お金を**だまし取られる？** 196
12 **棚ボタで大金**を手にできる？ 198
13 **老後**はお金に困らない？ 200
14 もしかして**貧乏体質？** 202
15 **お金にルーズ**なタイプ？ 204
16 **貧乏でも人生楽しめる**タイプ？ 206
17 お金持ちからの**貢がれ運**はある？ 208
18 **自分への投資**にお金をかけてよい？ 210
19 **財布のひもが固すぎる？** 212
20 **ギャンブル**にハマりやすい相？ 214
幸運をつかんだ手相エピソード❷ 216
自分の才能を生かして独立し、大成功をおさめた田中さん

CONTENTS

Part 5 仕事

天職&成功パターンがわかる

サクセスを手にできるかがわかる線 220

1 自分にはどんな仕事が向いている？ ミュージシャン／OL／パティシエ・料理人／アーティスト／ダンサー／キャバ嬢／エンジニア／作家・ライター／医師・看護師 222

2 今の仕事は成功する？ 226

3 鬼上司とうまくつき合える？ 228

4 転職先の会社と相性はよい？ 230

5 仕事が続かないのは性格のせい？ 232

6 モーレツ仕事人間タイプ？ 234

7 今、転職しても大丈夫？ 236

8 気配りができるタイプ？ 238

9 思い切って独立したほうがいい？ 240

10 仕事の信頼度１００％タイプ？ 242

11 **副業**でひと儲けできる？ 244
12 **トラブルの予兆**がわかる？ 246
13 **理系と文系**、どちらの職業向き？ 248
14 バリバリの**上昇志向タイプ？** 250
15 **サポート線**ってある？ 252
16 テキトー**腰掛けタイプ？** 254
17 **リーダーの素質**はある？ 256
18 **お局様**になるタイプ？ 258
19 出産後も**仕事を続けられる？** 260
幸運をつかんだ手相エピソード❸
何もないどん底から脱出し、新しい幸せをゲットした中西さん 262

Part 6

交際・人格

隠れた性格&対人運をみる

コミュニケーション力をみる線 266

CONTENTS

1 今の友情は永遠に続く？ 268

2 私ってアネゴ肌なの？ 270

3 酒グセの悪いタイプ？ 272

4 私って八つ当たりされやすいの？ 274

5 美的センスがある？ 276

6 情緒不安定なタイプ？ 278

7 だまされやすいタイプ？ 280

8 ゴミ屋敷に住む片づけられない女？ 282

9 ウソつき線ってある？ 284

10 ゲイにモテる線ってあるの？ 286

11 むっつりスケベタイプ？ 288

12 あまのじゃく線ってある？ 290

13 もしかしてキレやすい性格？ 292

14 心が開きにくいタイプ？ 294

15 裏表がある性格かわかる？ 296

運気アップアイテム 298

Part 7

描く&ケアで手相をよくする！

幸運を呼びこむ開運法

「幸せライン」を描こう …… 302

モテモテになりたい／両思いになりたい／素敵な人と出会いたい／幸せな結婚がしたい／もう、別れたい／夫婦仲をよくしたい／お金がほしい／勝負運を上げたい／お金をたくさん貯めたい／成功したい／人間関係を円滑にしたい／長生きしたい

全体運が上昇！ 開運マッサージ …… 310

幸せ力をアップさせる手のつくり方 …… 314

Part 1

運命のサインを読む

手相の基本レッスン

手相はその人の人生MAP

手相で一体何がわかるの？
〜すべての答えは手の中に！〜

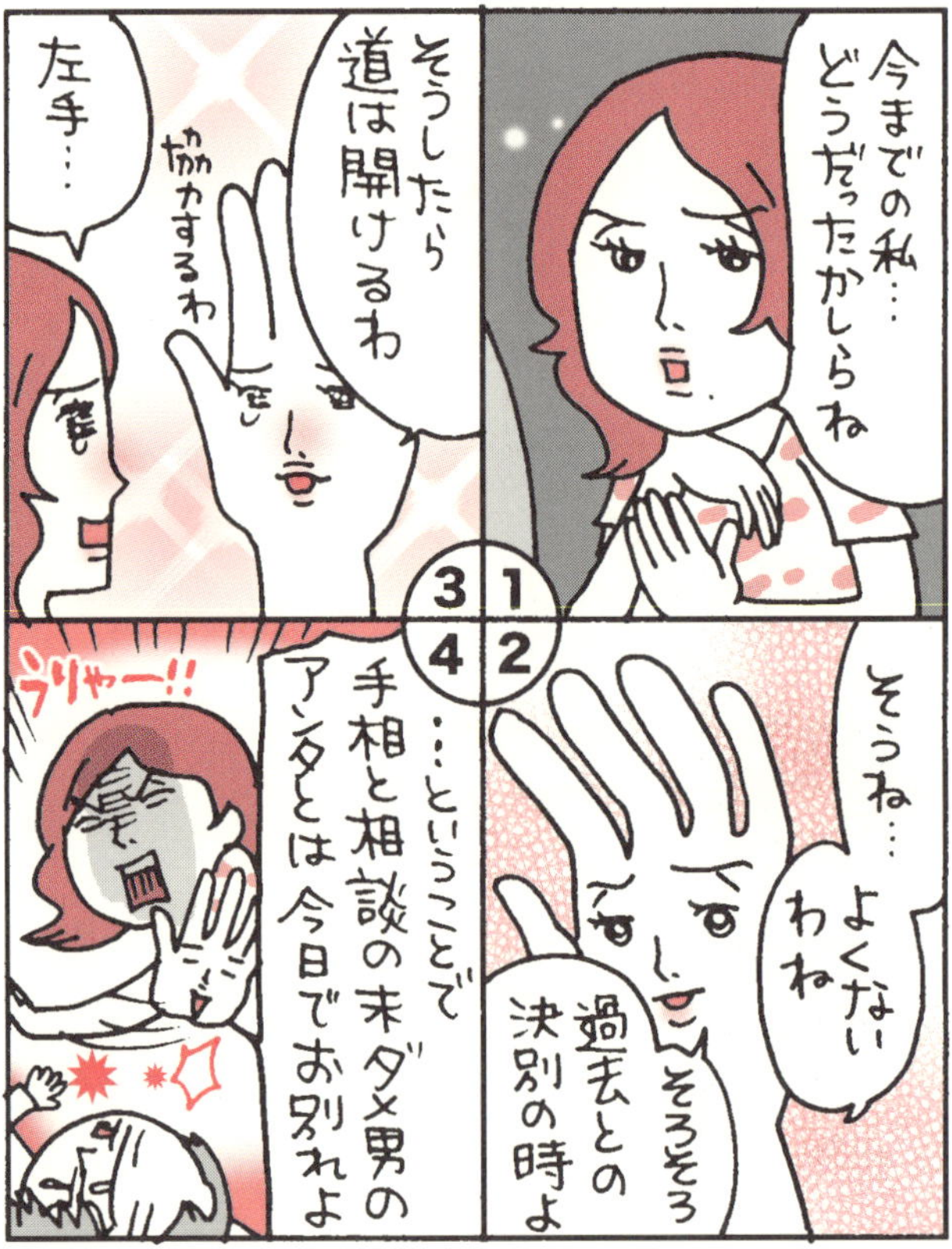

手のひらには人生の物語が記されています

手のひらにある、いくつもの線。あなたが、それを単なるシワとしか思わず過ごしているとしたら、人生ちょっとソンをしているかもしれません。というのも、手のひらにはあなたの人生の物語が記されているからです。

性格や生まれ持った才能、どんな仕事をするのか、どんな人と出会い、どんな恋をし、どんな結婚をするのかなど、誰もが知りたい「本当の自分」や「未来」が、すべて手のひらに記されているのです。手相を一つひとつ読み解くことができれば、線や色が何を教えてくれているのかがわかり、チャンスを生かしたり、難を逃れることができます。

手相は、いわば人生の地図のようなもの。山あり谷ありの人生を映し出して、ときに幸運を、ときに危険を知らせてくれます。

手相は生き方や気の持ちようで変化していきます

手相は、一生変わらないものではありません。

現在出ている相は、あくまで「このままの生き方ならこうした未来」というもの。努力をしたり、前向きな生き方をすることで手相は変わり、未来も運勢も変わっていきます。幸せな手相をつくるのは、あなた自身なのです。

手相を人生の道案内として、上手に活用するためにも、手相のことを本書でよく理解して、活用してください。

Lesson 1

手のひらの小宇宙でわかる性格と運気 「丘」と「平原」

色ツヤがよく、発達していて適度な硬さがあるほど運が強い

手相では、手のひらのふくらんだ部分を「丘《きゅう》」、中央の少しくぼんだ部分を「平《へい》原《げん》」と呼んでいます。そして、手のひらの部位別に金星、木星など星の名前がつけられています。これは、手のひらそのものが宇宙で、それぞれの丘や平原に名づけられた星からパワーを受け取っていると考えられているためです。

手相をみるときは、手のひらの線がどの丘や平原へと伸びているのか、または流れているのかが、とても重要になります。名前と場所は把握しておきましょう。

丘や平原の肉づきが高く盛り上がっていることを「発達している」といいますが、平らよりも発達しているほうが、それぞれの丘や平原が持つ意味合い（左図参照）が活発になります。

加えて、色ツヤがよく、適度な硬さがあれば、運気は強くなります。一方、丘や平原の肉づきが薄かったり、たとえ発達していてもやわらかすぎると、運気もやや弱くなります。

丘と平原でわかる性格や運気の具体的な読み解き方は、20ページから一つずつ紹介していますので参照してください。

手のひらの８つの「丘」と１つの「平原」が持つパワー

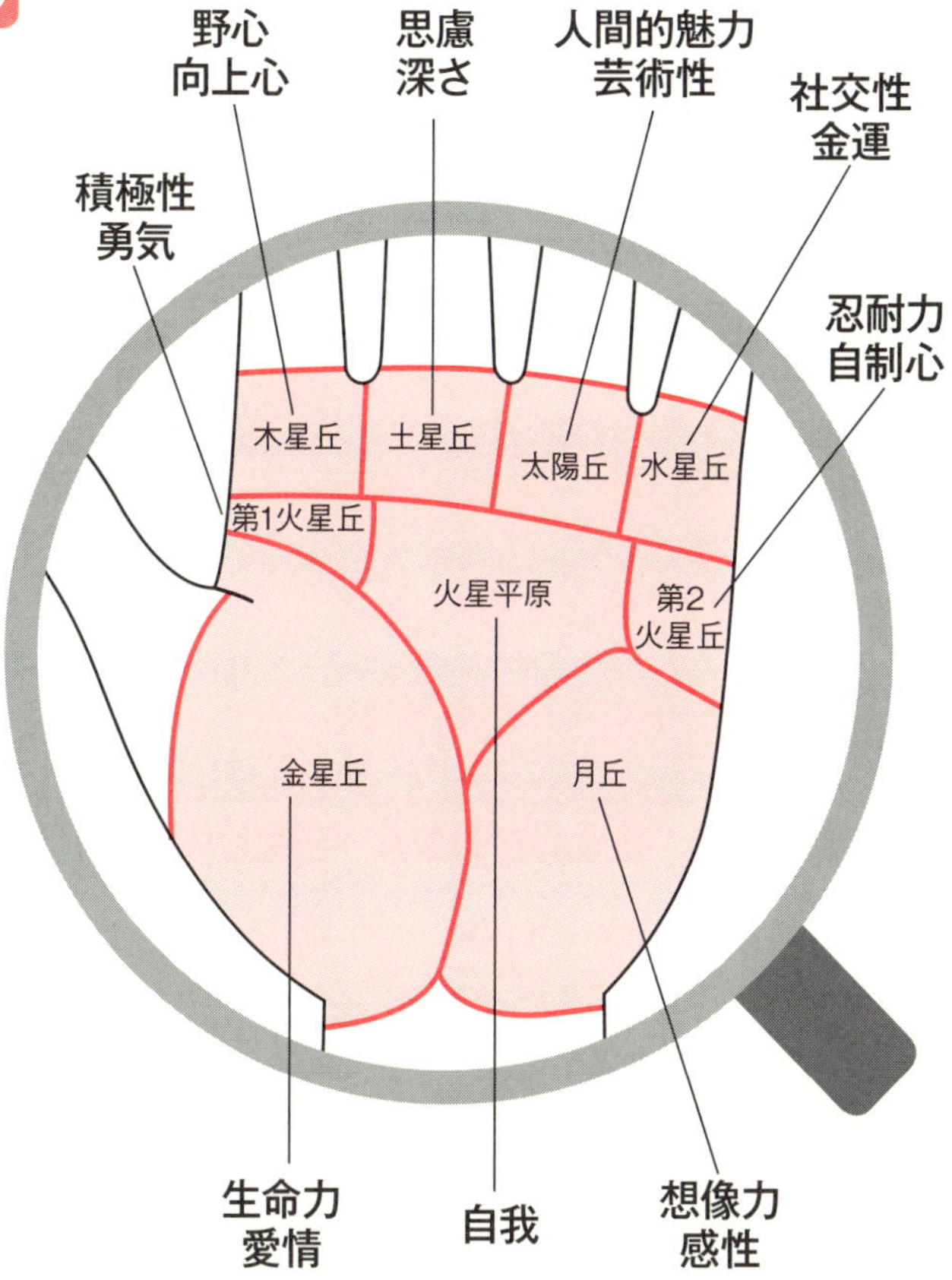

生命力や愛情の深さがわかる

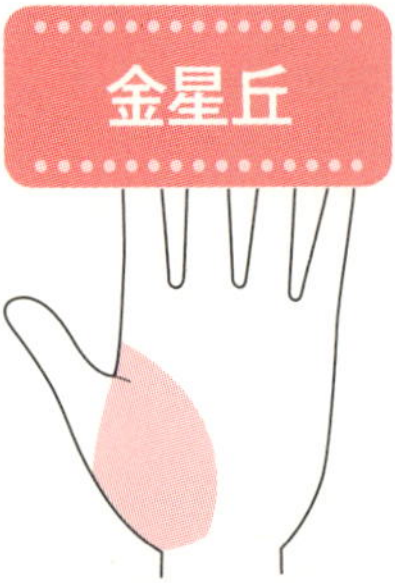

肉づきがよい▶▶**生命力が強い**
バイタリティーがあり、愛情深いです。

肉づきが薄い▶▶**根気がない**
生命力が弱く、愛情表現も下手です。

運気up 規則正しい生活を心がけることで、体力がアップします。

感性や対人力がわかる

肉づきがよい▶▶**鋭い感覚の持ち主**
芸術的センスがあり、人づき合いも上手。

肉づきが薄い▶▶**人との交流が苦手**
現実的な性格。人づき合いが苦手。

運気up 考え方や人づき合いに、もっと柔軟性を持つように。

野心、向上心、独立心がわかる

肉づきがよい▶▶**自信家で野心家**
指導力があり、リーダーに向いています。

肉づきが薄い▶▶**受け身タイプ**
向上心が低く、現状に甘んじるタイプ。

運気up 具体的な目標を立てて地道に努力して。

思慮深さ、忍耐力がわかる

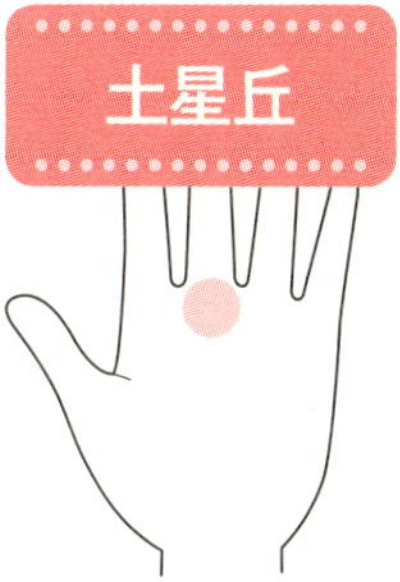

肉づきがよい▶▶**思慮深く、粘り強い**
土星丘にタテ線があれば逆境に強いです。

肉づきが薄い▶▶**孤立しがち**
マイペースで、やや自己中心的です。

運気up　気遣いすることを心がけ、積極的に行動しましょう。

成功や人気度がわかる

肉づきがよい▶▶**才能豊かな人気者**
仕事でも大きな成功をおさめます。

肉づきが薄い▶▶**人の縁に恵まれない**
人からの評価が得られにくいでしょう。

運気up　思いやりを持って行動すると、運が開けるでしょう。

社交性、金運がわかる

肉づきがよい▶▶**社交的で回転が速い**
頭の回転もよく、商才もあります。

肉づきが薄い▶▶**お金にルーズ**
会話が苦手。お金もあまり貯まりません。

運気up　小指をよく使うと肉づきがよくなり、運もアップ。

外へ向かう強さがわかる

肉づきがよい▶▶**積極的で行動力あり**
自分をさらけだす勇気もあります。

肉づきが薄い▶▶**無気力で覇気がない**
消極的で、競争も苦手。欲もありません。

運気up 生活にハリが出るような自分なりの楽しみ方を見つけて。

内に向かう強さがわかる

肉づきがよい▶▶**冷静沈着で分析的**
苦難を乗り越える力があります。

肉づきが薄い▶▶**自制心が弱くわがまま**
精神的に不安定。人に左右されがち。

運気up 自分に自信をつけて、精神的に成長すると、運が開けます。

わがまま度がわかる

適度なくぼみがある▶▶**温厚で優しい**

極端にくぼんでいる▶▶**生活力に欠ける**

あまりくぼんでいない▶▶**わがまま**

運気up よいパートナーに恵まれれば、生活が改善され、運気がアップ。

手のひらの12室の色ツヤでわかる運勢

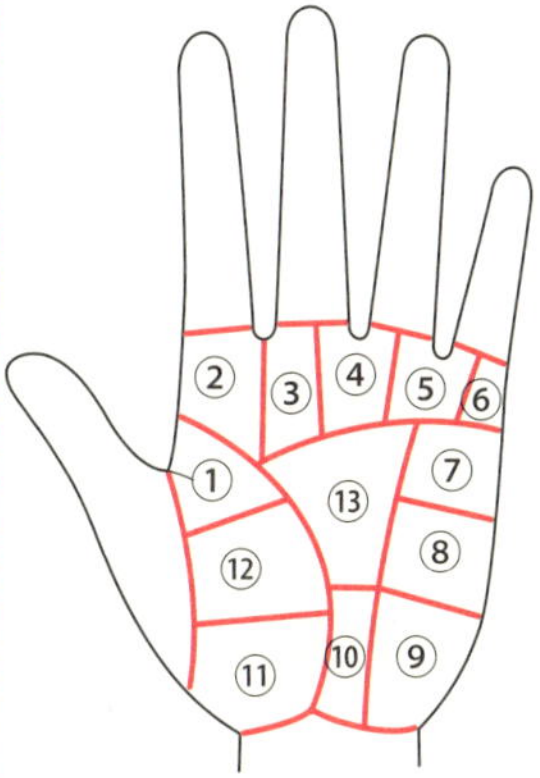

GOOD

ツヤがよく、ピンク色または白色
▶▶何事も好調

BAD

ツヤがなく、赤色または紫色、青色
▶▶問題やトラブルが発生

❶生命・本人の室

色ツヤよし▶良好な健康状態。

❷金銭・所有の室

色ツヤよし▶金運が好調。
赤色▶散財しやすい。

❸知識・研究の室

色ツヤよし▶頭が冴えている。

❹家族・晩年の室

色ツヤよし▶家族間は良好、相続も有利に解決。

❺創造・娯楽の室

色ツヤよし▶子どもによいことがある。

❻勤務・健康の室

色ツヤよし▶仕事運がアップ。

❼結婚・共同の室

色ツヤよし▶結婚相手に恵まれ、事業も好調。

❽遺産・死の室

色ツヤよし▶身近な人の死で遺産を手に。

❾意識・外国の室

色ツヤよし▶精神的に充実、海外で活躍する機会あり。

❿天職・現世の室

色ツヤよし▶転居で好転。
赤色▶父の怒りにふれている。

⓫友人・希望の室

色ツヤよし▶交友関係が良好な状態。

⓬障害・秘密の室

色ツヤよし▶悪いことが最小限に抑えられる。

⓭現在の運気をあらわす

色ツヤよし▶運気が上昇。
灰色・黒色▶運気は停滞。

Lesson 2

コレがわかれば、運命を先読みできる！
手のひらの線の名前&意味

「基本の三大線」と「タテの三大線」それ以外の重要線を知っておこう

手のひらにはいくつものシワ（＝線）がありますが、手相をみるうえで、まず押さえておきたいのが、ほとんどの人が生まれたときから持っている生命線、知能線、感情線の「基本の三大線」です。手のひらでも比較的はっきりとした線なので見つけやすいでしょう。ここをみれば、その人の基本的な性格、今後どんな人生をたどるのかなどがわかります。

「基本の三大線」以外の線は、後天的にあらわれるもので、誰にでも出る線ではありません。また、環境や心の持ちようなどで変化しやすいものですが、手相を読み解くときにぜひ知っておいたほうがよい線があります。

運命線、財運線、太陽線の「タテの三大線」（30ページ参照）、そして結婚線、健康線などの「そのほかの大切な線」（34〜35ページ参照）がそうです。

「基本の三大線」に限らず、どの線も太く濃いほど、その線が持つ意味合いやメッセージが強くなります。日頃から手のひらの線の状態をチェックして、幸せやトラブルのサインをいち早くキャッチするようにしましょう。

基本の三大線

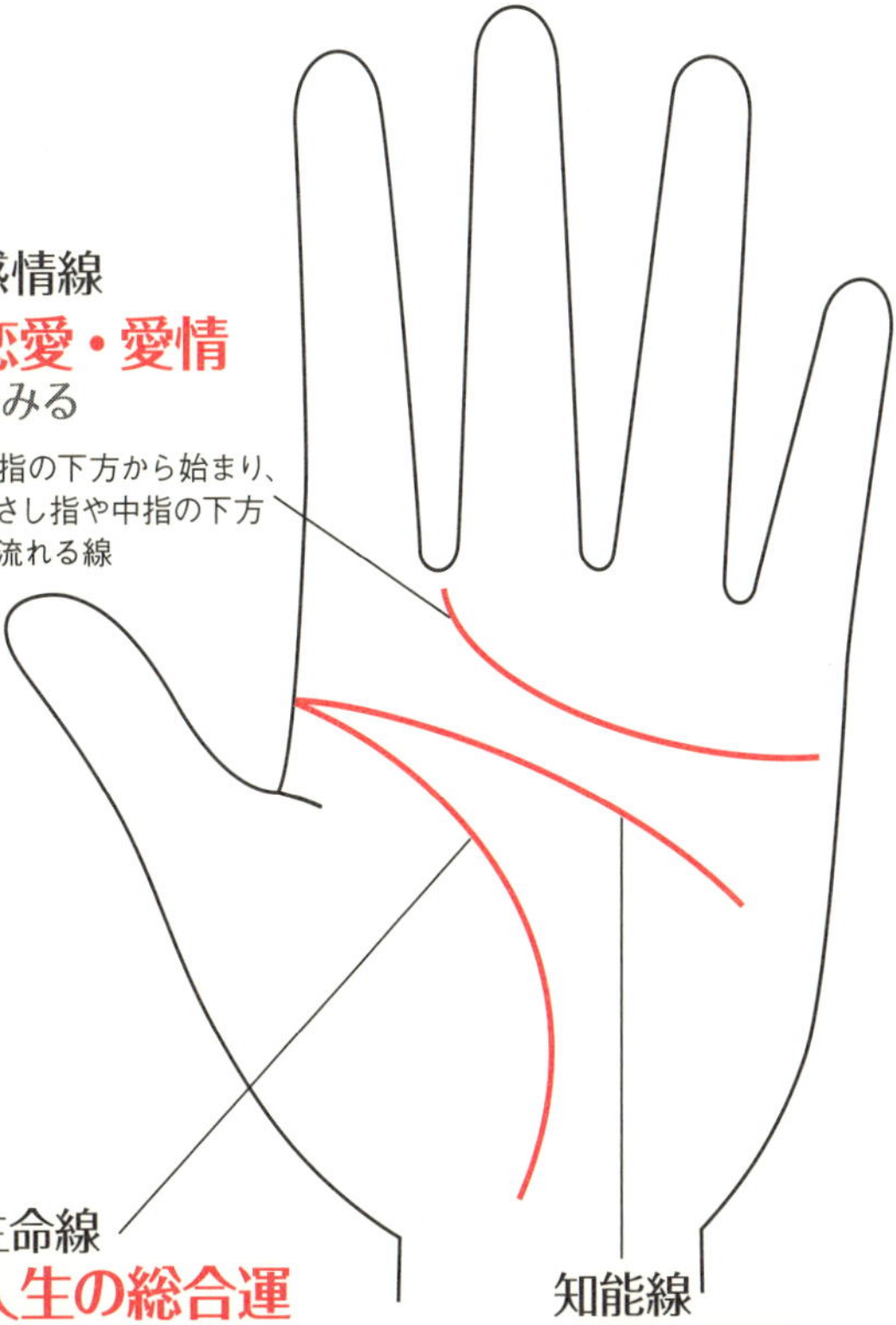

感情線
恋愛・愛情
をみる

小指の下方から始まり、人さし指や中指の下方へ流れる線

生命線
人生の総合運
をみる

親指と人さし指の間から始まり、親指の付け根のふくらみに沿って手首側に流れる線

知能線
才能・適職をみる

親指と人さし指の間から始まり、生命線と重なって、あるいは並行しながら手のひらを横切る線

吉線 血色がよく、途中に切れ目や乱れがなく、大きなカーブを描いている。

要注意 つながっていた線が突然切れたときは、病気や事故などに注意が必要。

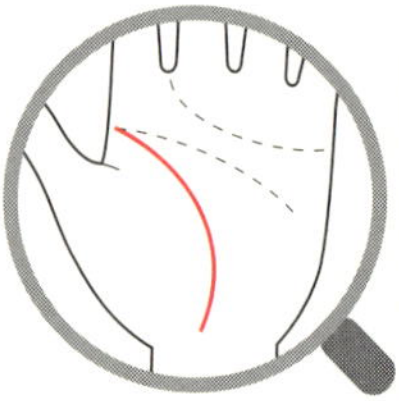

人生の歩み方をみる

人さし指の付け根から親指の付け根を２等分したところを基準に、生命線の始点がどこにあるかをチェック。

❶世渡り上手な野心家。
❷バランス感覚がとれた常識人。
❸正義感の強いまじめ人間。

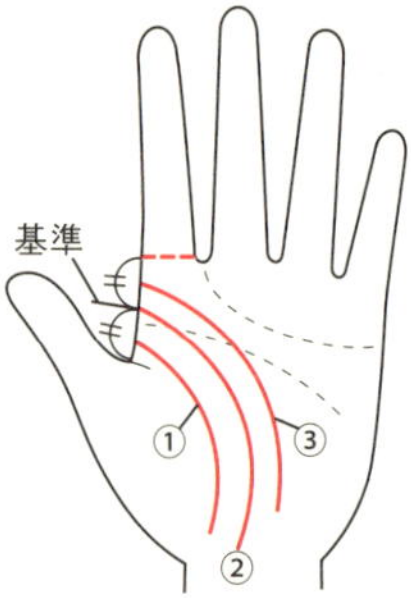

体力・気力をみる

生命線の終点が、どの方向に流れているかをチェック。

❶体力・気力とも充実。
❷体力がなく消極的。
❸変化を求める相。無理をすると体の健康を損なうので注意。

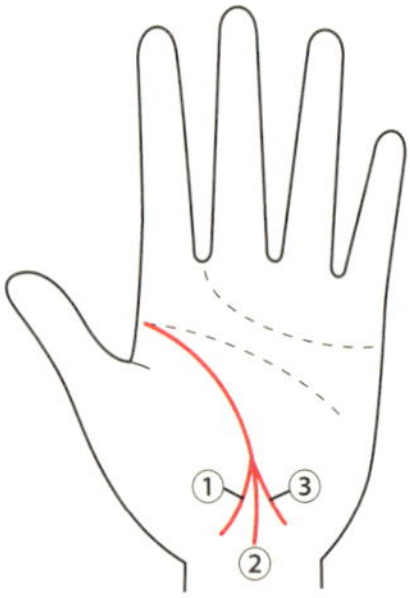

★生命線が短い＝短命ではありません。生命線が短くても長くても、薄く浅い線は病気などに注意。

吉線　線の乱れがなく、やや下向きに流れている。

要注意　色が途中で変わったり、赤や黒の点が出ている場合は、頭のケガや病気、仕事のトラブルに注意。

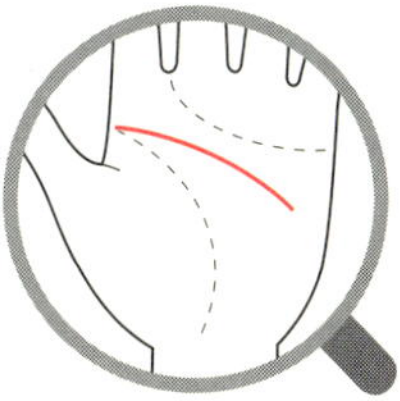

才能をみる

知能線の終点がどの丘で終わっているのかをチェック。

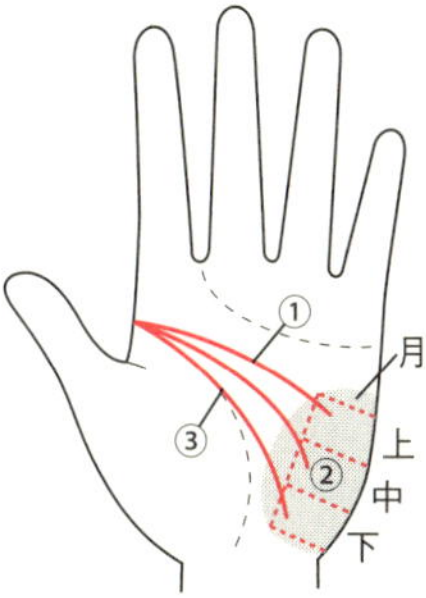

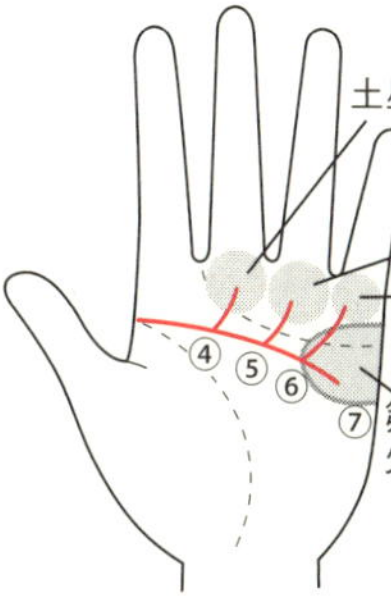

❶冷静な判断能力と指導力に恵まれている。適職／教育者、医師、弁護士、会社経営など。

❷アイデア豊富で企画能力がある。適職／接客業、モデル、旅行業など。

❸感性が鋭くて芸術的才能に恵まれている。適職／画家、音楽家、デザイナーなど。

❹人間の内面を扱う仕事向き。適職／占い師、カウンセラーなど。

❺芸術・芸能関係で才能を発揮。適職／画商、宝石商、美容師など。

❻人並みはずれた観察眼と推察力の持ち主。適職／刑事、探偵、推理作家など。

❼現実的な処理能力にすぐれている。適職／銀行員、税理士、IT関係など。

吉線 濃く、ゆるやかなカーブを描き、支線（43ページ参照）が少し出ている。

要注意 線が赤黒い、赤や黒の点がある場合は、恋愛や対人関係に注意。

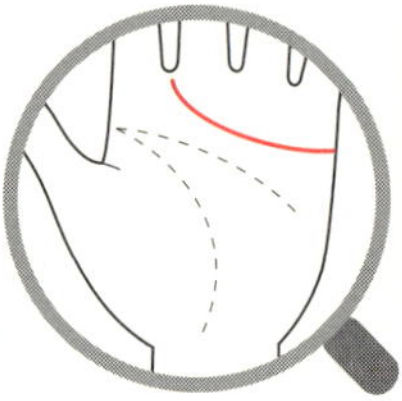

恋愛パターンをみる

小指の付け根から手ケイ線を4等分し、上¼を基準にし、感情線の始点がどこかをチェック。

❶激情タイプで物欲・性欲が旺盛。
❷常識的で理性的。愛情面でも相手を大切にする。
❸クールで愛情表現に乏しい。

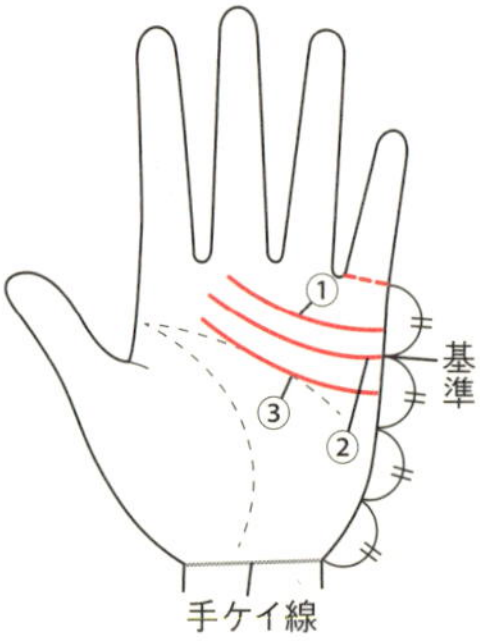

感情の表現方法をみる

感情線のラインが直線か曲線かをチェック。

❶感情表現がストレート。
❷感情表現がソフト。
❸ストレートとソフトの両方を併せ持つ。独特の魅力で異性にモテる。

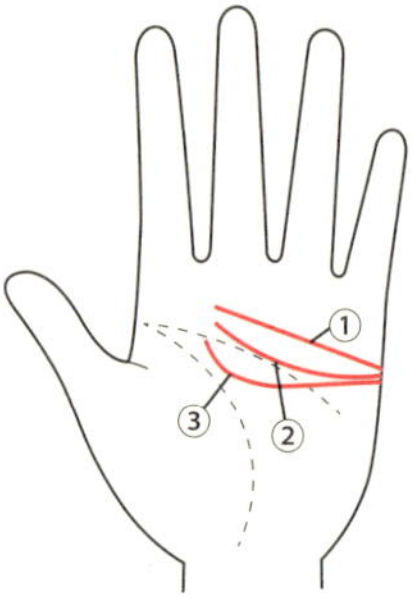

パワーある人にあらわれる!?
基本の三大線の特殊な形

「二重生命線」

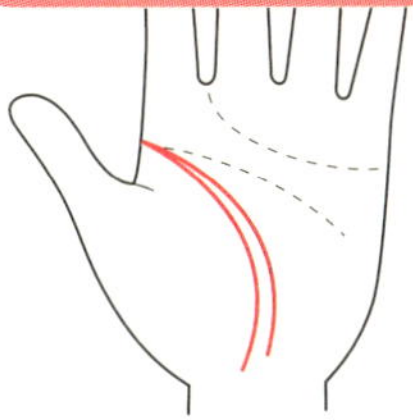

疲れ知らずで、強靭な体力の持ち主。少々無理をしても大丈夫。運動神経もバツグン。

知能線と感情線が重なる「マスカケ線」

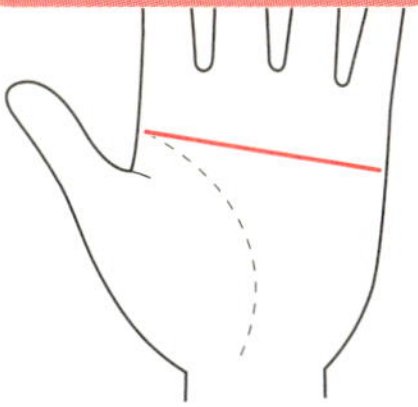

一芸に秀でていることを示す相。専門分野で成功することを暗示。カリスマ性があるが、強情な性格のため、孤立しやすい。

「二重知能線」

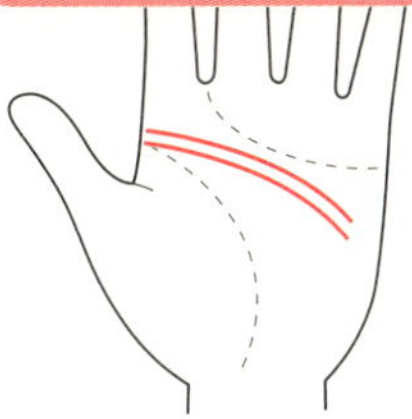

人の2倍、頭の回転がよい。その反面、性格はナイーブ。多芸多才で何でも器用にこなす。自信家で勘もよく、目上の人からの引き立てもあり、若い頃に成功をおさめる。

「二重感情線」

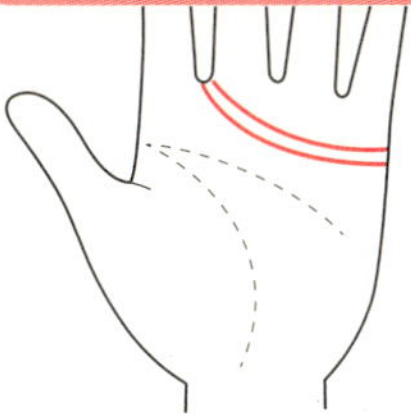

感情の働きが普通の人よりも鋭く、豊か。情熱的で、生涯、恋をする。結婚しても激しい恋に落ちることも。また、嫉妬心や独占欲も強い。

出れば最高にラッキー！
タテの三大線

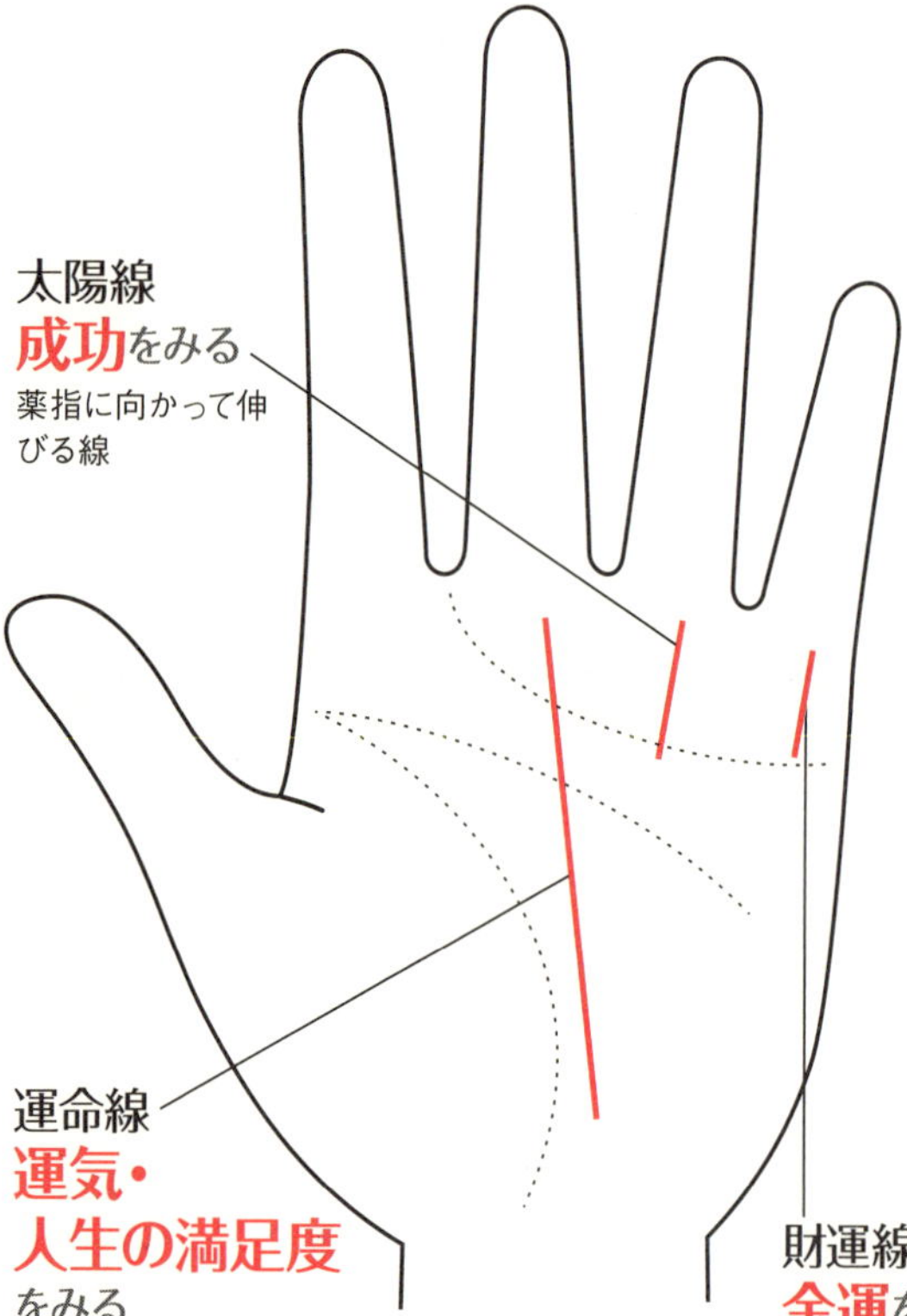

太陽線
成功をみる
薬指に向かって伸びる線

運命線
運気・人生の満足度をみる
中指の付け根に向かって伸びる線

財運線
金運をみる
小指の下の水星丘に出る短いタテ線

基本レッスン

運命線

運命の転換期・人生の満足度がわかる

Check! 中指に向かう線は、すべて運命線。必ずしも1本と限らず、長さもいろいろあります。何本かある場合は、特に濃くて太い線を中心に運気をみます。

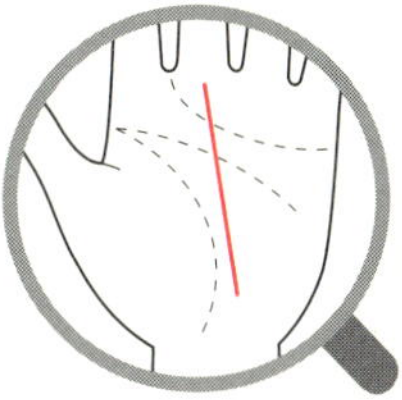

成功運をみる

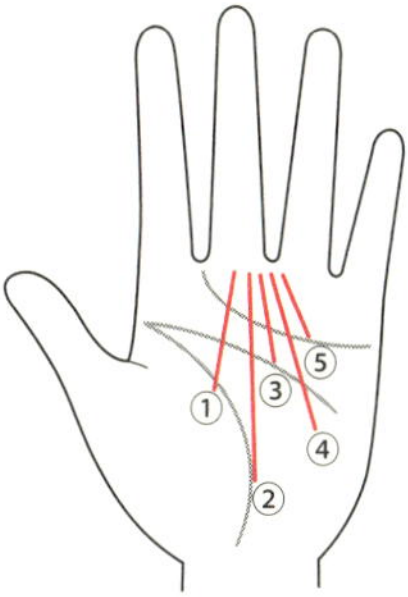

中指に向かう運命線がどこから始まっているかをチェック。

❶前向きに努力する大器晩成型。
❷努力を重ねて目標達成。
❸生まれ持った才能で成功をつかむ。
❹逆境に屈しない精神力で成功をつかむ。
❺地道な努力で晩年に功績が認められる。

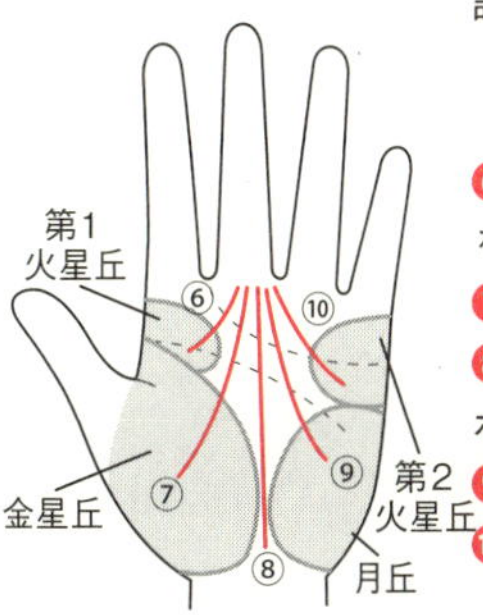

❻不況などの混乱期にチャンスをつかむ。
❼身内の援助を得て成功。
❽直感力にすぐれ、周囲のサポートを受ける。
❾よき援助者に恵まれ、成功。
❿配偶者の家族の援助で成功。

Check! 薬指に向かって上方に伸びる線で、いろいろな方向から始まっていたり、短かったりとさまざま。成功していても本人がそう感じていない場合は太陽線が出ないこともあります。

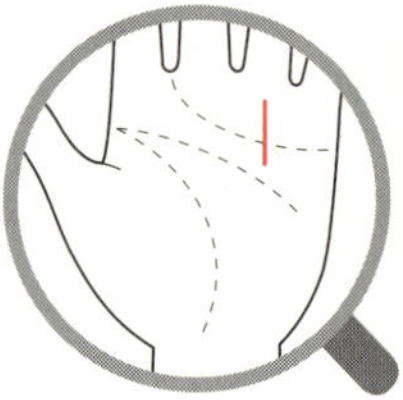

成功パターンをみる

薬指に向かう太陽線がどこから始まっているかをチェック。

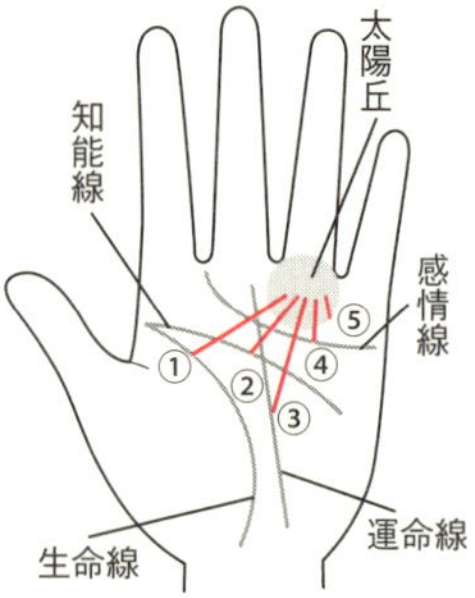

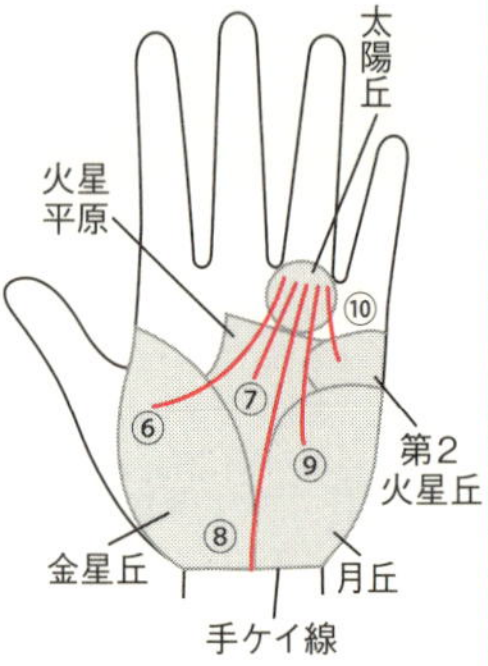

❶文才で成功、または親族からの援助あり。
❷頭脳明晰で時代の波を読み成功。
❸組織で実力を発揮。50代から運気がアップ。
❹感情線から太陽線が分岐している流年（44ページ参照）の年齢で開運。
❺安定志向で平凡をよしとする堅実派。
❻創作能力にすぐれ、芸術的才能で成功をつかむ。
❼努力を重ねて運命を切り開き成功。
❽自分の才能を生かして成功。
❾豊かな想像力で財を築く。
❿小さな資本で大きな利益を生む接客業で成功。

財運線

現在の経済状態がわかる

Check! 財運線は、水星線の一種で、水星丘に出る短いタテ線。タテにまっすぐ1本入っているのが普通ですが、その人の収入の形態によって何本もある人も。お金を持っていても、本人が満足していなければ線は出てきません。

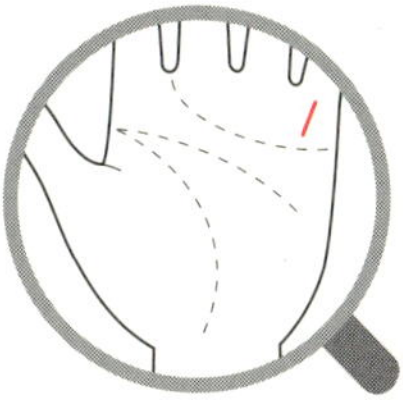

経済状態をみる

財運線がどうなっているかをチェック。

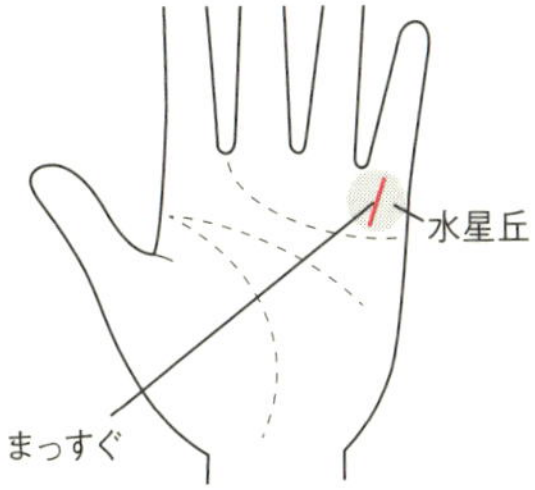

❶とてもよい経済状態。

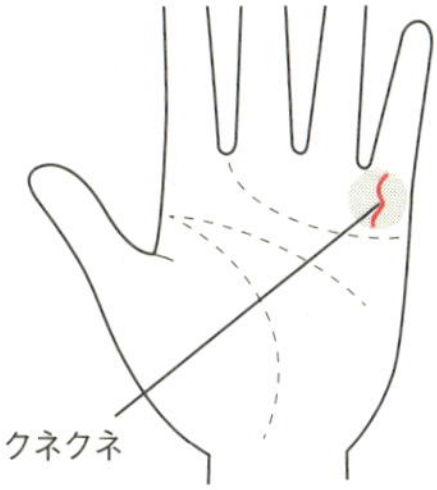

❷お金に困っている状態。

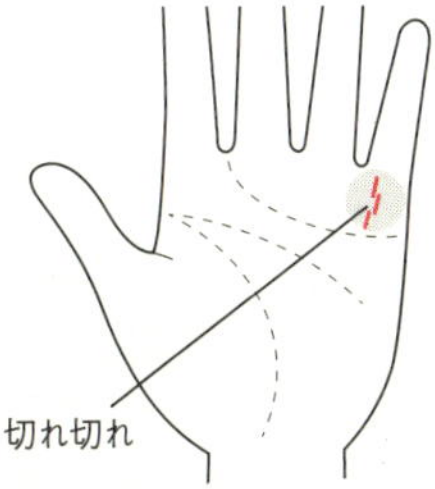

❸お金が入ってもすぐに出る状態。お金の浪費も暗示。

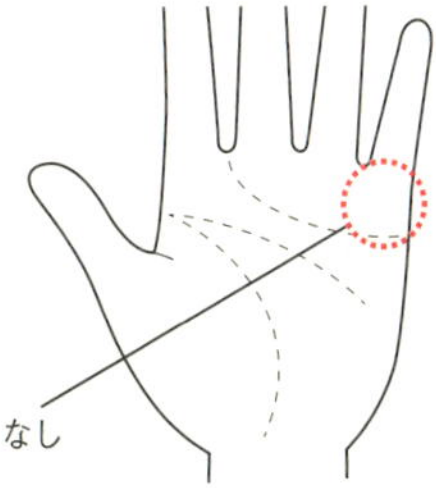

❹お金が思うほど入らない。

そのほかの大切な線

人生における運気や転機などをあらわす線です。
後天的にあらわれるもので、誰にでもあるわけではありません。

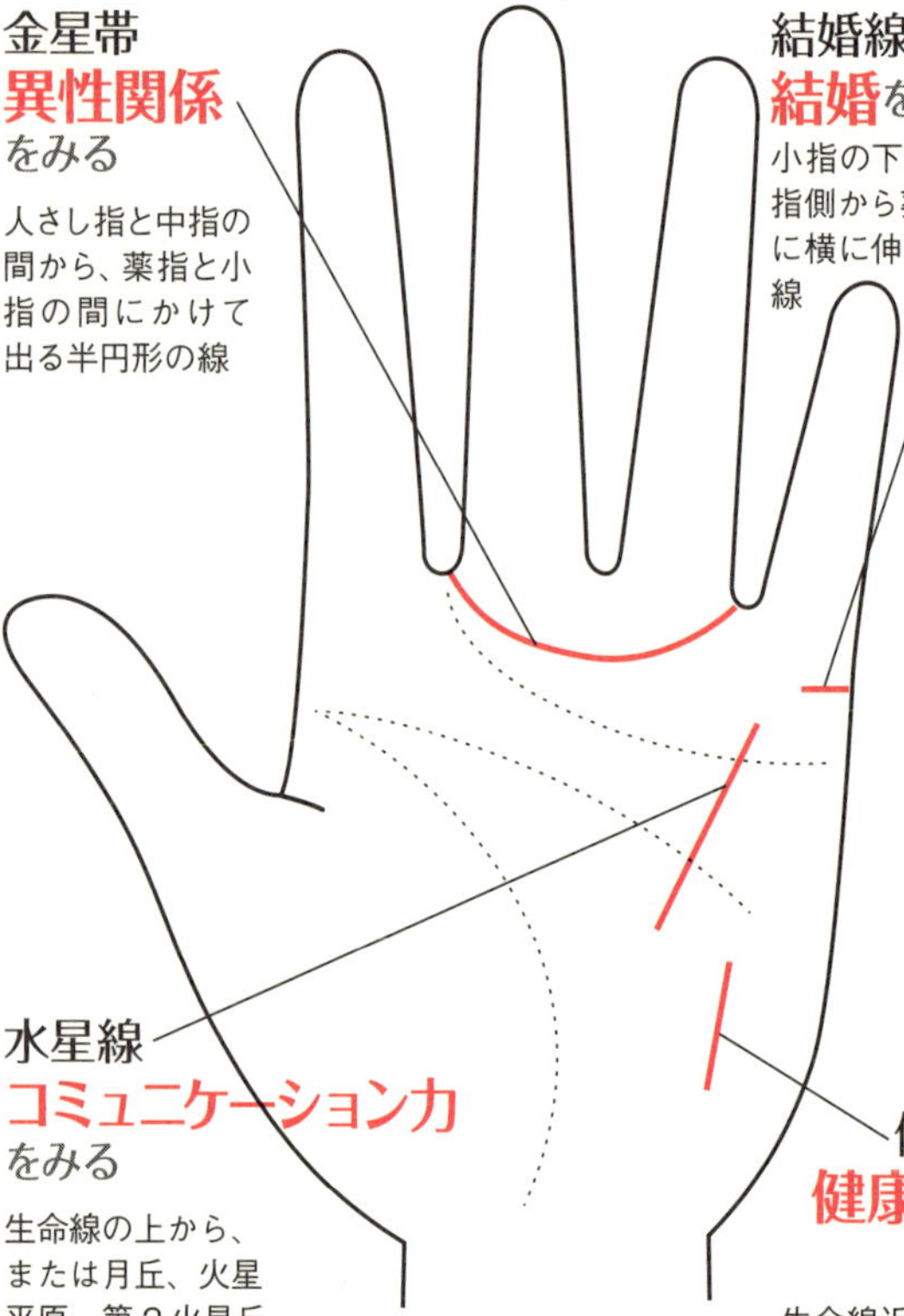

金星帯
異性関係をみる

人さし指と中指の間から、薬指と小指の間にかけて出る半円形の線

結婚線
結婚をみる

小指の下方で、小指側から薬指方向に横に伸びている線

水星線
コミュニケーション力をみる

生命線の上から、または月丘、火星平原、第２火星丘から小指に向かって伸びる線

健康線
健康状態をみる

生命線近くから小指の下のほうへ斜めに流れる線

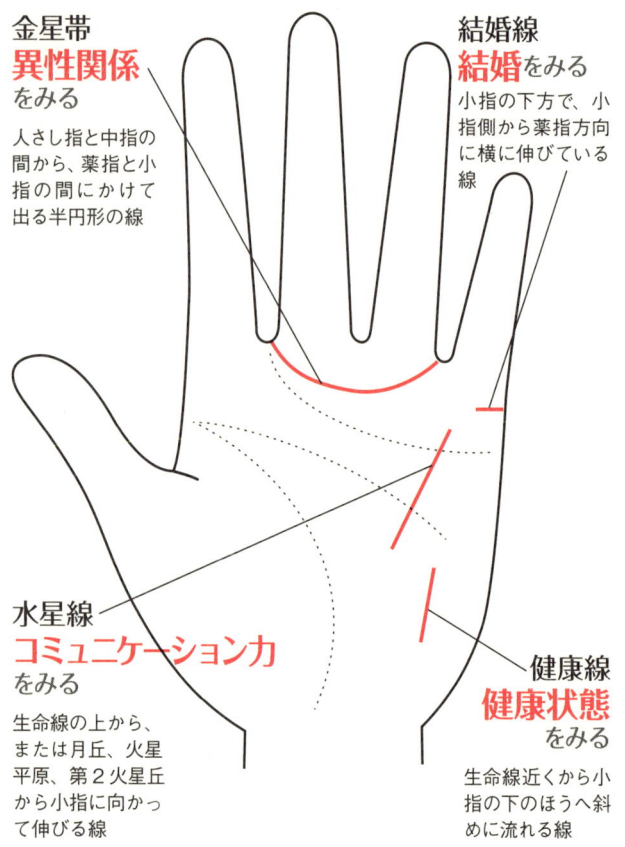

太く濃い線ほど、
その線の持つ意味のパワーが強い

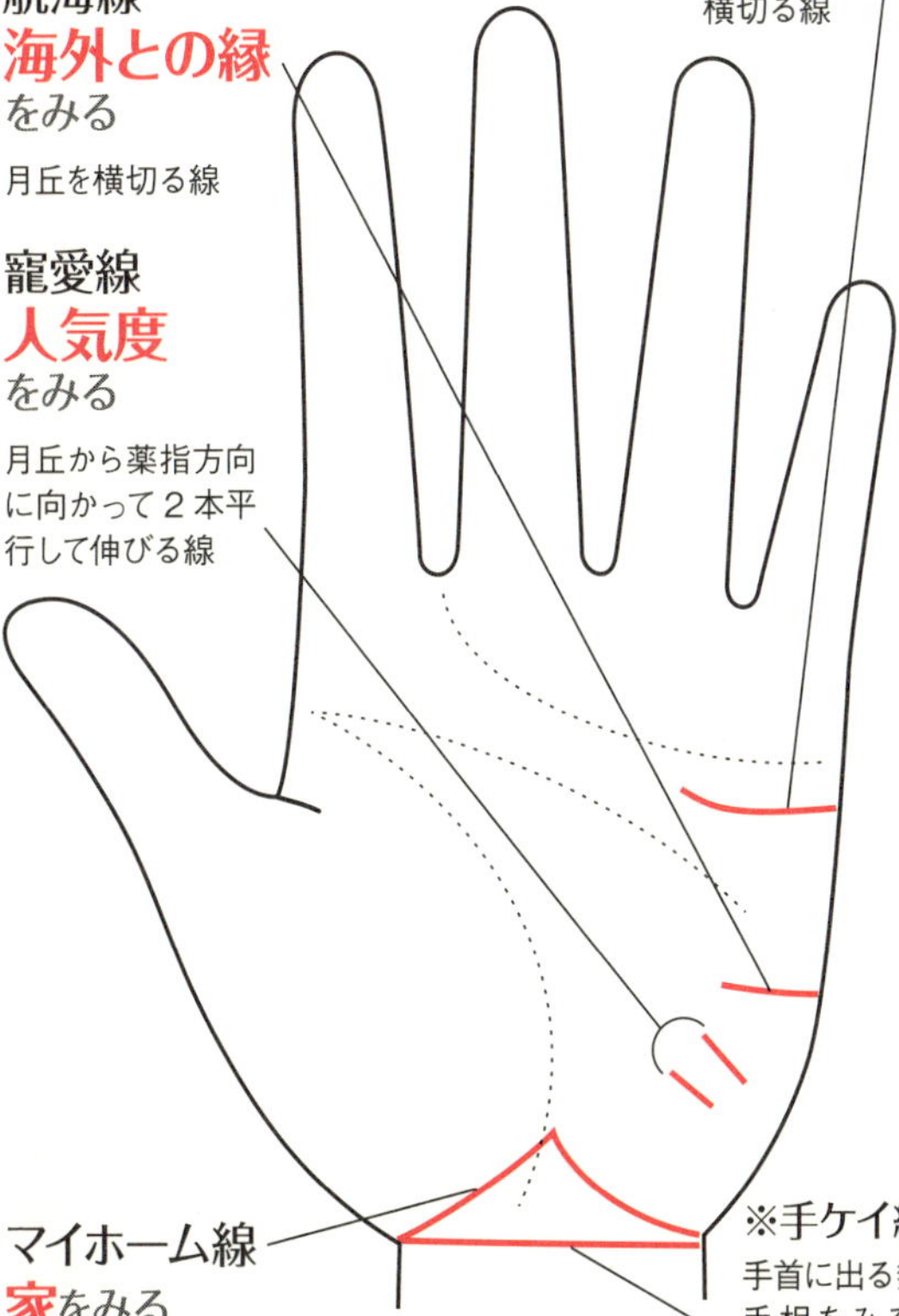

航海線
海外との縁をみる
月丘を横切る線

寵愛線
人気度をみる
月丘から薬指方向に向かって２本平行して伸びる線

社会反抗線
反抗心をみる
感情線の下に平行して横切る線

マイホーム線
家をみる
手ケイ線付近の大きな三角形

※手ケイ線
手首に出る数本の線。手相をみるときは、一番上の太い線を基準にする

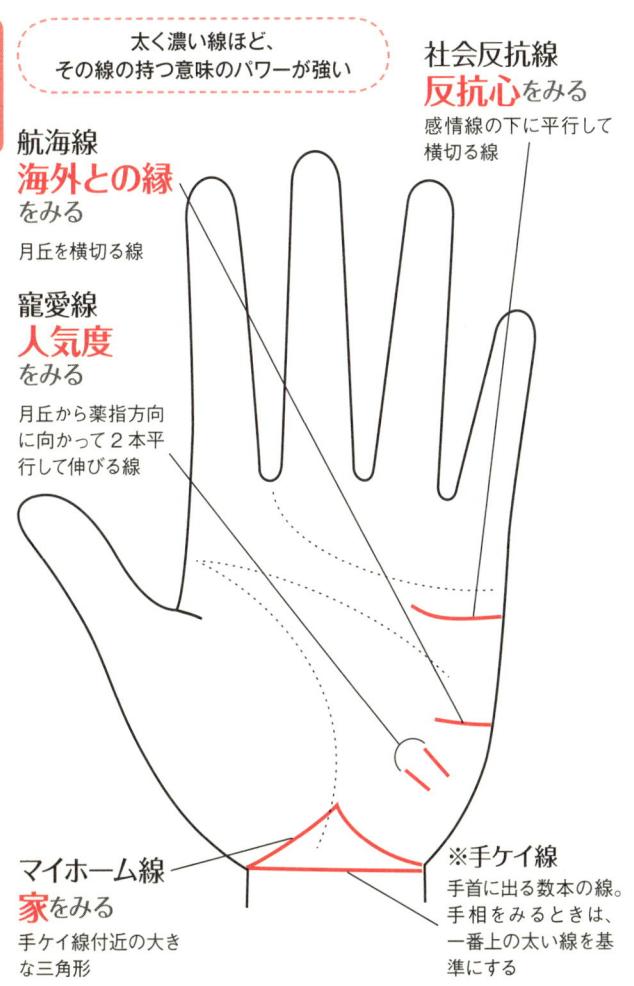

結婚線

結婚パターン・結婚生活がわかる

Check! 感情線と小指の付け根の間にあらわれる線。結婚線のある部分がピンク色になったら結婚間近のサインです。結婚時期は流年法(46ページ参照)でわかります。

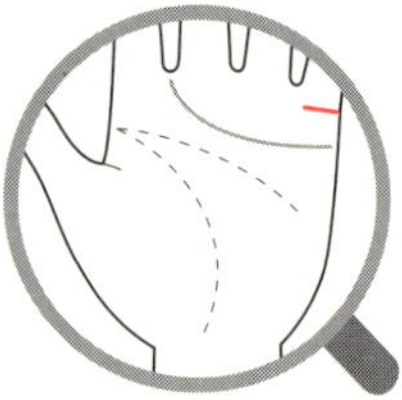

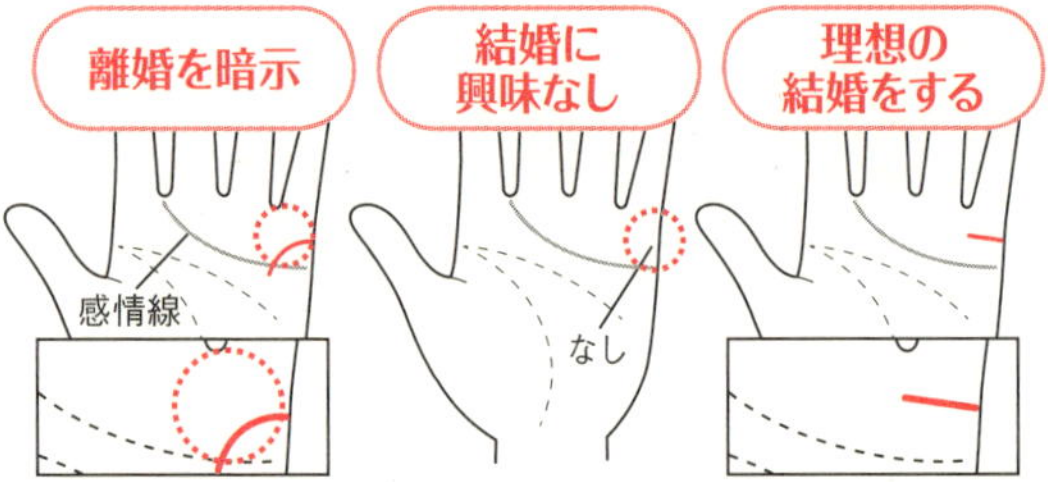

金星帯

エロ度がわかる

Check! はっきりとした半円形に出ている人はまれで、半円の真ん中が切れているのがほとんど。この線のある人は、異性への関心度が高く、エロティックな魅力があります。

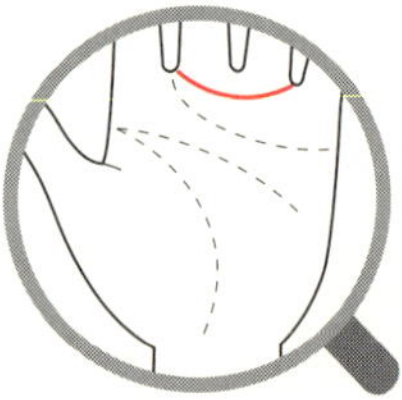

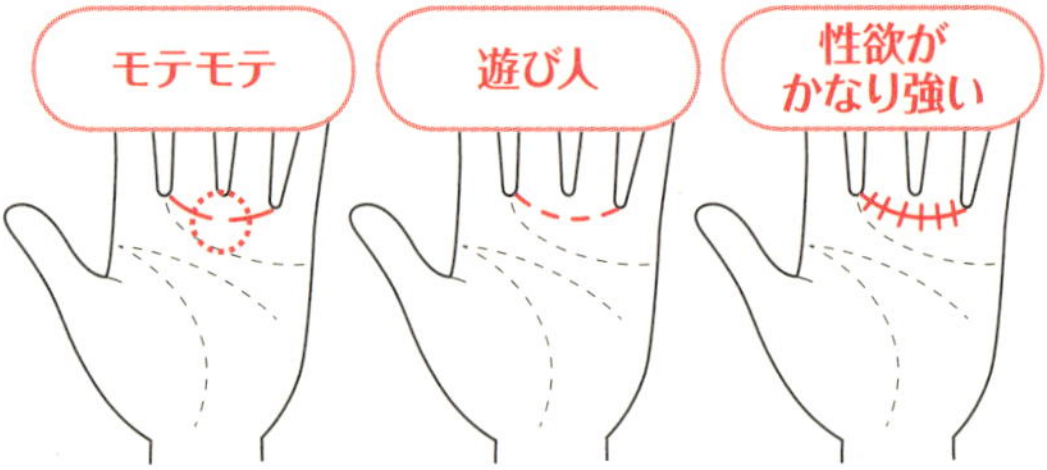

水星線

商才・コミュニケーション能力がわかる

Check! 斬新なアイデアの持ち主で、商才に恵まれています。コミュニケーション能力が高く、話題も豊富です。水星線の中でも水星丘のみに出るのは「財運線」で、現在の経済状況をあらわします。

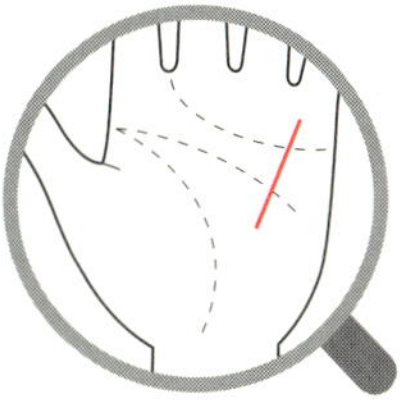

どれも水星線です

❶生命線上から
❷火星平原から
❸月丘から
❹第2火星丘から

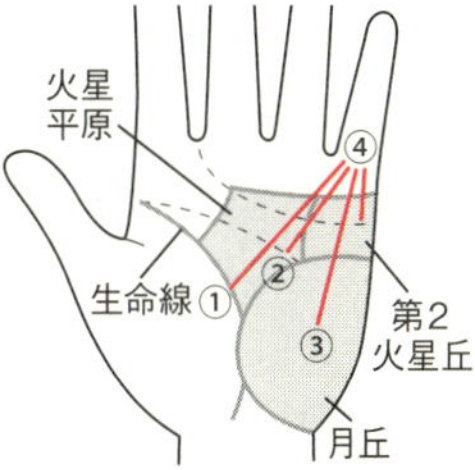

寵愛線

人気や愛され度がわかる

Check! 月丘から薬指に向かって伸びる平行した2本の線は、調和を大切にする人にあらわれます。周囲の人から愛情を注がれ、かわいがられます。

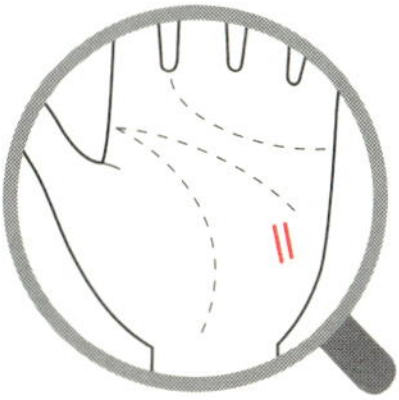

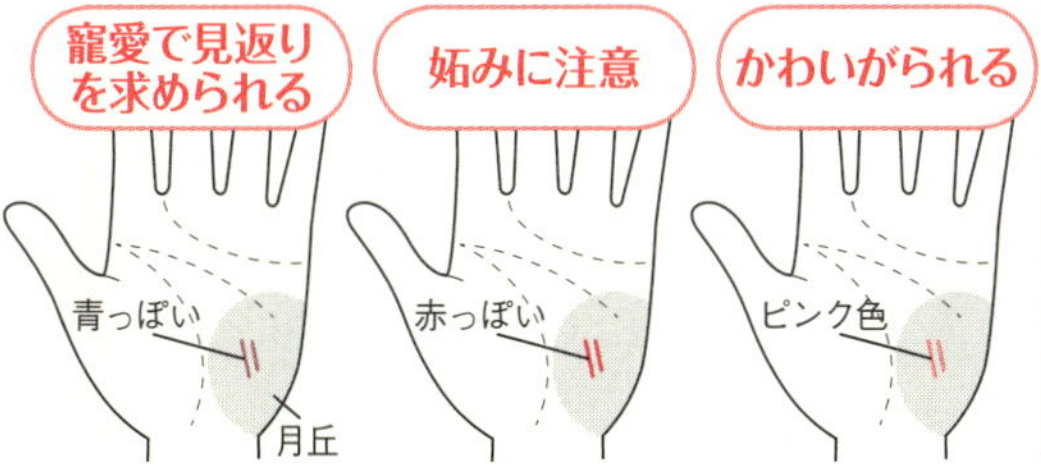

健康線

健康状態がわかる

Check! 現在の健康状態や、注意したい病気をあらわします。本来、不健康をあらわす線なので、ないほうが健康です。あっても、ただの直線なら問題ありません。

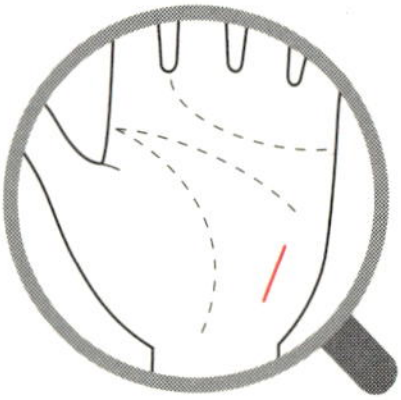

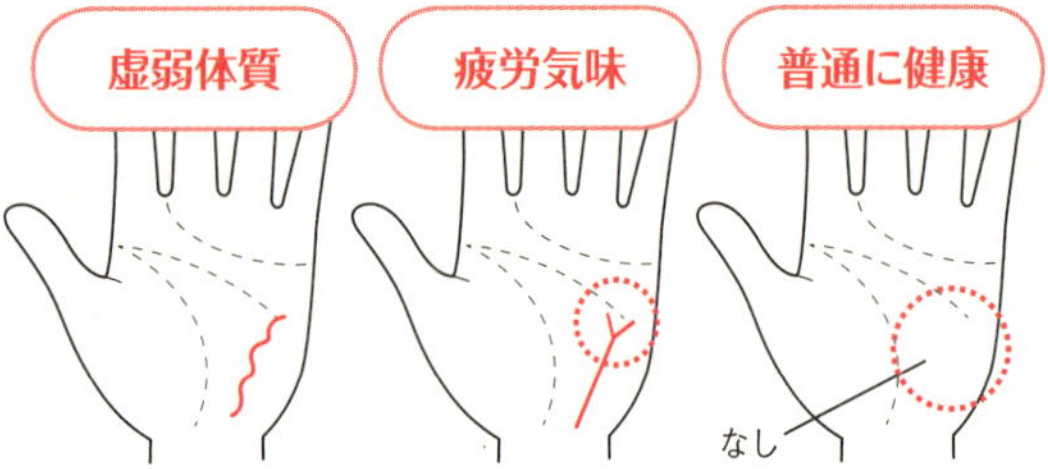

マイホーム線

持ち家が持てるかがわかる

Check! 金星丘下部と月丘下部の間、手首のあたりに出る大きな三角形は、将来、マイホームが持てるかどうかを暗示しています。

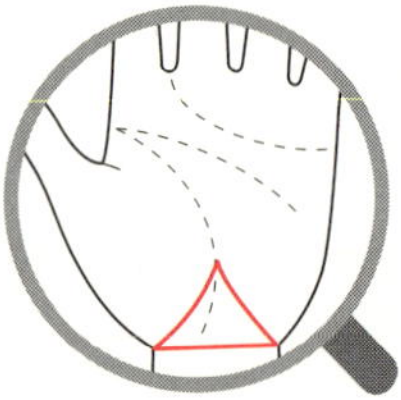

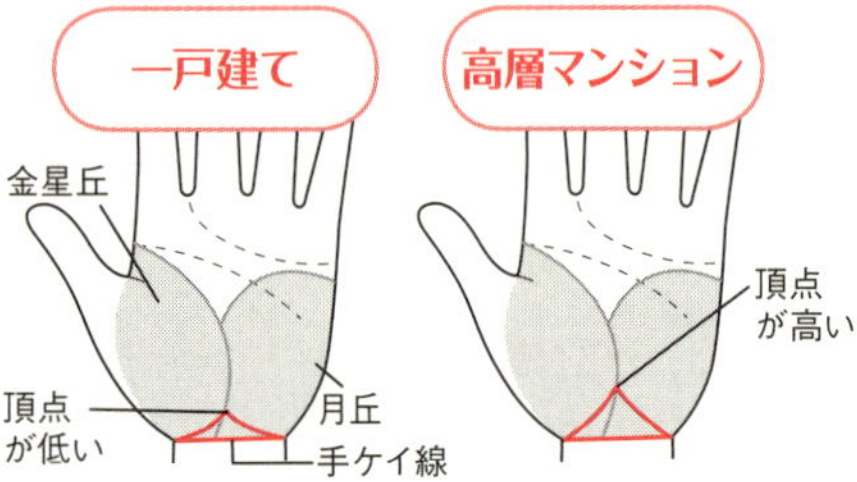

航海線

海外との縁がわかる

Check! 月丘から出るヨコの線がある人は、海外と縁があります。仕事で海外赴任をすることになったり、または海外でチャンスに恵まれることをあらわします。

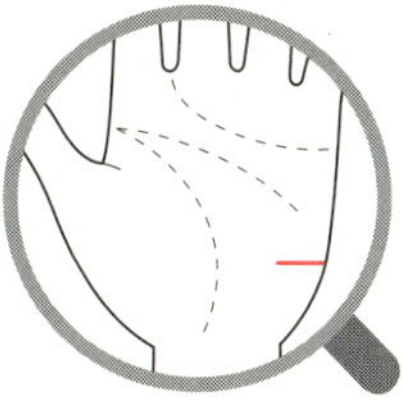

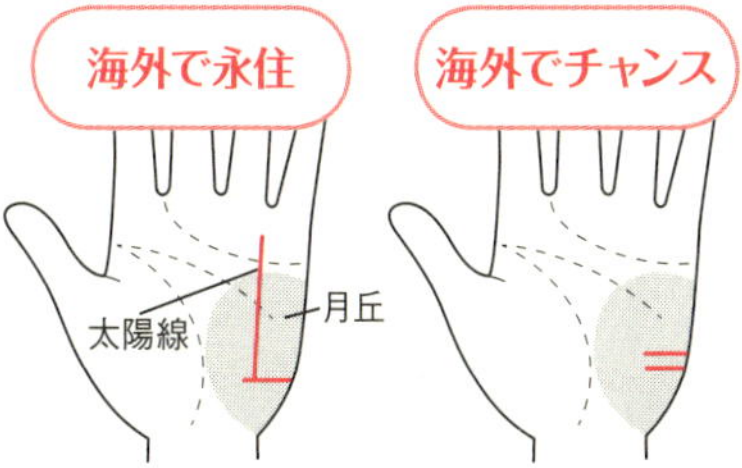

社会反抗線

社会への敵対心がわかる

Check! 感情線の下に平行して横切る線です。この線がある人は、社会全体に敵対心を持っているところがあります。人づき合いも苦手です。

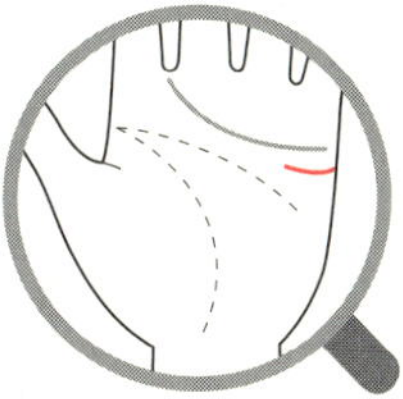

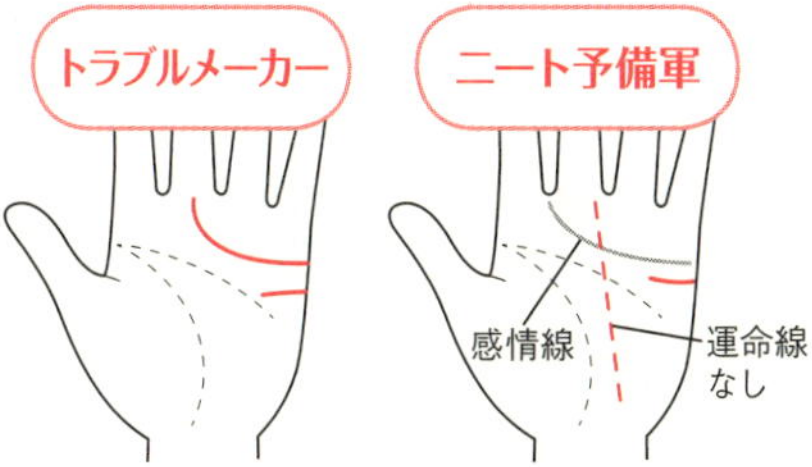

Lesson 3

ラッキーやトラブルはいつ起こる？

「流年法」で運命の転機をズバリ読みとる

「生命線」の流年のとり方

人さし指の付け根の幅を「基準値」とします。そして、生命線の始点から最初の基準値を21歳とします。その後も、基準値ごとに下図のとおり年齢を割り当てます。

※生命線に絡んでくる線が、どの流年にあるのかで、何歳頃にどんなことが起こるのかがわかります。

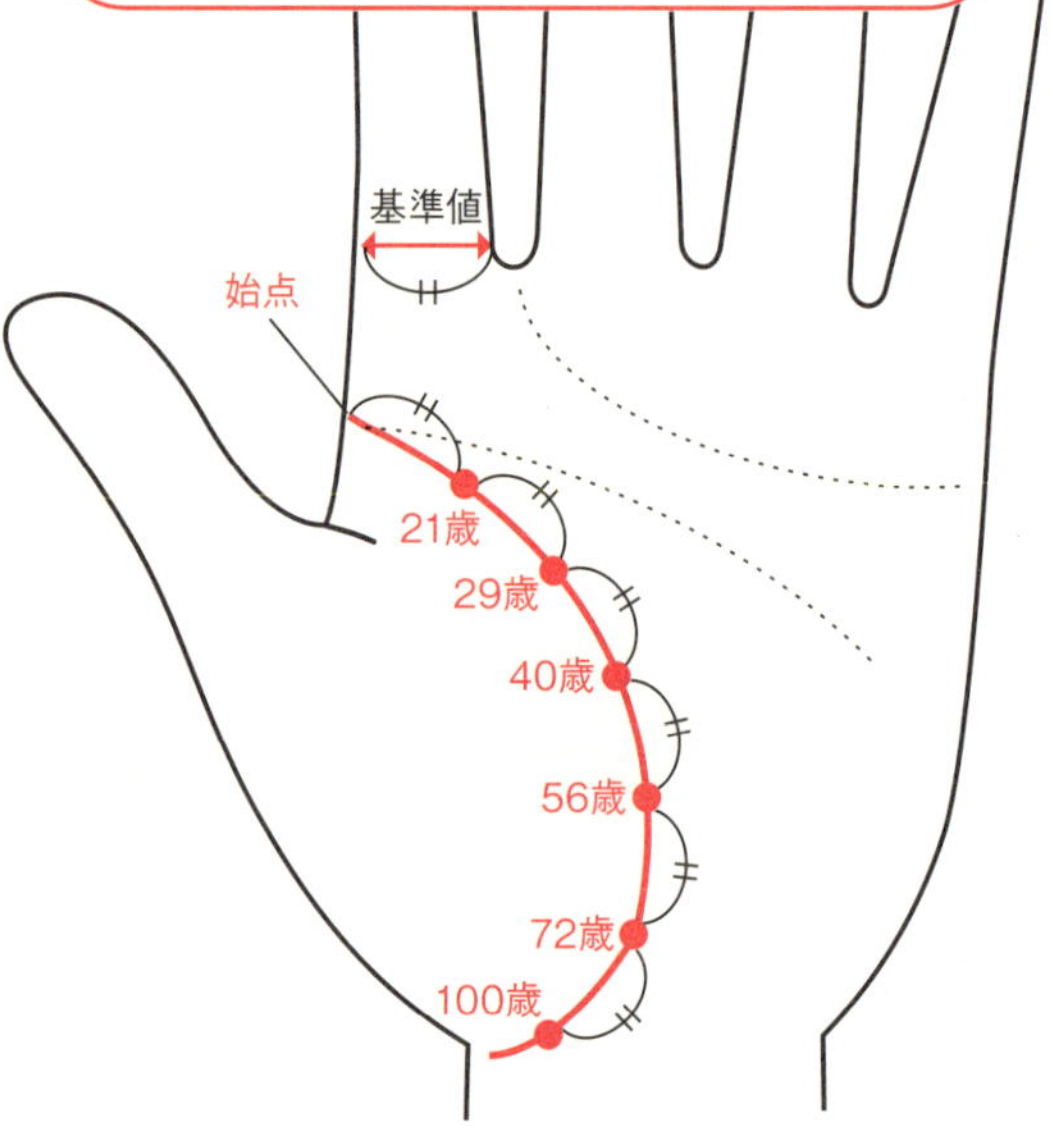

★「何歳のときに、何が起こるのか」をみるときに、流年法を使います。

基本レッスン

生命線上のこの線に注目!!

開運線

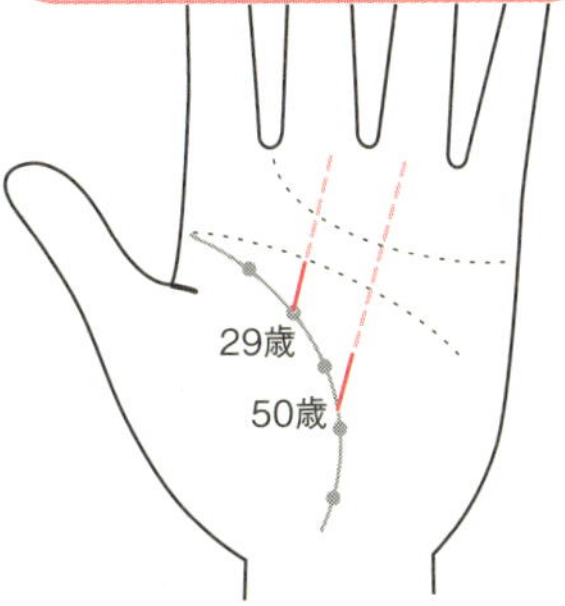

生命線上から中指や薬指の下方に向かって伸びる線

飛躍の時期

独立、開業、昇進、結婚、出産など、それまでの努力が実ることをあらわします。この線が出ている流年の年齢に、大きな幸運が訪れるでしょう。開運線が長いほど大きな幸運をつかむことができます。場合によっては人生を左右する大きな開運が訪れます。

向上線

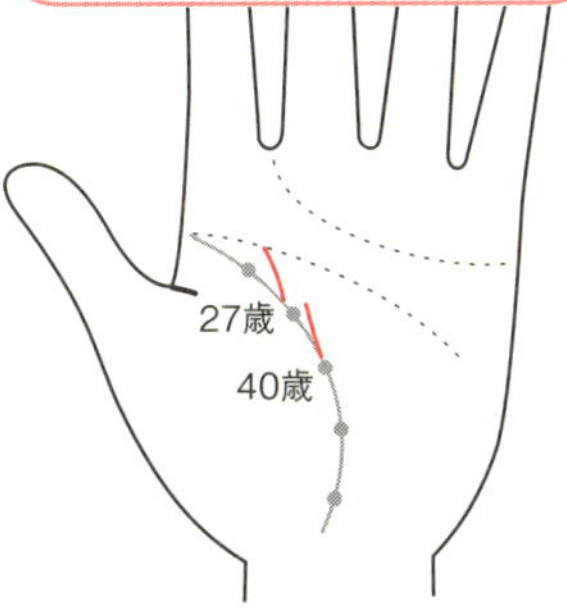

生命線上から人さし指の下方へ向かって伸びる線

努力次第で開運のチャンス

努力が報われることをあらわします。この線が、生命線のどこから出ているかをみれば、人生においてどの時期に努力が必要かがわかります。また、この線が多いほど、忍耐力と持続力のある努力家で、目標に向かって進む人であることをあらわします。

大恋愛到来のサイン

大恋愛を経験する可能性があることをあらわします。流年の年齢のとき、生涯忘れられない恋愛をするでしょう。ただし、生命線上を横切る線が、ごく短いカーブを描いている場合は、恋愛が片思いで終わってしまう可能性もあります。

恋愛線

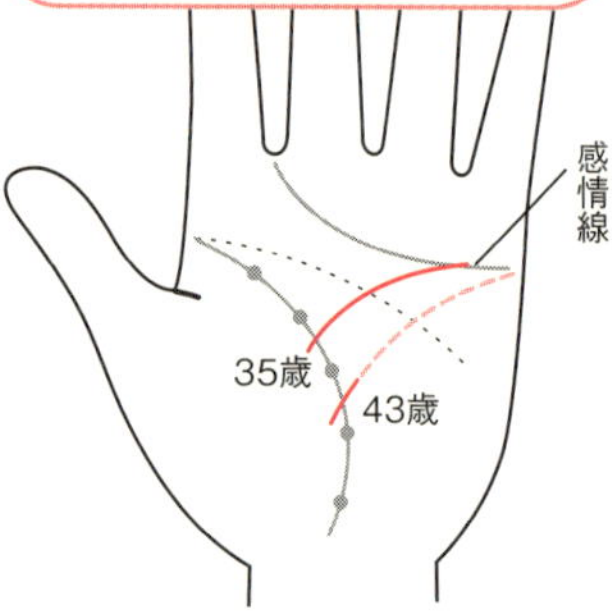

生命線上をゆるやかにカーブを描いて横切り、感情線に到達するように伸びる線

恋愛・結婚の暗示

人とのかかわりをあらわします。特に恋愛・結婚についての暗示が多く、気の持ちようで出たり消えたりします。生命線の内側から合流する線は、流年の年齢からつき合いが始まり、生命線に合流する流年に結婚することを暗示。生命線に沿った長い影響線は、愛情が長続きします。

影響線

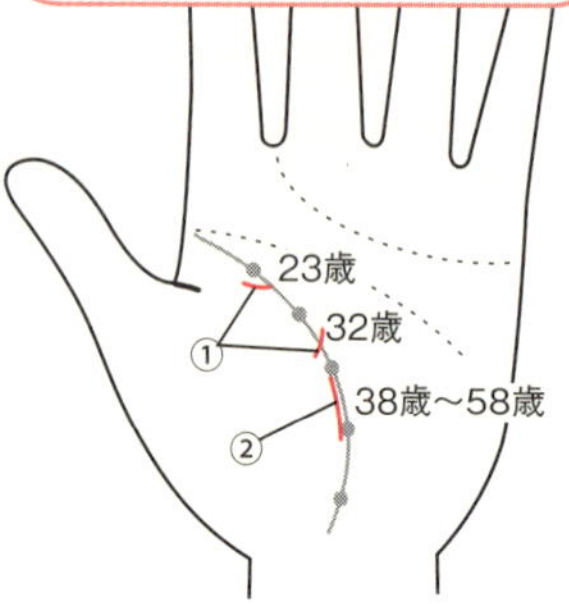

①生命線上から、または②生命線に沿って内側(5mm)にあらわれる線

生命線上のこの線に注目!!

障害線

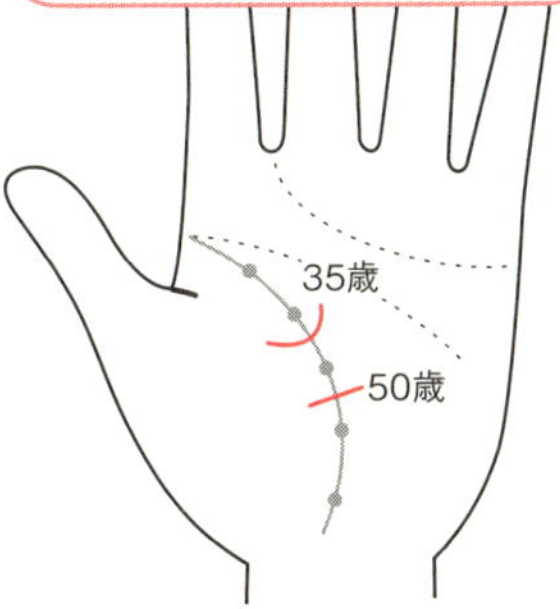

生命線をU字型のカーブで横切る、または生命線を直角に横切る線

トラブルの発生を暗示

障害を暗示する線です。障害線が横切る流年の年齢に、なんらかのトラブルが起こる可能性があります。病気やケガ、事故、破産、離婚などに注意してください。気をつけることで大難は小難に、小難は無難に抑えることができるでしょう。変化が激しい線なのでこまめにチェックを。

この線は?

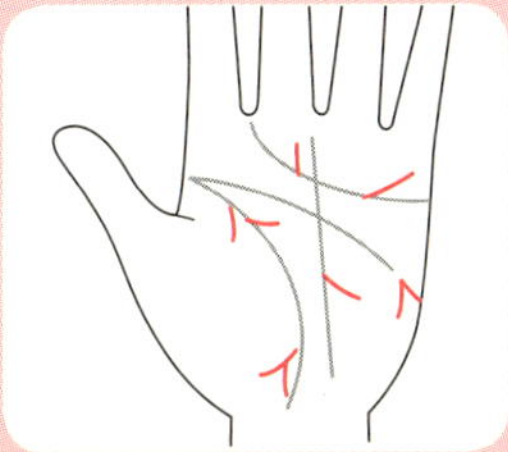

支線

基本の三大線ほか40〜45ページに紹介している主線に絡む細い線。

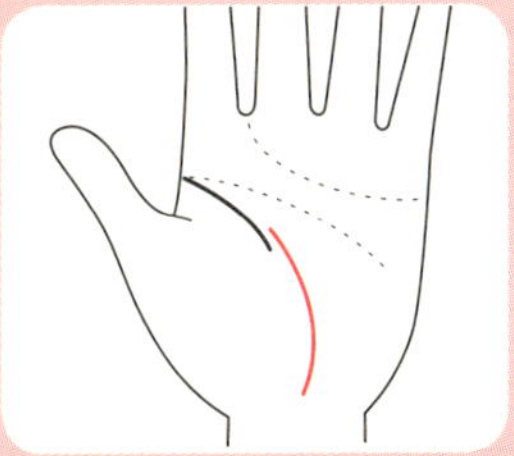

カバー線

基本の三大線が途中で切れ、その近くからその線を補うように出ている線。

「運命線」の流年のとり方

手ケイ線から中指の付け根までの中間を30歳とします。そして、その半分を21歳、56歳とし、さらに細かく下図のように等分にします。

※運命線が短い、運命線が手のひらの途中から始まっている場合は、その部分を点線で補って考えてください。

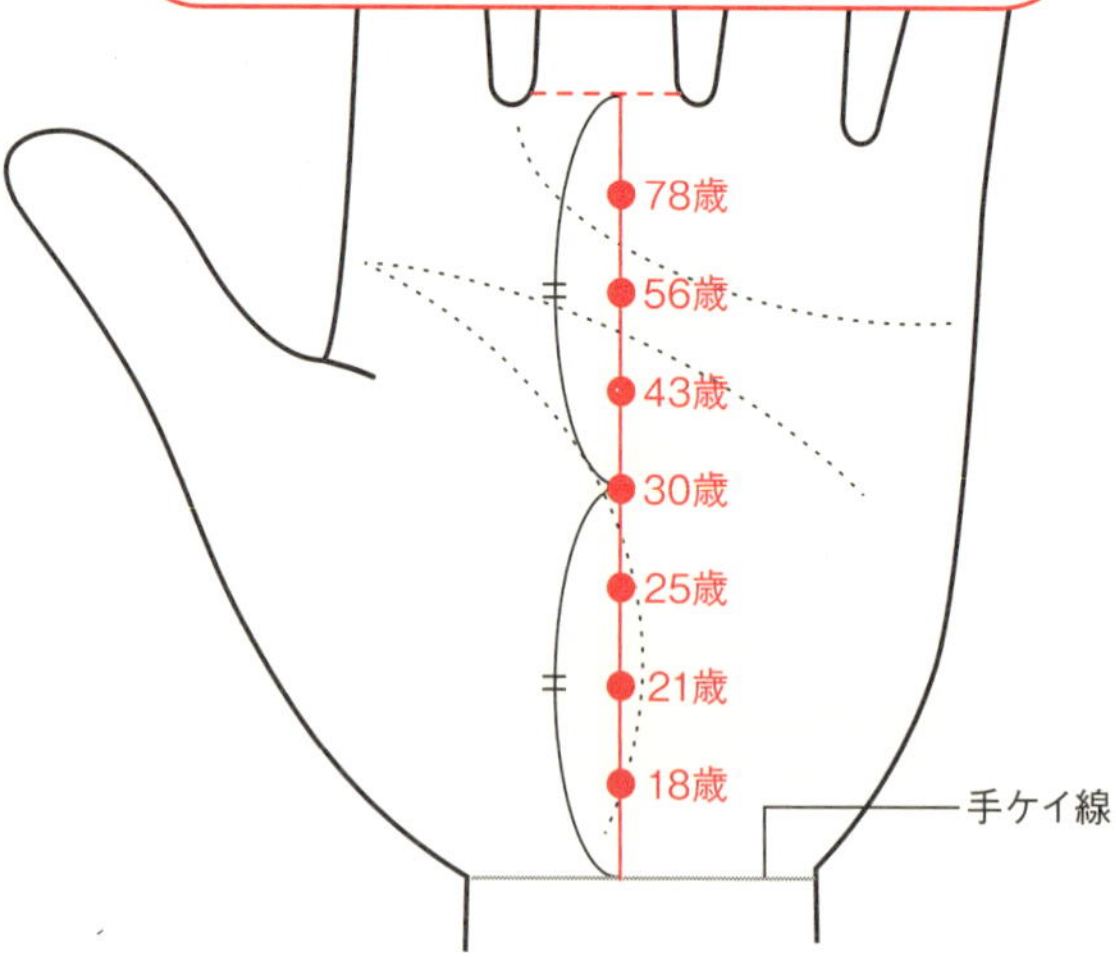

★「何歳のときに、何が起こるのか」をみるときに、流年法を使います。

★運命線が何本かある人は、すべての運命線をそれぞれ検討しますが、だいたい中央あたりにはっきり出ている運命線を中心にみていきます。

運命線のこの線に注目!!

合流と分岐

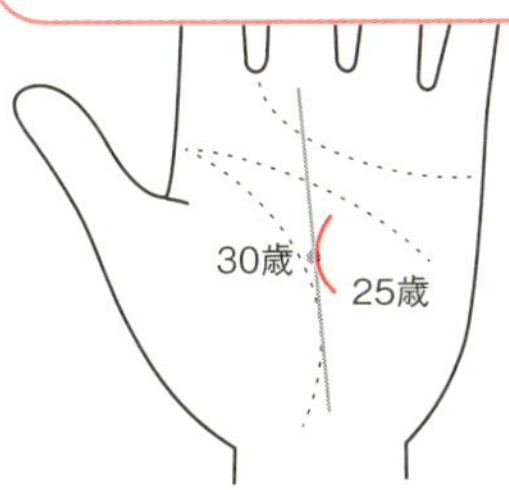

運命線に支線が下から合流、運命線から支線が上に向かって出る

出会いと結婚をあらわす

ほとんどの場合、始点は出会い、合流は結婚、分岐はその後のよい結婚生活をあらわします。左図の場合は、25歳で出会い、合流する流年の30歳に結婚することを暗示。その後もパートナーとよい結婚生活を送ることをあらわします。

影響線

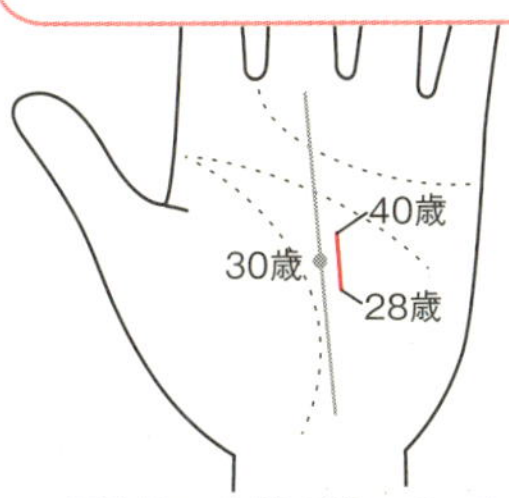

運命線に支線が沿っている

自分に影響を与える人が出現

影響線の始点から終点に当たる流年の期間、自分に大きな影響を与える人が出現します。

障害線

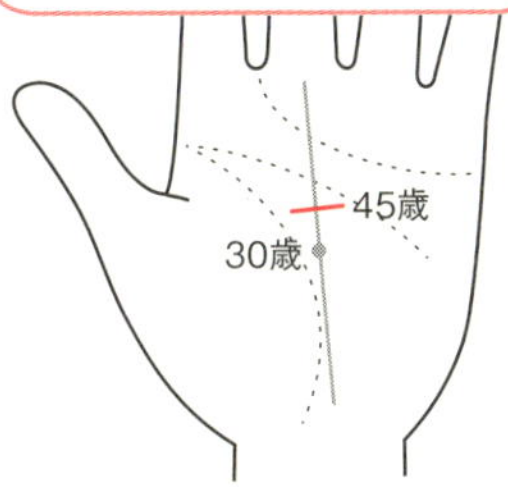

運命線を支線が直角に横切る

トラブルに巻き込まれる

流年の年齢に、トラブルが起こる可能性があります。事前に対策を練って慎重に行動を。

「結婚線」の流年のとり方

小指の付け根から感情線の間を4等分し、感情線から上へ20歳、25歳、30歳以上とします。小指の付け根に近いほど晩婚になります。

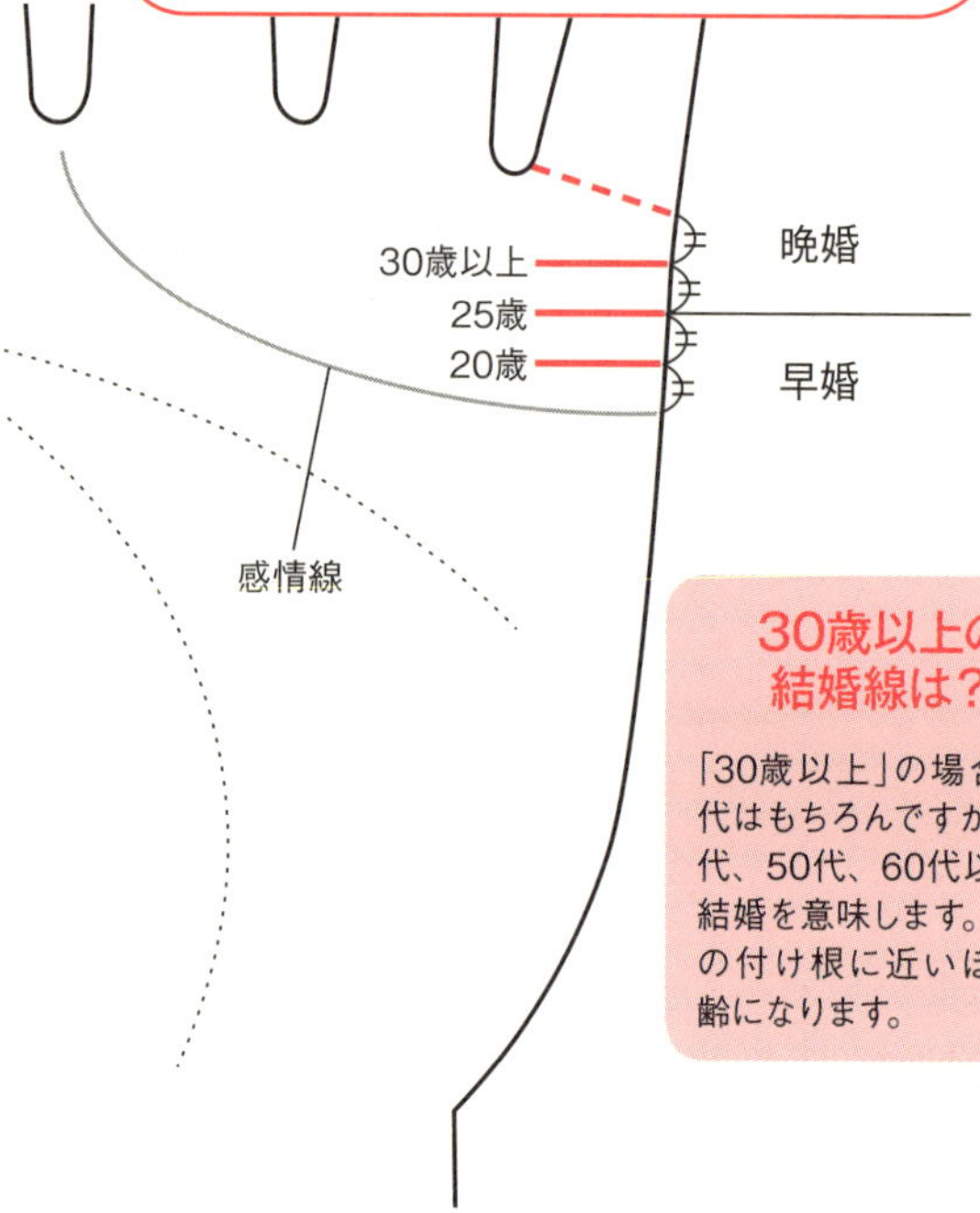

30歳以上の結婚線は？

「30歳以上」の場合、30代はもちろんですが、40代、50代、60代以上の結婚を意味します。小指の付け根に近いほど高齢になります。

★「何歳のときに、何が起こるのか」をみるときに、流年法を使います。

結婚線のココに注目!!

左右の小指を背中合わせにして、小指の下線と感情線の始点を合わせます。

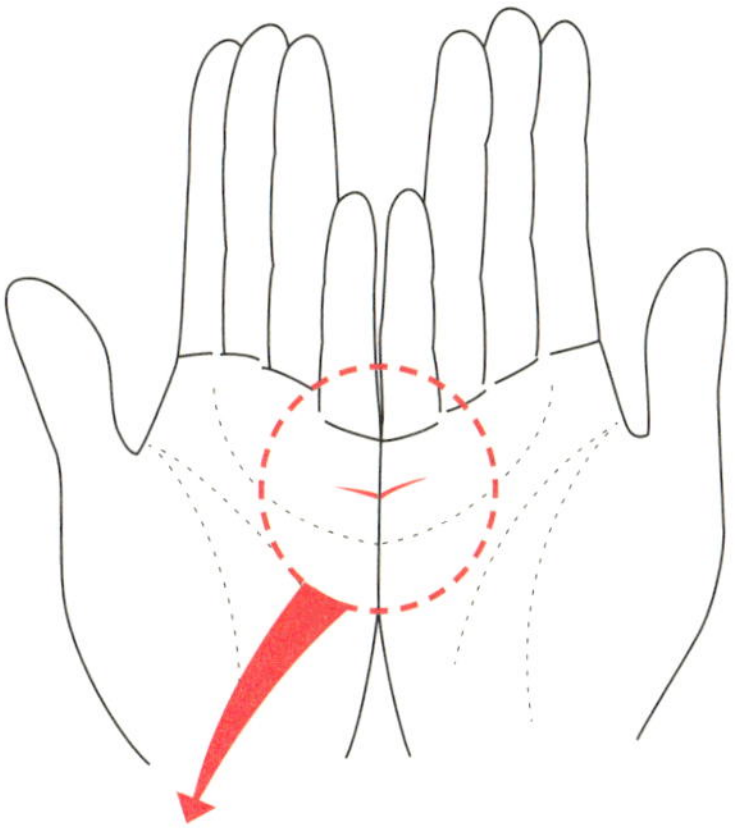

**左右の結婚線を合わせると
おおよその結婚時期と
結婚回数がわかります！**

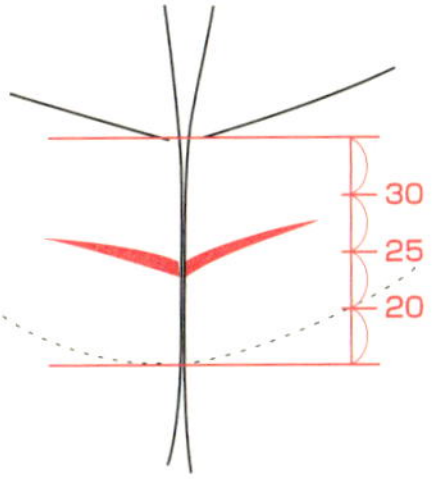

両手につながる結婚線の位置を流年でみて、おおよその年齢を割り出します。

★両手につながる結婚線が1本なら結婚（同棲を含む）する回数は1回、2本なら2回となります。
★結婚線が3本以上ある人は、異性からモテモテですが、異性関係は複雑になるでしょう。

結婚線の位置が合わない場合

縁があっても結婚までに至らないことをあらわします。

4

Lesson

ごくまれに出る！ 幸運ライン
運気アップのラッキー線

運が味方している今を逃さないで！

手相には、これまで紹介してきた線以外にも、いろいろな線があります。

次に紹介するのは、誰にでも出るという線ではなく、特別ラッキーな人だけに出るもので、どれもよい意味をあらわす線です。

もしも、あなたの手のひらに、左図のような線が出たら、それは運気が急上昇するあらわれです。社会的に成功したり、人気がアップしたりと、運が開けてくるでしょう。

これが出たらズバリ！ ラッキー

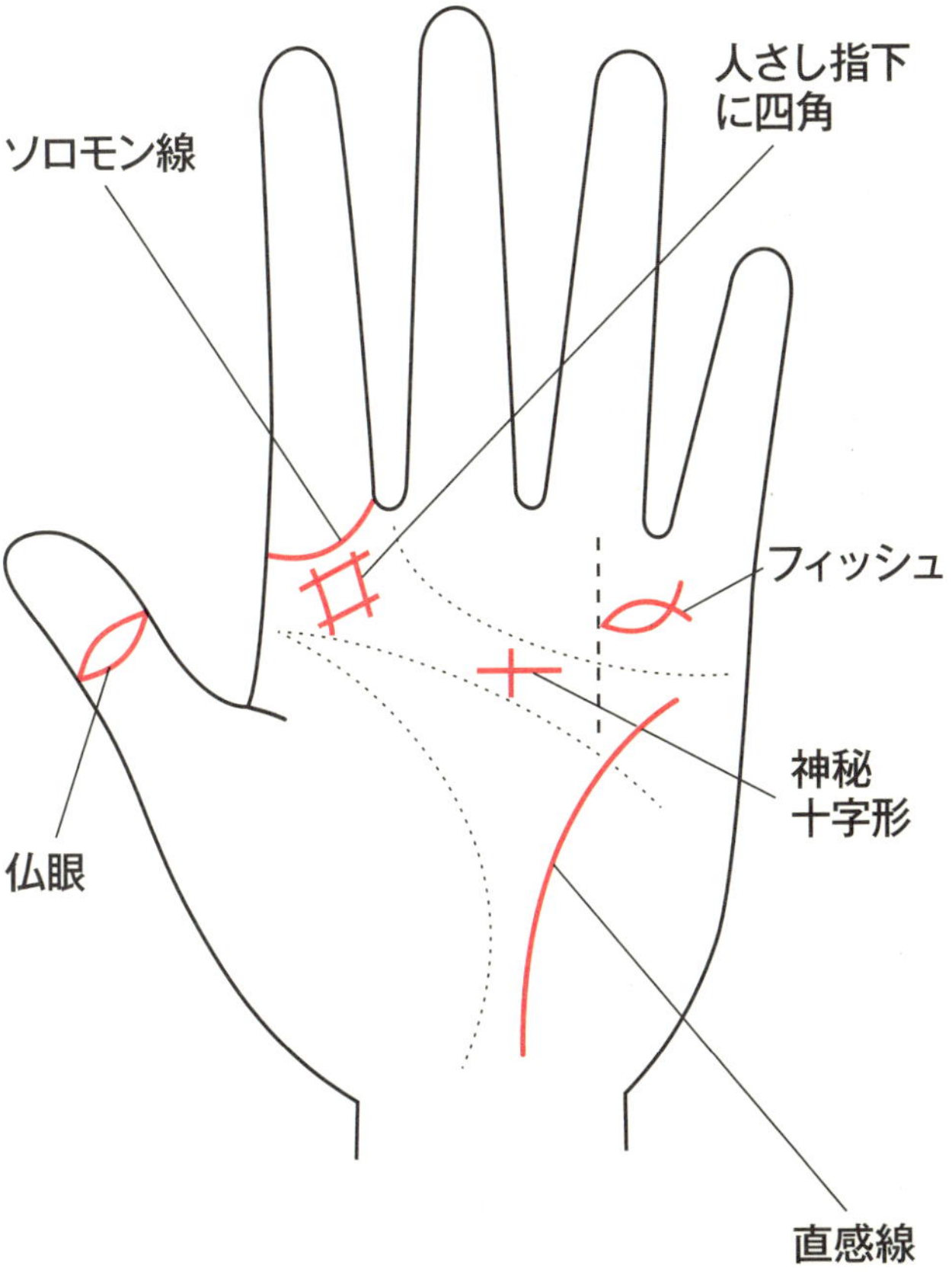

ソロモン線

社会的に大成功する

頭脳明晰で野心家、自信家の性格で、社会的に大成功を手にすることができるでしょう。ただし、自信過剰で謙虚な姿勢に欠けると、人が離れて信用を失い、運気もダウンしてしまうので注意してください。

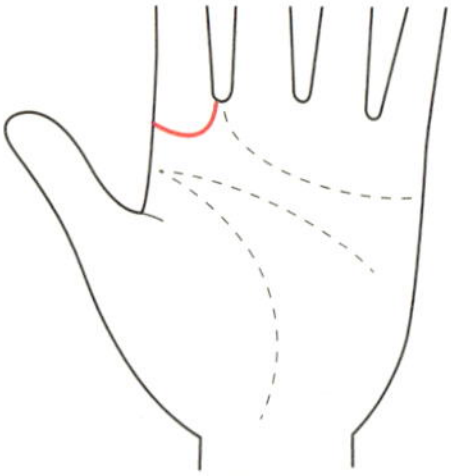

人さし指の付け根に出るゆるやかな曲線

仏眼(ぶつがん)

先祖を敬うことで開運

先祖を守る立場になる人や、霊力、勘の鋭い人にあらわれます。いつも先祖に感謝し、敬う気持ちを持ち続けていると、先祖の力を借りることができ開運します。反対に、先祖を敬わないと運気が落ちてしまいます。

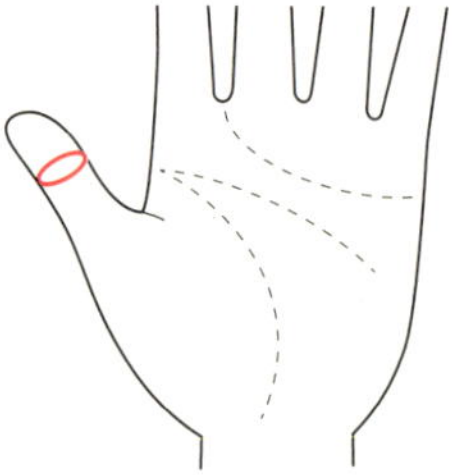

親指の第1関節の節に眼の形の線

直感線

第六感がある

直感線が出ている人は、第六感がかなり発達しています。ただし、感情の浮き沈みが激しい性格なので、精神的な強さを養うことも大切です。なお、直感線が切れ切れの人はいつも直感が働くわけではありません。

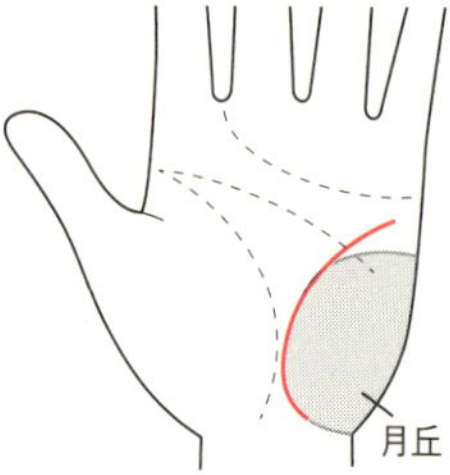

月丘を囲うように出る線

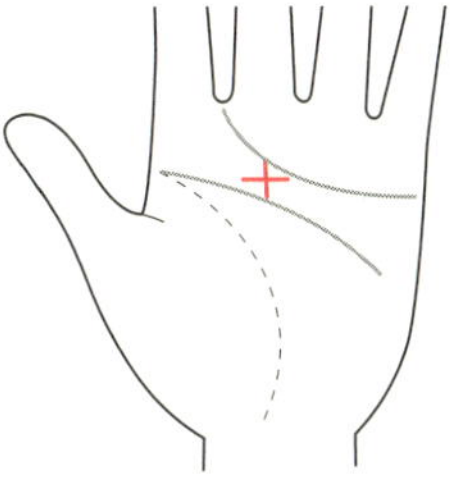

感情線と知能線の間に
くっきり出る十字

神秘十字形

トラブルを回避

はっきりと濃い十字があるのは、神秘的な才能を持っていたり、信仰心の厚い人です。また、先祖に徳を積んだ人がいることをあらわします。よい先祖の霊に守られ、病気や災難から不思議と救われることが多いでしょう。

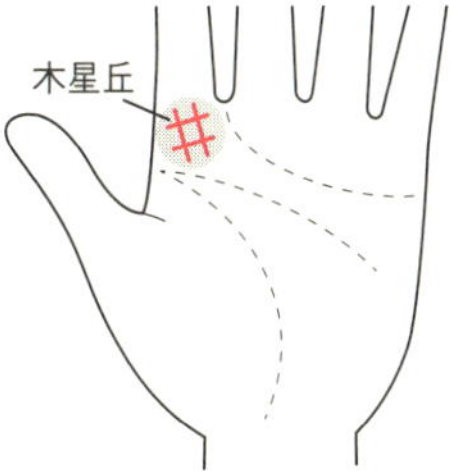

木星丘に四角のマーク

人さし指下に四角

指導者の才能

リーダーの資質を持っています。木星丘にある四角マークに加えて運命線もしっかりと入っていれば、社会的にも認められるリーダーになります。運命線が薄くても、お稽古ごとの先生になったりします。

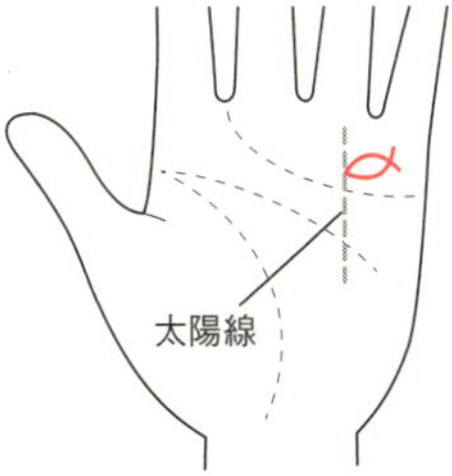

魚のような形の線

フィッシュ

突然訪れる幸運のサイン

主要な線に接するように出て、接する線の内容にかかわる幸せがやってくることをあらわします。知能線なら才能を生かして大成功を、結婚線なら結婚で劇的な変化が、太陽線なら成功をおさめることをあらわします。

Lesson 5

手のひらにあらわれるサインを見逃さないで！

チャンスや危機を知らせるマーク

手のひらのどこに何のマークが出るかで吉凶が分かれる

手のひらにあらわれるマークとは、生命線や運命線などの「主要な線」を使わず、小さく細い線でつくられた形のことをいいます。具体的には次ページから紹介する8つのマークです。

こうしたマークは誰にでもあらわれるものではありません。開運や幸運のチャンスが近いとき、逆に災難やトラブルに見舞われそうなときに、ひょっこりとあらわれます。マークが、はっきり濃くあらわれるほど、そのマークの意味することが強くなります。

なお、同じマークでも、手のひらに出る位置によって、ラッキーチャンスだったり、危機を知らせるものだったりと意味が違ってきます。

せっかく手のひらがチャンスやトラブルを事前に教えてくれているのです。毎日、そのサインを見逃さないようにチェックしましょう。もしも、よくないサインの場合は、十分に気をつけることで、大きな難も小さく、トラブルも最小限にくい止めることができるはず。もちろん、幸運のチャンスは逃さず、最大限に生かしてください。

基本レッスン

十《じゅう》字《じ》

2本の線が交差して十字形になっている

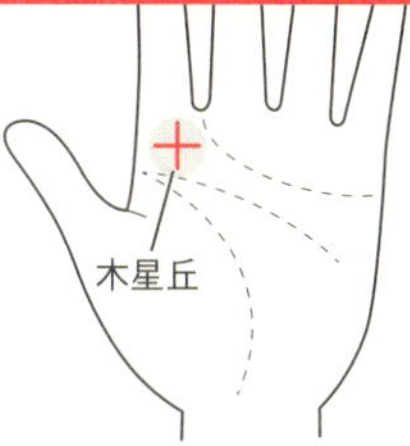

GOOD　木星丘に出ていたら、愛情面での幸運を告げるラッキーサインです。

ココに出たらBAD

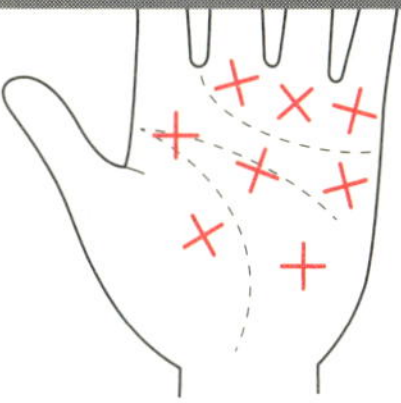

木星丘以外は、すべて警告サイン。出ている丘が意味すること（土星丘＝思考能力、太陽丘＝成功・人気、水星丘＝金運・社交性、第1火星丘＝積極性、第2火星丘＝自制心、金星丘＝生命力・愛情、月丘＝感性、火星平原＝我の強さ）に注意。

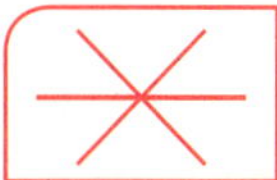

星《ほし》

3本以上の線が交差して1点で交わり星形にみえる

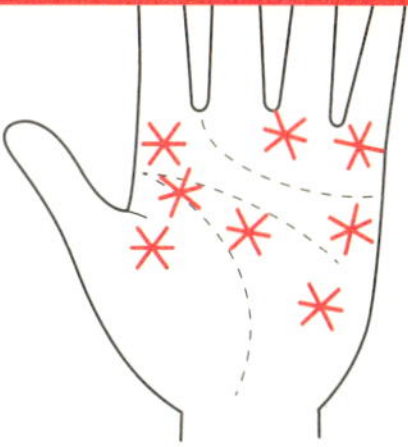

GOOD　土星丘以外なら、どこに出ていても開運や幸運の機会が近づいているラッキーサインです。このマークが出ているのは強運のあらわれでもあります。恋愛や仕事でもよい知らせがあるかもしれません。

ココに出たらBAD

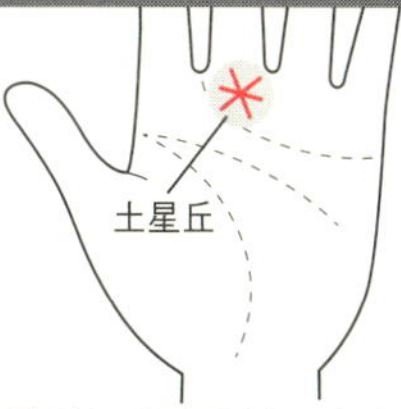

土星丘に出るのは、トラブルの暗示。災難に見舞われる可能性が高いので、注意しましょう。

四角《しかく》

細い線や短い線が集まって四角形を成している

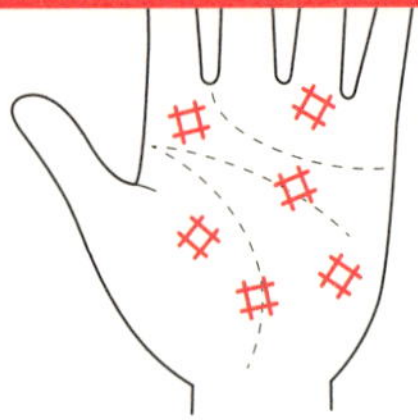

GOOD 保護を意味するマークです。感情線上以外にあらわれているものはすべて、災難やトラブル、病気などから奇跡的に逃れられることをあらわします。危機一髪で救われるラッキーサインです。

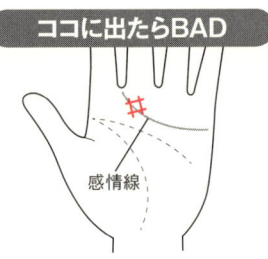

ココに出たらBAD

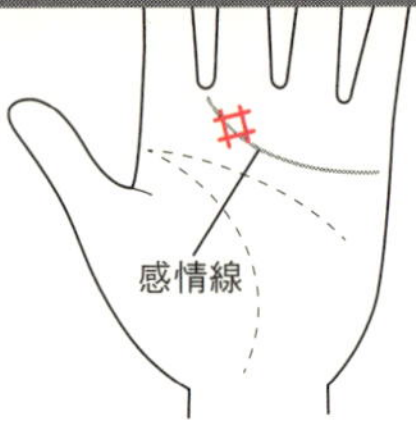

感情線の上に出ている場合は、災難やトラブルの警告を促すものです。慎重に行動するなど十分に注意してください。

円《えん》

細い線が円のような形になっている

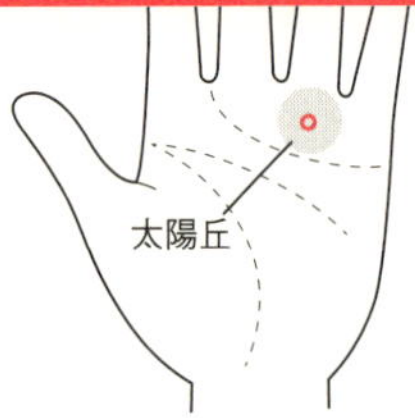

GOOD 滅多にあらわれないマークです。太陽丘に出ていれば、大成功をおさめることをあらわします。好きな人への告白、プロポーズ、試験、仕事など、よい結果が期待できるでしょう。

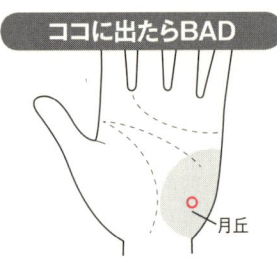

ココに出たらBAD

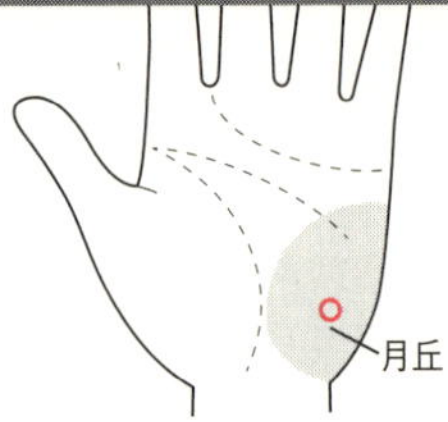

月丘に出るのは、水難を警告するサイン。水の事故にあわないように、水辺に遊びに行くときは十分注意しましょう。

島《しま》

1本の線が二股に分かれ、また1本になる

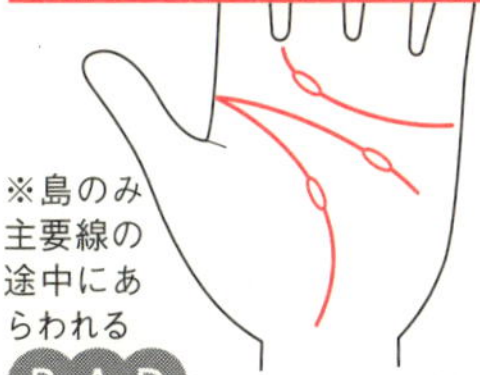
※島のみ主要線の途中にあらわれる

BAD どこに出ても健康状態を警告するものです生命線上なら慢性疾患、知能線上ならストレスなどのサイン。

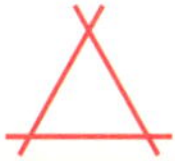

三角《さんかく》

細い線で三角形を成している

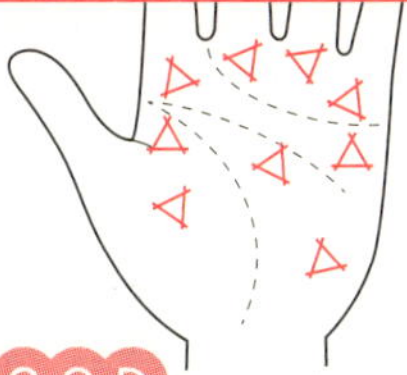

GOOD どこに出てもラッキー。ただし、必ず主要線を使わずにつくられている場合に限ります。

点《てん》

ポツンとした点。線上にも出る。

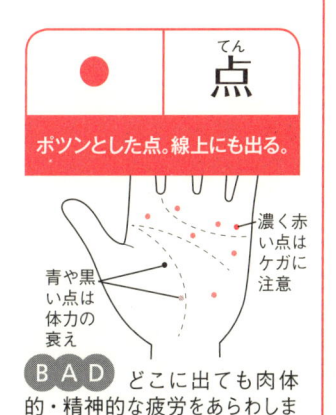

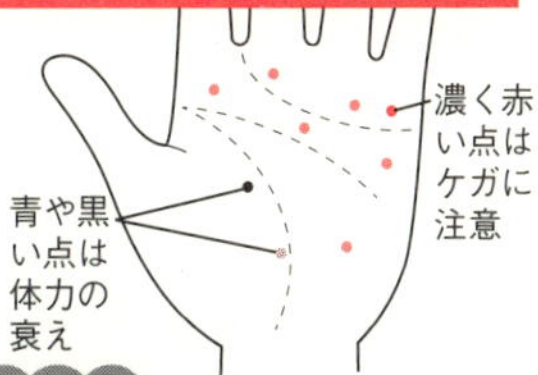
濃く赤い点はケガに注意
青や黒い点は体力の衰え

BAD どこに出ても肉体的・精神的な疲労をあらわします。病気や事故などを警告するサインでもあります。

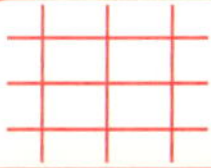

格子《こうし》

何本かのタテ線とヨコ線が細かく交差している

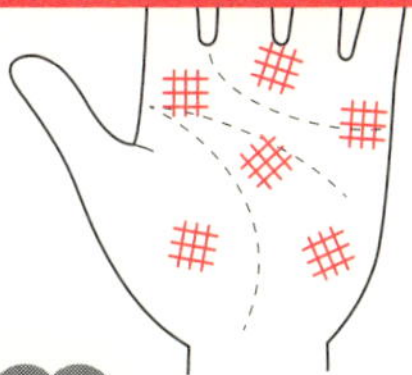

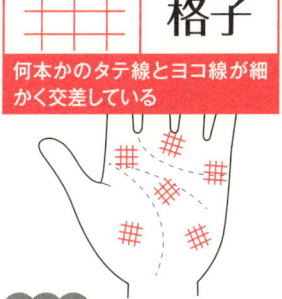

BAD どこに出ても、運気ダウンをあらわします。運勢が変化する予兆なので、気を引き締めて。

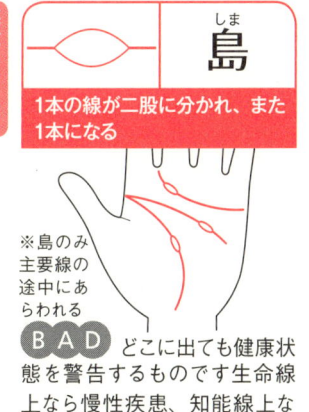

手相Q&A

Q 手相は右手と左手のどっちをみるの？

A 本書では左手をみます。

じつは、左手にはその人が生まれ持っている先天的な運勢、右手には自分が努力してつくりあげた後天的な運勢があらわれています。ですから、「本当の自分」を知りたいときは左手、「現在の自分」を知りたいときには右手をみればわかるというわけです。

手相をみるときは、本来、両方の手相をみて総合的に判断します。しかし、いきなり両手の手相をみて判断するのは難しいもの。最初は、片方の手だけみることから始めましょう。どちらの手をみるかは、鑑定法によって異なりますが、本書では生まれつきの素質や運命だけでなく、過去や未来を暗示する線もあらわれる左手を中心にみる方法にしています。

Part 2

手でスパッと本性を見抜く！

性格チェック

手だけで本性は見抜ける!?

自分や気になる人の本当の性格を知りたい!

手相をみれば性格だってお見通し！

大ざっぱにみえて神経質、優しそうにみえるけどキレやすい、仕事では厳しいけど情が厚いなど、友人やカレ、上司の本当の性格が、自分の感じている性格とは違っていることは多いものです。でも、それは自分の性格にもいえること。自分のことは一番わかっているつもりでも、意外に気づいていない面があるかもしれません。

なかなかわからない他人の性格、自分では気づいていない性格、隠れた才能などがわかったら、きっとトラブルもなく、もっとおいしく生きられるはず……と思いませんか？

それを簡単に叶えてくれるのが、「手相」です。手のひらには、その人の本当の性格、隠れた才能、未来が記されています。手相をみれば、他人はもちろん、自分の気づかない面もわかってしまうというわけです。

性格を見抜くワザを身につけて人間関係をスムーズに

じっくりと手相をみることができない場合は、手の大きさ、厚さ、硬さ、指の長さ、爪の形など、手の特徴をみるだけでもＯＫ。手の印象だけでも、その人のおおまかな性格がわかります。具体的なチェック法を次ページに紹介しています。ぜひ、性格判断に役立ててください。

相手や自分の本当の姿がみえれば、もっと上手にコミュニケーションでき、そのことによって運も開けていくはずです。

ココをチェック

パッと見で性格がわかる小ワザ

手でみる！カンタン性格判断

① 手の大きさをみる

小さい

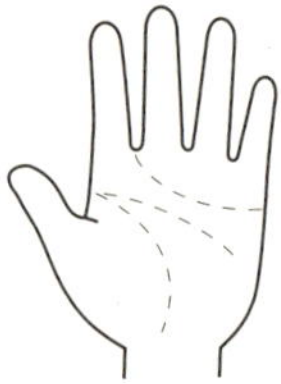

楽天的でマイペース

大きい

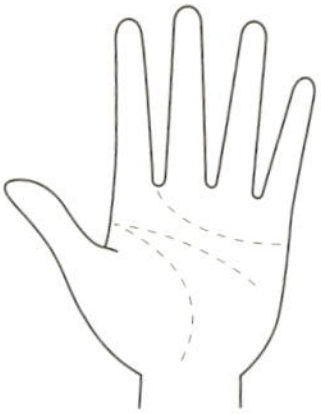

まじめで優しい人

② 手の厚さをみる

薄い

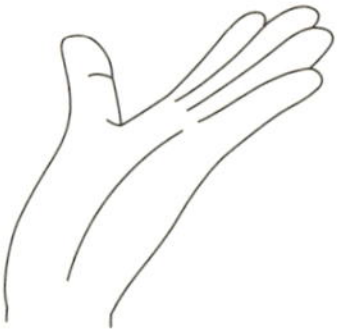

感情を表に出さないクールな人

厚い

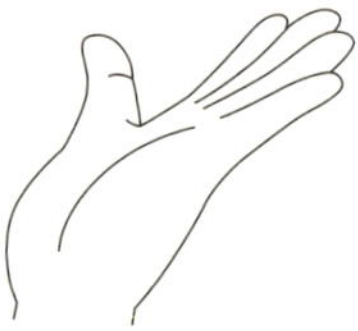

感情表現が豊かで、情に厚く、面倒見がよい

③ 手の硬さをみる

ゴツゴツしていて硬い
サバサバした性格。内面はまじめな努力家で行動力もあります

普通
やわらかな物腰ですが、かなりのやり手。のめり込むタイプでもあります

弾力があってやわらかい
涙もろい人、人間味あふれる人ですが、だまされやすくもあります

4 手の出し方

指をすぼめて出す

警戒心が強く、やや臆病な人

指を開いて出す

誰に対してもオープンな人

指を揃えて出す

礼儀正しく、常識をわきまえた人

5 線の数

線が少ない

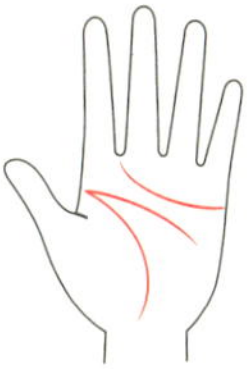

細かいことにこだわらない、さっぱりとした性格

線が多い

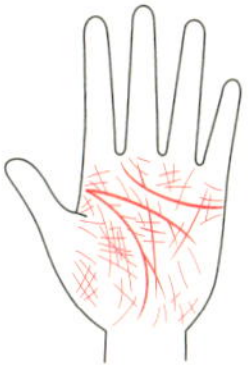

繊細な神経の持ち主。人の言動を気にしたりします

タテ線が多い

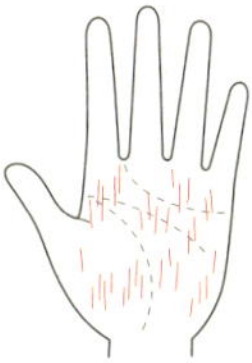

基本的にタテ線はよい意味を持っています。運気上昇中

ヨコ線が多い

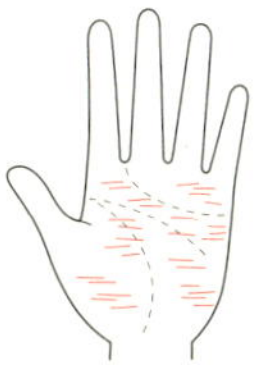

基本的に細かいヨコ線は、何らかの障害を暗示

6 指の長さをみる

短い（A<B）

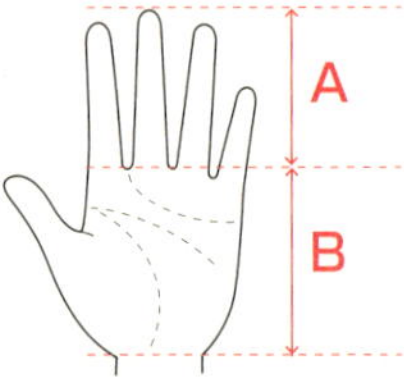

行動的でポジティブな人

長い（A≧B）

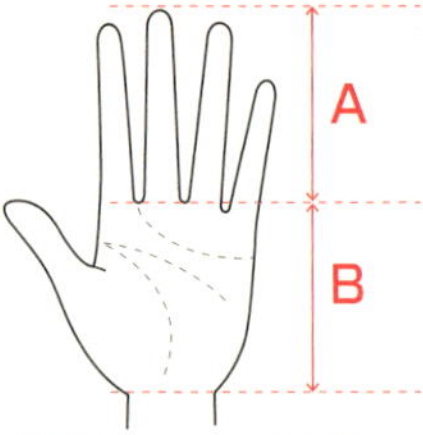

ガラスのハートの持ち主

7 爪の形をみる

幅が狭い

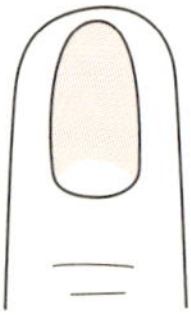

消極的で、何事もマイナス思考

長い

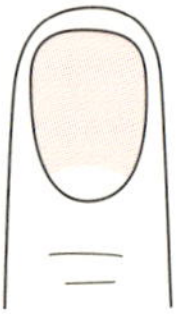

おっとりとした性格。常識人

短い

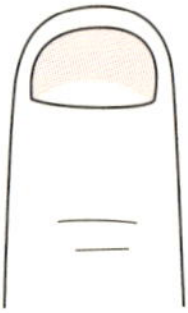

裏表のない性格。わがままな面も

卵型

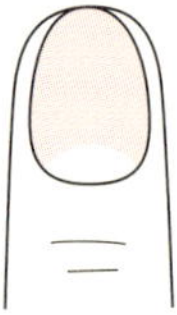

スター性あり

四角型

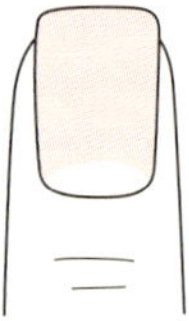

堅実でまじめな性格

幅が広い

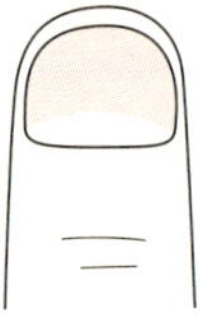

心身ともにタフ

8 親指の反り具合

親指の先が反らない

意志が強く、努力をする反面、人の意見を聞かない頑固な人

親指の先が後ろに反る

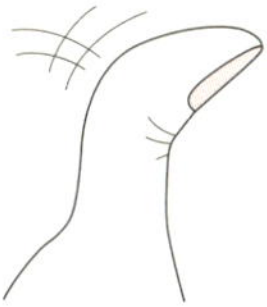

考え方が柔軟で、新しい環境への適応力にすぐれています

9 親指と人さし指を開いたときの角度をみる

90度以上開かない

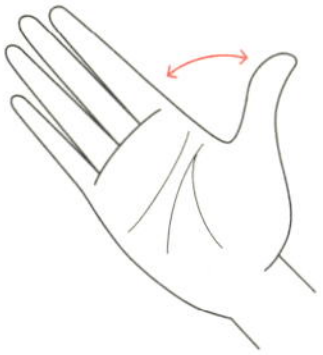

慎重で用心深い性格。依存心も強いです

90度以上開く

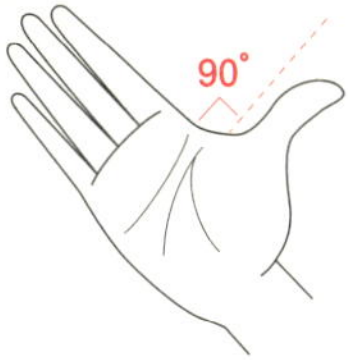

何事にも積極的。裏表のない性格です

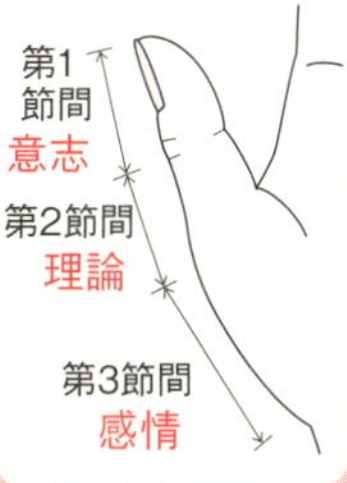

親指の節間をみる

親指の節間にはそれぞれ意味があります。(左図参照) また、節間の長さで、性格チェックができます。

- 第1節間が長い⇒決断力、行動力あり。
- 第2節間が長い⇒理論的だが実行力に欠ける。
- 第3節間が長い⇒情熱的で愛情豊か。

手相チェック1 自分の裏人格編

自分自身でも気づかない裏人格を知りたい!

顔をみれば気分が一目瞭然

顔に何でも書いてある人

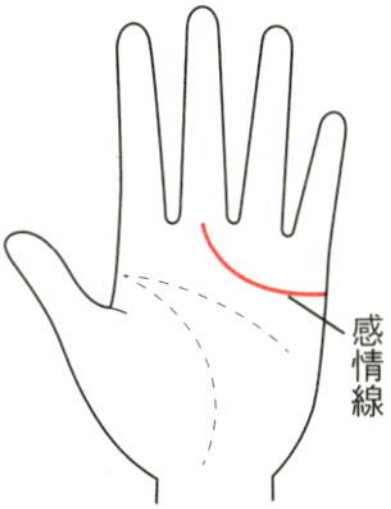

感情線が急カーブして中指の付け根につく

自分の考えが世界で一番

自己中でわがままな人

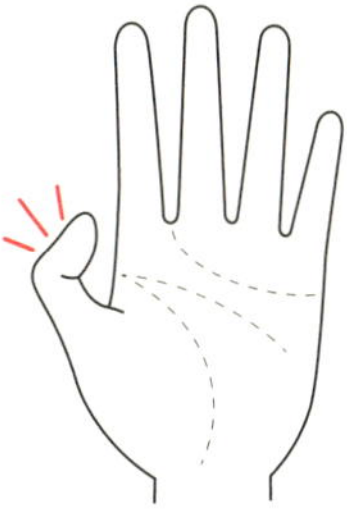

親指がかなり曲がっている

優しい気持ちはゼロ

心の冷たい冷血人間

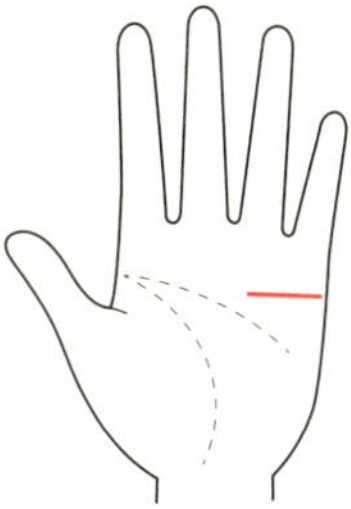

感情線がまっすぐで中指まで伸びていない

敵には回したくないかも……

気が強くて負けず嫌い

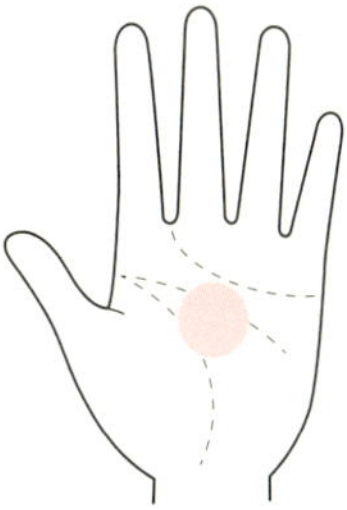

手のひらの中央の肉づきがよい

人一倍Hに興味あり

性欲が異常に強いタイプ

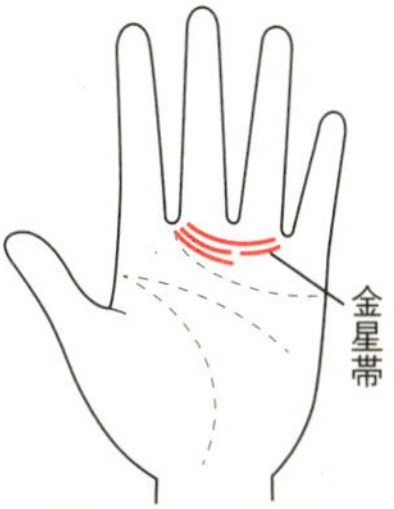

金星帯が何重にも出ている

何があっても動じない

マイペースを貫く人

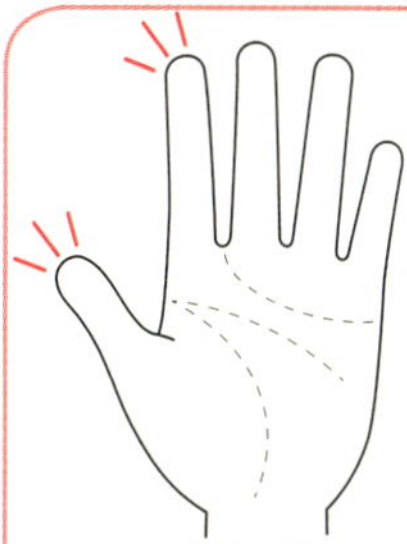

手の指先が丸い

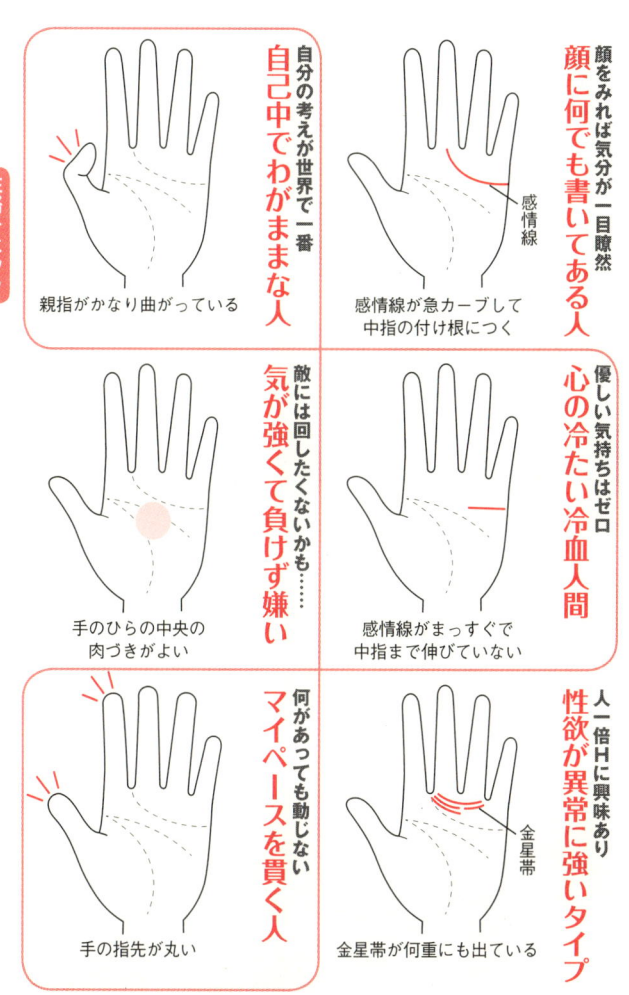

手相チェック② 自分の性格編

意外と知らない自分の本当の性格は？

マイワールドにどっぷり

自分大好きなナルシスト

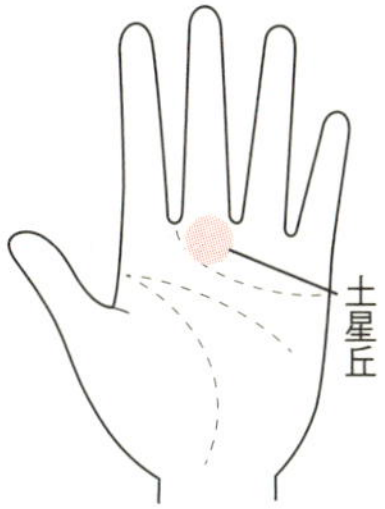

土星丘がふくらんでいる

恐ろしいほどの執念深さ

いつまでも根に持つタイプ

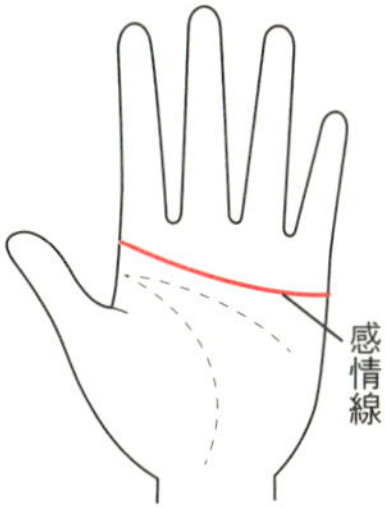

感情線が手のひらを横切っている

怒りをコントロールできない

怒りっぽくてヒステリー

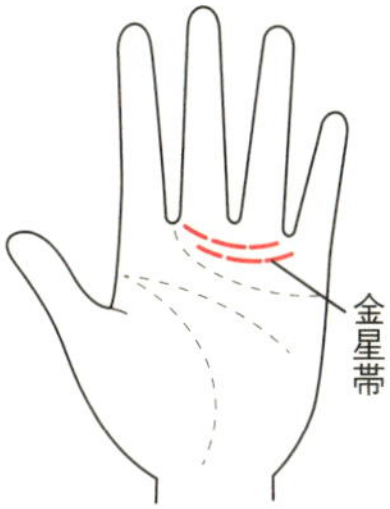

金星帯が切れ切れ

無邪気で天真爛漫

周囲に安らぎを与える人

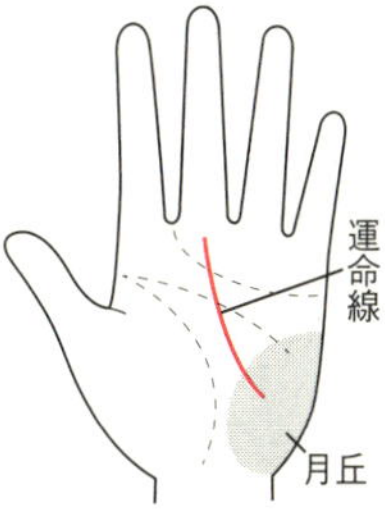

運命線が月丘から出ている

正義感が強く信念を貫く

男気あふれるタイプ

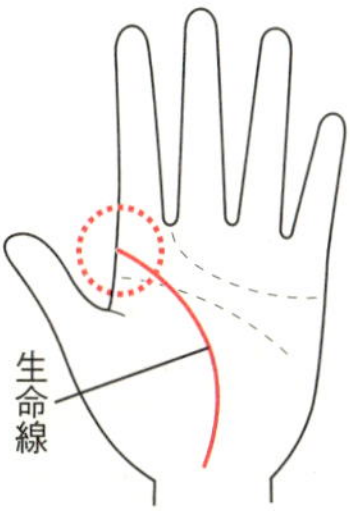

生命線が上のほうから始まっている

八方美人で計算高い

人を利用するクセ者

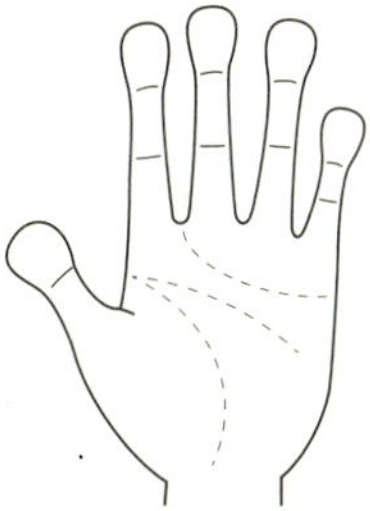

指先が丸く、節が出ていない

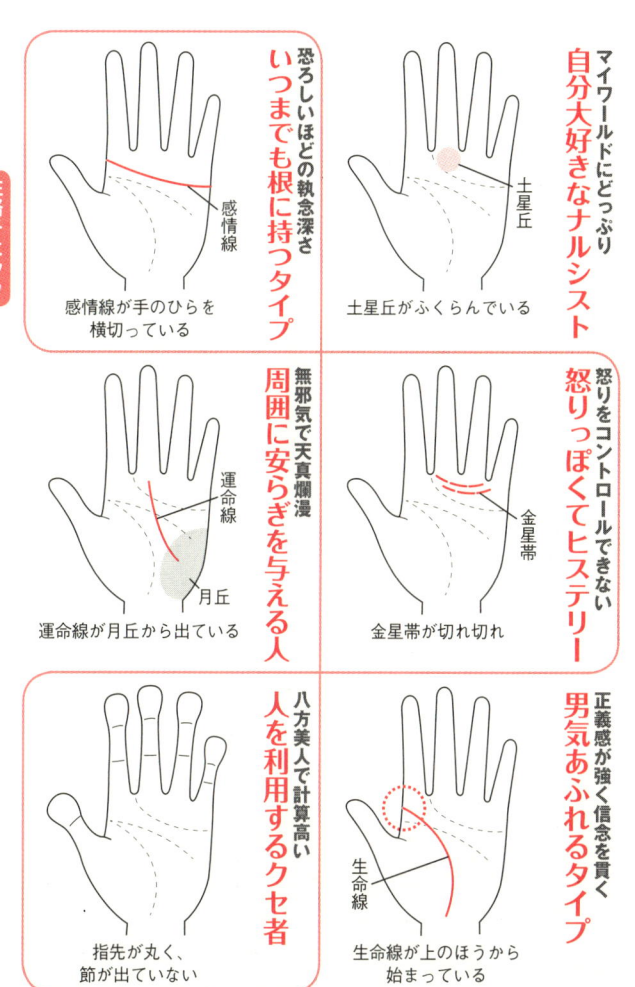

手相チェック③ 自分の才能編

自分に隠れた才能があるか知りたい！

表現力がバツグン

感性豊かな芸術家タイプ

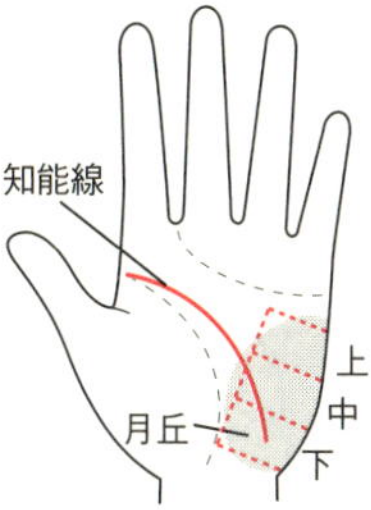

知能線が月丘下部に
カーブする

話題が豊富で楽しい

コミュニケーション力が高い

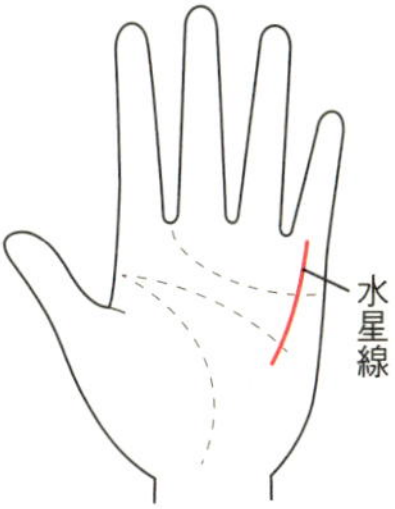

水星線が長く
はっきり出ている

夫や子どもによく尽くす

良妻賢母タイプ

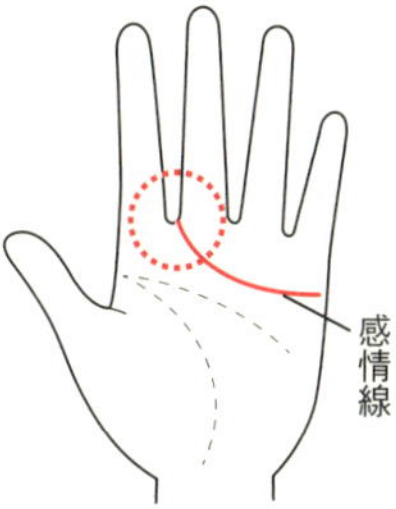

感情線が人さし指と
中指の間に入り込む

困った人をほうっておけない

面倒見のよいボランティア向き

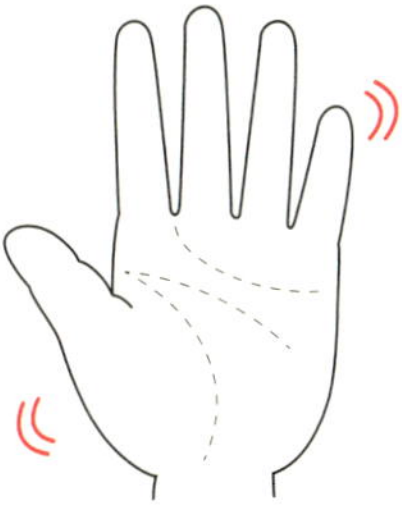

手がぽちゃぽちゃして
やわらかい

ユーモアあふれる性格

お笑いセンスあり

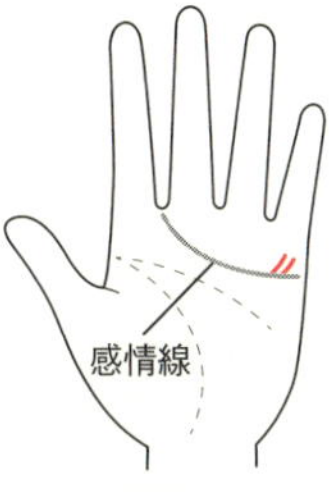

感情線の始点に支線が
何本かある

野心家で統率力あり

人の上に立つリーダー

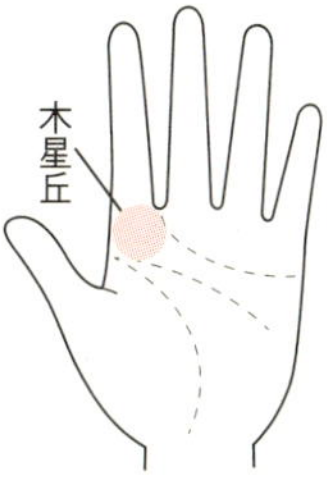

木星丘が盛り上がっている

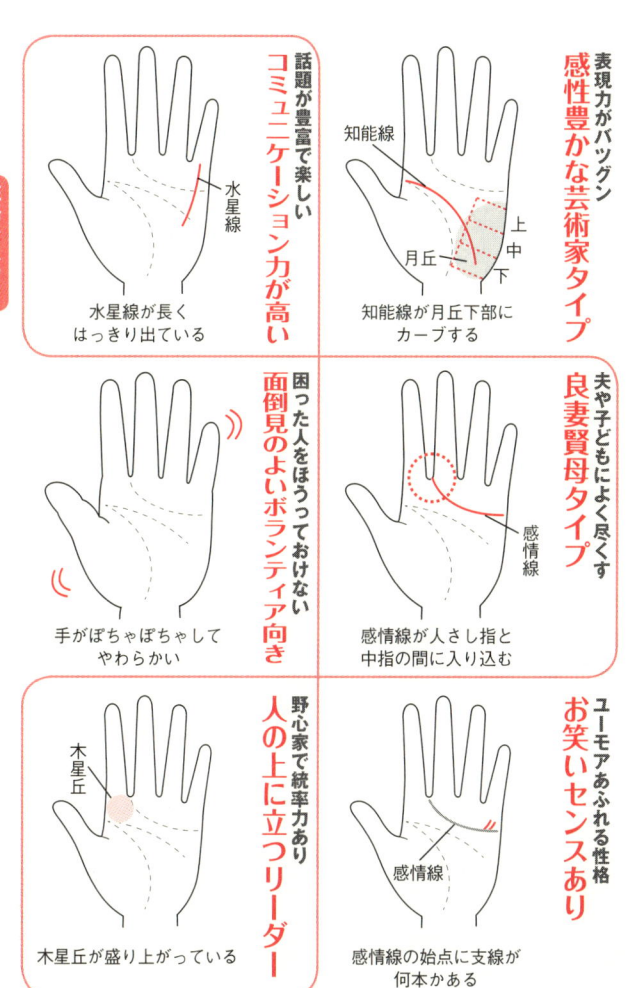

手相チェック④ 自分の将来編

どんな人生を歩むのか自分の将来を知りたい！

生命エネルギーが強い

元気いっぱいで長生き

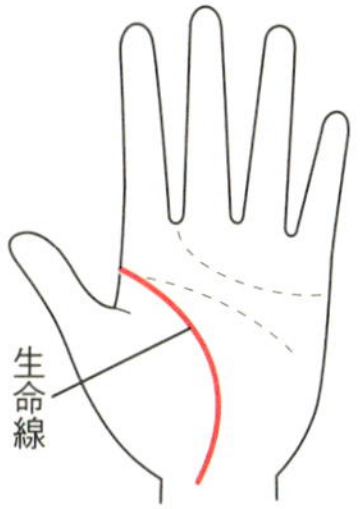

生命線が太くて長い

年を重ねるほど運気アップ

中年以降に開運する

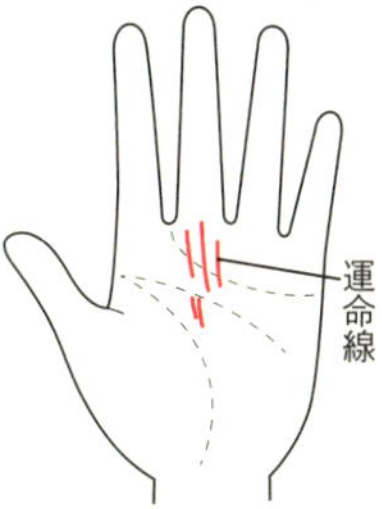

運命線が中指の下に
強く出る

結婚は30代を過ぎてから？

晩婚タイプ

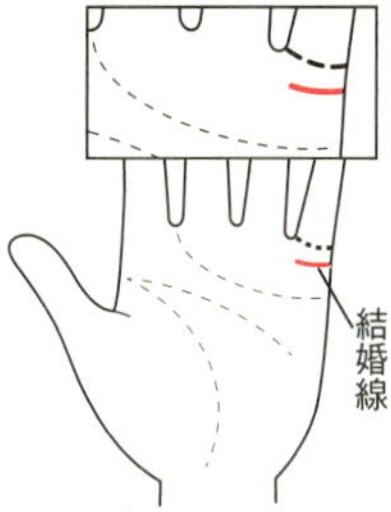

結婚線が
小指の付け根近くにある

大金を動かす能力あり

たくさんのお金を儲ける

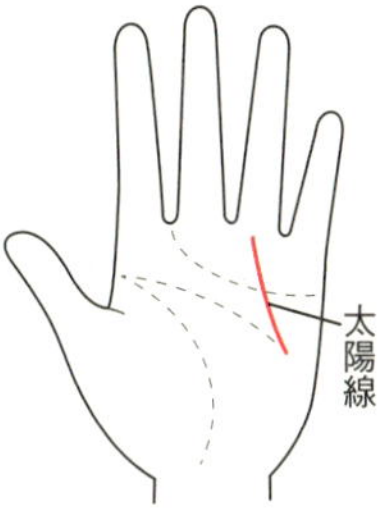

太陽線が小指側から
はっきり入る

夢のマイホーム

一戸建てを持てる

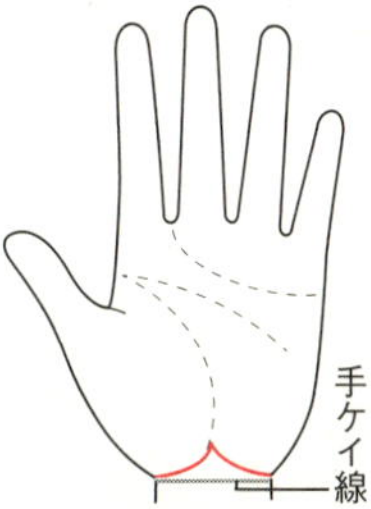

手首にある三角形の
線の頂点が低い

何かと苦労が絶えない

人生が波乱万丈

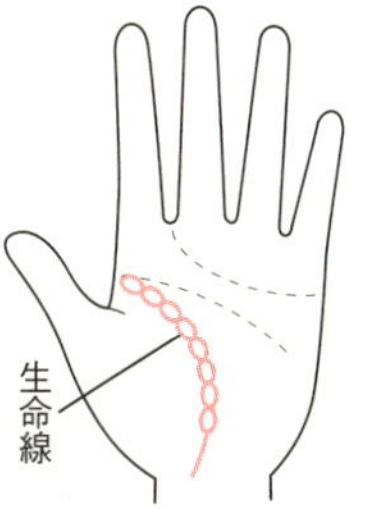

生命線が薄く、島が多い

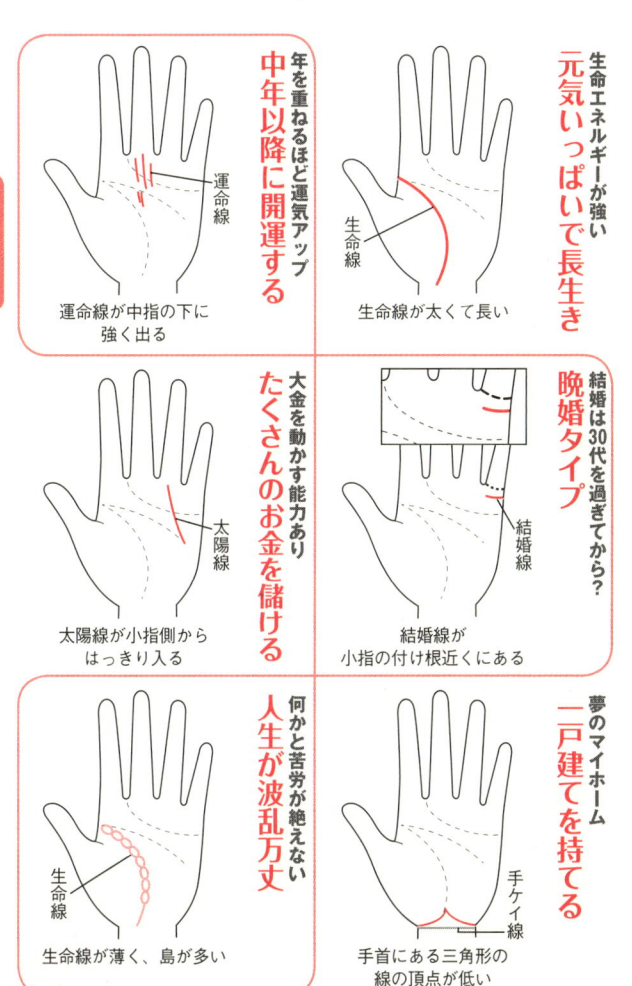

手相チェック⑤ カレ編

私への本気度&カレの本性が知りたい！

本気度100%で愛情豊か

恋人だけを愛する人

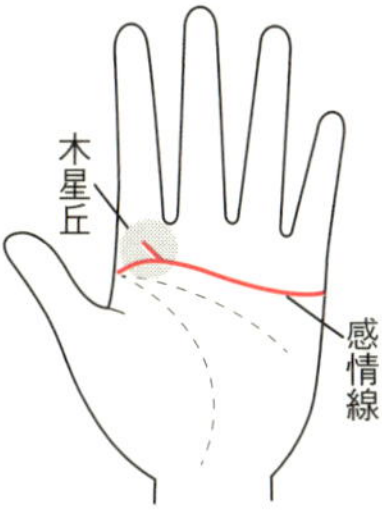

感情線の先が木星丘と、生命線と知能線の間に伸びている

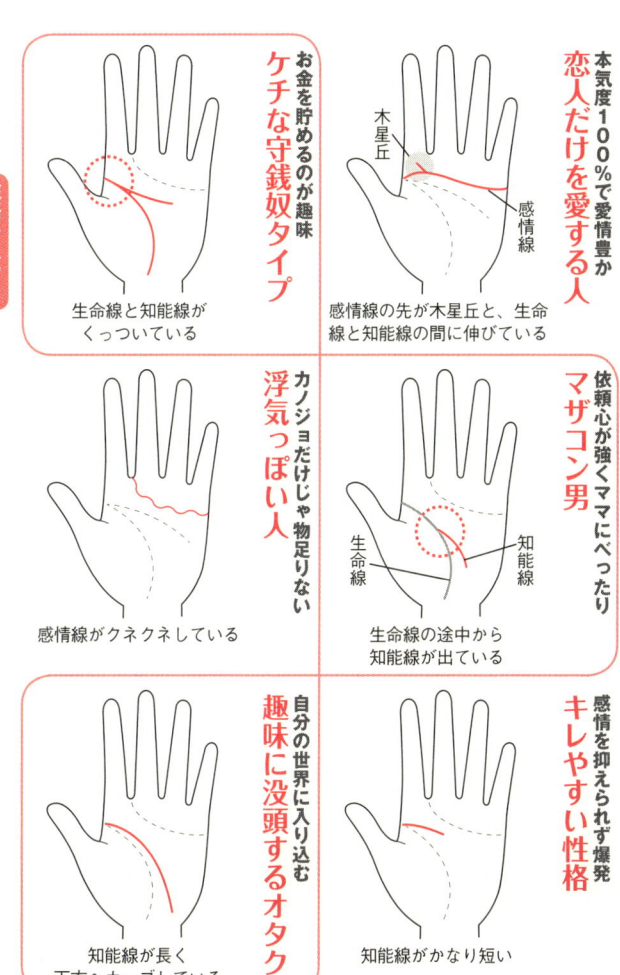

お金を貯めるのが趣味

ケチな守銭奴タイプ

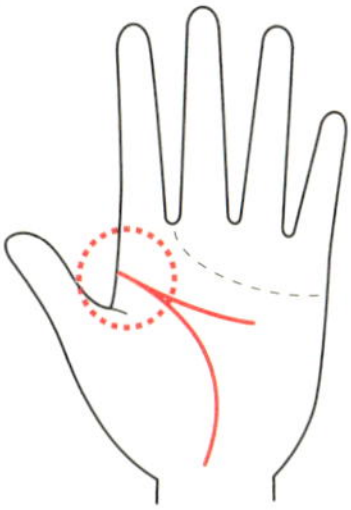

生命線と知能線がくっついている

依頼心が強くママにべったり

マザコン男

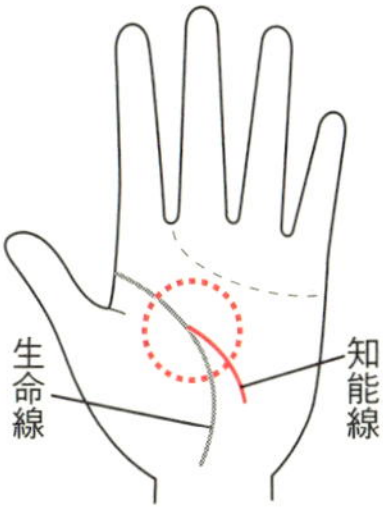

生命線の途中から知能線が出ている

カノジョだけじゃ物足りない

浮気っぽい人

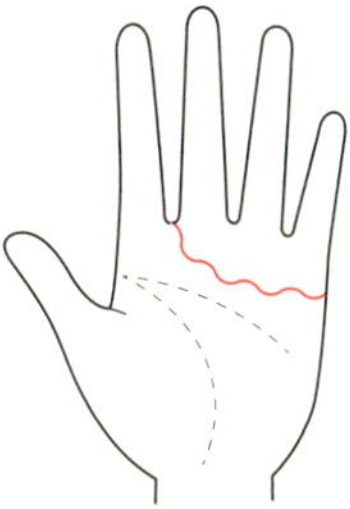

感情線がクネクネしている

感情を抑えられず爆発

キレやすい性格

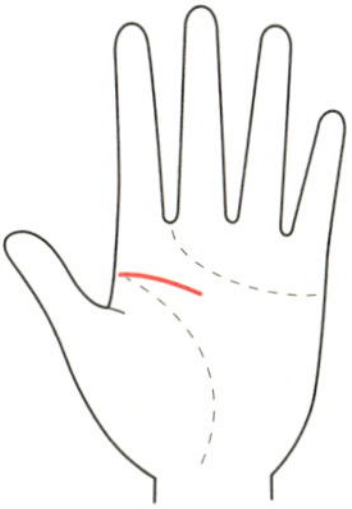

知能線がかなり短い

自分の世界に入り込む

趣味に没頭するオタク

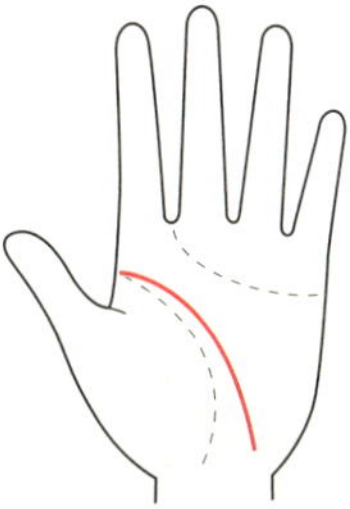

知能線が長く下方へカーブしている

手相チェック⑥ 夫編

夫の私への関心度&隠れた本性が知りたい！

夫の心は、はるか遠くに

愛が冷めて夫婦愛ゼロ

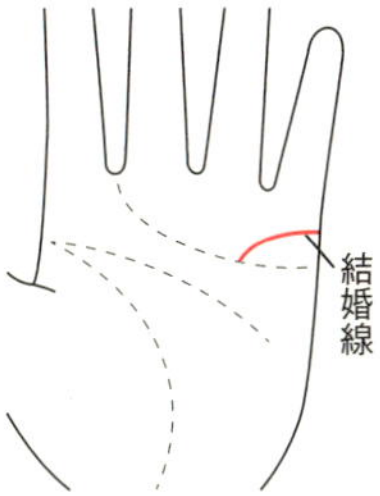

結婚線の先が
下にカーブしている

他人にはまかせられない

子どもに厳しい教育パパ

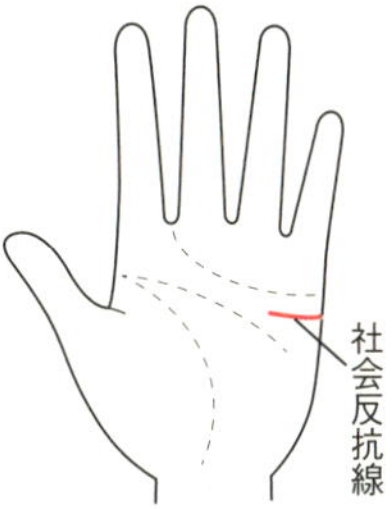

社会反抗線が長く
はっきりと出ている

お金のことしか考えない

愛よりお金が大事なタイプ

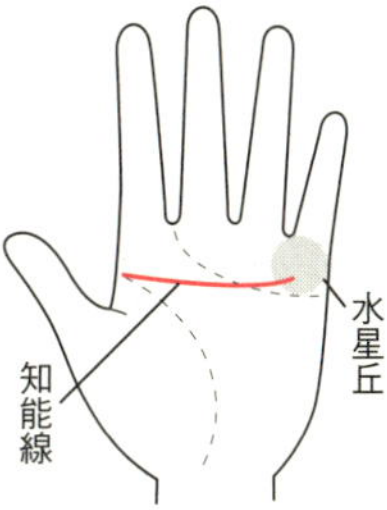

知能線の先が
水星丘に流れている

細かいことを気にしすぎ

ガラスのハートを持った人

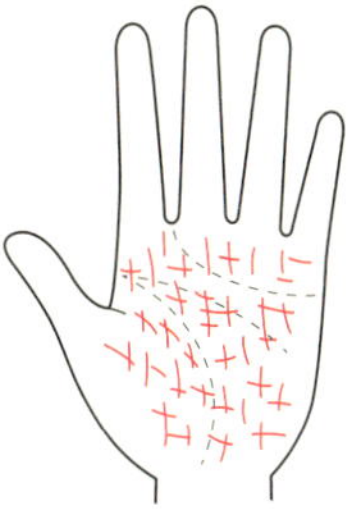

タテ線やヨコ線などの
細かい線が多い

女好きの遊び人

ズバリ、浮気している

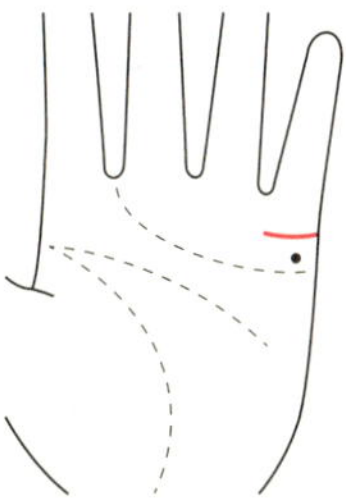

結婚線の近くにホクロが出る

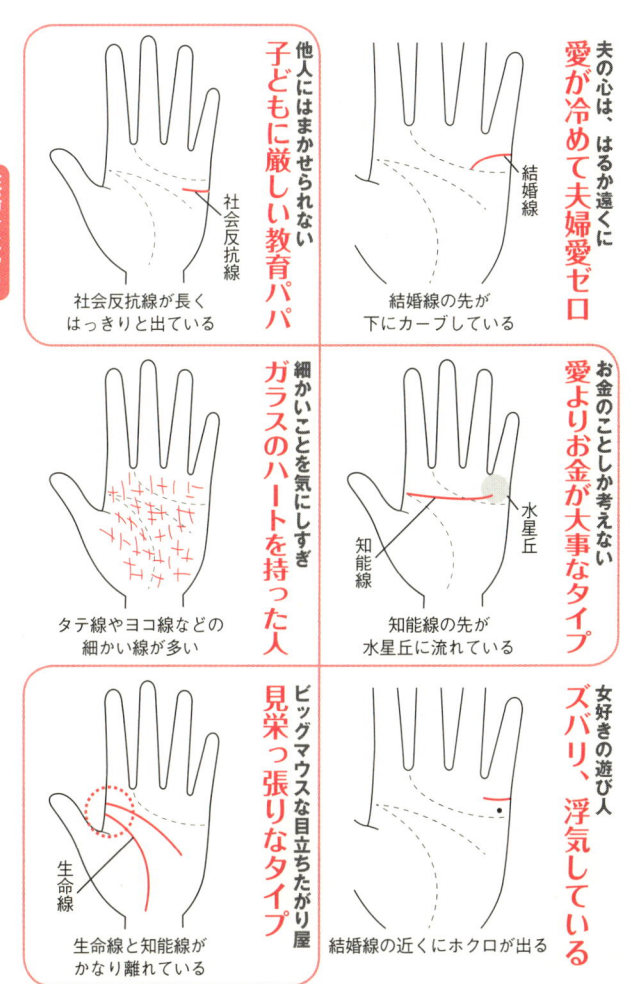

ビッグマウスな目立ちたがり屋

見栄っ張りなタイプ

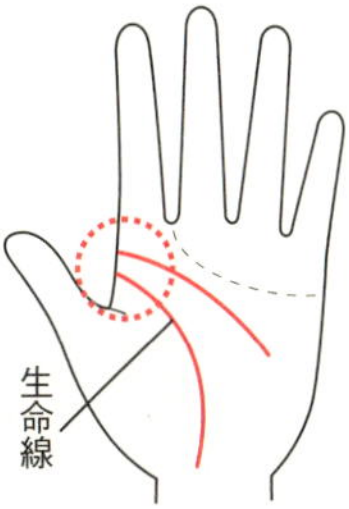

生命線と知能線が
かなり離れている

手相チェック⑦ 友だち編

友だちとの友情は本物なのか知りたい！

いざというときは薄情でクール

あっさり裏切るタイプ

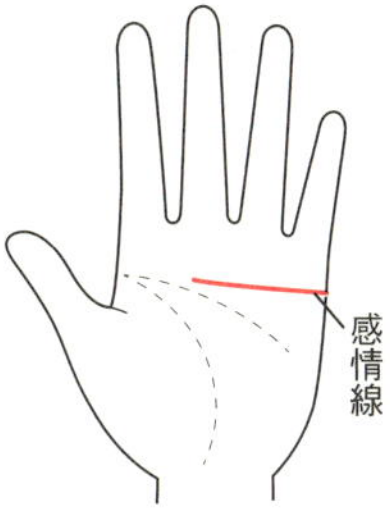

感情線がまっすぐで短い

独占欲が異常に強い

嫉妬深くてしつこいタイプ

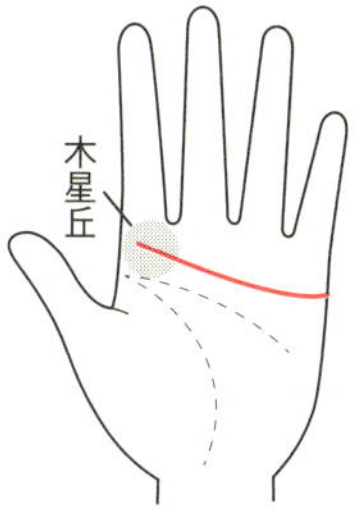

感情線が木星丘まで伸びる

誰にでも親切にできる

思いやりのある優しい人

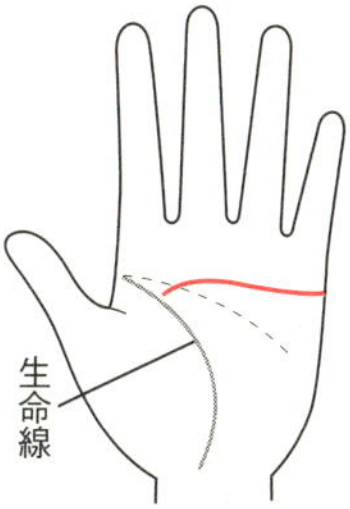

感情線が生命線に
届くほど下がる

考える前に口が動いちゃう

一言多いおせっかいな人

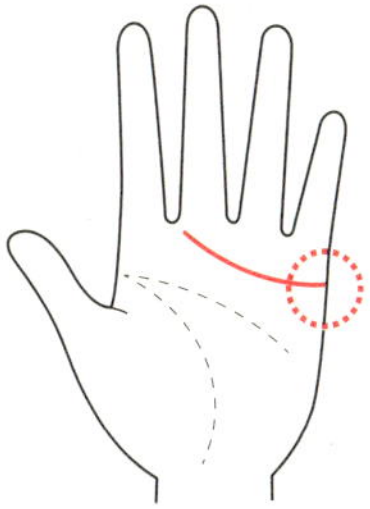

感情線が上のほうから
出ている

セクシーで誘惑上手

恋のライバルになる可能性あり

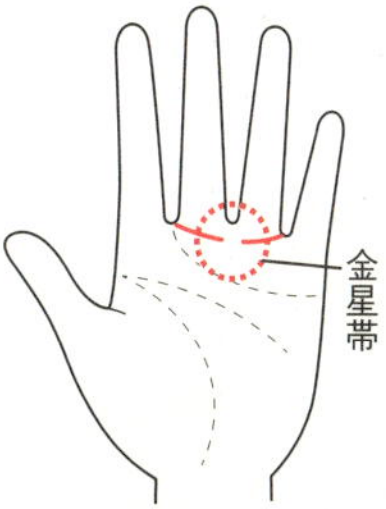

真ん中が切れた
金星帯がある

秘密は全部バラされる!?

おしゃべりなウワサ好き

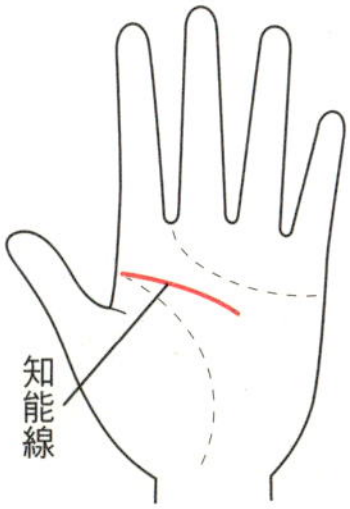

知能線が短く、
カーブが浅い

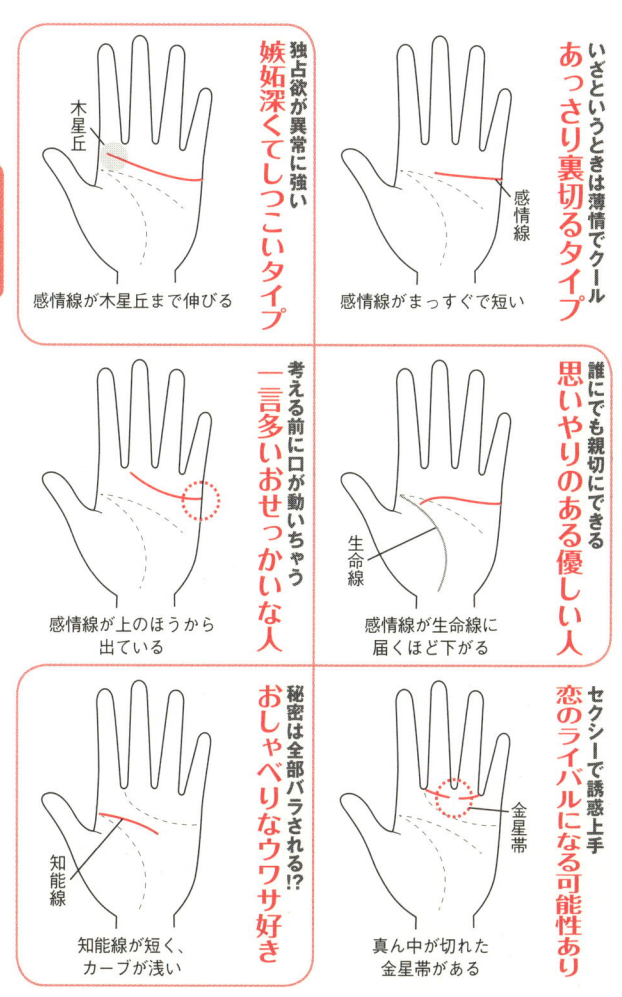

上司とどうつき合えばいいのか知りたい！

喜怒哀楽が激しい

瞬間湯沸かし器タイプ

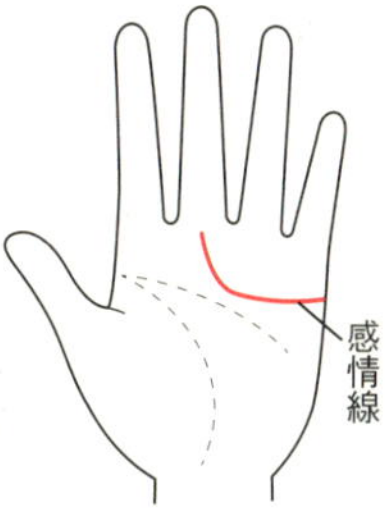

感情線が急カーブして上昇する

不満が多くてゆがんだ性格

嫌味でいじわるなタイプ

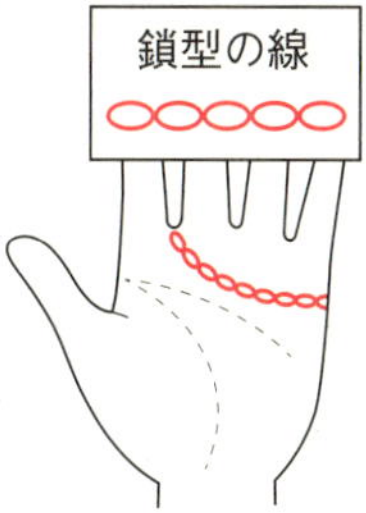

感情線が鎖型になっている

結果を冷静に判断

能力を重視する人

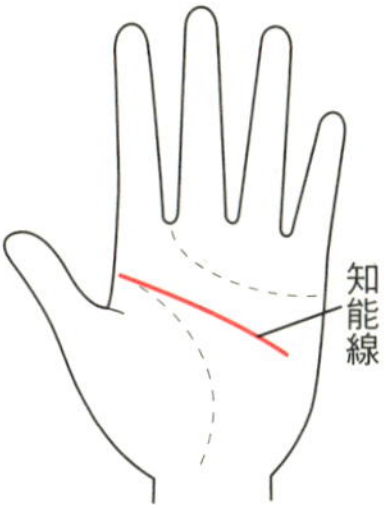

知能線がまっすぐ伸びる

一人ひとりを正しく評価

人をみる目がある

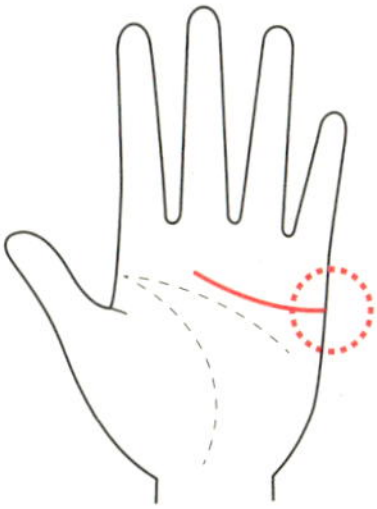

感情線が下のほうから始まっている

心優しい性格

思いやりがあって親切

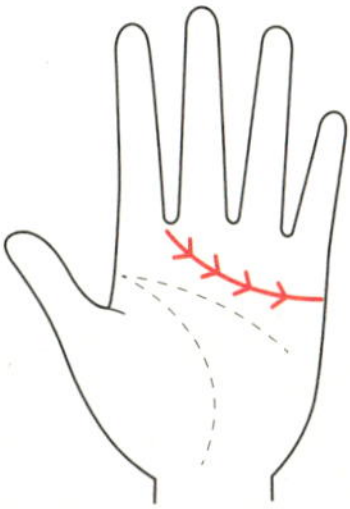

感情線が適度に乱れている

すぐに心変わりする

気まぐれで理不尽

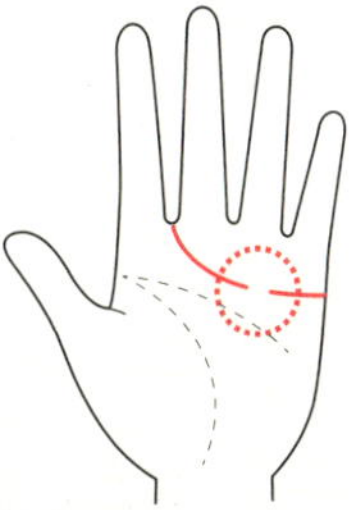

感情線が薬指の下で途切れる

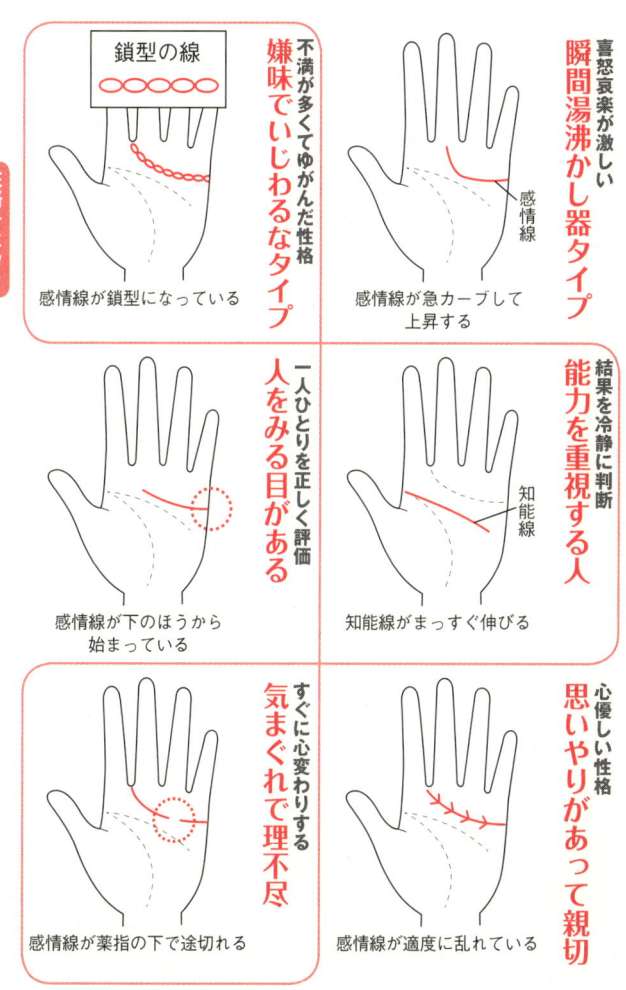

手相チェック⑨ 同僚・部下編

職場の同僚や部下と仲よくできるか知りたい！

平成生まれの新人社員
サオリは
何でもメールで送ってくる
先日の会議の件ですがー
本日の打ち合わせ
目の前に
いるのにーー!!
先輩、寝グセついてますよ
言えよ!!
性格がよめない…
どうコミュニケーションをとればいいのーー!!?

自信を持つほど運気もアップ

ほめて伸びるタイプ

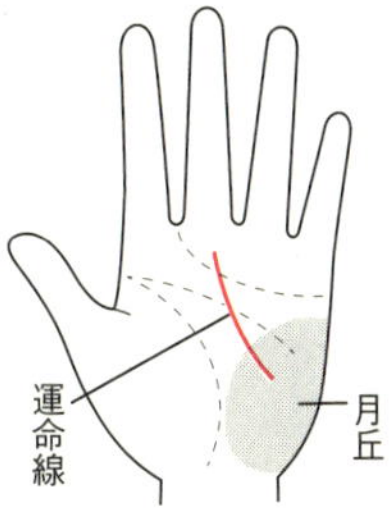

運命線が月丘から上る

人にやってもらうのが当然!?

何でも頼る依存タイプ

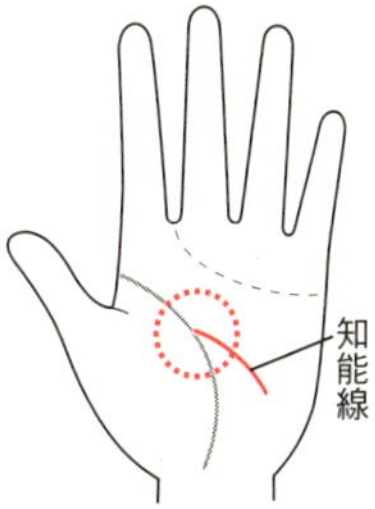

生命線の途中から
知能線が始まる

厳しい指導にも耐える人

スパルタ教育で伸びる

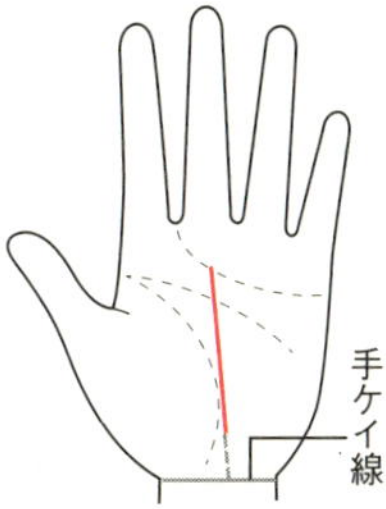

運命線が手ケイ線側から
まっすぐ上る

現実逃避して夢見がち

危機感がないのんき気な性格

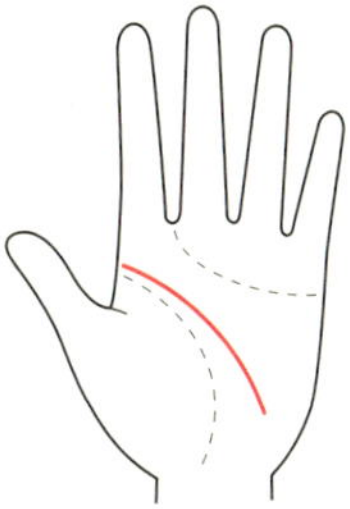

知能線がかなり下に傾く

パワー不足でマイナス思考

落ちこみやすくネガティブ

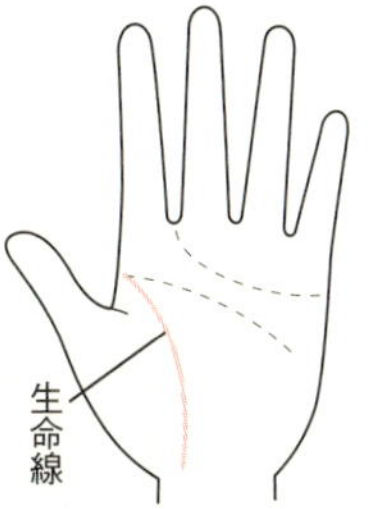

生命線が薄く、
張り出していない

自分の感情を抑えられない

逆ギレするタイプ

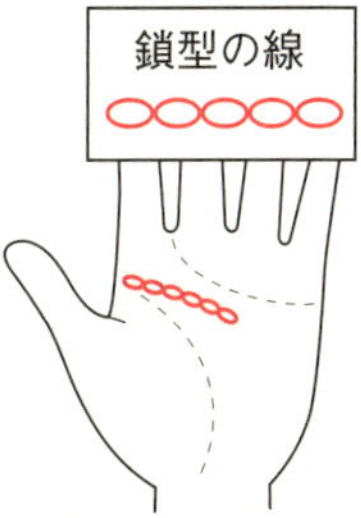

知能線が鎖型で短い

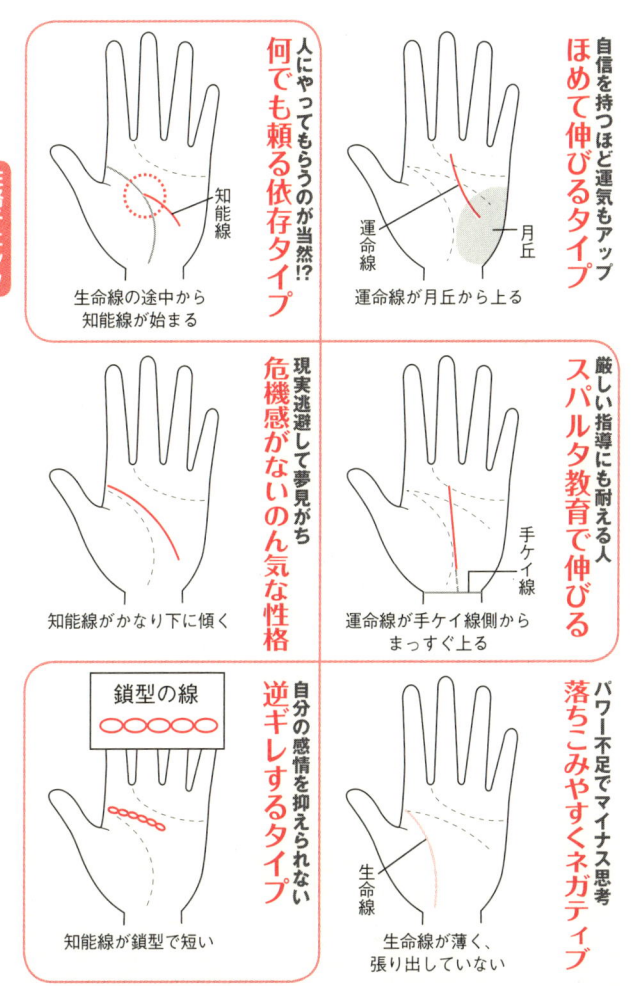

手相チェック⑩ 親・兄弟編

家族も意外と知らない 親・兄弟の本性を知りたい！

母はいつも元気だが
元気元気 ちょー― 元気よォ
時折思う
お父さんが亡くなってずっとひとりぼっちで大丈夫？
独身ライフ満喫さぁ
またすぐ来るわ
平気さぁー
本当は気丈にふるまっているだけなのではないだろうか…

親兄弟によく尽くす
面倒見のよいタイプ

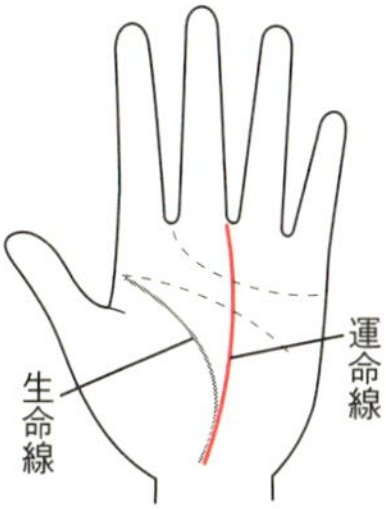

運命線が生命線側から出る

小さなことにも過剰に反応
神経質な性格

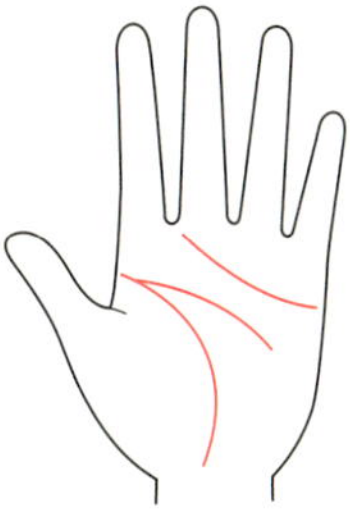

手の線が全体的に細く
弱々しい

面倒くさがりでいいかげん
ズボラな性格

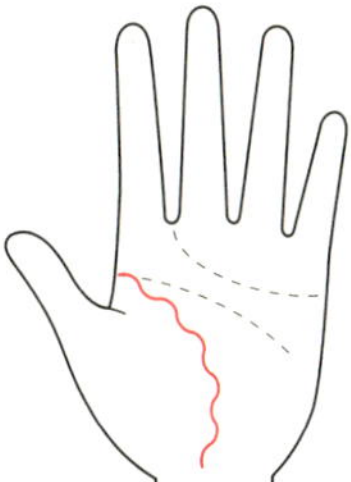

生命線が細く
クネクネしている

子どもへの執着が強い
子離れできない親

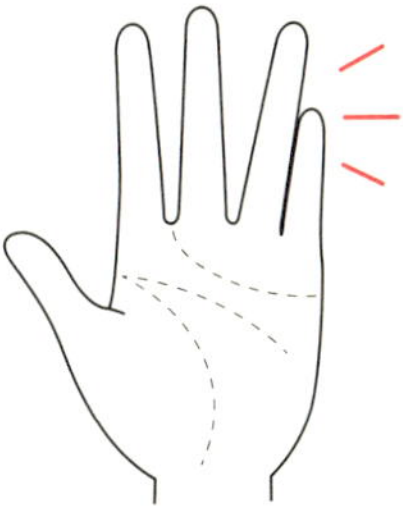

小指と薬指が
ぴったりとくっつく

取り越し苦労ばかりする
とにかく心配性

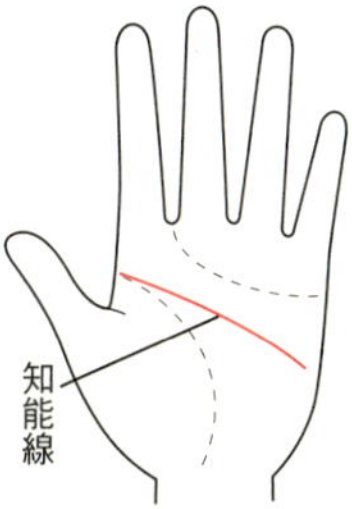

知能線が長く細い

理屈っぽくて我が強い
自分勝手なタイプ

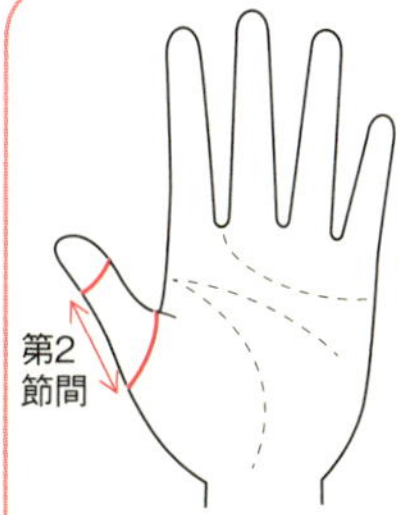

親指の第２節間が長い

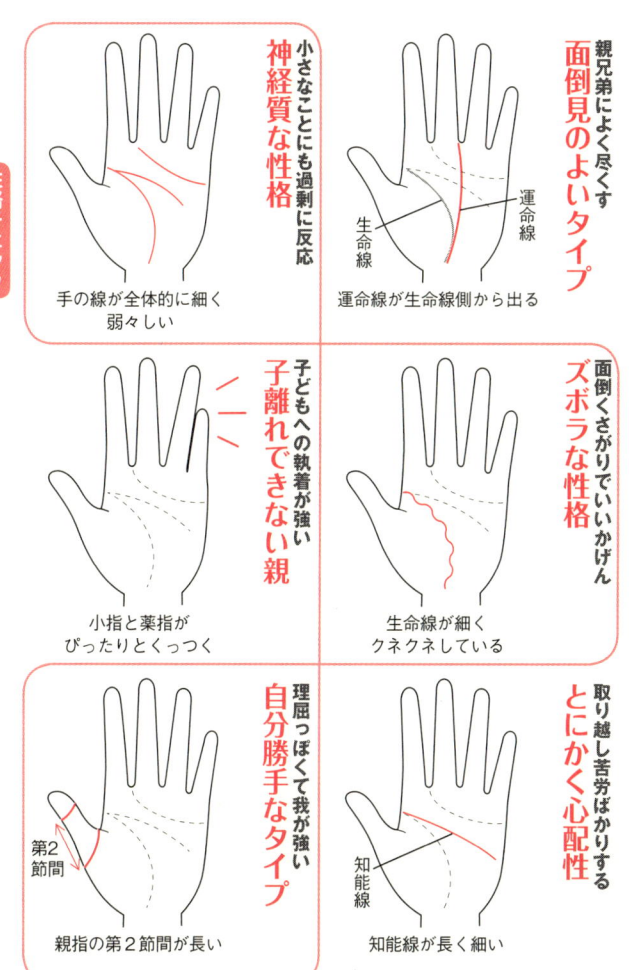

手相Q&A

Q 手相って遺伝するの？

A 手相は一人ひとり違いますが、親子の場合、同じ体質や生活環境から手相がかなり似てくることはあります。

特に、知能線と感情線が似ていることが多く、家を継ぐような立場の人は、親と同じ線を持っていたりします。逆に、家を出て生活する人は「家を離れる＝親と違う運命を歩む」ということから、親と全く違う線があらわれる傾向があります。ただし、運命線や障害線、支線など本人の人生にかかわる線は、親子であっても異なります。

ちなみに、双子の場合でも手相は全然違うのが普通です。双子といっても兄弟であり、上下関係ができるので、普通の兄弟と同じようになります。さらに、成人すると職業などによって手の肉づきが変わってくるでしょう。

Part 3

幸せになる？ 愛の人生劇場をみる

恋愛・結婚

パッと見てわかる!

恋愛&結婚相手に出たらサイコー！

自分も相手もハッピーになるアゲアゲ線

あげまんの手相

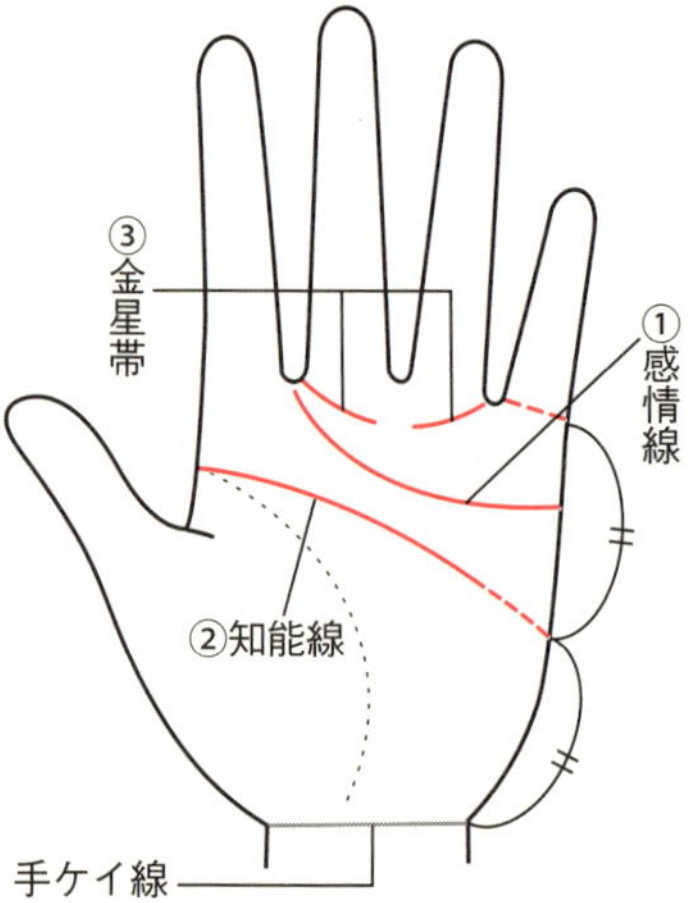

カレや夫の運気をアップさせる幸運の女神の相

❶感情線が人さし指と中指の間に入っているのは、おだやかで物腰がやわらかく、男性によく尽くすことをあらわします。

❷知能線がややカーブしながら長めで、小指下と手ケイ線の間に流れていれば、判断力が正確で情に流されません。

❸金星帯が適度に伸びているのは、セックスで男性を満足させることをあらわします。相手に性的なエネルギーを与え、社会で活躍できるよう導きます。

（あげちんの手相）

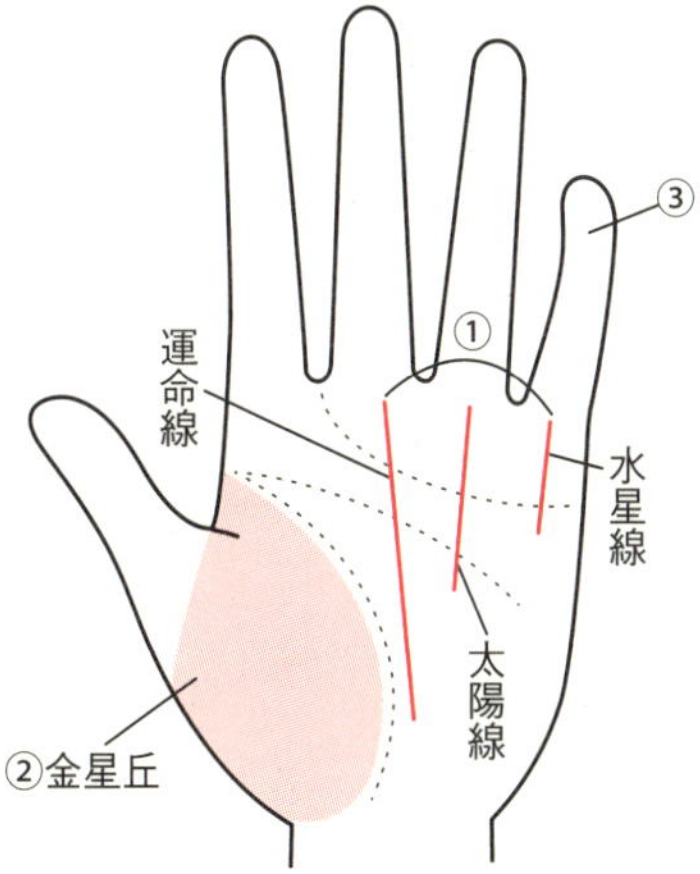

経済力とバイタリティーで相手を幸せにする

❶運命線、太陽線、水星線のタテ線がはっきり並んでいるのは、運を味方につけて、成功を手にできる特別な人です。経済的にも安定した生活を送り、自分の周りにいる人たちへもその恩恵を与えるでしょう。

❷金星丘に適度な硬いふくらみがあるなら、健康に恵まれ、バイタリティーにあふれています。

❸小指が長めで、少し薬指側に向いていれば、金運も持っています。また、セックスもうまく、相手を満足させるでしょう。

パッと見でわかる!

不幸体質でトラブルが続くかも

ズバリ！　恋愛&運気ダウンにつながる線

嫉妬したり束縛したり男性の運気を食べてしまう相

❶感情線の先が木星丘の中心より先に伸びているのは、執念深く、男性を束縛し、男性の運気を止めてしまいます。

❷基本の三大線（生命線、知能線、感情線）よりも濃く太い運命線があると、男性の運気を食べてしまい、男性が社会的に活躍する力を失わせます。

❸生命線の始まりのあたりが鎖状になっているのは、恋愛がうまくいかないと騒ぎたて、トラブルを起こしやすいでしょう。

（さげまんの手相）

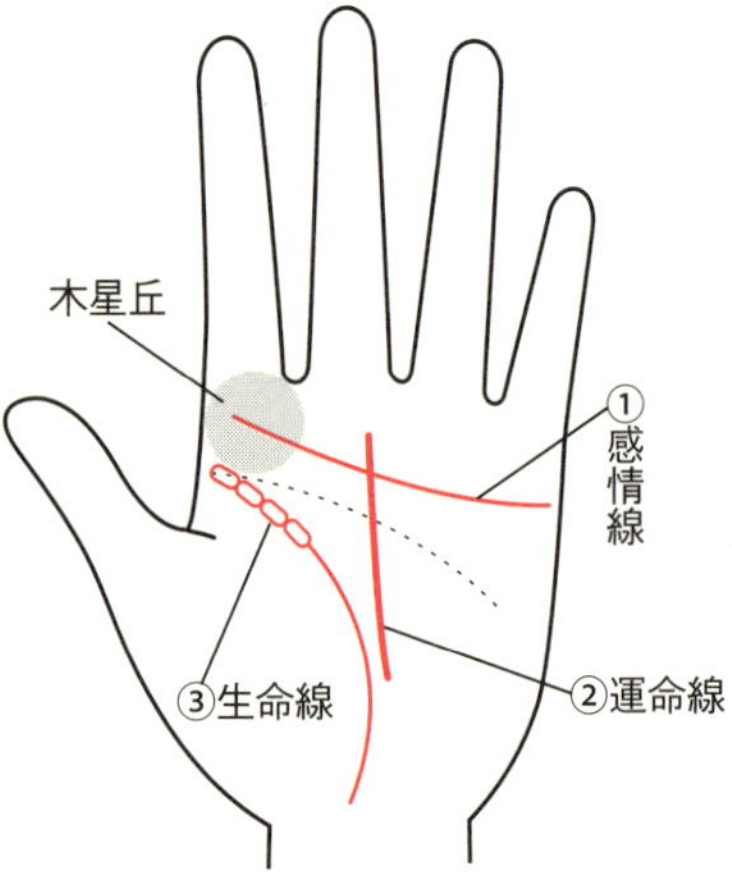

さげちんの手相

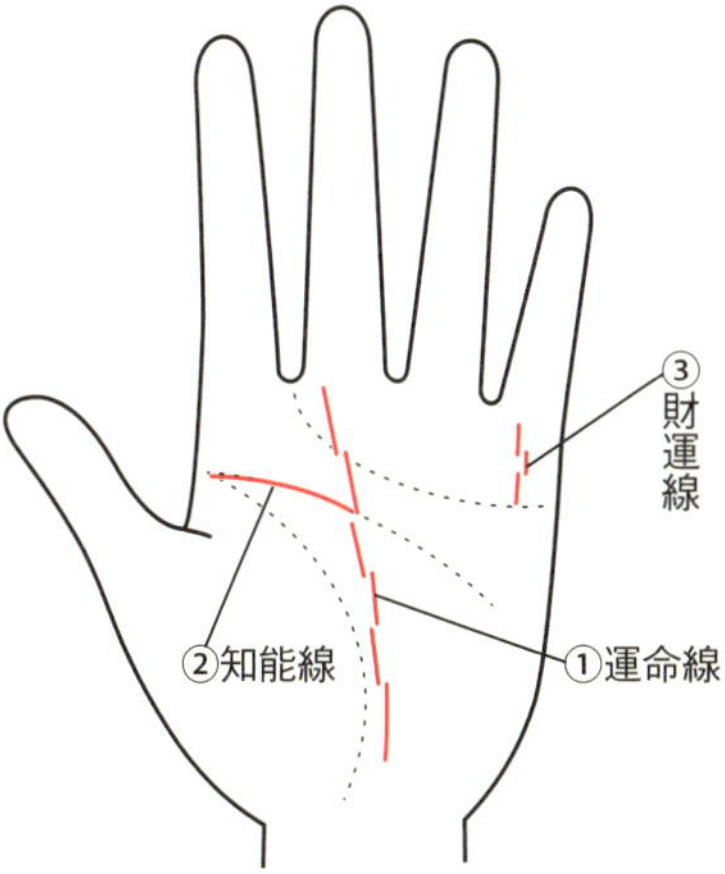

稼がない、ギャンブルをする だめんず代表のヒモ男

❶運命線が切れ切れとなっているのは、運に翻弄されてしまう、強さに欠ける人です。自分で稼ぐよりも、できれば女性に食べさせてもらいたいくらいに考えます。

❷知能線が短いのは、あまり物事を考えて行動するタイプではないことをあらわします。仕事もイヤになるとすぐに辞めてしまいます。賭け事などでストレス発散しやすいでしょう。

❸財運線が出ていても、切れ切れなら収入は安定しません。

恋愛
結婚

① とにかく今すぐカレが欲しい！

近々、よい出会いはある？

カレいない歴3年になり、今すぐにでもカレが欲しいと思っています。近くによい人はいるのか、これからよい出会いがあるのか教えてください。

A 感情線が生命線や知能線よりも濃く出ているときは、恋の神様がやってきているあらわれです。すでに素敵な人がそばにいたり、よい出会いが近くまできています。あまり自分のイメージを固めすぎず、柔軟な態度で人をみるようにすると、スムーズにつき合うことができるでしょう。人が紹介してくれる場合も、積極的に会うようにしてみて。

GOOD よい出会いが近い

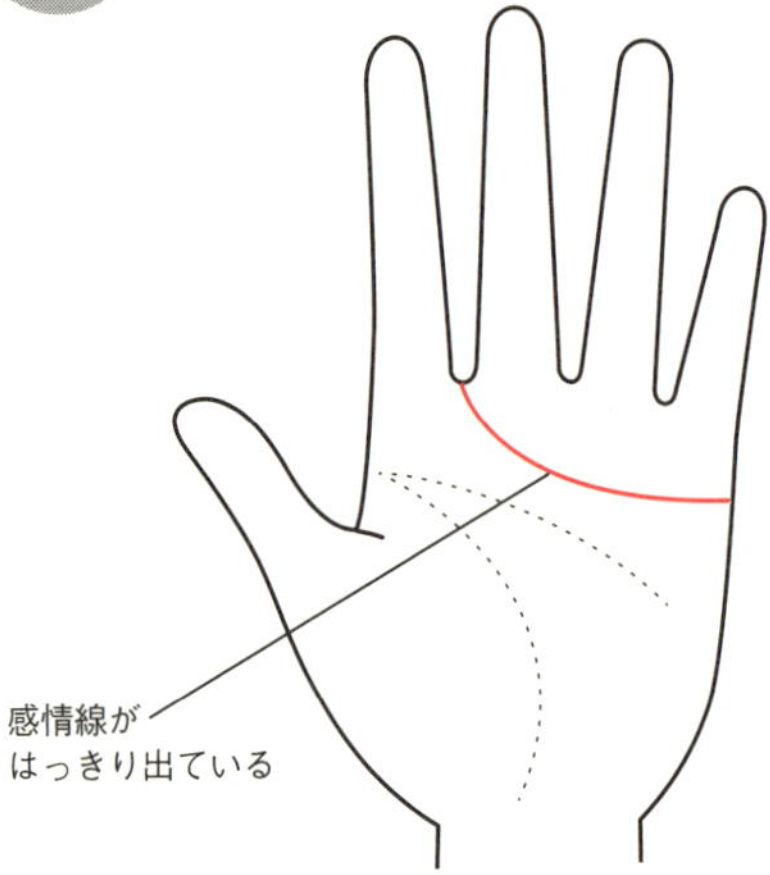

★流年法→P40～P47参照

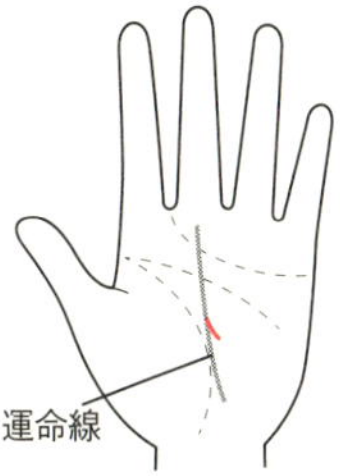

運命線に支線が合流している

出会いはすぐそこ！ 出会いに向けて自分を磨いて

流年法でみて、現在の年齢あたりにある運命線に支線が合流しようとしていると、出会いはすぐそこまできていることをあらわします。出会いに備えて自分の外見や内面を磨いておけば、特別なことをしなくてもよい恋へと発展します。

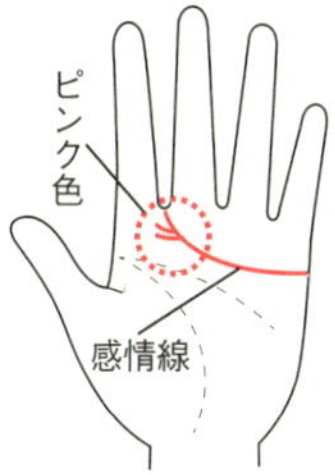

感情線の先が３本に分かれピンク色

よい出会いが訪れるサイン 運命的な恋をするかも!?

よい出会いがやってくるラッキーサイン。さらに、感情線の先が伸びていれば、より運命的な出会いとなるでしょう。「今まで待っていた甲斐があった」と思えるような、素敵な相手と恋に落ちることができそうです。

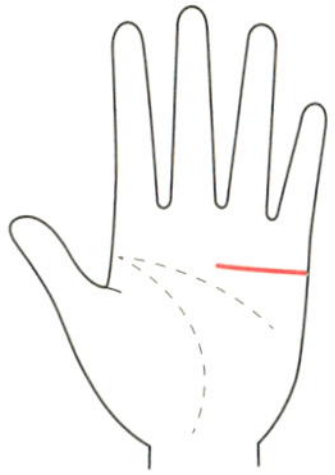

感情線がストレートで乱れていない

出会いのチャンスが少なく 恋より仕事を選ぶ人

感情線がまっすぐで支線がないと、出会いが訪れにくいことをあらわします。せっかく出会いがあっても見過ごしてしまうかも。恋より仕事となりがちですが、女性的な部分を大切にすれば、仕事にもよい影響が出てくるでしょう。

恋愛
結婚

2

チヤホヤされたい

私のモテ期はいつ頃くる？

普段は何もないのに、ここ1カ月で5人の男性に告白された友人がいます。手相でモテ期ってわかりますか。あるとしたら何歳頃なのか知りたいです。

A 多くの人からアプローチされて運命の人に出会う時期（＝モテ期）は、運命線に向かう支線をみます。運命線に支線が交わる（合流）する場所を流年法でみて、支線の始まりが出会う時期、合流するところが好きな人と一緒になれる年齢となります。支線が親指側から出ていれば親類、小指側から出ていれば他人からの紹介で出会うでしょう。

GOOD 運命の人に出会うモテ期がくる

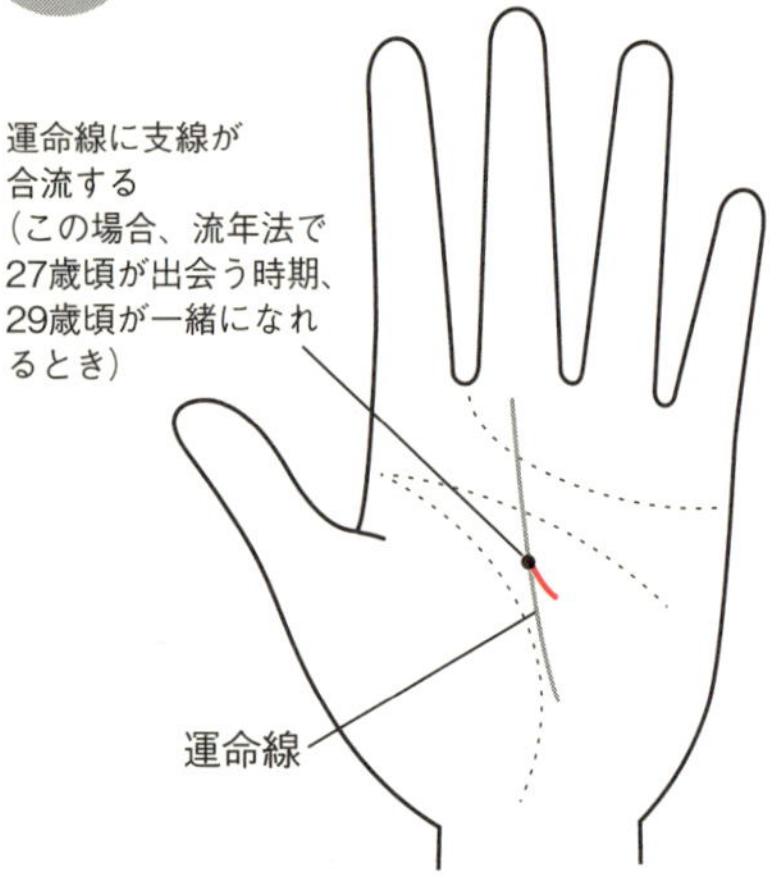
運命線に支線が合流する（この場合、流年法で27歳頃が出会う時期、29歳頃が一緒になれるとき）
運命線

★流年法→P40～P47参照

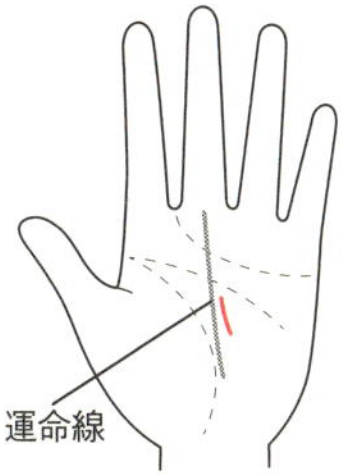

支線が運命線に合流しないまま並行している

異性からモテても距離が縮まらない時期

運命線に向かう支線が並行し、交わらない場合は、ロマンスがあっても距離が縮まらない暗示です。流年法でみて、支線の始まりから終わりまでの時期は、たくさんの異性からチヤホヤされるモテ期ですが、結婚まではいかないようです。

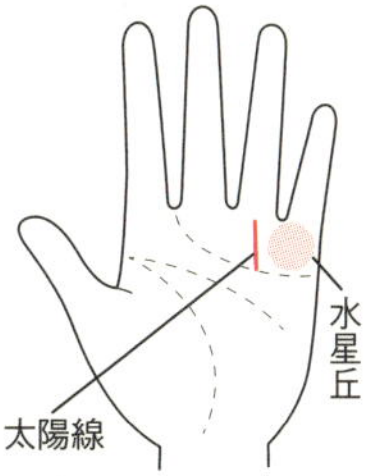

太陽線が浮き出ている

異性の注目を浴びる超モテ期！将来の結婚相手と出会うかも

この相が出ていると、超モテ期です。人から注目を浴びる時期で、それを意識するとさらに多くの異性を惹きつけます。水星丘も薄いピンク色になっている場合、よい相手との出会いがあり、結婚へと結びつくこともありそうです。

開運テクニック

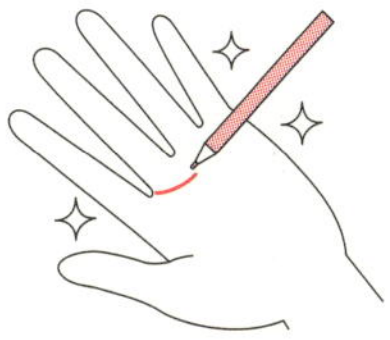

キラキラペンで金星帯を描き込み注目を集める

ピンク色のキラキラペンで金星帯を描くと、性的魅力がアップして異性を惹きつけるオーラが生まれます。自分でも女の意識が高まり、セクシーさが出てきます。

恋愛
結婚

3

大好きなカレとつき合いたい！
カレに思いが通じる？

大好きな人がいて、ずっと告白しようと思っていますが、なかなか勇気が出せません。カレと両思いになって、つき合えるでしょうか。

A 生命線と知能線がくっついていると、慎重な性格で傷つくのが怖く、自分から告白することができません。そのため、告白して両思いになるのは難しいでしょう。

ただし、常識的で好感を持てる相なので、できるだけカレのそばにいて、カレを大切に思っている会話や行動をすると、両思いになれる可能性があります。

BAD ✕ 告白して傷つくのが怖い人

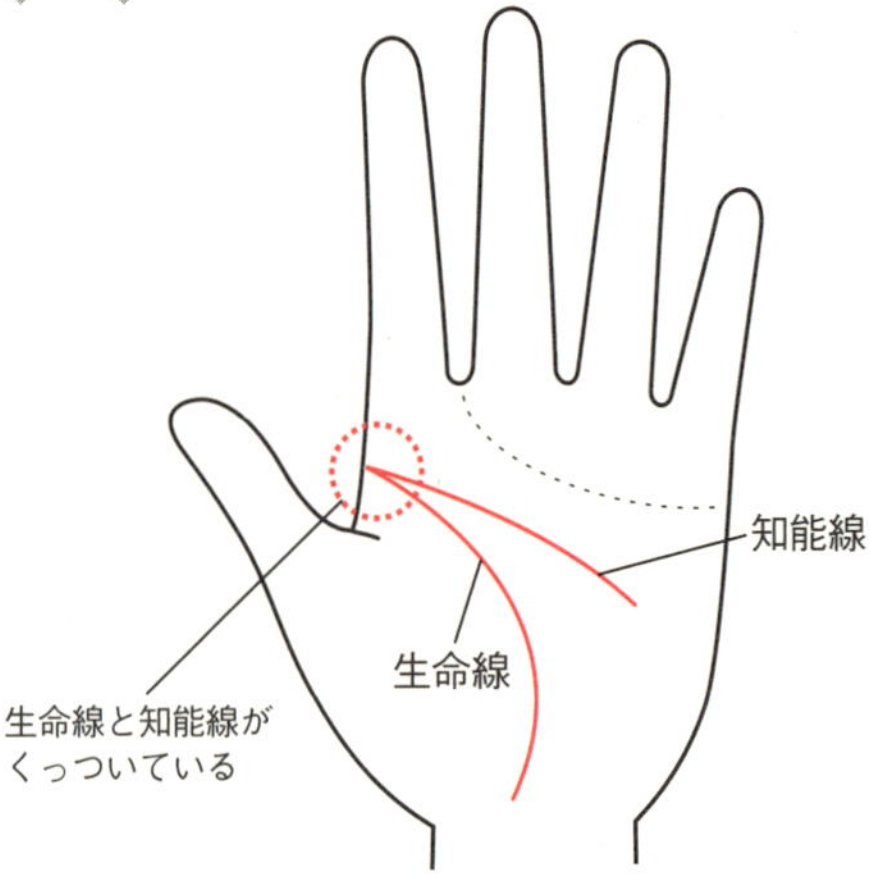

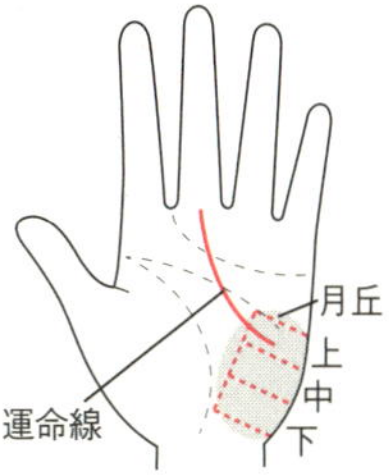

運命線が月丘上部から出ている

告白成功率はかなり高め 勇気を出して告白してみて

運命線が月丘上部から出ている場合、思いきって告白すれば、つき合える可能性大。カレにその気がなくても、相手を魅了する力が十分にあります。告白すれば相手の心をつかむことができるので、頑張って気持ちを伝えてみて。

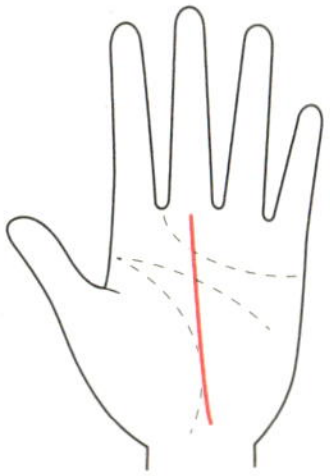

運命線が手首側から出ている

自分のことが好きな人とつき合う 告白できない奥手なタイプ

普段は積極的でも恋には奥手で、自分から告白できません。好きな人がいても、グズグズしているうちにタイミングを逃してしまいます。理想は高いものの自分からは動かず、自分を好きになってくれる人とつき合うことがほとんどです。

開運テクニック

カレを振り向かせるには 白いペンで太陽線を描いて

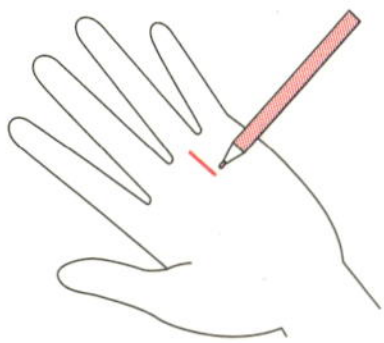

カレと両思いになるには、白のペンで太陽線を描きます。描くときは好きな相手を思い浮かべ、恋が成就して仲よくしている姿をイメージしましょう。

恋愛
結婚

4

チャラ男はもういいい！誠実な人とつき合える？

前のカレは私とつき合っているのに、ナンパしたり合コンに行ったり……。軽々しいチャラ男で最悪！　今度は、誠実な人とつき合えますか。

A　金星丘にふくらみがなく薄いと、カレに甘く見られて、しばらくすると飽きられてしまうことをあらわします。金星丘にある程度の厚みが出てこないと、違う男性とつき合っても同じような扱いを受けるでしょう。食生活を見直して栄養バランスのよい食事を心がけると、金星丘にふくらみが出て、誠実な人と出会えるようになります。

BAD ×　カレに飽きられやすい相

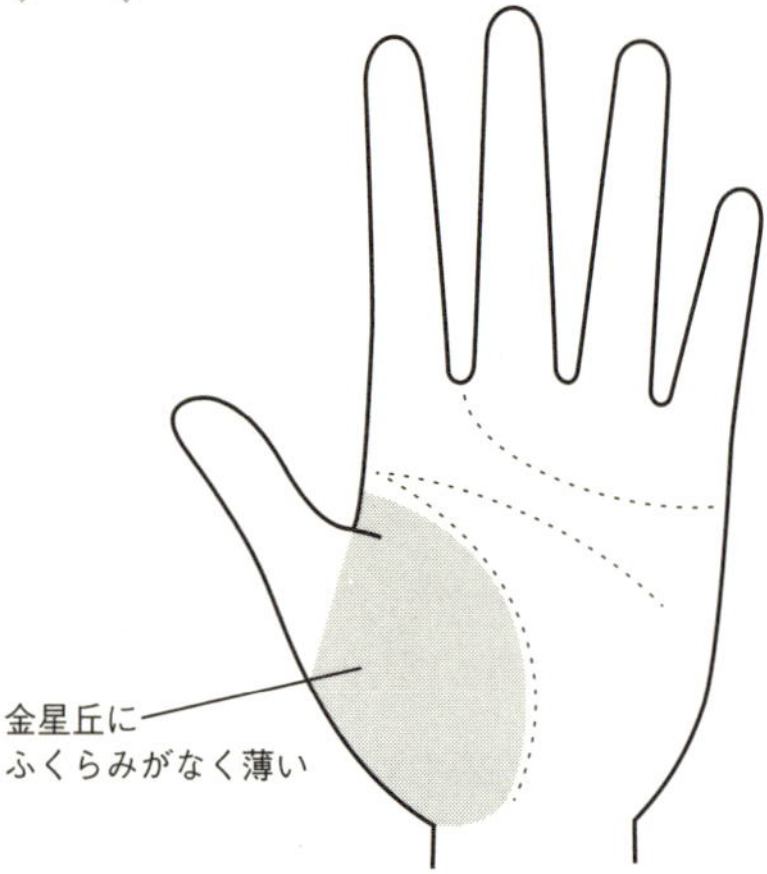

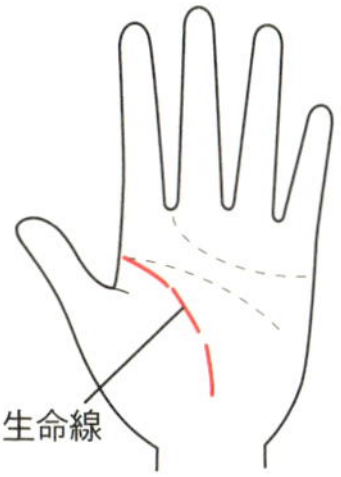

生命線が短く切れ切れ

チャラ男と縁が切れない男運の悪いタイプ

生命線が短く切れ切れだと、全体的な運はよくても男運がパッとしません。もっと素敵な人がいるのに変な情が生まれてしまい、軽々しい男とばかり縁を持ってしまいます。少しは人の意見も聞くようにしましょう。

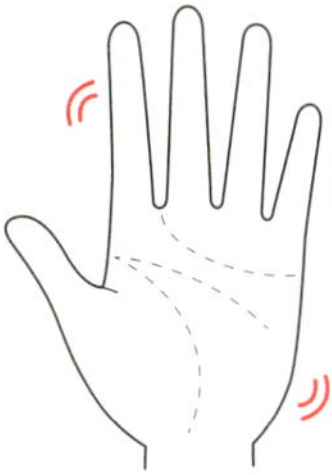

手の肉がやわらかい

口先だけの男に利用される!? 情に流されやすいお人好し

手の肉が全体的にプヨプヨしてやわらかいと、人がよく、相手に都合よく利用されてしまうところがあります。さらに、手の甲にホクロあると、口先だけのチャラ男とばかりつき合うことが多くなりそう。情に流されないことが大切です。

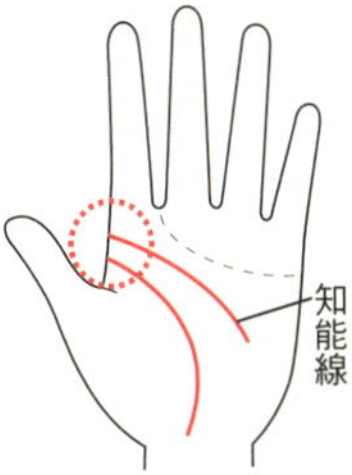

生命線と知能線が離れている

冷静に男性をみられる相 誠実な人と結婚できます

冷静に男性をみることができる人。たまたまチャラ男とつき合っても、その後に同じような軽い男とつき合うことは少ないでしょう。いろいろなタイプの人とつき合ってみて、納得してからいちばん誠実な人と結婚することができます。

恋愛
結婚

5

いつも〝うざい〟と言われてしまう 私って重い女？

カレができると1日に20回以上のメールは当たり前。でも、カレには必ず「しつこい、うざい」と言われてフラれ、恋愛がうまくいきません。

A 女性でこの相なのは、エネルギッシュで相手を支配しようとする人です。メールの返信なども、すぐ返すようにプレッシャーをかけていくでしょう。人の気持ちを考えるのが苦手で、自分のことばかり押しつけるので嫌われそう。よほどおとなしいカレか、強気でワンマンな人でないと、つき合いを続けるのは難しいでしょう。

BAD ✕ 自己中で支配的な人

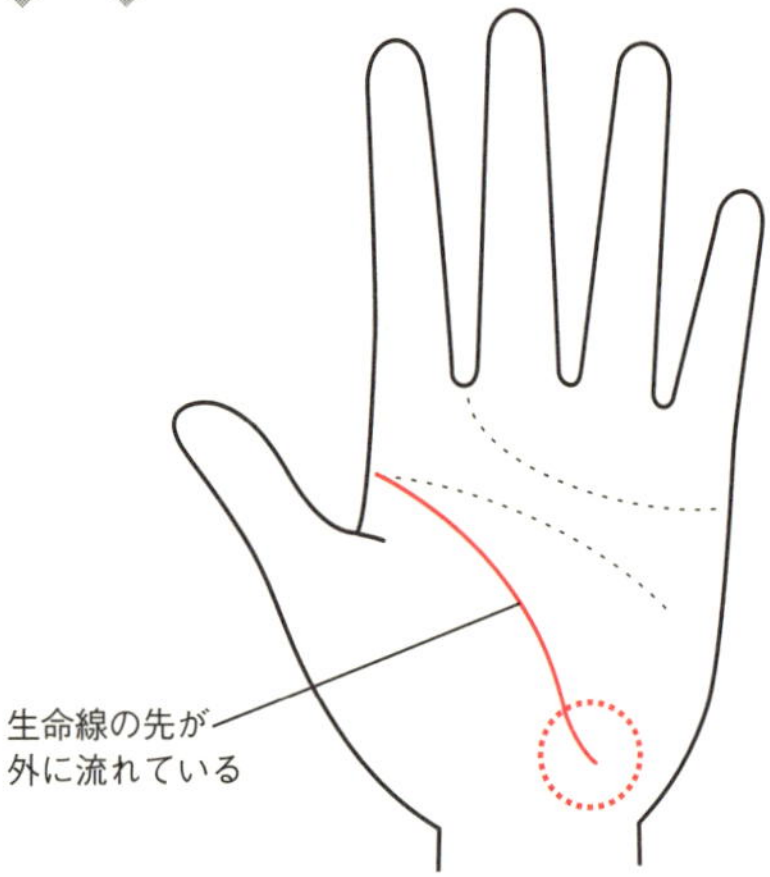

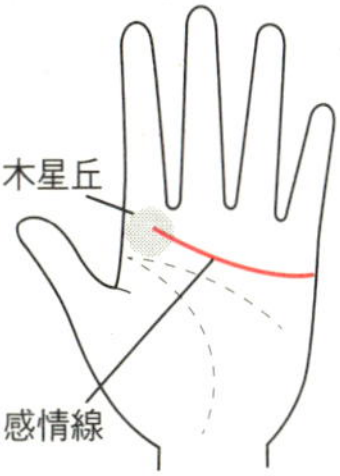

感情線が木星丘に伸びている

相手を束縛し、嫉妬の炎をメラメラ燃やす重い女

執着心が強く、重い女と思われがちです。相手のすべてを知っていないと気がすまないため、疑い始めると小さいことでも嫉妬の炎を燃やし、手がつけられなくなります。相手を束縛したり、余計な口出しは控えましょう。

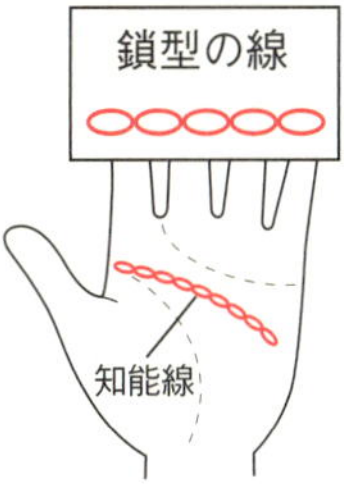

知能線が鎖型で長い

相手の行動を細かくチェック詮索しすぎて嫌われそう

相手のことを何でも知りたがり、つまらない憶測で縛るところがあります。余計なことを言ったり、1日の行動を細かくチェックしたがるので、相手の気持ちも次第に冷めていき、恋愛が続かなくなるでしょう。

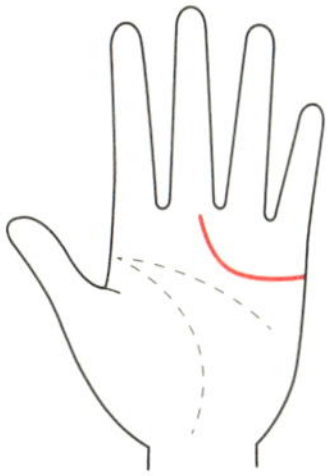

感情線が急カーブして上昇している

激しい情熱がうざい場合もあり相手をよく見極めて

情熱的に恋をするタイプですが、相手をきちんと見極めないと、あなたの情熱を受け入れてもらえず「うざい」と思われる場合もあるでしょう。恋するパワーが強いので、余裕を持って恋を楽しめる男性と相性がよいでしょう。

恋愛
結婚

6

ここ数年、ずっとマンネリ……
けじめをつけて別れるべき？

交際5年目のカレと、だらだらマンネリ状態が続いています。結婚話にもならないし、別れて新しい人を探したほうがいいのか迷っています。

BAD ×
マンネリ状態のまま

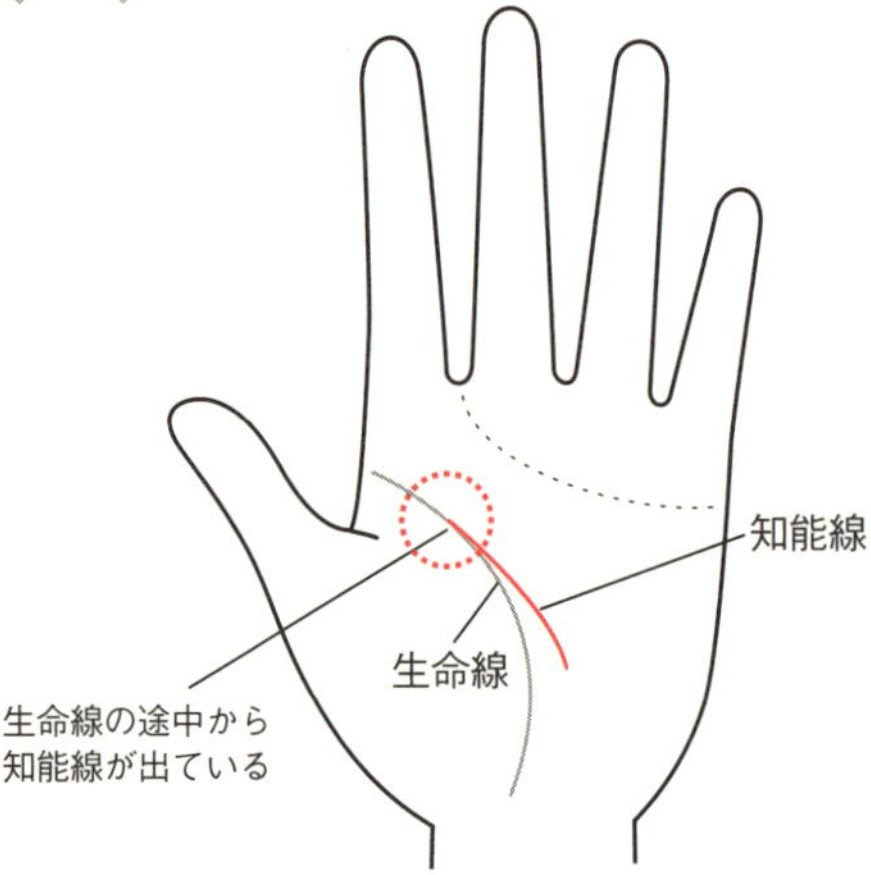

A 生命線の途中から知能線が出ていると、よほどのことがない限りだらだらとつき合い続けて、離れられないことをあらわします。相手に好きな人ができ、フラれるまで今の状態でしょう。自分の将来を真剣に考えて、相手にはっきり伝えれば、状況は改善していきます。自分をしっかり持つように心がけると、新しい出会いもやってきます。

★流年法→P40～P47参照

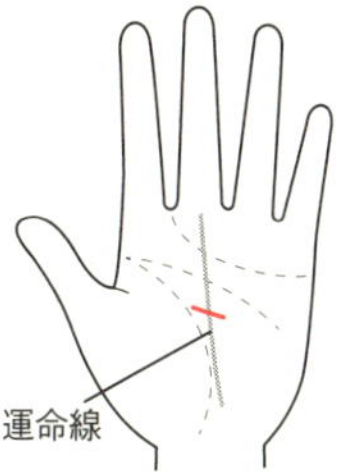

運命線に支線が合流し、横切っている

カレとはいずれ別れる運命 新しい恋人を探して

運命線に支線が合流し、そのまま横切っていると、その流年の年に別れることをあらわします。結婚して結ばれることはなく、もう相手の心も離れているかも。惰性でつき合うよりも、きっぱり忘れて新たな人を探したほうがよいでしょう。

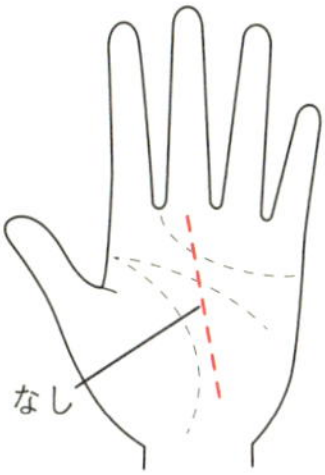

運命線がない

結婚も破局もカレまかせ!? 相手の行動をただ待つタイプ

自分で運命を切り開く気持ちが弱く、流れにまかせる人。結婚も自分から行動せずに相手が動くのを待つ傾向があり、ただつき合い続けるだけで不満が出そうです。自分が相手も幸せにするという気持ちを持てば、運気がよくなります。

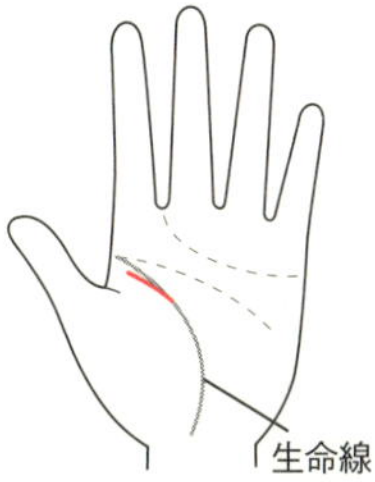

生命線の内側にある支線が合流している

カレと結婚までいきそう 自分から積極的に行動して

生命線の内側に支線が出て合流している場合、支線の始まる流年の年につき合いが始まり、最終的に結婚までいくことをあらわします。相手が結婚話を出してくるのを待たずに、自分から積極的に行動するとよいでしょう。

恋愛
結婚

7

何を言っても許される
男を振りまわす小悪魔タイプ？

友だちのA子は駆け引きがうまく、男性にわがままを言っても嫌われるどころかモテモテ。相手を手玉にとって上手に転がす相ってあるんでしょうか。

GOOD 自然と好かれる人気者

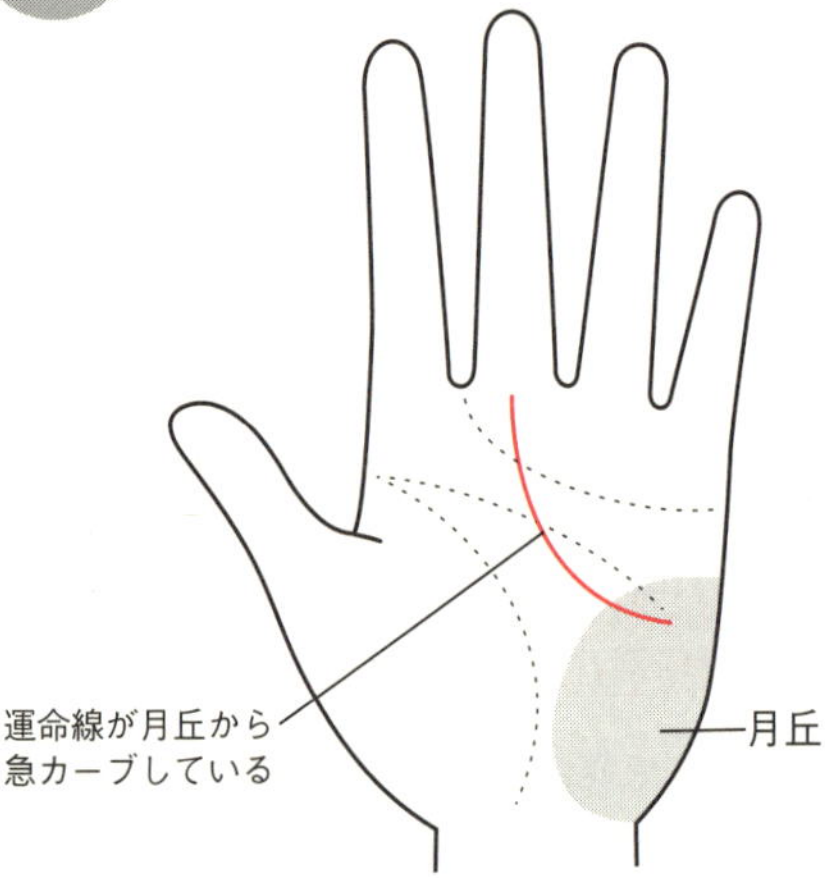

A 運命線が月丘から急カーブして伸びていると、生まれつき人気者になる才能があることをあらわします。自分では意識していなくても、自然と人から注目されたり、好意を持たれるような行動をとっているので、人気を集めるでしょう。今を楽しく生きることを大切にするタイプで、わがままもその人の魅力の一つになる得な人です。

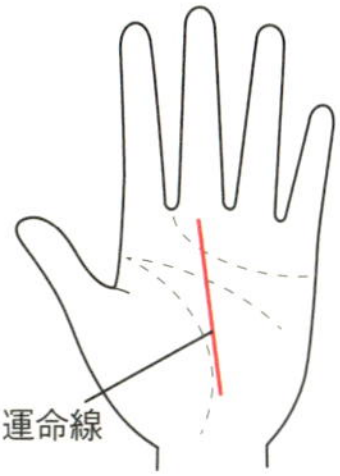

運命線が手首側からまっすぐ上る

わがままそうでも気がきく男性に愛される小悪魔タイプ

運命線が手首側からまっすぐ上っていると、まじめな性格で人に貸し借りをつくるのがイヤな人です。一見、わがままに見えますが、気がきき、責任感もあるので、男性には純粋でかわいく感じられるでしょう。

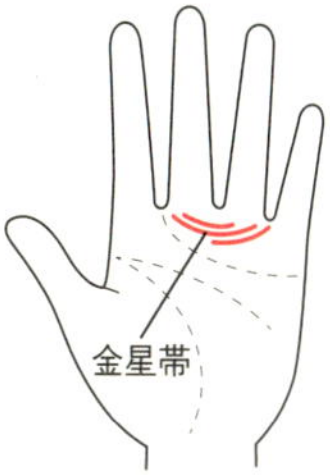

金星帯が何重にもなっている

飽きられやすいけど性的な魅力で男性に好かれる人

金星帯がいくつも重なっていると、性的な魅力にあふれ、男性の心をとらえる人です。わがままなども男性にはかわいく映りますが、それは性的なつながりでしかないので、肉体関係を持つと相手に飽きられるのも早い傾向があります。

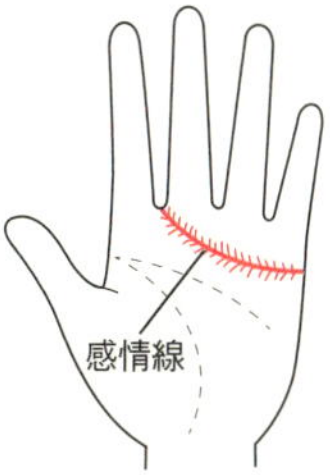

感情線が乱れている

男性から愛されるコミュニケーション上手な人

感情線が乱れていると、異性への接し方が上手でかわいがられる人です。親しみやすく、相手を喜ばせるような会話ができるので周囲から好かれるでしょう。また、どんな人の前でも動じない強さも持ち合わせています。

恋愛
結婚

8

やっぱりカレがよかった
元カレとヨリを戻せる？

つき合うのがイヤになって私のほうから別れを言い出しましたが、今になって元カレのよさを感じています。今からヨリを戻してもうまくいきますか。

A 感情線が薬指の下で途切れていると、自分の心変わりで相手をふってしまう傾向があります。あまりに急な展開で、相手は心の準備ができていなかった可能性があるので、まだヨリを戻すチャンスはありそうです。

　できるだけ早くあやまって、今後はカレを大切にすれば、よい関係に戻れるでしょう。

GOOD ヨリを戻すチャンスあり

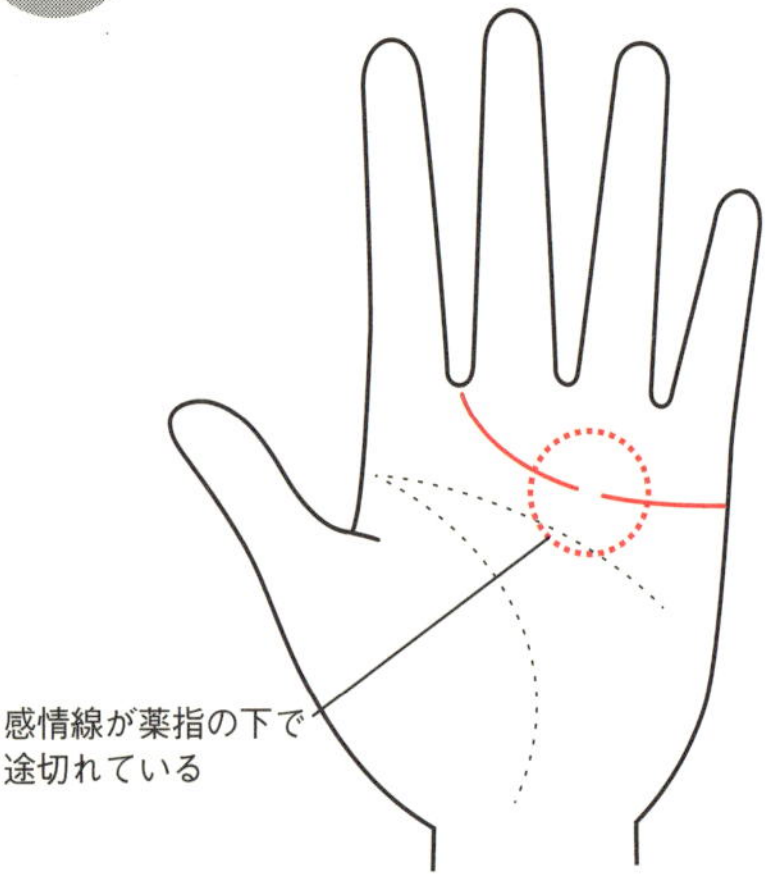

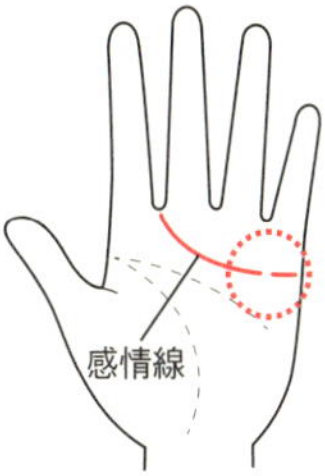

感情線が小指の下で途切れている

ふたりの関係は終わっていて ヨリを戻せる可能性は低め

感情線が小指の下で途切れていると、ヨリを戻せる可能性は低いことをあらわします。身勝手な行動にカレはとても傷ついていて、ふたりの関係はすでに終わっています。気持ちを切り替えて、次の恋を探したほうがよさそうです。

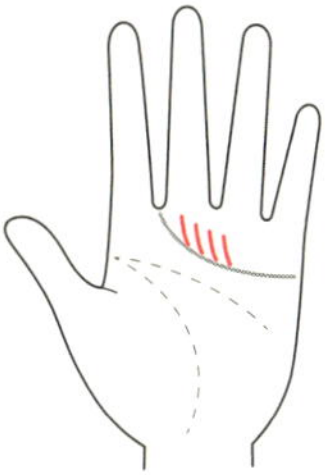

感情線に上向きの支線が多い

ヨリを戻してやり直せそう カレを大切にすると恋が進展

一度別れても、相手はあなたのことを思っています。よく話し合えばヨリを戻せるので、できるだけ早く自分から連絡をとってみて。あなたがカレを大切にすることで、これまでとは違う形で恋愛が進展していきそうです。

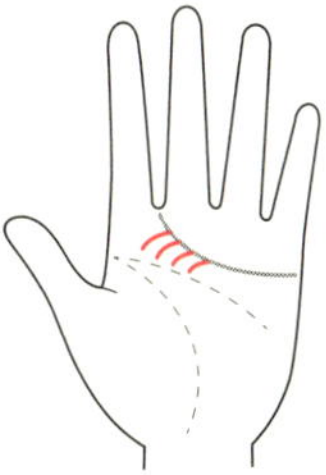

感情線に下向きの支線が多い

ヨリを戻すのはムリそう 前向きに新しい恋を探して

ヨリを戻そうとしても、相手からはよい返事がもらえなさそうです。終わった恋を思い返すよりも、新しい男性を見つけたほうがよいでしょう。この相の人は恋愛を悲観的にみる傾向があるので、前向きに考えるよう心がけて。

恋愛
結婚

9

いつも3カ月以内でフラれる……
恋が長続きしないタイプ？

告白されてつき合い始めた頃はラブラブなのに、いつも3カ月もたずにフラれてしまいます。私って、カレに嫌われるような言動が多いの？

A 自分をアピールすることに一生懸命で、相手が楽しく過ごせる雰囲気をつくれていないことを暗示します。あなたの言葉遣いが、相手にイヤな思いをさせているかもしれません。相手の意見をすぐに「でも」や「違うの」と否定して聞き入れず、幻滅されている可能性があります。否定語をやめて、相手も気持ちよく話せるように気を遣いましょう。

BAD ✕ 言葉遣いで幻滅されている

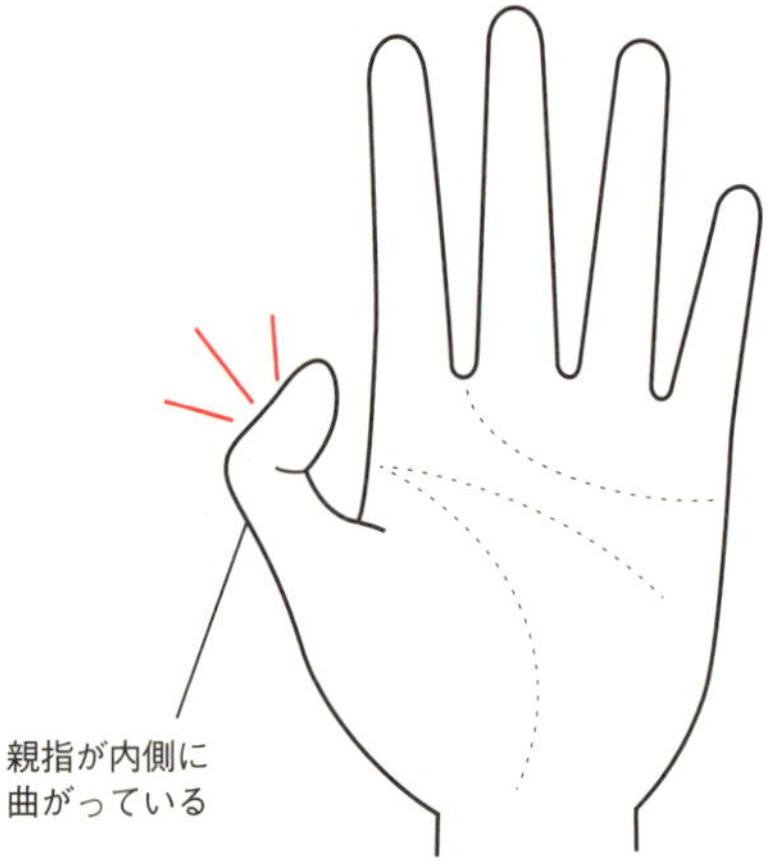

お金にシビアで要求しすぎ 自分のことは自分でやるように

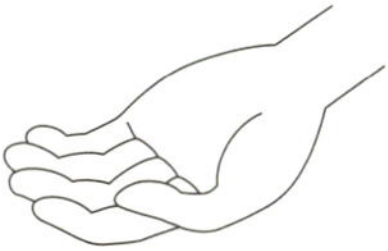

手をすぼめて出す

手をすぼめて出すのは、相手への要求が多いために、うんざりされていることをあらわします。特に金銭面で、あなたの超シビアなところに嫌気がさしていそうです。相手に頼らず、自分の分くらいは自分で出すようにしましょう。

男性をみる目に問題あり ゆっくり恋を育むようにして

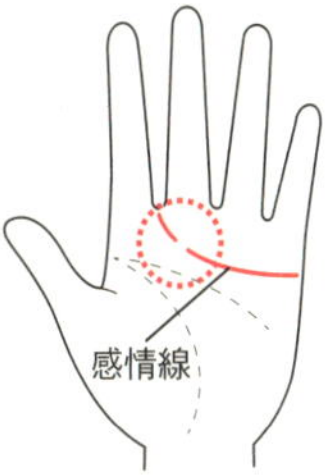

感情線が中指の下で切れている

フラれることが多い相です。そもそも男性をみる目がなく、簡単に肉体関係を持ってしまうことも問題でしょう。好きな人がいる場合は、時間をかけて本当のあなたを知ってもらうようにすれば、恋が長続きします。

開運テクニック

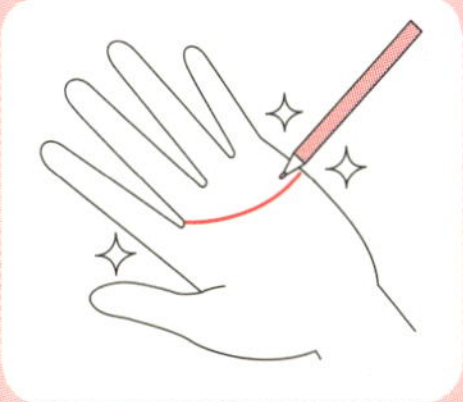

感情線を描き足して 恋愛を長続きさせる相に

ピンク色のキラキラペンを使い、感情線が人さし指と中指の間に入り込むように描きます。デート前に描いておくと、相手への言葉遣いにも気を配ることができます。

恋愛
結婚

10

人のカレがよくみえる
略奪愛に燃えるタイプ？

R子にカレを紹介したら、カレを奪われてしまいました。どうやらカノジョは、人のカレばかり略奪しているそう。略奪愛が好きなんでしょうか。

A 感情線が鎖型になっていると、友だち関係でも上辺だけで人とつき合うことをあらわします。さらに友だちがカレと仲よくしていると、すぐにうらやましく思って、手段を選ばずに奪おうとします。性的な魅力を持っているので、男性も誘惑に負けてしまうことが多いでしょう。ただし、奪った後は興味がなくなり、相手を捨てるタイプです。

BAD ✕ 友だちのカレを狙う略奪好き

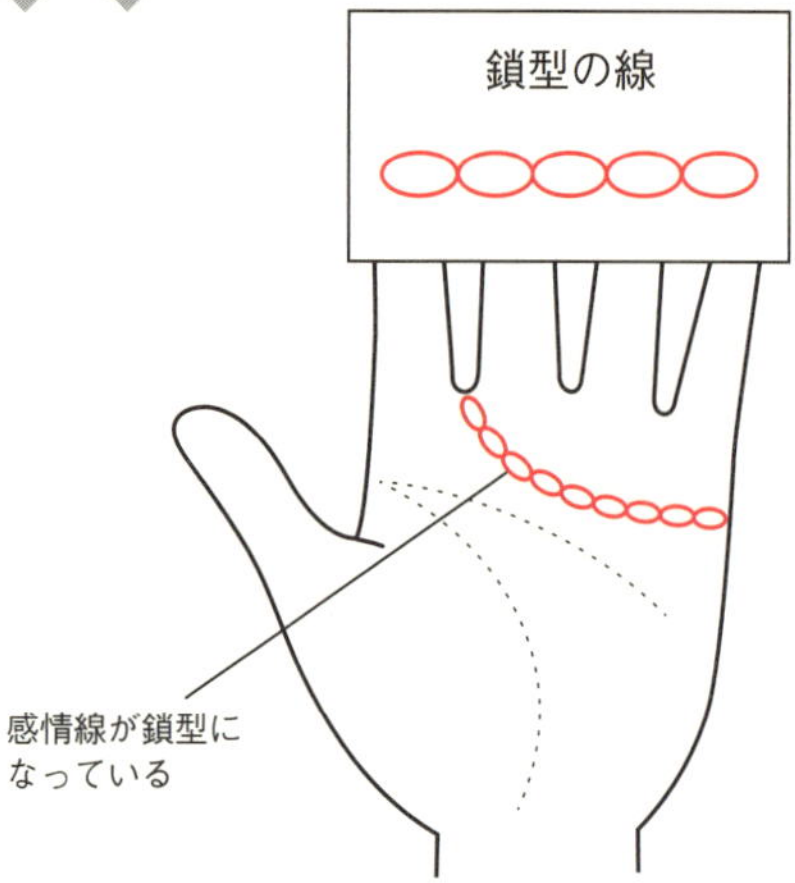

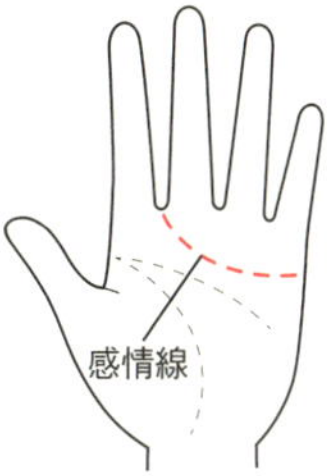

感情線が切れ切れ

女の友情は関係なし！ 友だちのカレばかり欲しいタイプ

愛情面が満たされず、人のカレを欲しがることをあらわします。プライドだけは高く、友人のカレを奪うことで優越感を感じます。つまらない出来心で友情を失ってしまわないよう、少し節度を持って行動したほうがよいでしょう。

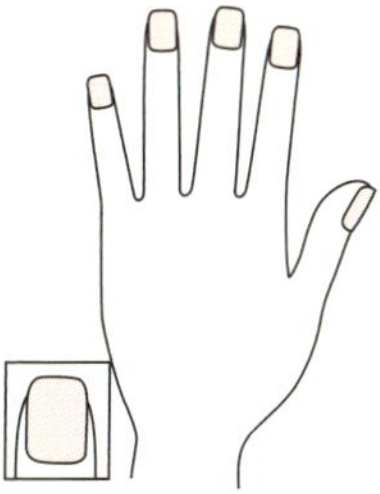

爪が大きく四角い

欲しいものは必ず手に入れる 自己中でしたたかなタイプ

大きく四角い爪は、自己中心的な考え方をあらわします。欲が人一倍強く、欲しいものがあれば、したたかに行動して友人のカレでも手に入れようとします。ただし、目先のことにとらわれすぎて、結局はさびしい人生となりそうです。

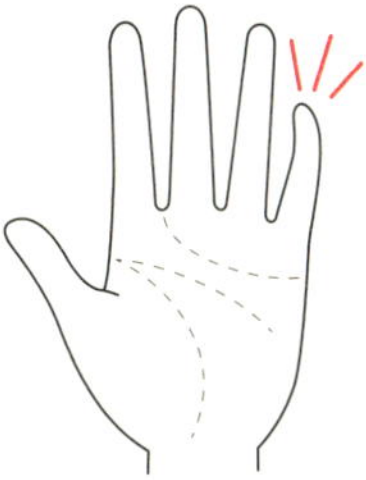

小指がねじれたように
曲がっている

優越感のためだけにカレを略奪 裏表が激しく信用できない人

小指がねじれたように曲がっていると、表と裏の顔があり、あまり信頼しないほうがいい人です。常に自分が一番でなければ気がすまないタイプで、友人よりも自分のほうが優位だとアピールするためだけに、カレを奪います。

恋愛
結婚

11

最近、Hしてくれないカレ
もしかして浮気している？

以前は週2のペースでHしていたのに、最近は何もありません。私から誘っても「疲れてるから」と応じてもらえず、浮気しているかもしれないと心配です。

A カレの手をみて感情線が2本以上ある場合、普通の人の2倍感情があることをあらわします。この相の人はマメで女性にも尽くしますが、ひとりに決められない浮気性です。浮気していたり、飽きたときには、Hの回数も減るでしょう。浮気が許せないならあきらめるか、一緒のときはカレが楽しい気持ちでいられるように心がけましょう。

BAD ✕ 複数の女性と浮気している

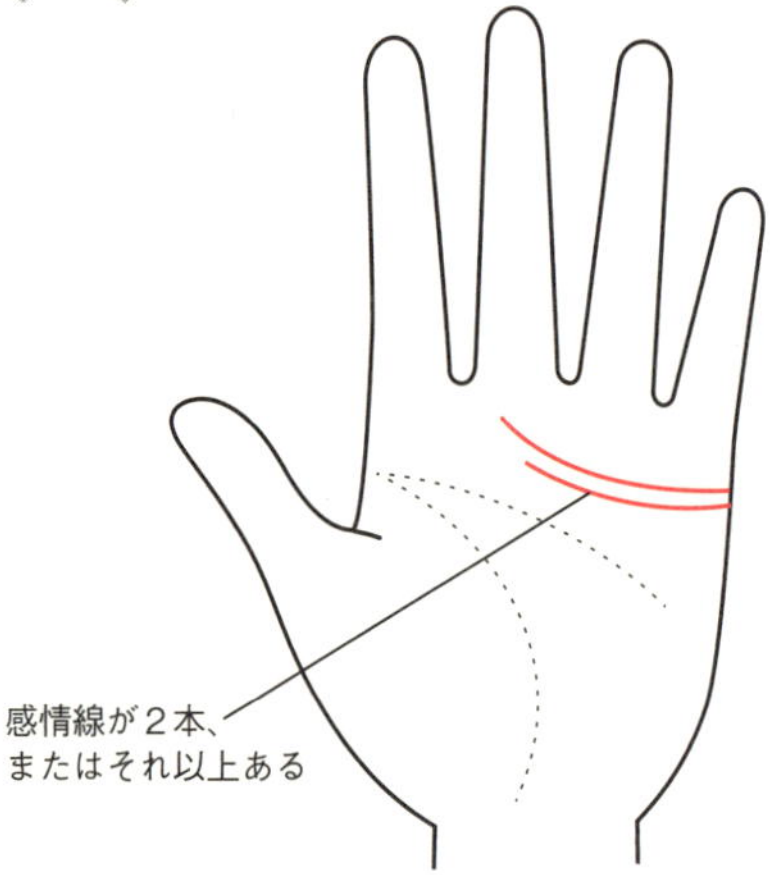

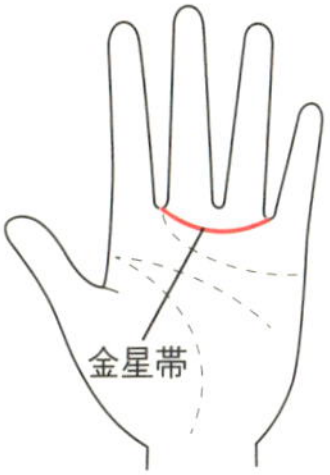

金星帯がくっきり出る

本来は、かなりH好きな人 疲れているカレを思いやって

カレの手をみて金星帯がはっきり出ていれば、かなりHが好きなことをあらわします。この相の人がHしないのは、疲れているからかもしれません。女性が積極的になって、カレを思いやるようにするとよいでしょう。

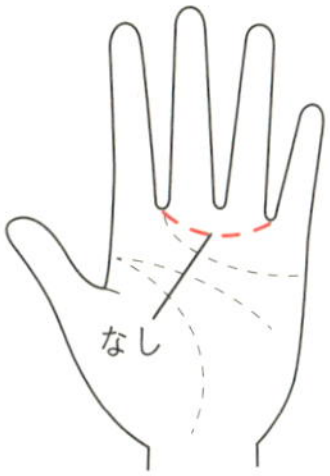

金星帯がない

浮気の心配はないけど あまりHに関心がなさそう

カレの手をみて金星帯がなければ、もともと性的な関心が薄いことをあらわします。最初は女性を楽しませようとして頑張りますが、関係が落ち着くとそれほどHを重要に考えなくなります。Hよりも自分の趣味を楽しむ傾向があります。

開運テクニック

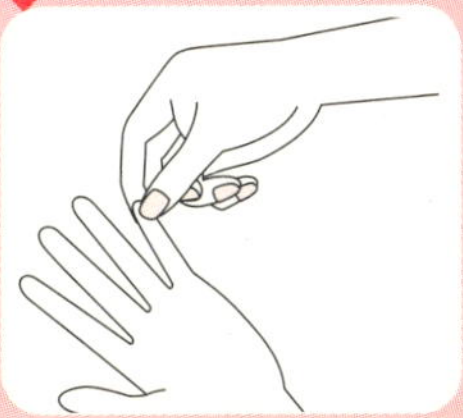

小指のマッサージで カレの心をあなただけに

カレの手の小指をやさしくもみ、そのまま引っ張るような感じでマッサージしましょう。あなたへの性的関心が高まり、ほかの人の誘いに惑わされにくくなります。

恋愛
結婚

12

カレと離ればなれに

遠距離恋愛でうまくいく?

カレが転勤で遠方に引っ越し、遠距離恋愛になりました。1日会えないだけでもさびしいのに、遠距離になって今まで通り続けられるのか不安です。

BAD

遠距離恋愛に耐えられない人

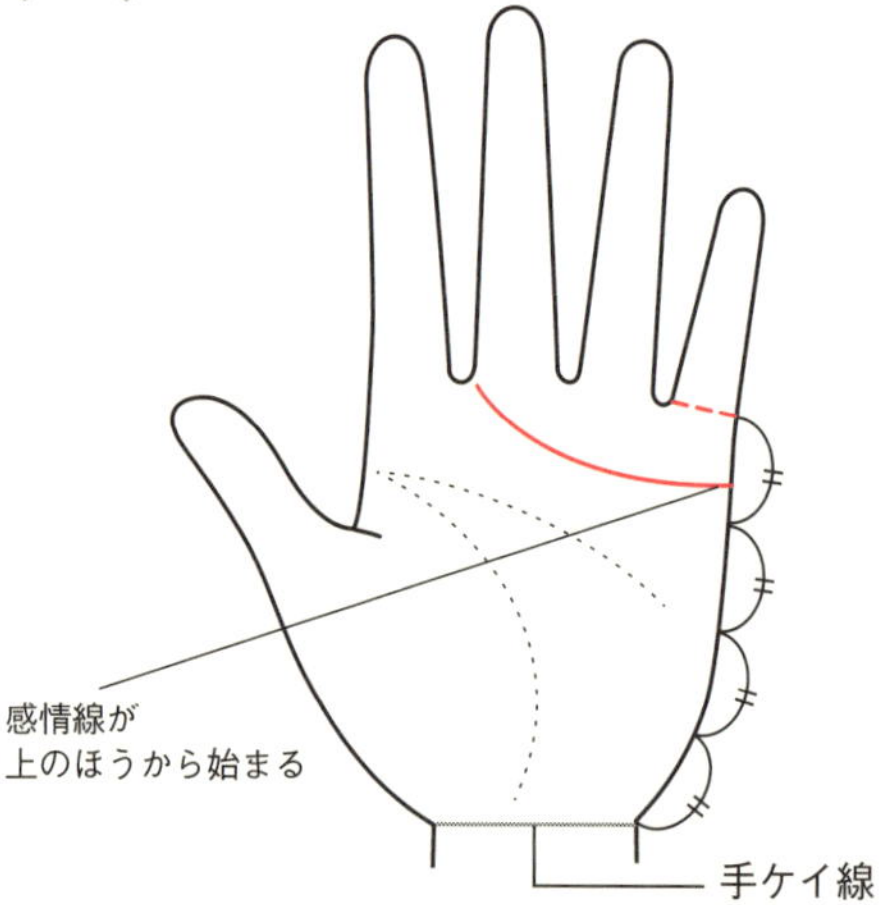

A 小指の付け根から手ケイ線までを4等分し、感情線が上から4分の1くらいの位置より上にあると、さびしがり屋です。遠距離だとさびしい気持ちが抑えられず、やがてカレの心も離れてしまいそう。結婚を考えているなら、一緒にいられるように話し合いましょう。そうでなければ、近くでいつでも会える新しい人を見つけたほうがよいかも。

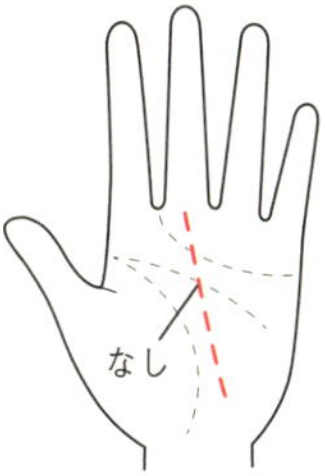

運命線がない

カレが世界の中心!遠距離になると心も離れる人

運命線がないと、自分の仕事や趣味よりもカレ中心の生活を望みます。遠距離でカレと一緒にいられなくなると、さびしくなってふたりの心も離れてしまうでしょう。自分の近くにいる、優しい人に惹かれてしまいそうです。

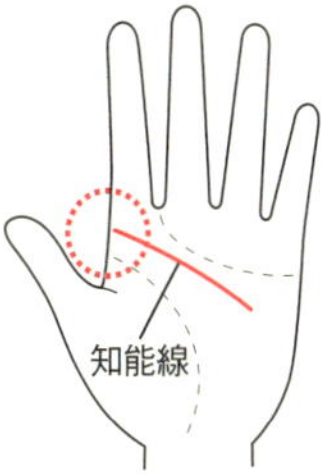

知能線が高い位置から始まる

カレが近くにいなくても充実 遠距離でも楽しくつき合える人

自分のやりたいことがたくさんあるため、カレがそばにいなくても楽しく過ごせる人です。遠距離になっても、以前と変わらずつき合えるでしょう。多少の距離があっても、会いたいと思えばすぐに会いに行く行動派です。

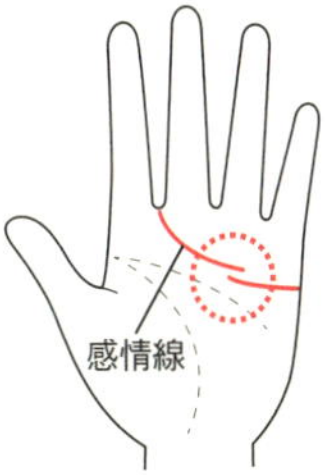

切れた感情線が重なっている

遠距離恋愛は一時的なもの カレが戻ってくる可能性大

感情線が切れて重なっていると、一時的な別れであることをあらわします。遠距離になっても、また近くに戻れる可能性が高く、恋も続けられるでしょう。今はカレと離れている時期と割り切り、自分の仕事などを頑張りましょう。

恋愛
結婚

13

誘われると断れない 私って尻軽タイプなの？

特に好きじゃない人でも、誘われると断れなくてズルズルと関係を持ってしまいます。もしかして、周りから軽い女と思われているんでしょうか。

A 親指が小さいと、人に言われるままに動くことをあらわします。男女関係でも、誘われれば断りきれずに関係を持つことが多くなります。その結果、異性関係が派手になりやすいので、周囲から悪いウワサをたてられたりするでしょう。好きな人以外の誘いには絶対にのらないと決めて、自分の納得できる相手とだけ関係を持つようにしましょう。

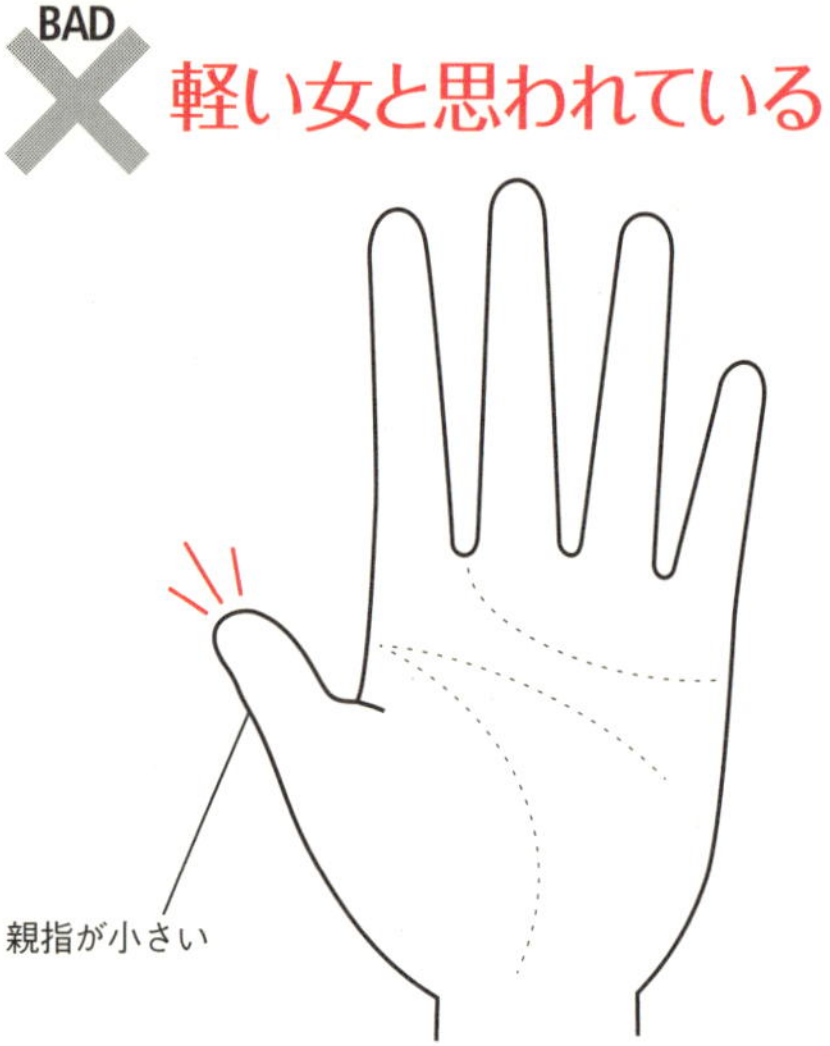

体だけの関係もアリ ドライな恋愛観の持ち主

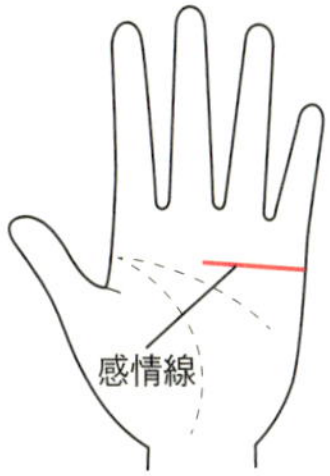

感情線が短くまっすぐ

　感情線が短くてまっすぐなら、体と心は別、と割り切っている人です。誘いにのってHをしても、あくまで体だけのつき合いで、心を許すことはありません。愛があるかないかは問題にせず、肉体関係を持つことができそうです。

男性からの誘いに弱いタイプ 自分の体を大切にして

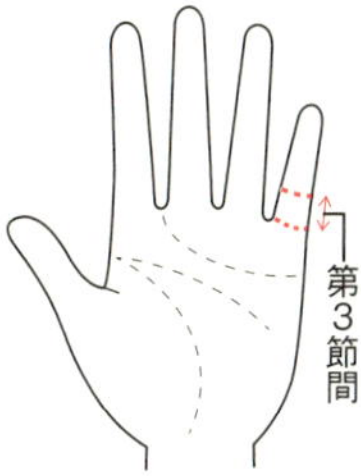

小指の第３節間が短い

　小指の第３節間が短いと、男性からの誘いを断れず、快楽におぼれやすいことをあらわします。よく知らない人とでも関係を持ちやすいでしょう。自分の体を大切に考え、誘惑されても相手を慎重に選んでください。

自分の好き嫌いよりも 相手を優先して誘いにのる人

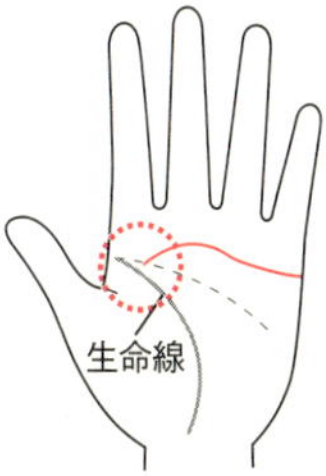

感情線の先が生命線に下がっている

　心が優しい人で、誘惑されると相手を傷つけたくないという思いから関係を持ってしまいます。好き嫌いはあまり重視せずにHしますが、後悔することはほとんどなさそう。自分が相手の役に立ち、喜んでくれればうれしく感じます。

恋愛結婚

14

カレからの電話やメールが激減
別れの危機が迫ってる？

毎日メールや電話をくれていたカレから、急に連絡がこなくなりました。私から連絡してもつながらないことが多く、別れたがっているのかと不安です。

A 感情線が茶色っぽくなっていると、恋愛トラブルの暗示です。今まで順調だった恋愛にも陰りが出てきています。ほとんどの場合が相手の心変わりなので、あわてて関係を修復しようとしても難しいかもしれません。

　この相が出ているときはカレへの連絡を控え、感情線の色が普通に変わるまで待ってから会いましょう。

BAD ✕ カレが心変わりしている

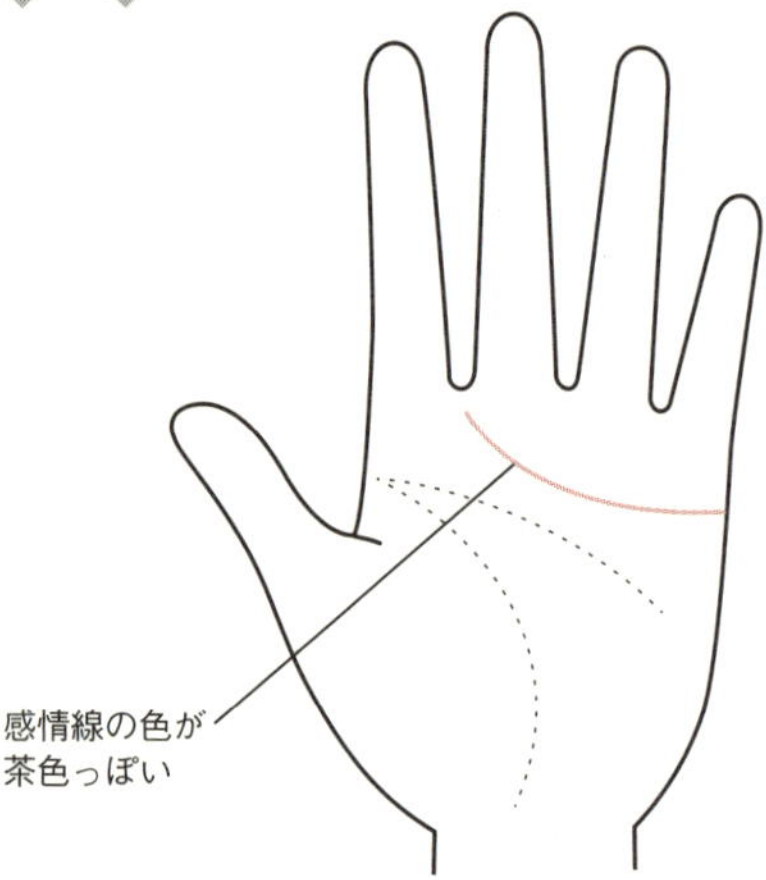

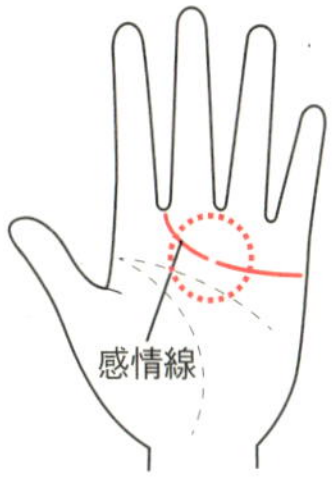

感情線が急に切れている

失恋の可能性大！ カレは別れを決意しているかも

感情線が急に切れるのは、相手と離れることをあらわします。カレは別れる決意をしている可能性が高く、深追いしても気持ちは変わらないでしょう。失恋から立ち直るのは大変ですが、ほかの男性と会っているうちに傷は癒えてきます。

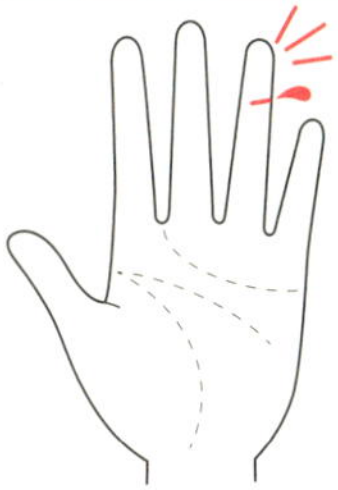

薬指をケガする

恋愛トラブルや別れのサイン カレの秘密が発覚するかも

薬指を切ってケガをするのは、恋愛で問題を抱えたり、別れのサインをあらわします。現在つき合っている人が秘密を持っていて、それが発覚する可能性も考えられます。ケガが治るまでは、静かに過ごしたほうがよいでしょう。

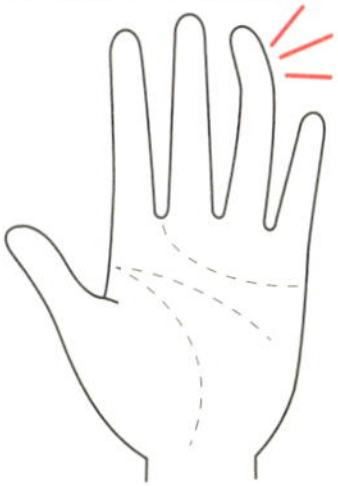

薬指が中指のほうに曲がっている

あなたが心配しすぎているだけ ふたりの関係は安定しています

マメに連絡しないと不安で、小さなことでも心配するところがあります。カレはふたりの関係が落ち着いてきたので、ゆっくりつき合おうと考えているようです。カレにいろいろ求めたり、束縛しないことが関係を長続きさせるコツです。

恋愛結婚

15

体の相性が大切

Hにハマるタイプ？

恋愛は心だけじゃなく、体の相性も重要。だから、つき合う前にHしちゃうこともあります。もしかして性欲が強く、Hにハマりやすい傾向がある？

GOOD 体の相性で相手を選ぶ人

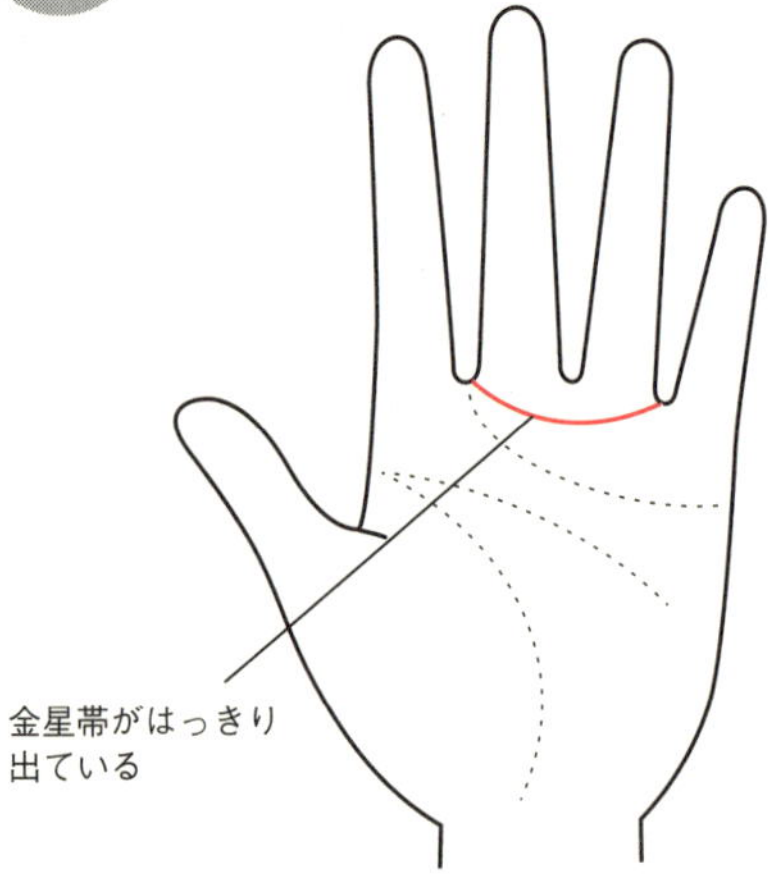

A 金星帯がはっきり出ていると、体の相性で相手を決めるタイプです。人生の中でHが最重要項目なので、つき合う前に肉体関係を持つことも多いでしょう。ただし、相手からは性的な対象としかみられず、関係が長続きしない傾向があります。最初から体を許さず、少し距離を持ち、ゆっくりつき合ったほうが恋愛はうまくいきます。

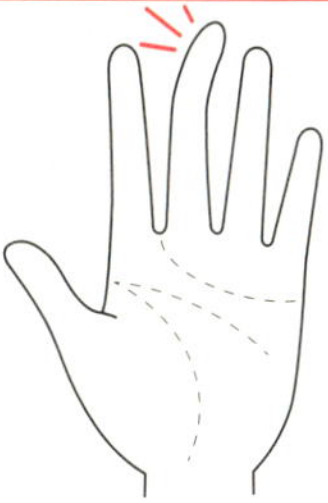

中指が薬指のほうに傾いている

体の相性を確かめてから まじめにつき合っていく人

自分のすべてを受け入れてくれる恋人を求めています。Hの相性も重要と考え、よければ真剣につき合い始めるでしょう。まじめな性格なので、Hが充実しなくなってもつき合い続け、セックスレスになる場合もあります。

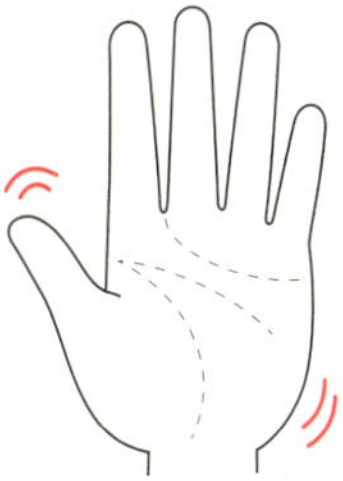

手のひらがやわらかく、肉づきがよい

快楽を追い求め その場のノリでHする人

Hが大好きで誘いにのりやすく、その場の雰囲気で関係を持つ人です。普通のHだと飽きてしまい、快楽を求めてさまざまなものを試します。ひとりの男性では満足できず、複数の人とつき合うこともあります。

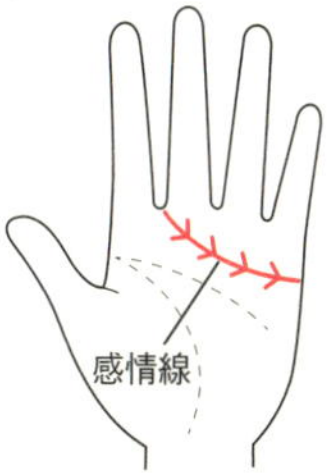

感情線が適度に乱れている

性欲はごく普通のタイプ Hにハマることはなさそう

感情線が適度に乱れていると、性的な関心度は普通です。Hしたい気持ちが高まっても、「好きな人と結ばれたい」という自然なものです。性欲の強さは一般的な範囲なので、Hにハマって生活を乱すようなことはありません。

恋愛
結婚

16

カレいない歴＝実年齢
これから恋愛体質になれる？

今まで男性とつき合ったことが一度もなく、カレいない歴28年になりました。好きな人も特にいないので、これから恋愛できるのか不安です。

A 生命線上にある水星丘の方向から入ってくる線を恋愛線といいます。流年法でみて、恋愛線が生命線を横切るのが手首に近いほど、運命の人があらわれるのは遅いことを暗示します。さらに、そこから開運線が出ていれば、恋がうまくいき、結婚する可能性が高くなります。今は、やがて出会う運命の人との恋を楽しみに待ってみて。

GOOD 運命の人と恋愛できる

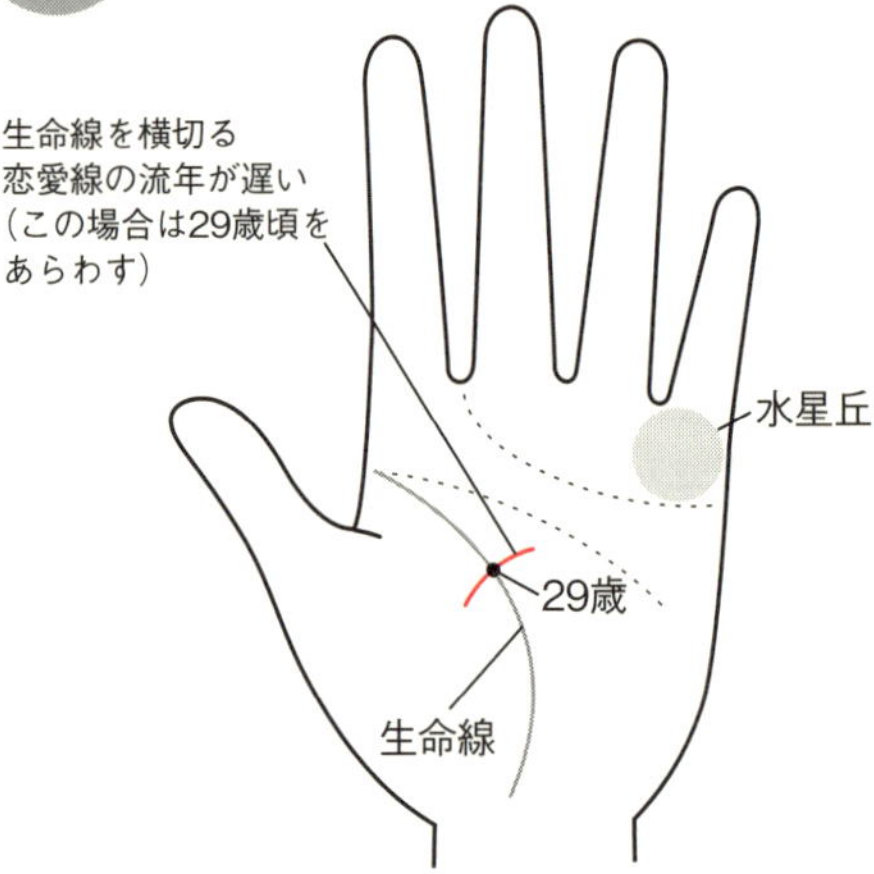
生命線を横切る
恋愛線の流年が遅い
（この場合は29歳頃を
あらわす）
水星丘
29歳
生命線

★流年法→P40～P47参照

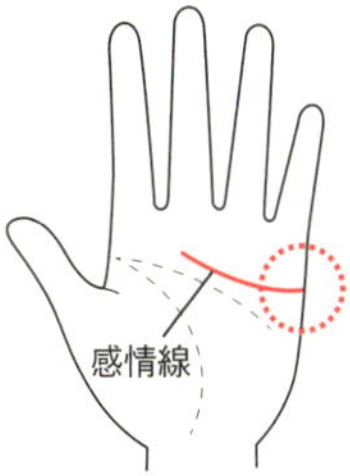

感情線が下のほうから始まる

恋のモチベーションが低く気持ちが盛り上がりにくい

恋愛に対して消極的で、なかなか気持ちが盛り上がりません。相手にも冷めた印象を与え、人を遠ざけてしまう雰囲気になります。もう少し自分から気を遣って会話をするように心がけると、よい相手と出会えるでしょう。

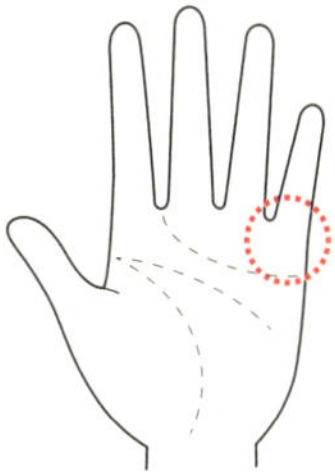

結婚線がない

このまま独り身かも……異性との縁が少ないタイプ

結婚線がないのは、異性との縁が極端に少ないことをあらわします。この相の人は、かなり強く結婚しようと思わないと、結婚どころか誰かとつき合うこともほとんどないでしょう。恋人の必要性をあまり感じていないようです。

開運テクニック

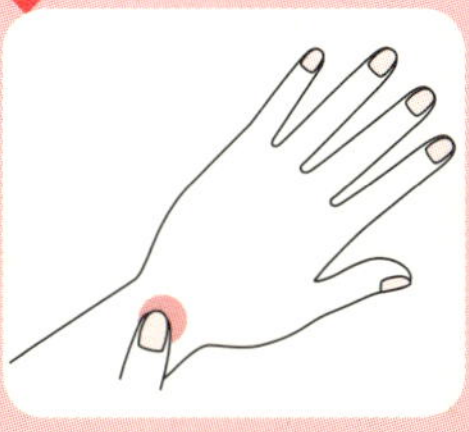

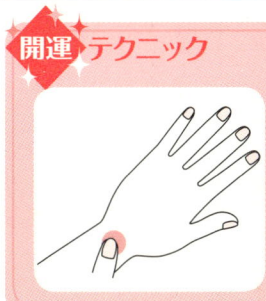

手首のマッサージで魅力アップ&相手を夢中に

手の甲側の手首の付け根をタテ方向にマッサージすると、異性を虜にするエネルギーが活発になります。好きな人にしてあげると、相手の心をつかむ効果大。

恋愛
結婚

17

恋のライバルは母親？
カレのマザコン度は？

友だちのカレがかなりマザコンで、カノジョとの約束よりも母親を優先しています。自分のカレは普通だと思うけど、本当はどうなのか知りたいです。

A カレの手をみて、親指側から運命線が出ていれば、親の言うことを何でも受け入れることをあらわします。親の意見が一番だと考える、正真正銘のマザコンでしょう。カノジョと相談して決めたことがあっても、親の一言でコロッと変えることもあります。それでもよいと思えなければ、カレと今後もつき合うのは難しそうです。

BAD ✕ カノジョよりママが大切

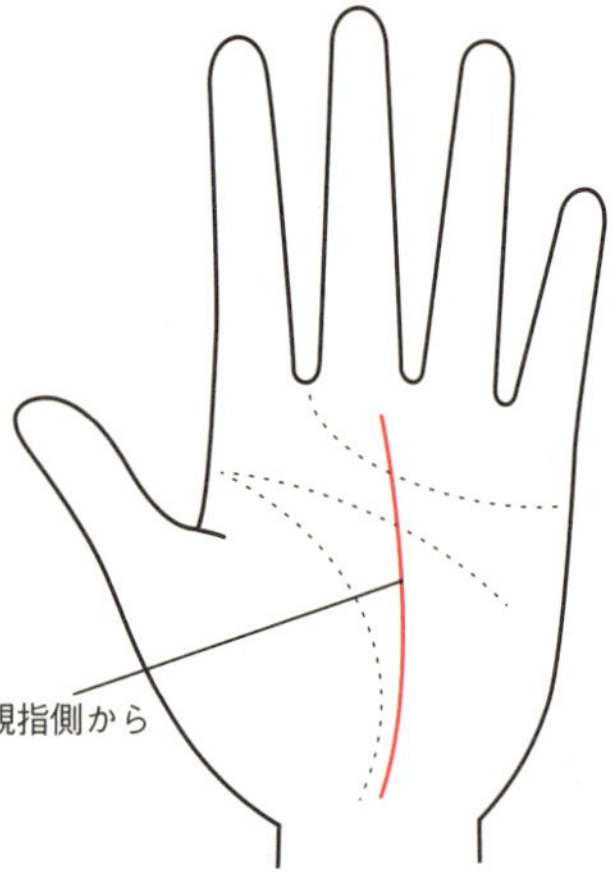

運命線が親指側から始まる

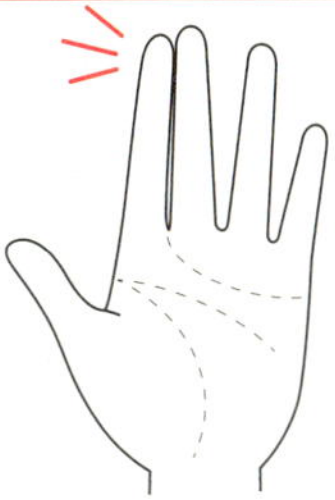

人さし指が中指にくっついている

親と子の距離が近く 特に母親と仲のよいタイプ

カレの手をみて人さし指が中指にくっついていたら、親子関係も密着していることをあらわします。特に、カレと母親の仲がいいようです。「カレが大切にするものは大切にする」という考え方で、覚悟したほうがよいでしょう。

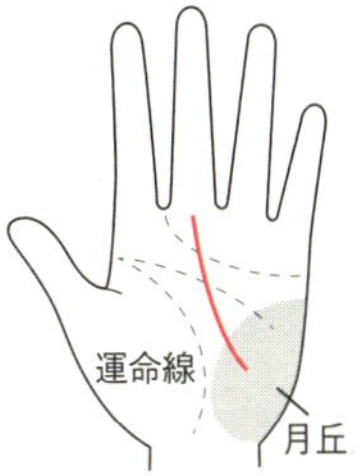

運命線が月丘から伸びている

親にも恋人にもクール マザコン度は低い自立した人

カレの手をみて、月丘から運命線が始まっていれば、マザコン度は低めです。一見マザコンにみえても、実際は自立していて親との関係を客観的にみています。親だけでなく、カノジョや妻に対してもクールなところがある人です。

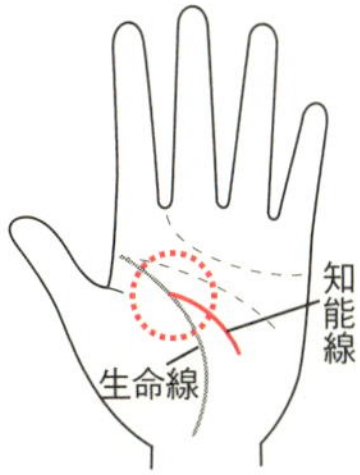

生命線の途中から知能線が始まる

大人になっても甘えん坊 親離れできないマザコン男

カレの手をみて、生命線の途中から知能線が出ていると、親から離れられない人です。何歳になっても母親の言うことを聞き、親が決めた人生を歩んでいきます。依存心が強いので、親だけでなくカノジョにも甘えたがります。

恋愛
結婚

18

恋人がひとりだけじゃ物足りない バレずに複数の人と恋愛できる？

本命のカレ以外にも、３人の男性とつき合っています。カレは全く気づいていないので、バレなければこのまま複数の男性と遊びたいと思っています。

A はっきりとした結婚線が２本あるのは、異性関係が派手で、複数の人とつき合うことをあらわします。「浮気は本気」と自分を正当化していて、悪気がありません。この相の人は結婚しても変わらず、不倫関係になる相手がいるでしょう。本人はまったく悪気がないので浮気も発覚しにくく、ほとんどの場合は、そのままうまくつき合っていきます。

BAD ✕ 悪気なく浮気する人

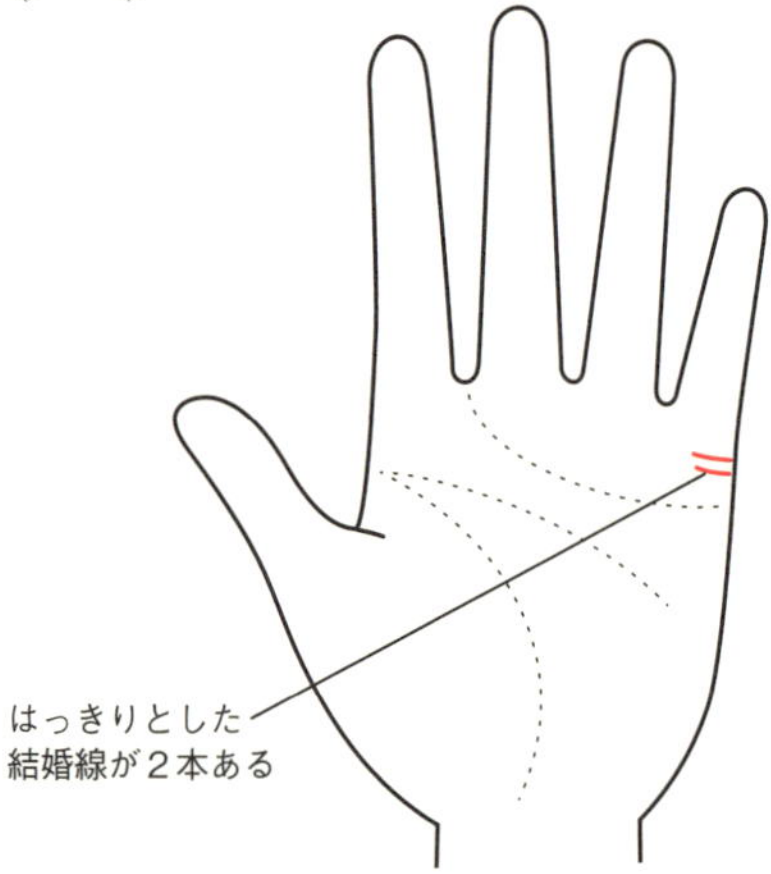

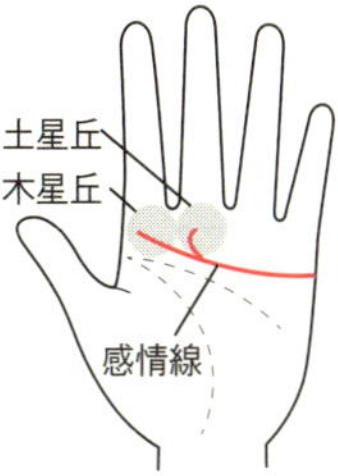

感情線の先が木星丘と土星丘に伸びている

貞操観念が薄く 不倫や三角関係も楽しめる人

感情線が木星丘に１本、土星丘に特殊なカーブで１本あると、倫理観が薄い人です。複数の人とつき合うことにも抵抗なく、三角関係や不倫でも楽しんで、バレることもないでしょう。結婚してからも、浮気を続けていきそうです。

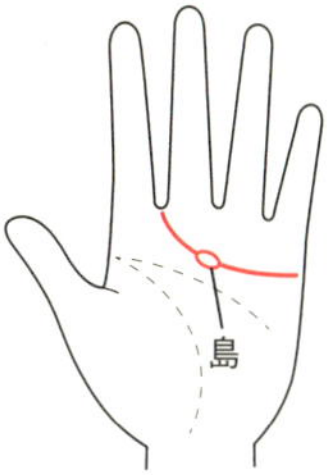

感情線に島がある

何人もの人と同時進行し、そのたびに相手ともめやすい相

感情線に島があるのは、複数の人とつき合う派手な恋愛関係になっても、問題を抱えやすいことをあらわします。浮気がバレやすく、その都度もめる原因になるでしょう。秘密はきちんと守ることが大切です。

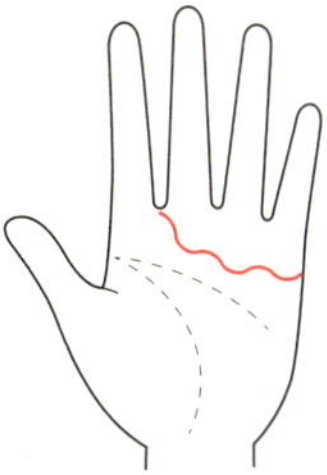

感情線がクネクネしている

浮気で心のバランスをとる人 恋人にバレやすいので注意して

感情線がクネクネしているのは、人一倍恋愛に関心が強い人です。浮気性で、同時に何人もの人とつき合うことでバランスを保ちます。この傾向は結婚後も変わりませんが、浮気がバレやすく、恋人を傷つけてもめそうです。

恋愛
結婚

19

情熱が続かない 熱しやすく冷めやすいタイプ？

私の一目惚れや猛アタックからつき合い始めるのに、1～2カ月するとなぜか飽きて、すぐに別れます。本当はひとりの人とじっくりつき合いたいです。

A 感情線が急カーブして上昇していれば、恋愛感情が一気に盛り上がる反面、冷めるのも早いことをあらわします。性格的に、ひとりの人とじっくり長くつき合えないタイプでしょう。常に刺激があってドキドキしていないと気がすまず、安定した関係になるとつまらなく感じてしまいます。よっぽど自分で制約しない限り、変わるのは難しそうです。

BAD 刺激を求める飽きっぽい性格

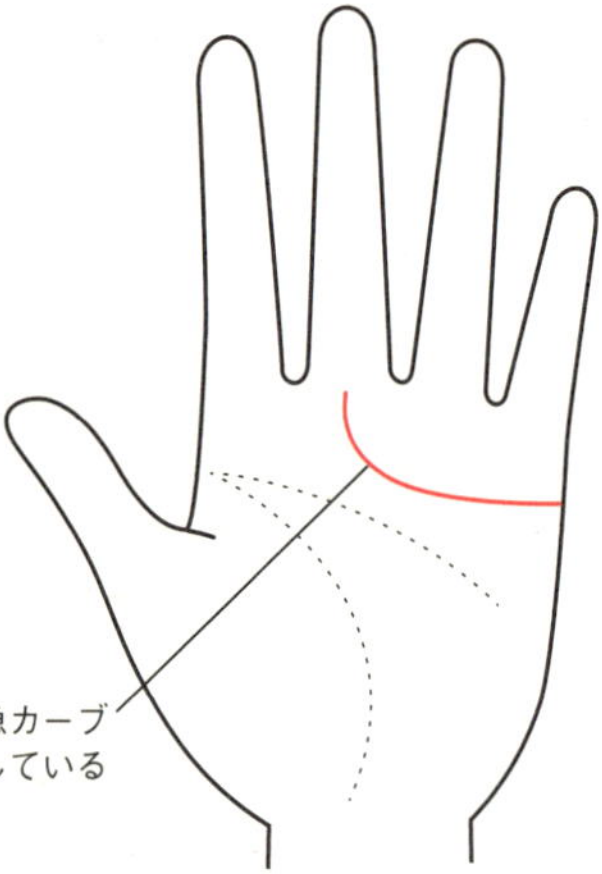

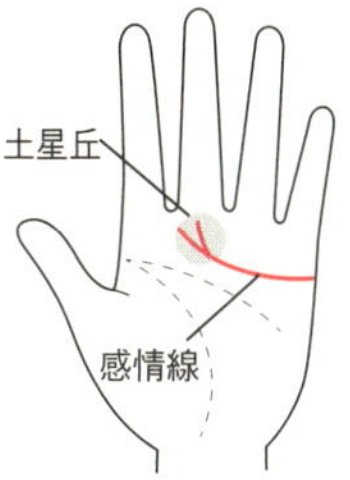

感情線の先が２つに分かれ、土星丘に伸びる

感情の起伏が激しい気分屋 恋を長続きさせるのは大変そう

この相の人は移り気で、ひとりの人と長続きしないことをあらわします。感情のコントロールが苦手で、機嫌が悪いと相手に当たって幻滅されることもありそう。ふたりでいるのが苦手なタイプなので、同棲などはおすすめできません。

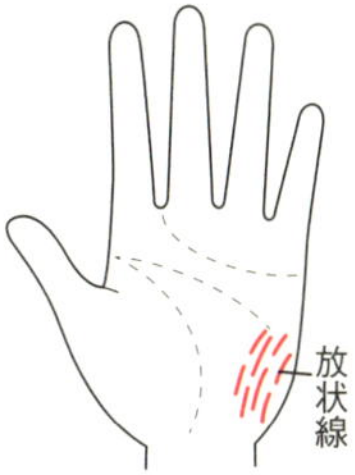

放状線が出ている

時間にルーズで飽きっぽい相 規則正しい生活を心がけて

放状線が出ていると、飽きっぽいことをあらわします。最初は相手に気を遣っていても、次第に面倒になりそう。約束を守るのが苦手で、時間にルーズな面もあります。規則正しい生活を送るようにすると、放状線は薄くなります。

開運テクニック

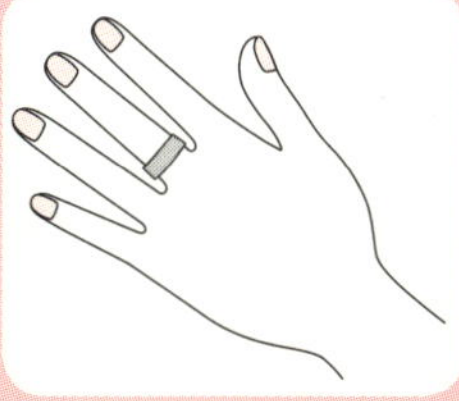

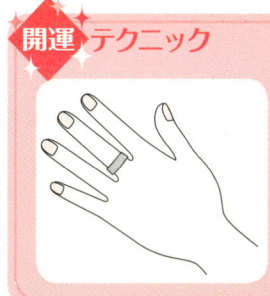

中指に太めのリングをして飽きっぽさを抑える

中指に指輪をすると自分のエネルギーを抑えて、忍耐力や持続力がアップします。特に、太めの指輪は効果大。一つのことを継続したいときにおすすめです。

恋愛
結婚

20

ベッドの中では別人
カレはアブノーマル？

Hするとき、毎回カレに変わったプレイを要求されます。なかには、どうしていいのかわからず困ることもあり、カレの性癖が気になっています。

A カレの手をみて金星帯がはっきり出ていれば、性欲がかなり強く、本能のままに行動して快楽を求めます。

さらに、金星帯の上にタテ線が出ていると、普通のセックスでは満足できずにハードなプレイを好み、カノジョにも要求してきます。カレとの関係を長続きさせたいのであれば、すべて拒否せずにできる範囲でつき合ってあげましょう。

BAD ✕ ハードプレイ好きな快楽主義者

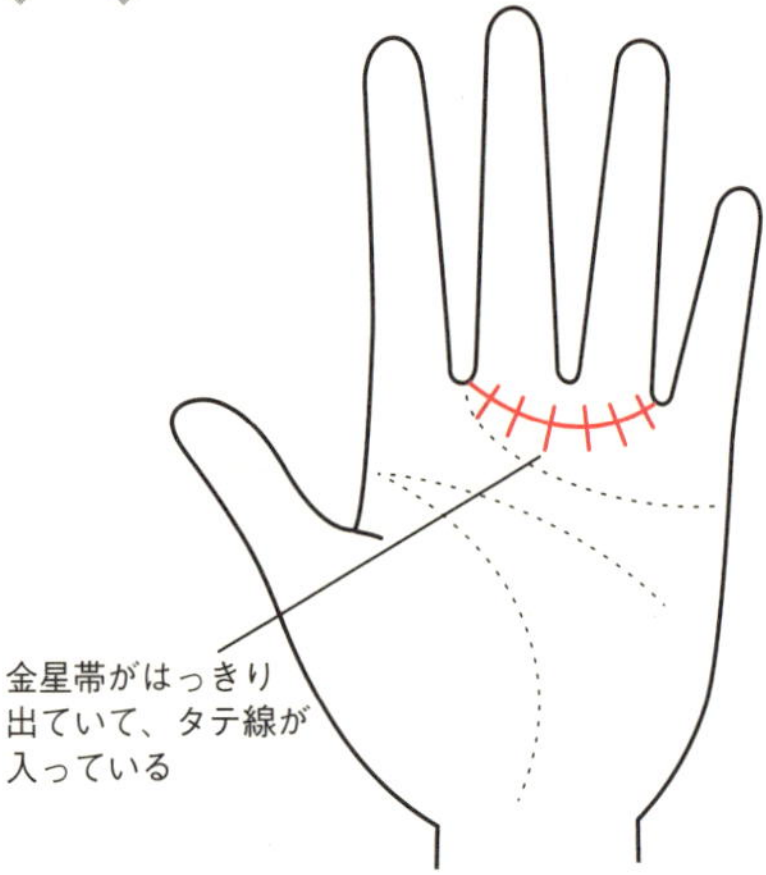

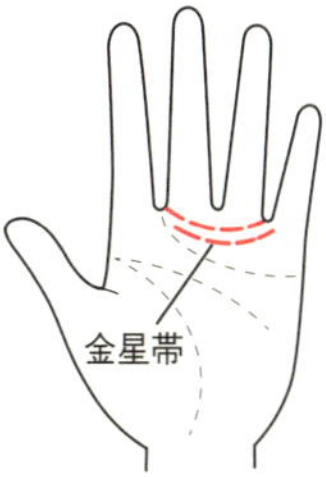

金星帯が切れ切れに出ている

過激なセックスを好む
アブノーマルな性癖の持ち主

カレの手をみて金星帯が切れ切れに出ていると、異常な性欲の持ち主。アブノーマルで過激なセックスを要求されそうです。自分にも同じ線があれば最高の相性ですが、ない場合はカレだけエスカレートして、ついて行けなくなるかも。

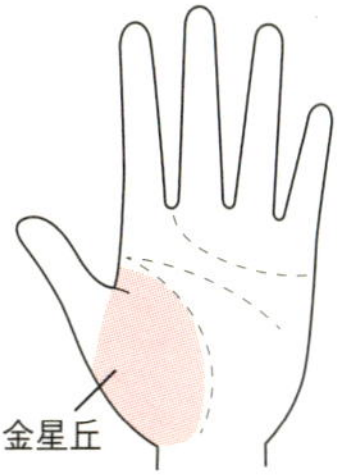

金星丘が盛り上がっていて硬い

人一倍性欲が強く
Hを楽しみたい気持ちが強い人

カレの手をみて金星丘が盛り上がって硬ければ、性欲がかなり強いあらわれ。セックスを楽しみたい気持ちから、相手にもいろいろ要求する傾向があります。強引なところもある人なので、カレとつき合っていきたいなら覚悟が必要です。

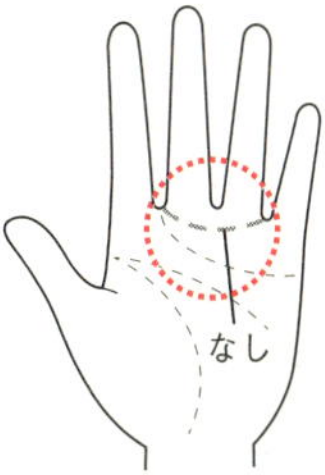

金星帯がない

カノジョのことを気遣える
性欲・性癖ともにノーマルな人

カレの手をみて金星帯がなければ、性欲は普通の人です。好奇心旺盛なところはあっても、アブノーマルということはなさそう。カノジョを楽しませようとしているだけなので、苦手だと感じている場合は正直に伝えましょう。

恋愛
結婚

21

やっぱり恋人はビジュアルが大切！
面食い線ってあるの？

恋人の第一条件は、とにかく顔がいいこと！ 外見が好みじゃなければ、性格がよくてもつき合えません。顔が命の面食い線ってあるんでしょうか。

GOOD 顔よりも人柄重視のタイプ

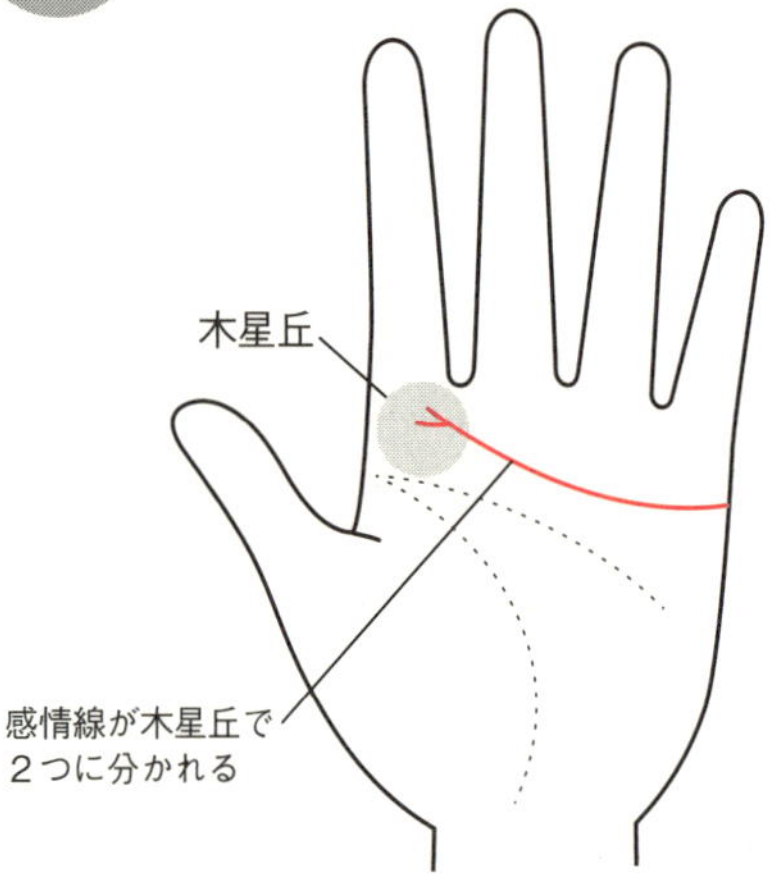

A 感情線が木星丘で2つに分かれていたら、外見よりも相手の会話や人柄など、内面を重視するタイプ。かっこいい人がいても「うぬぼれている」と思ったりして、むしろパッとしない容姿の人を選ぶ傾向があります。ただし、つき合いが長くなるとカレの内面にも飽きて別れてしまいます。長くつき合うには、常にカレの新しい一面をみつけて。

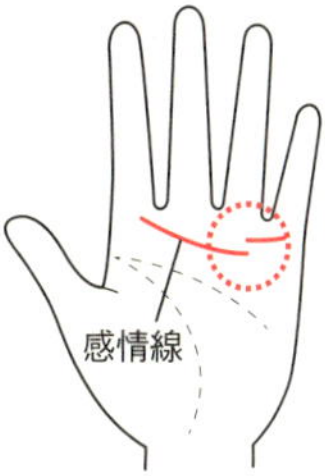

感情線が薬指の下で上に切り替わる

恋人を顔で選ぶ典型的な面食いタイプ

　この相の人は、典型的な面食いです。美しいもの、キレイなものを求め、恋人や配偶者にも見た目がいい人を選びます。外見さえよければ、性格が多少悪くても気にしません。高級志向で趣味も優雅さを感じるものを選ぶでしょう。

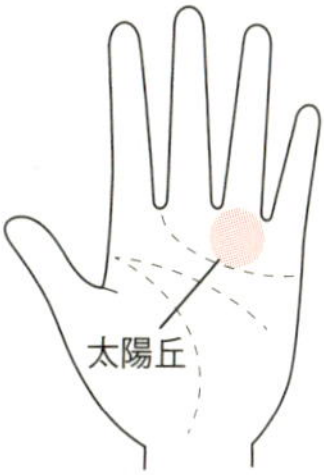

太陽丘の肉づきがよい

イケメンには猛アタック！つき合うと貢ぐ女になるかも

　木星丘の肉づきがよいと、かっこいい人が大好きな相です。自分が美人かどうかは関係なく、かっこいい男性に出会うと猛烈にアタックして、おつき合いまでつなげます。相手の顔がよければ、貢ぐことにも喜びを感じそうです。

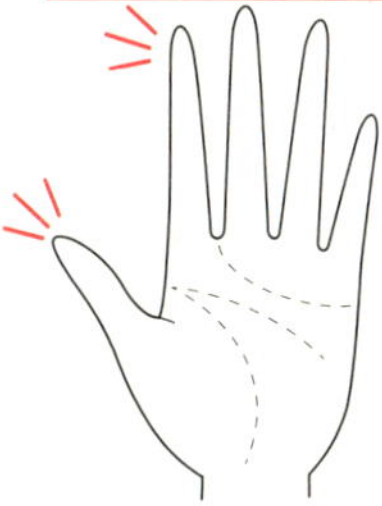
指が長く、指先が細い

外見＞お金!?美しい人をみて幸せになる相

　指が長くて指先が細い人は、美しいものに惹かれます。男性に対しても、いくらお金持ちでも外見が美しくないと関心を持ちません。キレイな顔立ちの男性をみたり、そばにいることで自分も美しくなったように感じ、幸せになります。

恋愛
結婚

22

尽くしても報われない 男に遊ばれちゃうタイプ？

私は本気でつき合っているのに、カレに二股をかけられたり振りまわされて、結局捨てられてしまいます。今度こそ、私を大切にしてくる人と恋愛できますか。

A 第1節間が短いのは、自分の意思よりも相手の意思を尊重しすぎて都合のいい女になりやすい相です。自分に自信が持てないため、相手の意見に合わせてしまいます。強い気持ちで言うべきことを言わない限り、どの相手からも大切にされず同じことの繰り返しになります。遊ばれる女になりたくないなら、自分の弱さに負けずに頑張りましょう。

BAD 相手に合わせる都合のいい女

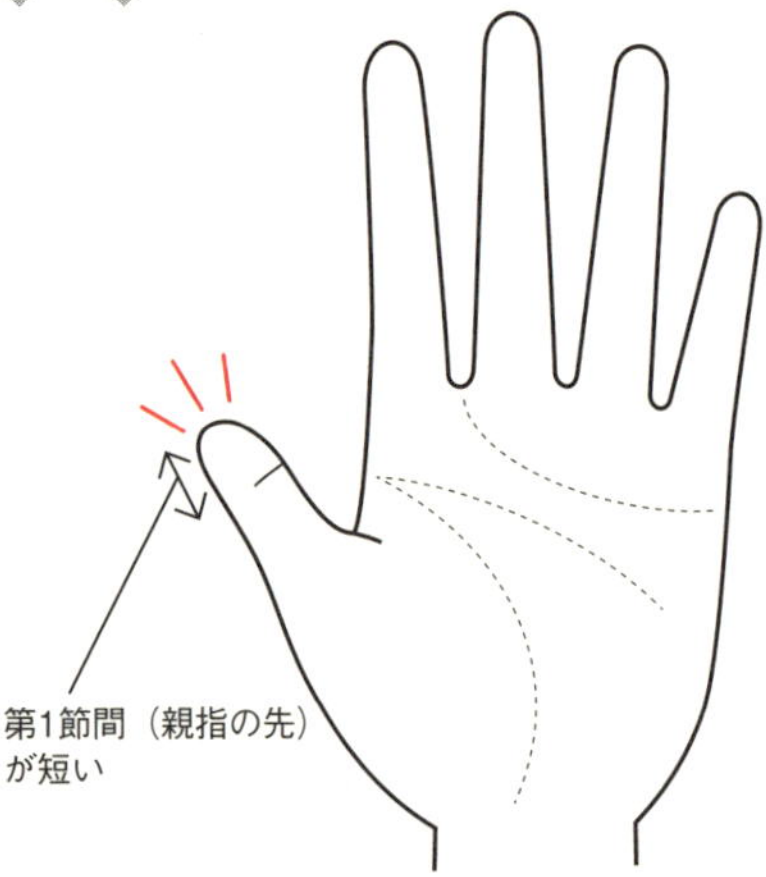

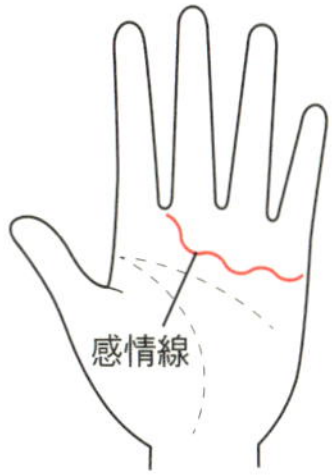

感情線がクネクネしている

恋愛体質だけど相手に遊ばれてしまうタイプ

感情線がクネクネしているのは、惚れっぽく恋に生きる人です。ただ、相手を見間違いやすく、あまり深く考えずになんとなくつき合ってしまいます。相手もあなたと真剣につき合おうと思わないことが多いでしょう。

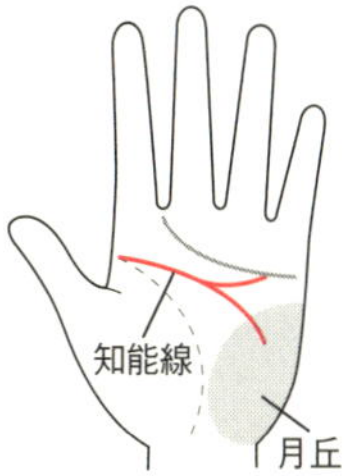

知能線が２つに分かれ、月丘と感情線に伸びる

惚れっぽくすぐ好きになるけど男性には飽きられやすいかも

男性に誘われるとすぐ好きになり、体の関係を持つことをあらわします。関係を持つとさらに離れられなくなりますが、逆に男性は飽きてしまいます。愛のためにすべてを捨てる面もありますが、冷静に行動することが大切です。

開運テクニック

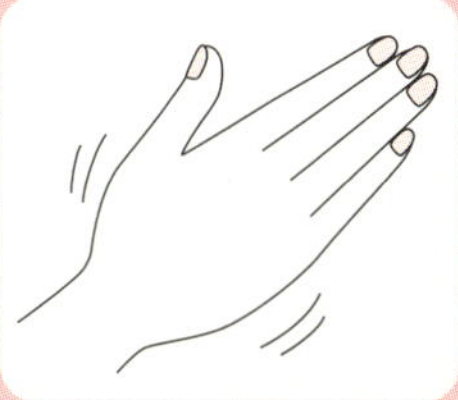

力強い手をつくると男性から大切にされます

弱々しい手だと、男に遊ばれやすくなります。普段から親指以外の4本をくっつけて動かすようにするとエネルギーが高まり、力強い手になって運気もアップします。

恋愛 結婚

23

いつか大物になるかも！ カレは将来有望？

しっかり者で頼りがいのあるカレ。今は普通のサラリーマンだけど、そのうち成功して大物になるかもしれません。カレは将来有望なのか知りたいです。

A カレの手をみて、小指の形が少し変形していて薬指側に曲がっていたら、相当な商才があることをあらわします。この相の人は、自分で事業をおこして成功をおさめていきます。会社に勤めている場合でも昇進が早いでしょう。ただし、常に仕事を優先し、恋愛は２番目になりがち。カレの生き方を理解できるのなら、一緒になって幸せになれます。

GOOD 商才にすぐれた有望な人

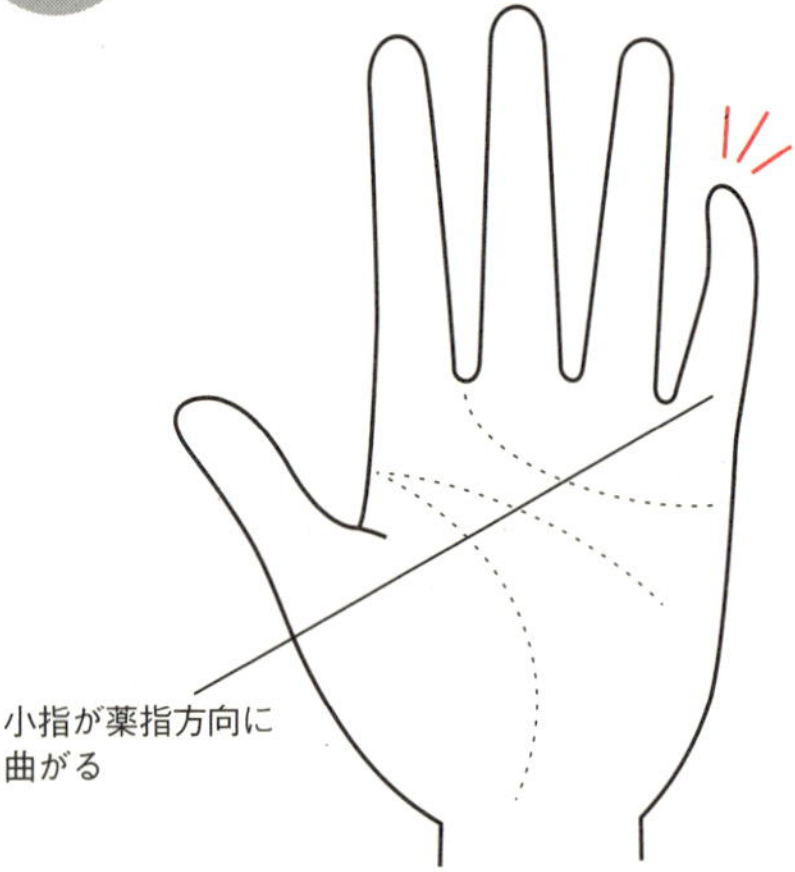

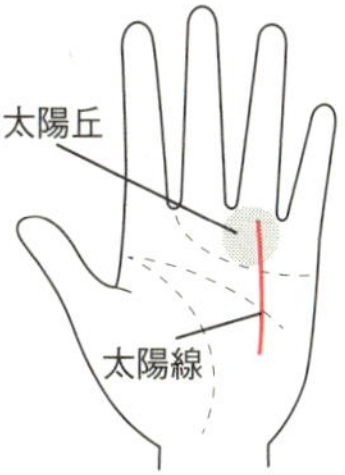

長い太陽線がある

将来、得意分野を生かして成功をおさめていくタイプ

カレの手をみて、太陽線が太陽丘より長く出ていたら、平凡な幸せに満足できず、大きな志を持つ人です。将来、自分の得意分野を生かして独立する場合も多いでしょう。さらに、生命線も太ければ、成功する可能性が高まります。

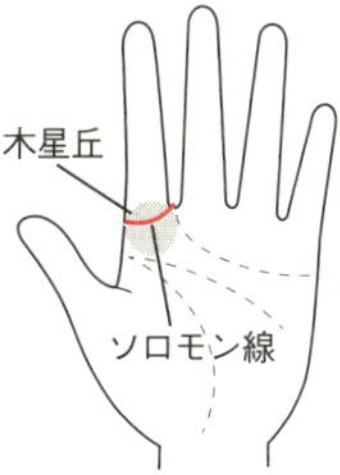

木星丘にソロモン線がある

リーダーの素質アリ人望を集めて活躍するタイプ

カレの手をみてソロモン線があれば、リーダーの素質があり、人から信頼を受けて社会的に活躍していく相です。周囲から人気が高く、物事を途中であきらめない強さもあるので、夢を実現させられるでしょう。

開運テクニック

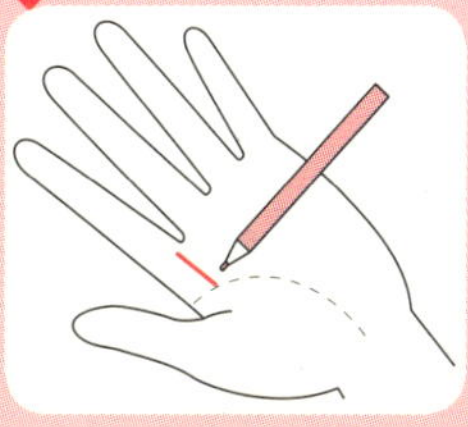

カレの出世するパワーが生まれる向上線

金色のペンで生命線から人さし指まで伸びる線を描くと出世運がアップ。生命線上の線の位置は、人さし指の付け根の幅と同じところから描き始めましょう。

恋愛
結婚

24

外見と内面は一致する？
カレは草食系？ 肉食系？

好きな人はみた目も性格もおだやかで、草食系男子に見えます。でも、実際につき合ってみるとエネルギッシュな肉食系かも。本当はどちらかわかりますか。

GOOD パワフルな肉食系男子

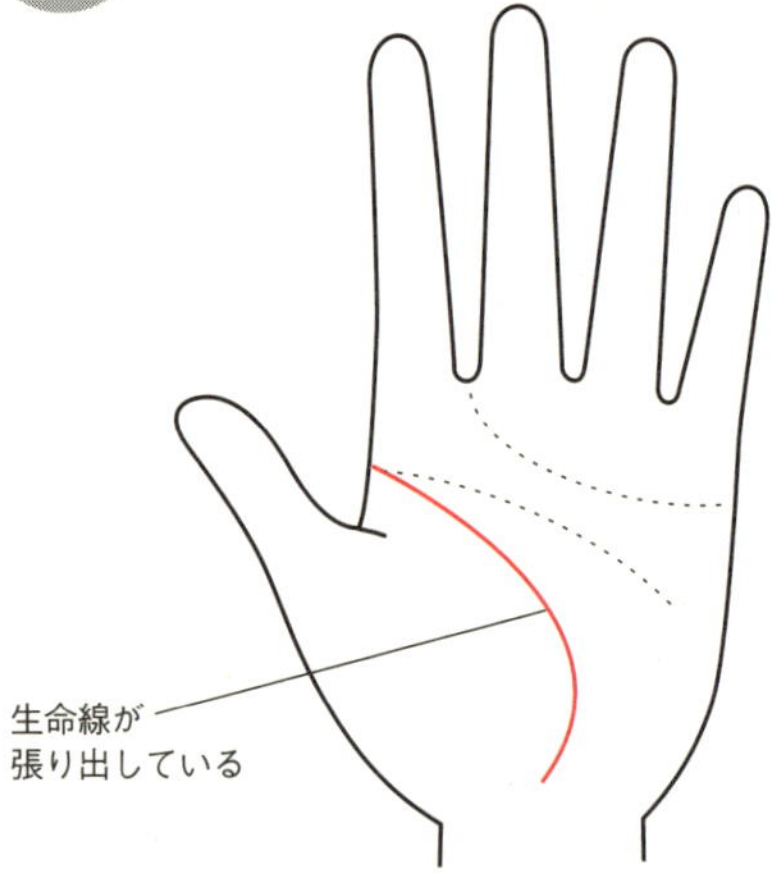

A カレの手をみて生命線が張り出していたら、生命エネルギーが高くパワフルな人です。異性に対しても、気に入った人がいれば絶対につき合おうとして積極的にアプローチするでしょう。自分でも好きな女性と関係を持てば元気が出てくることを知っているので、いつも相手を探しています。カレのセックスは激しくなりそうです。

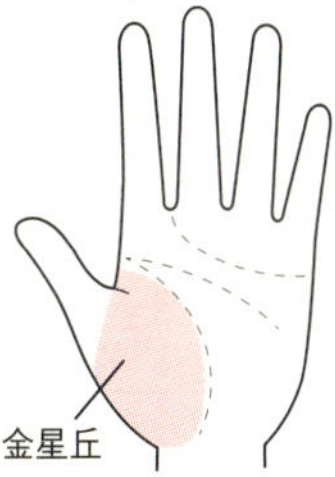

金星丘が硬く、盛り上がっている

どんな女性も口説く精力絶大でアクティブな人

カレの手をみて金星丘が硬くて盛り上がっていたら、性的関心が強く、好きな人に積極的にアプローチします。その気がない女性にも猛アタックして関係を持つことができる人です。カレの精力に女性は離れられなくなりそうです。

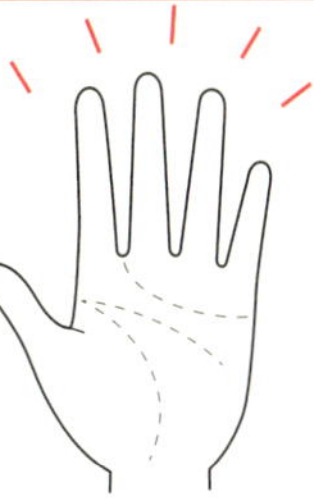

手が小さい

女性の扱い方がうまく多くの女性にモテるタイプ

カレの手が小さい場合、大胆で行動力があり、性的な欲求も上手に伝えることができる人です。好きな人との仲も、時間をかけずに深めていけるでしょう。女性によくモテるので、同時に何人かとつき合うこともあります。

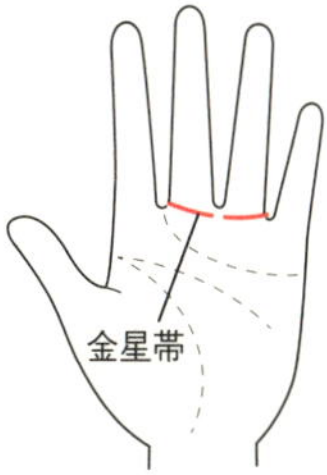

金星帯が高い位置にある

肉体関係だけでも満足!? 性欲が強いH大好きな人

カレの手をみて金星帯が高い位置にあれば、性的な関心がかなり強く、いろいろなことを試してみたい人です。最初は普通のセックスでも、次第に欲求が高まってエスカレートするでしょう。体だけの関係でも満足するタイプです。

恋愛
結婚

25

障害を乗り越えて結ばれたい
周囲に祝福されて結婚できる？

大好きなカレと結婚したいけど、親や周囲に大反対されています。今すぐではなくても、周りの人を説得してカレと一緒になれるでしょうか。

A 運命線のそばにある細い線を影響線といいます。その線が運命線を横切る障害線を貫いて運命線に合流していれば、相手と引き離されそうになっても強い意志があれば結婚できることをあらわします。

運命にふたりの未来を委ねるのではなく、自分で強く願って積極的に行動することで、カレと一緒になれるでしょう。

GOOD 強い意志で障害を乗り越える

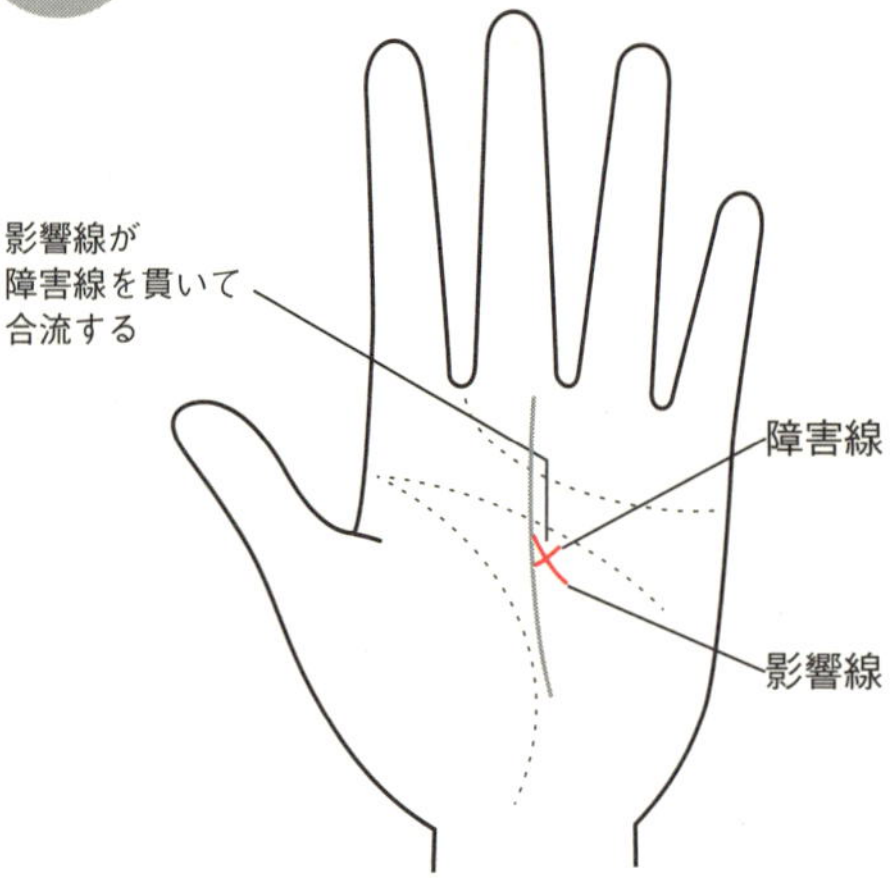
影響線が
障害線を貫いて
合流する
障害線
影響線

★流年法→P40～P47参照

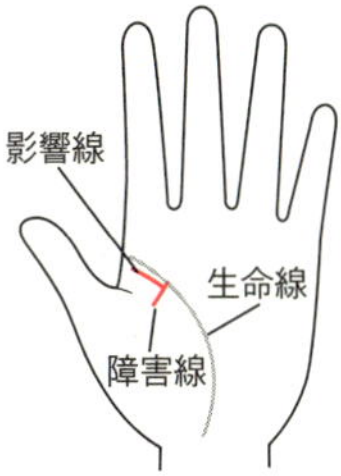

生命線の影響線が障害線で止まる

周りは反対の嵐！カレと結婚するのは難しそう

生命線のそばにある影響線を流年法でみて、現在の年齢あたりに出ていて生命線に合流するのをさえぎるように障害線あれば、結婚に障害があることをあらわします。周囲は大反対で、カレと一緒になるのは難しいでしょう。

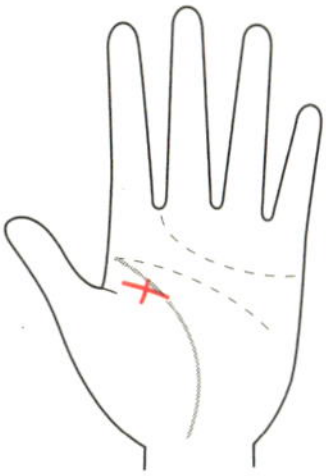

影響線が障害線を突き抜けて合流する

障害を乗り越えて一緒になれる！自分を信じて行動して

生命線のそばに影響線が出ていて、障害線を突き抜けて合流していれば、障害を乗り越えて結婚できることをあらわします。反対している人のことはあまり考えず、自分の考えに従って進んだほうがよいでしょう。

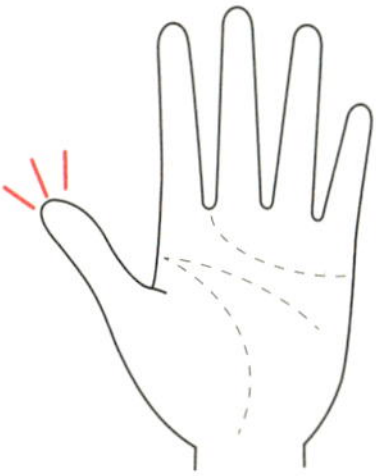

親指が長い

カレと結婚はできるけど対人関係で苦労するかも……

親指が長いのは意志が強く、自分の考えを貫く人です。結婚を反対されても強引に話を進めるでしょう。ただし、自分中心になりすぎると、結婚後の対人関係で苦労します。周囲に譲れるところは譲って、上手につき合って。

恋愛
結婚

26

働く気ゼロのヒモダンナ

働かない夫と別れられる？

夫はどの仕事も長続きせず、働く気が全くありません。今は私が働いて家族を養っていますが、こんな夫とは別れたほうがよいでしょうか。

A 太い運命線がある人は、相手を甘えさせてしまう傾向があることをあらわします。働かない夫というよりは、あなたが甘えさせているのが原因のようです。夫と別れても、また同じように働かないカレと縁を持つでしょう。相手に働くことを求めず、「自分が働いて一緒に暮らせればよい」くらいの覚悟を持つと、別れずに幸せになれます。

BAD

ダメ夫を甘やかす相

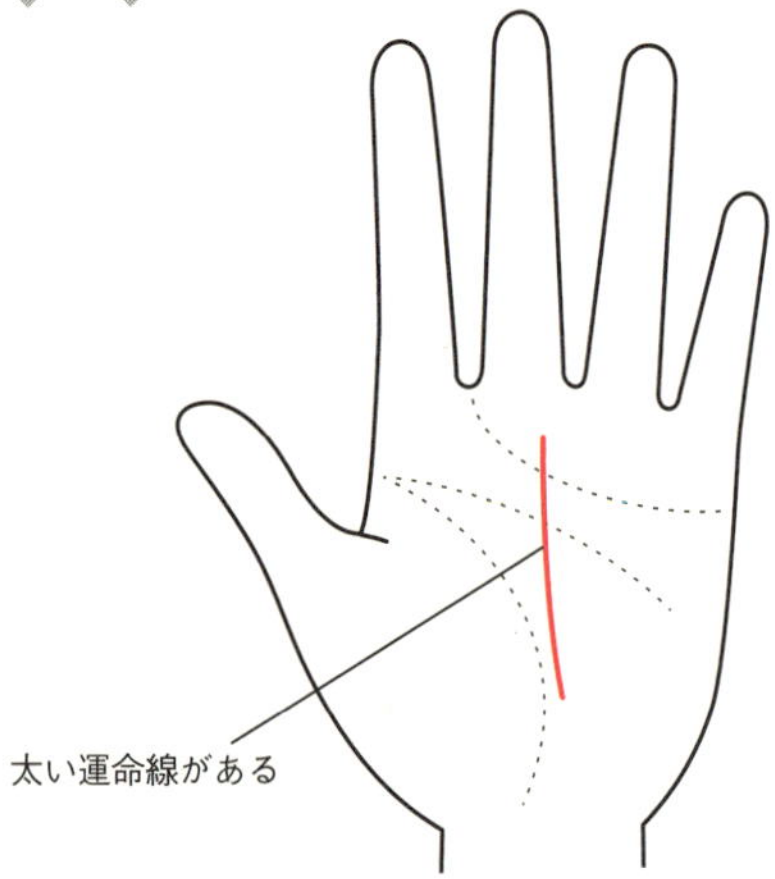

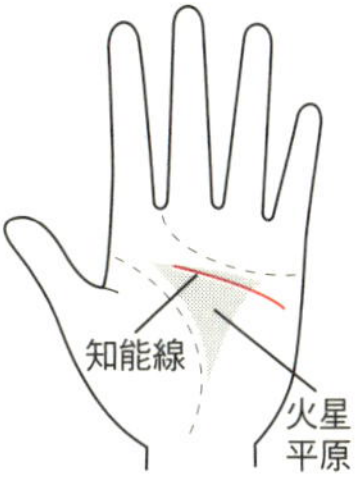

知能線が火星平原から出る

妻の言動にも原因がありそう 離婚は慎重に考えて

火星平原から知能線が出ている場合、夫に働く気がないのは自分の言動が原因のようです。夫に否定的なことを言うのでケンカばかりの日々になっています。別れるのは簡単ですが、離婚後は自分が大変になるので慎重に考えましょう。

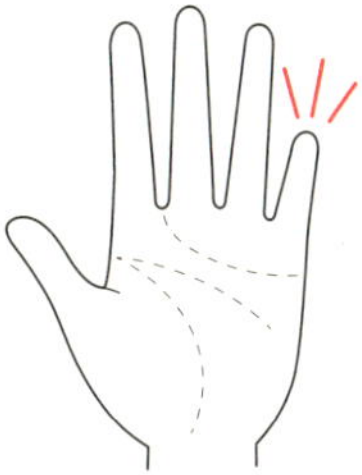
小指が短い

妻の苦労が絶えず 何かと困難な人生になるタイプ

小指が短いのは、人生で困難な道を選ぶ傾向がある相です。夫だけの力では大金に恵まれないため、妻がかなり協力することになります。子どもがいなければ離婚も可能ですが、いる場合は別れにくくなるでしょう。

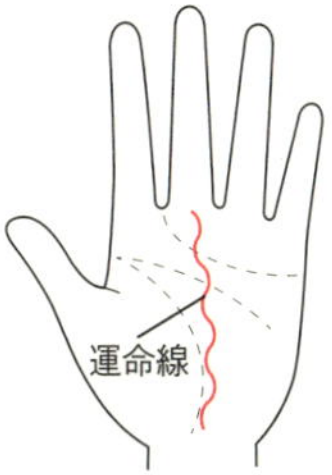

運命線がクネクネしている

甲斐性のない夫に苦労しそう なかなか離婚できない相

運命線がクネクネと蛇行しているのは、夫に経済力がなく不安定な生活になることをあらわします。結婚生活は大変ですが、妻の苦労を夫が理解することはなさそう。なかなか別れにくい相ですが、仲介者をたてると離婚も可能です。

恋愛
結婚

27

今度こそ幸せをつかみたい
バツイチだけど、再婚できる？

性格の不一致が原因で、先月に離婚しました。今は独り身を満喫しているけど、できればもう一度結婚したい！　再婚できるか教えてください。

A 太い結婚線が2本以上出ていれば、もう一度、結婚のチャンスが到来することをあらわします。両手に同じような結婚線が2本以上あれば、より再婚が確実なものになるでしょう。その際、下の線よりも上の線が長ければ、前回よりも幸せな結婚となります。人のアドバイスを聞きながら、相手をよくみて結婚を決めましょう。

GOOD 再婚のチャンスがくる！

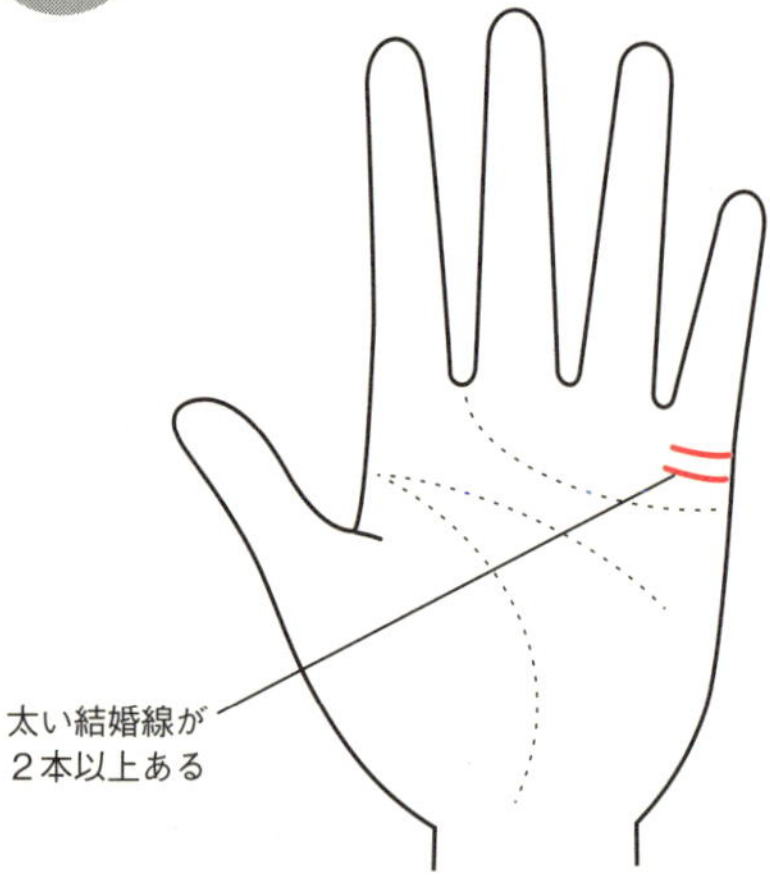

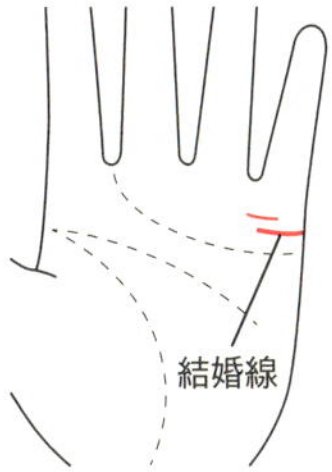

結婚線の上に細い線が出ている

結婚はもうこりごり!?
恋人がいても再婚はしない人

離婚後、好きな男性とつき合いますが、入籍しないことをあらわします。結婚という形にうんざりしていて、面倒なことはこりごりと考えているようです。また、相手にも妻子がいるなど理由があり、積極的に結婚しないでしょう。

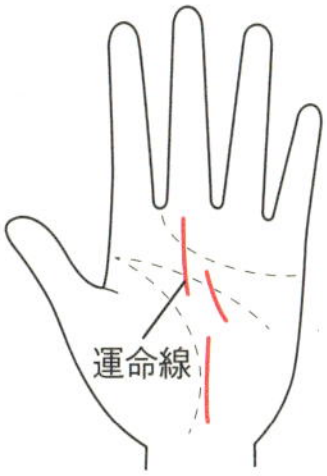

運命線が何本かある

再婚の可能性が高く
環境が大きく変わるサイン

運命線が何本かあるのは、生活環境が大きく変わることをあらわします。この相は、再婚するときにも出てきます。いろいろな人生を歩んでみて、失敗したらやり直しをしながら、その都度よい道を選んでいく人でしょう。

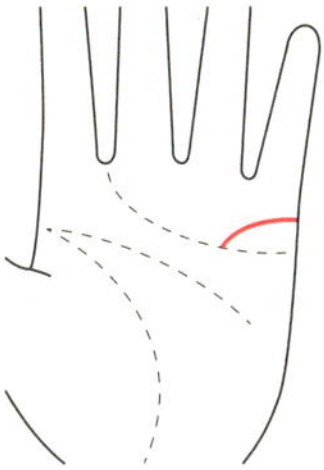

下がった結婚線が１本だけある

今は静かに過ごしたほうが吉
再婚はまだまだ先になりそう

まだ次の出会いを受け入れる準備ができていないことをあらわします。今のままで再婚しても前回と同じような結果になってしまうので、再婚はよく考えましょう。結婚によい時期がくると、結婚線の周りがピンク色に変わります。

恋愛
結婚

28

そろそろゴールインしたい！カレはいつ頃プロポーズしてくれる？

交際7年のカレがいます。ふたりとも結婚を考えていますが、カレは何も言ってきません。カレがいつプロポーズしてくれるのか知りたいです。

BAD

結婚は考えていない

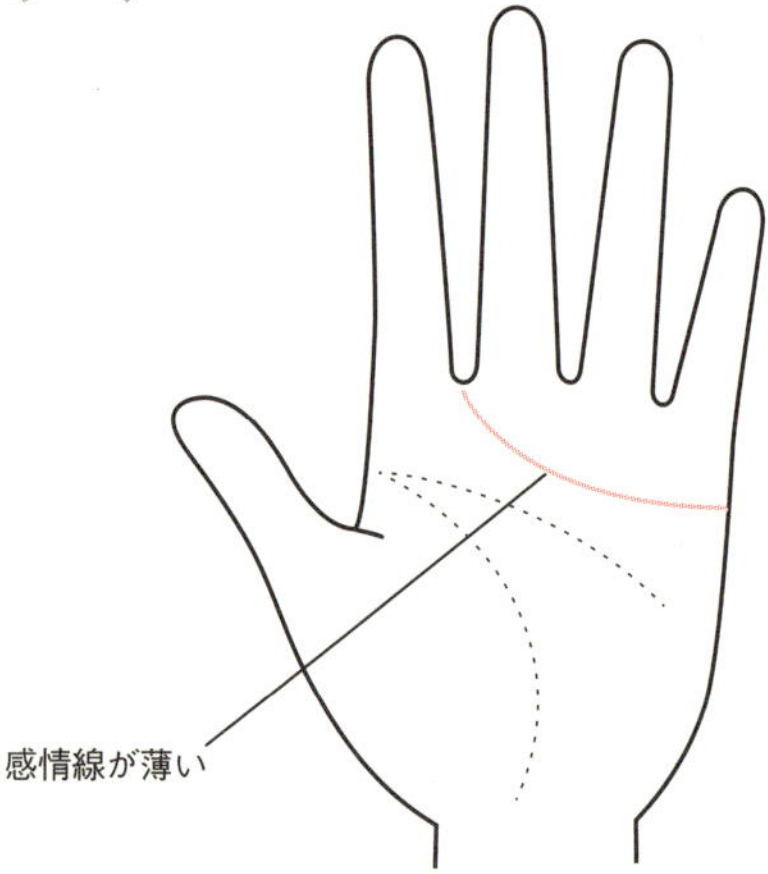

A カレの手をみて感情線が薄ければ、今は全く結婚を考えていない相です。結婚する理由がなく、「結婚するなら別の人がいい」くらいに考えているかもしれません。どうしてもカレと結婚したいと思うなら、相手からのプロポーズを待つのではなく、自分から結婚の意志を伝えて準備するくらいの考えにしないと、うまくいかないでしょう。

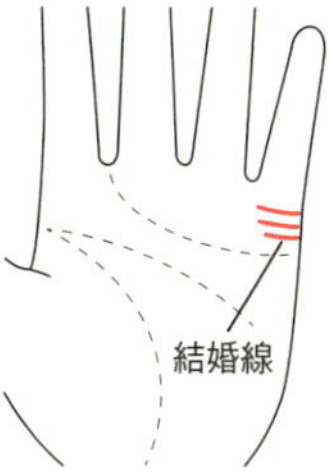

結婚線が何本かある

お嫁さん候補がいっぱい!?
複数の女性とつき合っているかも

カレの手を見て結婚線が何本かあれば、結婚までいくようなつき合いの女性が何人か出てくる相です。あなたもその一人に数えられてしまい、ゴールインは難しいかもしれません。ただし、あなたが変わればカレの心が動くこともあります。

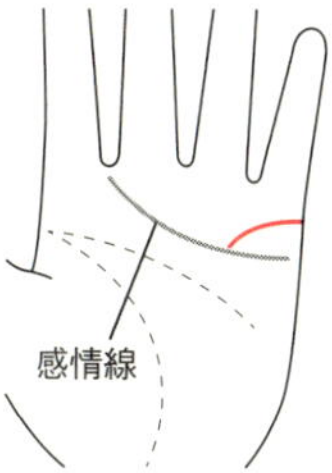

結婚線がカーブして感情線につく

交際期間が長くても
結婚しないまま破局しそう

カレの手をみて結婚線が感情線についていると、長いつき合いでも結婚までいきません。この相が出ていると、結婚後に別れる暗示もあります。長くつき合っている場合は、結局、結婚しないまま破局してしまいそうです。

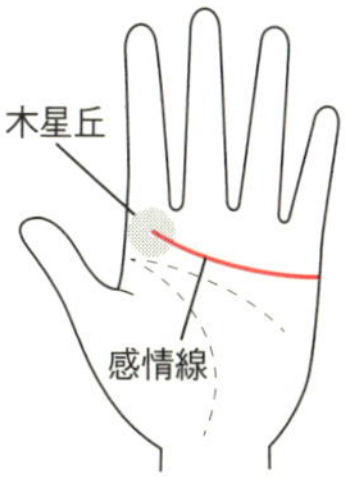

感情線が木星丘中央に伸びる

カレはあなたと結婚するつもり
気持ちを伝えれば話がまとまります

カレの手をみて感情線が木星丘の中央に伸びていれば、あなた一筋の誠実な人です。結婚も考えていますが、プロポーズを躊躇しているようです。あなたのほうからカレに結婚の意志を伝えれば、話はまとまるでしょう。

恋愛
結婚

29

できるだけ早く結婚したい
何歳で結婚できる?

結婚願望が強く、婚活を頑張っていますが、なかなかよい人と出会えません。運命の人とはいつ頃出会えるのか、何歳で結婚できるのか気になります。

A 結婚線が小指の付け根と感情線の真ん中に出ていれば、25歳くらいで結婚することをあらわします。生命線や運命線などの流年の位置を確認して、開運サインや環境変化のサインが出ていれば確実でしょう。ただし、結婚線の上にもっと長い結婚線がある場合は、25歳よりもう少し後になって、自分らしい結婚ができることをあらわします。

GOOD 25歳頃に結婚できる

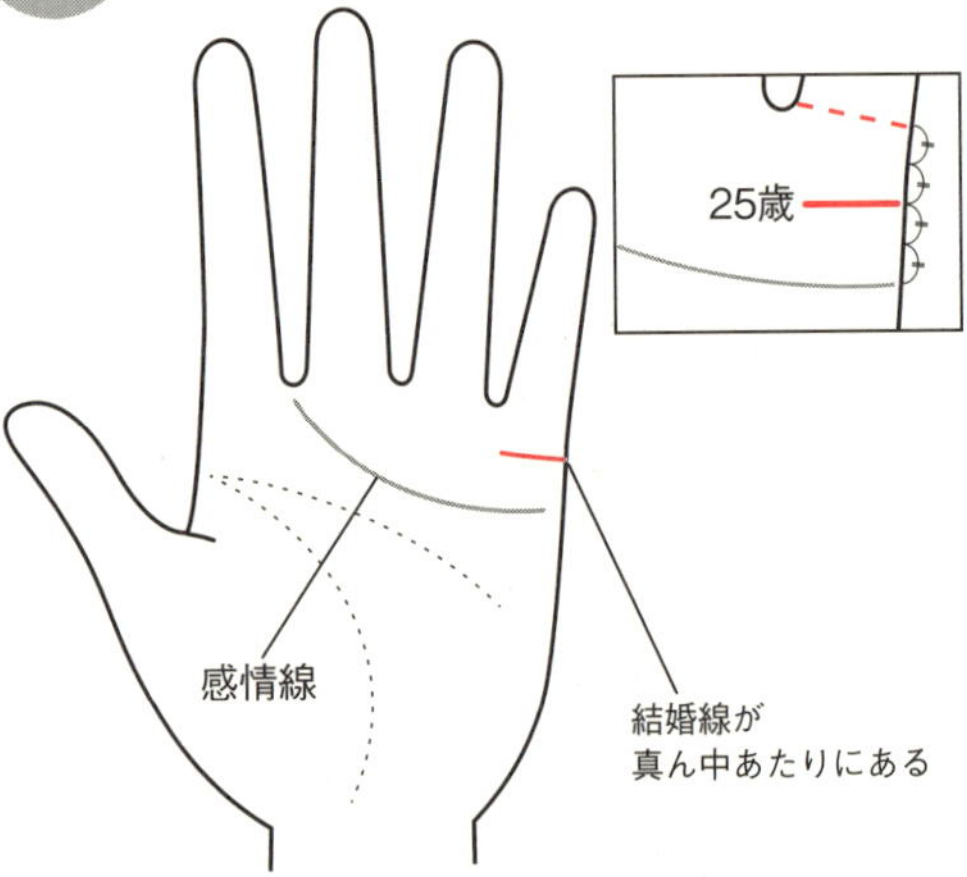

★流年法→P40～P47参照

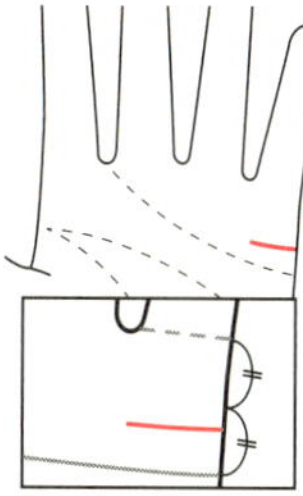

結婚線が真ん中より下にある

25歳前に結婚のチャンスあり 強い気持ちで縁を引き寄せて

25歳前に結婚を考える人がいることをあらわします。結婚線が1本で25歳以降も未婚の場合は、そのまま結婚が遠のくかも。絶対結婚する、と強く思って神棚などに向かって口に出して言うと、縁を引き寄せられます。

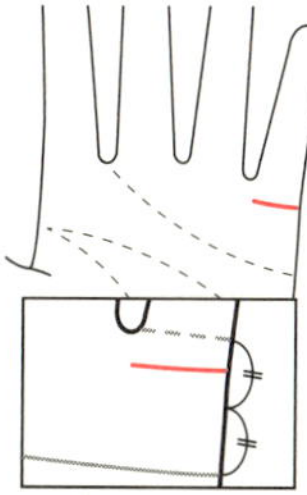

結婚線が真ん中よりも上にある

結婚は25歳以上になりそう 婚期を逃さず行動して

結婚は25歳以降になることをあらわします。これからもチャンスはあるので、積極的に異性と会うようにしましょう。この相の人は、慎重になりすぎて婚期を逃している場合が多いので、相手にこだわりすぎないことも大切です。

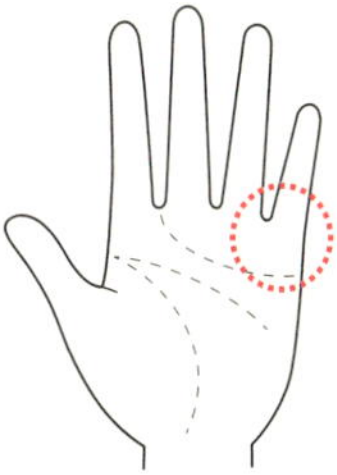

結婚線がない

結婚に興味が薄い相 あまり必要性を感じていないかも

結婚に興味がないことをあらわします。自分に経済力があるので、あまり男性の必要を感じていないようです。少しでも結婚したいと思うなら、運命にまかせず行動しましょう。そうすると、よい人に出会え、結婚線が出てきます。

恋愛
結婚

30

ダンナ様はお金持ちがいい!

玉の輿のおいしい結婚ができる?

結婚は、経済力のある人としか考えられません。たとえば、年収1千万円以上の人か、資産家の息子と結婚して、玉の輿にのるのが夢です。

A 結婚線が太陽線まで伸びていると、資産家と縁がある相です。結婚によって今までの運命が大きく変わるでしょう。玉の輿婚でよい部分もある一方、結婚するまでわからなかった大変さも感じますが、それを乗り越える力を持っているので、よい妻になれます。ただし、相手の資産やお金を自分で自由に使えるかどうかは別になります。

GOOD 資産家と縁がある

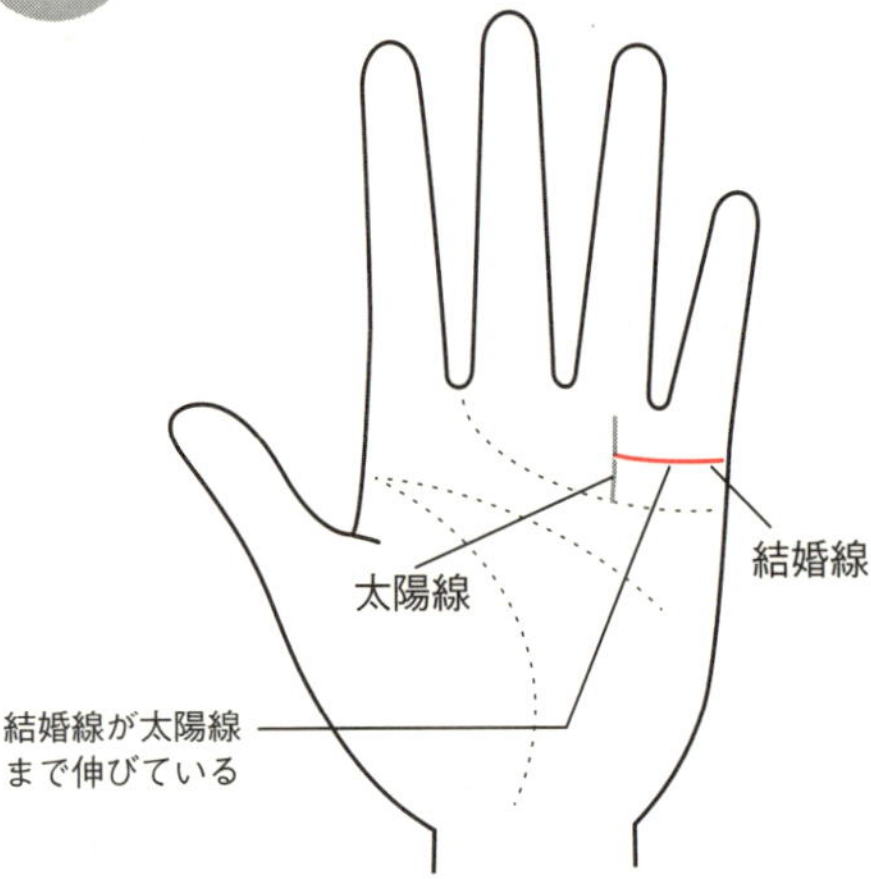

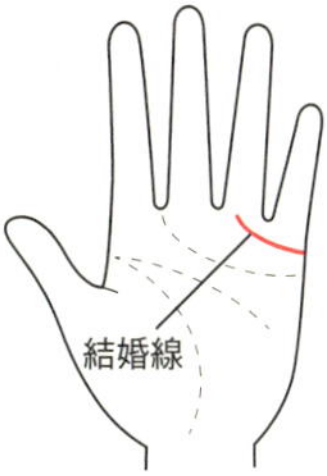

結婚線が薬指の付け根まで伸びる

自立した男性と豊かな結婚生活を送れる相

運命の人と豊かで安定した生活ができる相です。親の財産よりも本人に実力があり、自立した人と一緒になるでしょう。結婚線の途中にタテ線が入っていると障害のある暗示ですが、それに打ち勝つ強さを持っています。

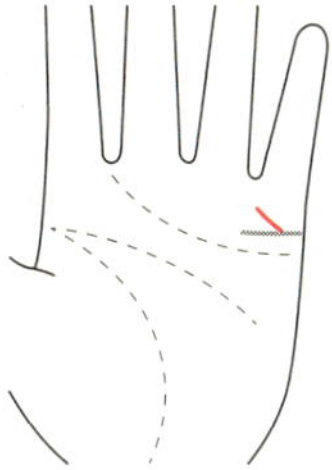

結婚線の途中から上向きの支線が出る

お金持ちのダンナをゲット! 贅沢三昧の玉の輿婚ができる

この相の人は、経済的にゆとりのある結婚ができます。欲しいものは何でも買えて好きな場所にも旅行に行ける、贅沢な生活ができるでしょう。お互いのよさを生かしあえる夫婦となり、幸せな結婚生活が送れます。

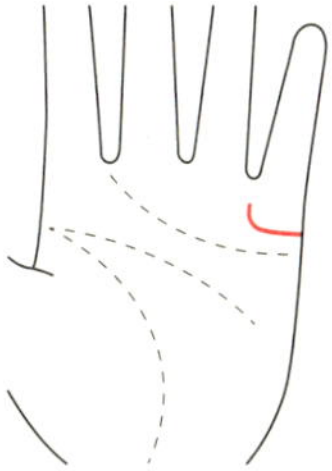

結婚線の先端が上に急カーブする

玉の輿は幻かも……妻が苦労する結婚になりそう

経済的に豊かな結婚を望んでいても、結婚してみると優雅に過ごせる余裕がないことをあらわします。反対に、夫の派手な生活を妻が補うような苦労の暗示もあります。玉の輿を狙いすぎず、自分で稼ぐことも考えたほうがよさそうです。

恋愛
結婚

31

運命の人に間違いなし？

今のカレと結婚しても大丈夫？

カレとの結婚話が進んでいるけど、本当にこの人でいいのか悩んでいます。恋愛と結婚は別という気もするし、このまま結婚して幸せになれますか。

A 自分とカレの手をみて、ふたりの結婚線が同じ形をしていれば、間違いなくカレが運命の人です。さらに、結婚線が上向きであれば、とても幸せな結婚となるでしょう。逆に、ふたりの結婚線が下向きなら、運命的なものを感じてもトラブルの多い夫婦になってしまう可能性があります。お互いに相手を思いやり、言葉遣いに気をつけましょう。

GOOD カレこそ運命の人！

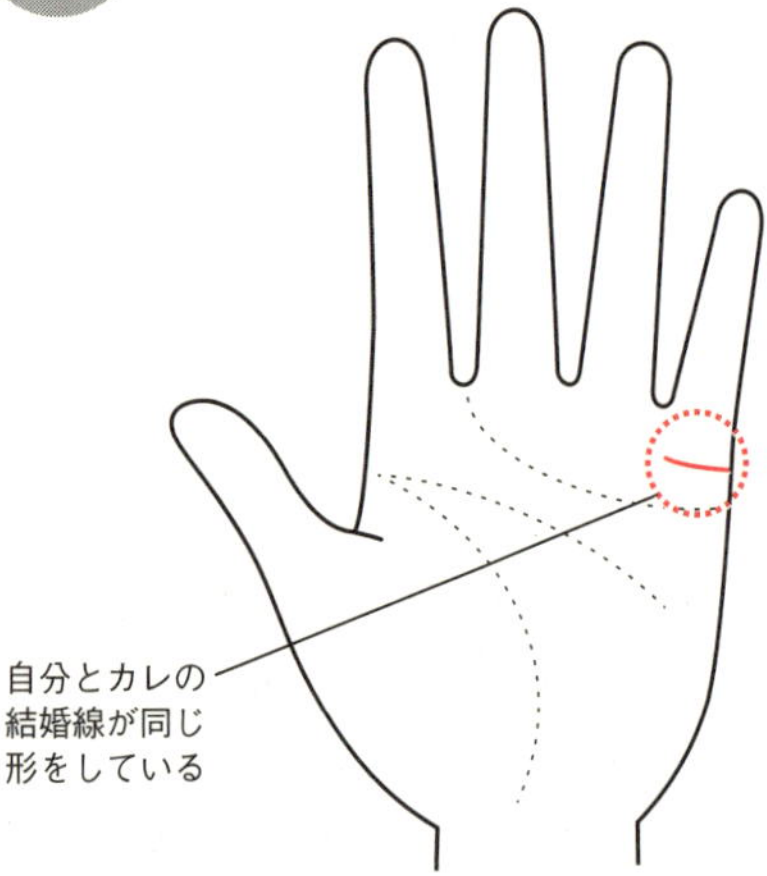

女性にモテモテで結婚後も異性関係が派手な人

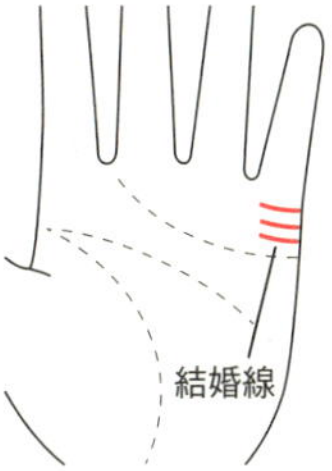

結婚線が何本もある

カレの手をみて結婚線が何本もあるのは、女性にモテるタイプで異性関係も派手なことをあらわします。結婚しても女性関係は落ち着きませんが、それが気にならないのなら結婚してもよいでしょう。束縛しなければ結婚生活は順調です。

よい夫婦になれる！ 迷わず結婚してOK

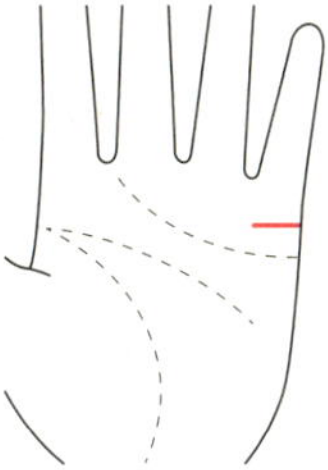

長くてまっすぐの結婚線が1本ある

カレの手をみて、長くてまっすぐの結婚線が1本ある場合は、迷わず結婚を決めてよいでしょう。結婚後に大変なことがあっても、お互いに協力して信頼関係を深めることができ、よい夫婦になります。

家族を大切にしながら成功するよき夫になりそう

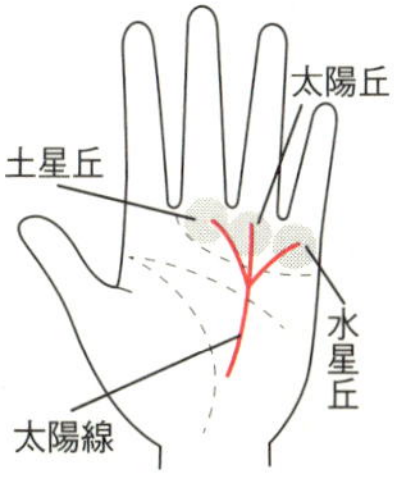

太陽線が土星丘、太陽丘、水星丘に伸びる

カレの手をみて、太陽線の先が土星丘、太陽丘、水星丘に分かれていると、家族を大切にする人です。また、家族のサポートを力にして、社会的にも成功するでしょう。仕事好きで忍耐強く、人にも恵まれるので、相当な財を築きそうです。

32

只今36歳、がけっぷち 婚活は成功する？

現在、36歳で独身、カレもいません。かなり結婚を焦っていて、本気で婚活しようと思っていますが、スムーズに結婚までたどりつくでしょうか。

A 小指の付け根と感情線のちょうど真ん中にある結婚線は、流年法で25歳をあらわします。それよりも小指に近いほうに結婚線が出ていれば、運命の人との結婚が待っているでしょう。相手のことを決めつけすぎず柔軟な心でいると、よい結婚になります。結婚線が真ん中に近いほど早く出会い、小指に近いほどゆっくりとした出会いになります。

GOOD よい相手とゴールインできる

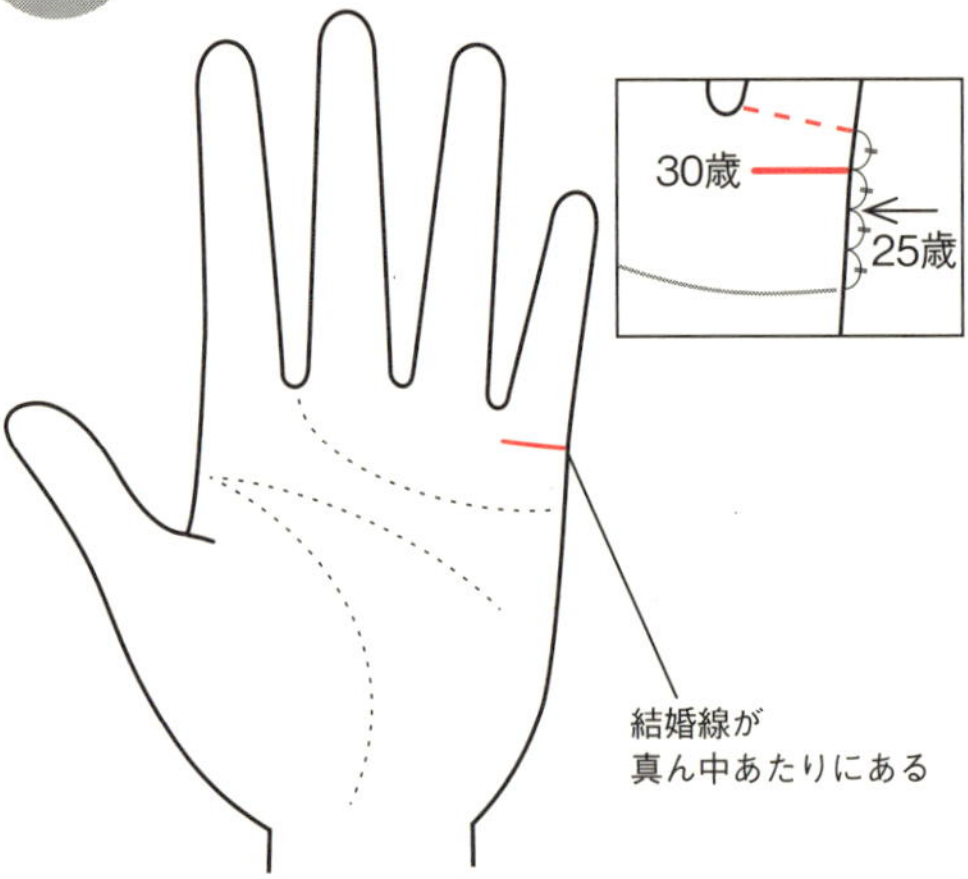

★流年法→P40～P47参照

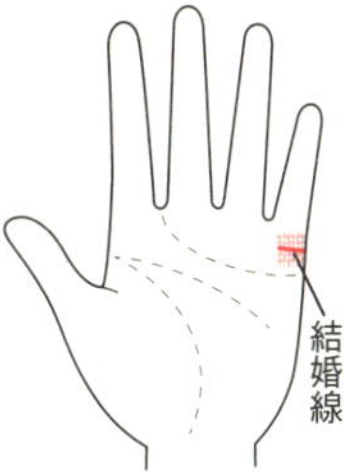

結婚線上の格子が消える

結婚が近づいているサイン お見合いなども積極的に

結婚線の上に出ていた格子が消えるのは、結婚間近であることをあらわします。格子がなくなることで、人生において結婚の重要性を感じ、本来持っている結婚運が動き始めています。お見合いなど、人からの紹介話には積極的になって。

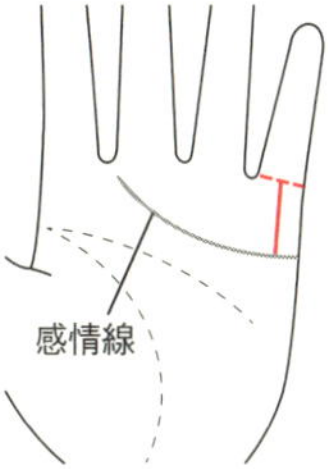

小指の付け根と感情線をつなぐ長い線がある

一生独身で過ごす相 結婚するには努力が不可欠

一生独身の人生になることをあらわします。「結婚もいいな」と思っていても、独身の自由さに慣れてしまって共同生活を送るのは、かなり努力が必要でしょう。結婚したいと思っているなら、頑張って相手を探せば手相も変わります。

開運テクニック

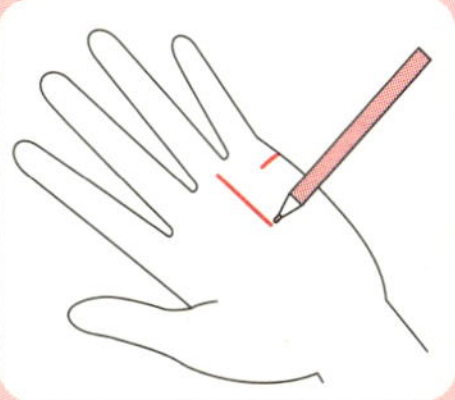

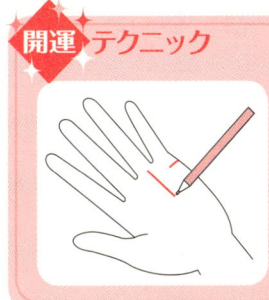

金色の結婚線＆太陽線で安定した結婚を引き寄せる

ゴールドのペンで長い結婚線と太陽線を描きましょう。この2本は、経済的に安定した相手との結婚運が高まります。ただし、自分で努力することを忘れずに。

恋愛
結婚

33

結婚という永久就職がしたい
専業主婦になれる?

女の幸せは、ズバリ結婚！　仕事を頑張るよりも、家庭に入って家族を支えたいと思っています。専業主婦になって、楽しく幸せに暮らすのが理想です。

GOOD 専業主婦向きの人

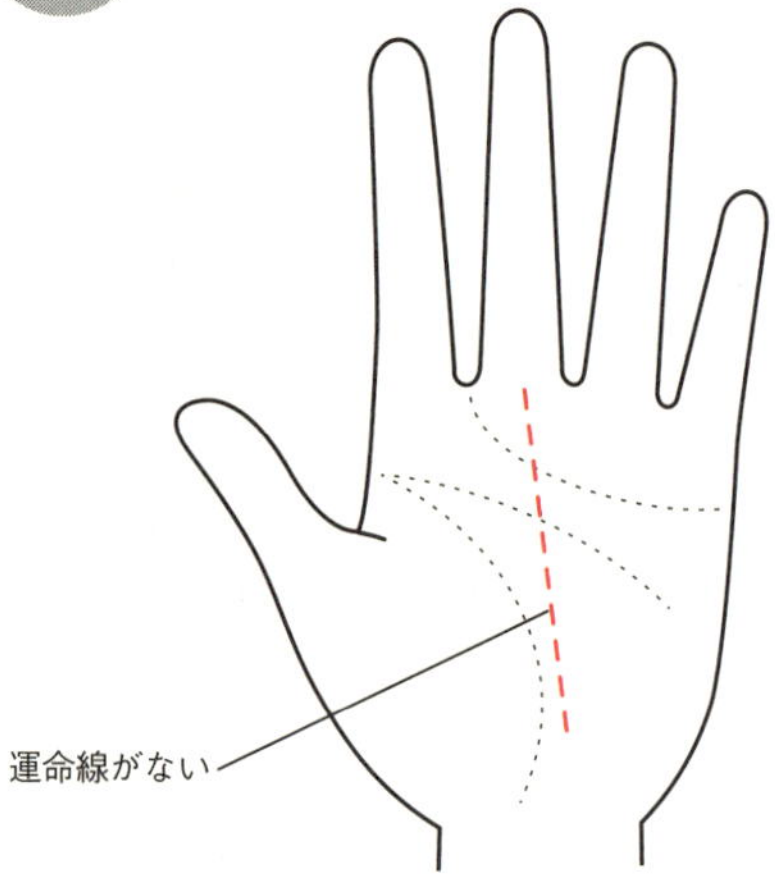

A 運命線がない場合、自分の仕事にはやりがいをあまり感じず、目立ちたいという気持ちもありません。自分のことよりは、夫が活躍することに喜びを感じ、サポートするタイプなので、専業主婦に向いているでしょう。

　自分の趣味などを充実させていけるので、結婚後はお稽古ごとの師範や先生になる人もいます。

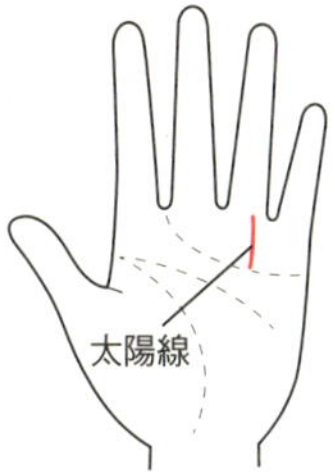

はっきりした太陽線がある

夫が働いて妻が家庭を守る役割分担した結婚生活に

太陽線がはっきり出ているのは、夫が仕事をして、妻は家庭を守るといった生活を送ることができる相です。派手な生活ではなくても、夫婦がそれぞれの役割を果たし、尊敬しながら過ごせます。充実した人生となるでしょう。

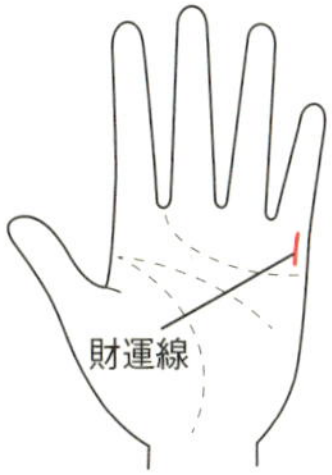

財運線がある

安定した生活をゲット専業主婦として過ごせる人

財運線が出ていると、夫に安定した収入があり、自分は専業主婦として毎日のんびり過ごせることをあらわします。ただし、散財しているとこの線はすぐに消えてしまいます。家計の管理をしっかりすれば安定するでしょう。

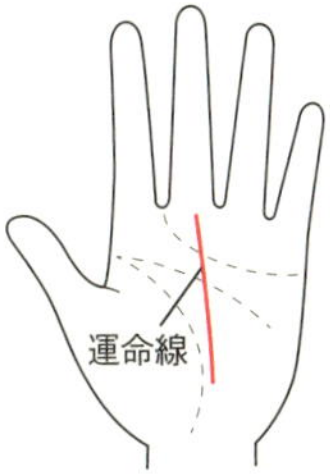

運命線がはっきりある

家庭に入ると夫の運気がダウン専業主婦に向かない人

運命線がはっきり出ていると、専業主婦に憧れていても、実際になってみると飽きてしまう人です。ムリして専業主婦になっても夫の運気を食べてしまいます。専業主婦よりも、仕事を持って外で働いたほうがよいでしょう。

恋愛
結婚

34

結婚後、ダメ夫にならない？

浮気やDV、仕事をしなくなる!?

昔は優しかったのに、結婚したとたんに夫が暴力的になったという知人がいます。自分のカレも、結婚後にダメ夫にならないか不安です。

A カレの手をみて、人さし指が中指よりも長ければ、心が冷たく愛情に欠けることをあらわします。不平不満があると妻に暴力をふるうこともあるため、結婚にはおすすめできません。わがままな性格で周囲の人も離れていくでしょう。また、人さし指と中指が同じ長さだと、責任感がなく家庭を守る気持ちがない人で、妻になると苦労しそうです。

BAD ✕ 愛情のないDV夫になる

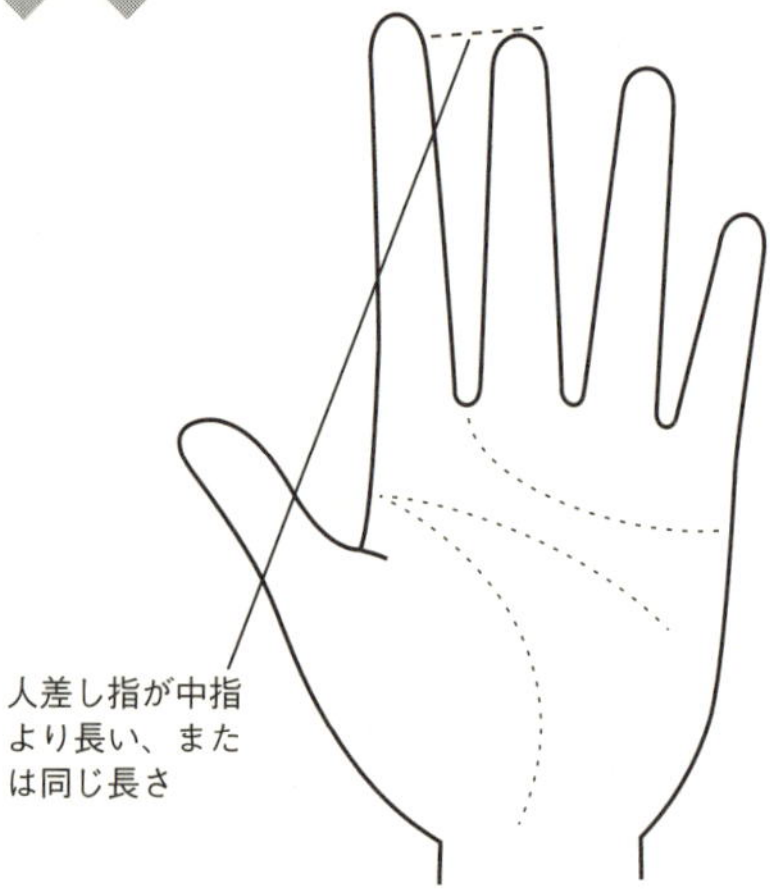

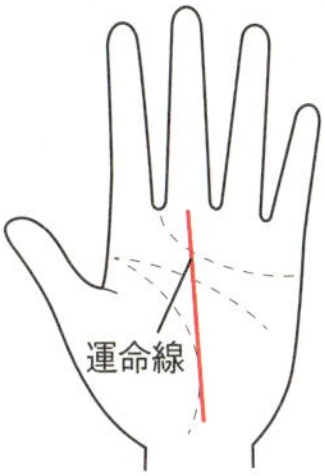

運命線がまっすぐ伸びている

浮気やDVの心配なし まじめな性格で結婚向きの人

カレの手をみて、はっきりとした運命線がまっすぐ出ていれば、結婚に向いていることをあらわします。仕事熱心でまじめな性格なので、安定した生活を送れそうです。多少短気でも、浮気やＤＶに走ることはありません。

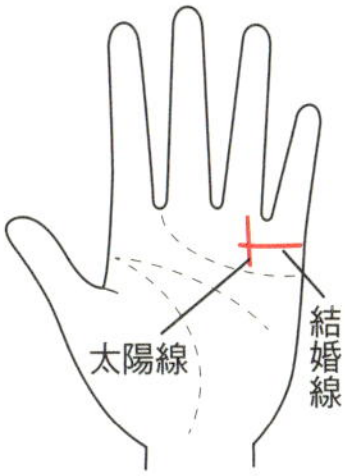

太陽線と結婚線が交差している

経済的にも精神的にも苦労し 夫婦関係が悪化するサイン

カレの手をみて太陽線と結婚線が交差していたら、結婚後に夫婦関係が悪くなるサインです。玉の輿婚と思っても、経済的に不安定になる可能性があります。また、浮気が発覚するなど精神的にも落ち着かなくなりそうです。

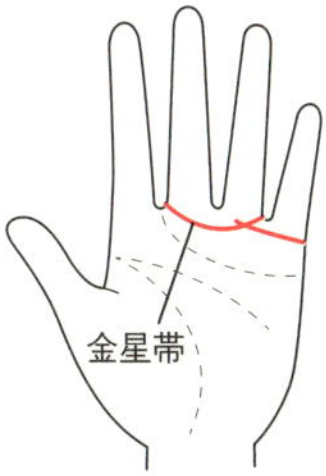

金星帯と結婚線が交差している

わがままで口うるさい夫 不幸な結婚生活になりそう

カレの手をみて金星帯と結婚線が交差していたら、結婚後に口うるさくなる相です。夫はわがままなうえに妻に完璧さを求め、満足することがありません。楽しく明るい結婚生活とはほど遠く、孤独を感じてしまいそうです。

恋愛
結婚

35

出産リミットが気になる年齢
子宝に恵まれる？

子ども好きなので、絶対にひとりは産みたいと思っています。でも、30代になって年齢や体力的に焦ってきました。将来、子宝に恵まれますか。

A 小指が薬指の第1節間より長ければ、子どもと縁のある相です。さらに、小指の付け根が太めでしっかりしていれば、相手次第で何人か産むことも可能でしょう。小指が薬指の第1節間と同じ長さの場合も子宝に恵まれ、安産の傾向があります。ただし、相手の小指が極端に短い場合は、その影響を受けて子どもの数が少なくなることもあります。

GOOD 子宝に恵まれすい人

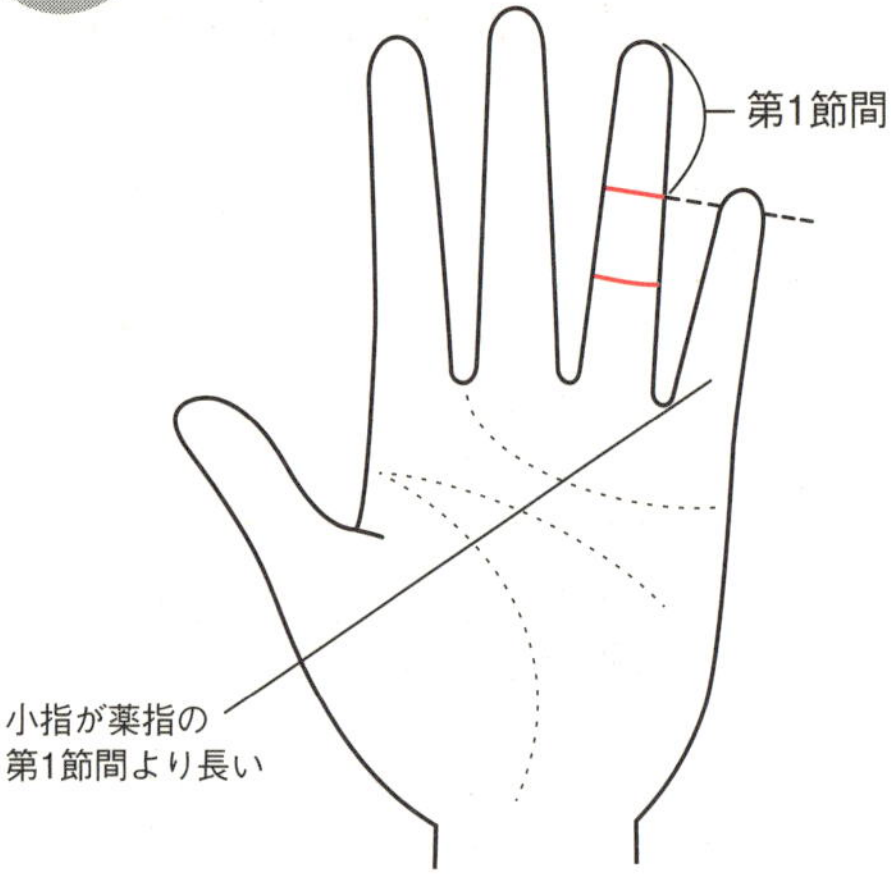

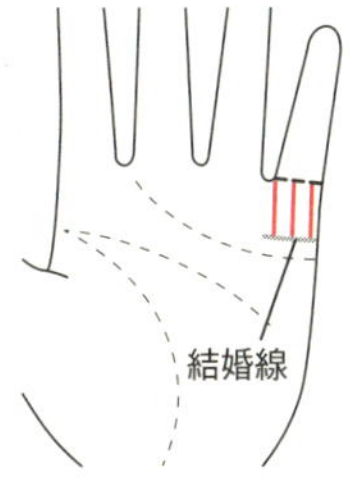

小指の付け根から結婚線へ向かうタテ線がある

子どもに恵まれ線の濃さで性別も予想できる

小指の付け根から結婚線へ向かうタテ線は、子どもの数を示します。タテ線がくっきりしていれば男の子、線が薄ければ女の子と考えます。ただし、この線は妊娠する可能性がある子どもの数なので、流産などで誕生しなくても出てきます。

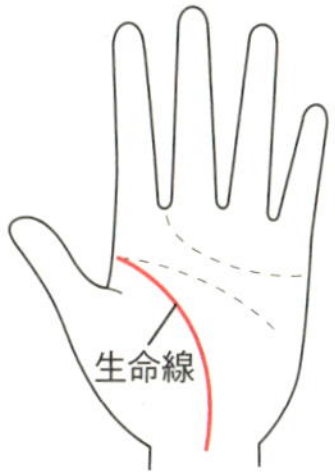

生命線が手首のほうに細く伸びる

もともと体力が弱めで子どもに縁が薄い相

生命線の先が手首のほうに向かってまっすぐ伸びていると、体力があまりなく、性的にも控えめな相です。子どもと縁が薄い暗示なので、よい機会があれば早めに子作りを考えてもみてもよいでしょう。パートナーがいる場合は相談してみて。

開運テクニック

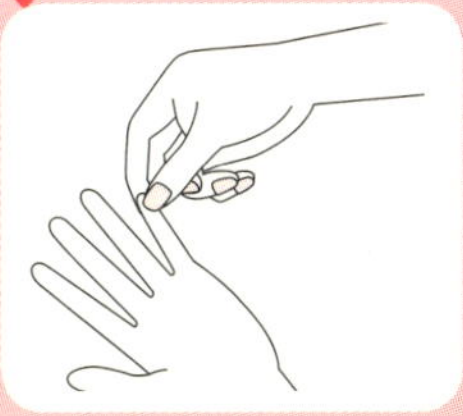

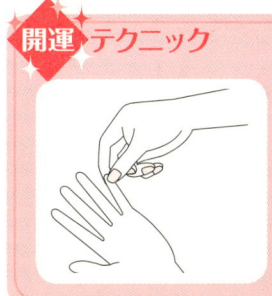

小指マッサージで子どもを授かるエネルギーがアップ

子宝運を高めるには、小指をやわらかくしておくことが重要です。小指を持って回し、爪を強くはさんで引っ張るようにすると、子孫繁栄のエネルギーが出てきます。

恋愛
結婚

36

パパにも子育てしてほしい
夫はイクメンになれる？

もうすぐ子どもが生まれる予定です。夫婦共働きなので、出産後は夫にも育児を手伝ってほしいと思っているのですが、よいパパになれるでしょうか。

A 夫の手をみて、指が長くて指先が平らで四角い形をしていれば、実務能力が高く、家事などもテキパキとできる人です。時間が空いたときには子育てにも積極的に参加してくれる、よいパパといえるでしょう。育児への関心が高く、子どもをよくみてくれるので妻は助かりそうです。どんなことも面倒がらずにやってくれるイクメンです。

GOOD 子育てに積極的なイクメン

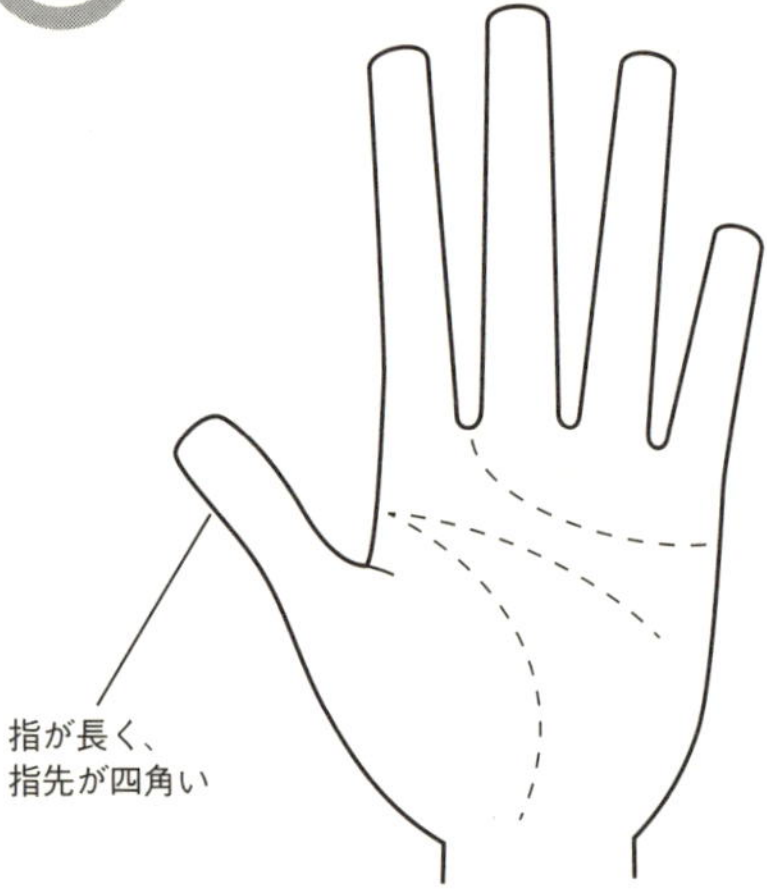

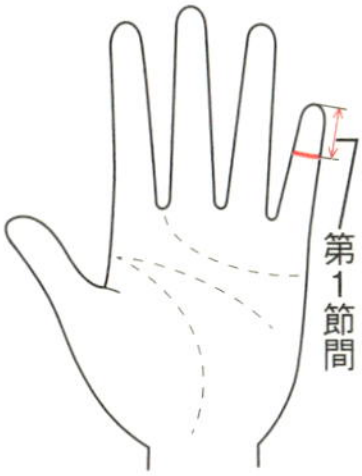

小指の第1節間が長い

教育熱心なパパ。夫婦で努力すると子どもの能力も開花します

夫の手をみて小指の第1節間が長ければ、育児に積極的で妻以上に細かいことをあらわします。子どもによい教育をしたいという気持ちが強く、いろいろな努力をするでしょう。妻も同じ気持ちで対応すると、子どもも能力を発揮します。

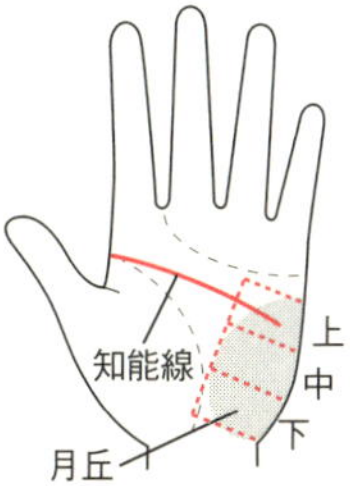

知能線が長く月丘上部に伸びる

子どもとの時間を多く持つ子煩悩なイクメンになる可能性大

夫の手をみて知能線が長く、月丘上部に伸びていると、子どもの教育に関心が深い相です。できるだけ子どもと多くかかわりたいと考え、時間をつくろうと努力する人でしょう。どちらかというと、妻よりも子どもとの距離が近いパパです。

開運テクニック

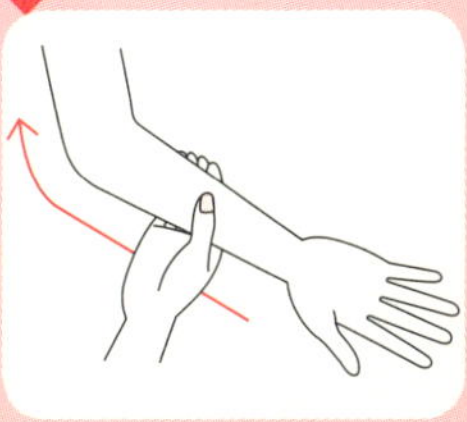

「私生活」を意味する右腕をやわらかくもむとGOOD

夫の右腕を、手首からひじ、ひじから肩にかけて指で押していくと、子どもへの関心が高まります。常に夫の手に触れておくのが、よい気を漏らさないコツです。

恋愛
結婚

37

人妻でも恋したい！

結婚してもモテ期はくる？

人妻だからといって、恋愛対象外になるのはイヤ！　いつも恋して輝いていたいし、若くいたいと思うけど、もうモテモテになるのはムリ？

A 結婚線が２本以上あれば、結婚後も深い関係になる相手が出てくることを暗示します。若々しい気持ちを保ち、外見も魅力的な女性です。いつでもモテ期といえるので、自分がその気になれば素敵な恋をするでしょう。家庭がうまくいっていない場合、すべてを捨てて恋に走ることもありますが、問題がなければ上手に隠してつき合います。

GOOD 結婚後も魅力的な人

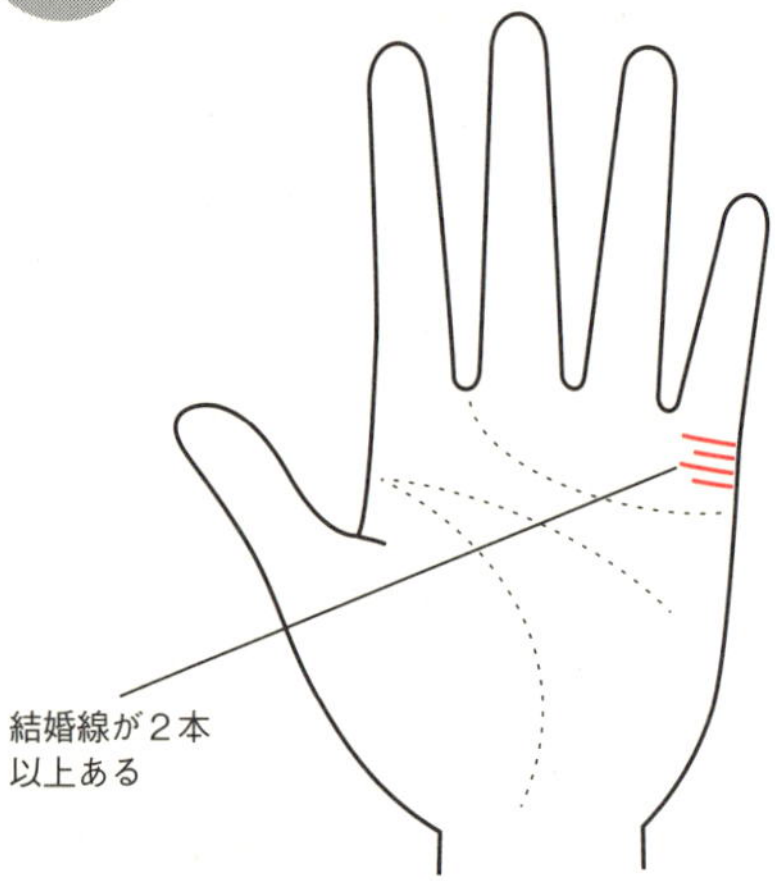

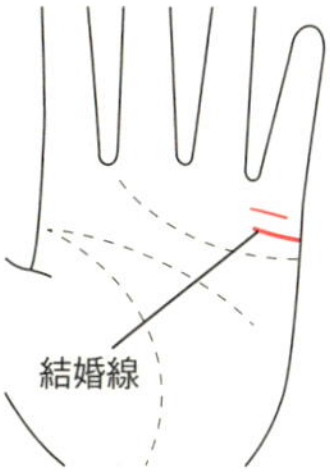

結婚線の上に細い線が出る

現在、モテているサイン　あなたに近づく男性があらわれそう

結婚線の上に平行に細い線が出ているのは、現在モテていることをあらわします。あなたに思いを寄せてくれる男性が自然と出てくるでしょう。遊びと割り切って深入りしなければ、楽しくつき合っていけそうです。

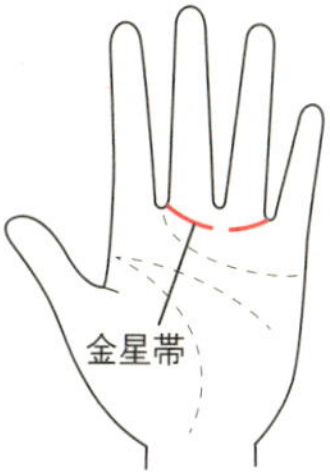

金星帯がどの線よりも濃い

性的なパワーが高まっていて　男性を惹きつけるモテ期

線の中で金星帯がいちばん濃く出ていれば、性的なエネルギーが強く、異性を惹きつけるモテ期です。気になる相手がいる場合は、信頼できる人か見極めてから近づきましょう。よい雰囲気になれば、交際に発展しそうです。

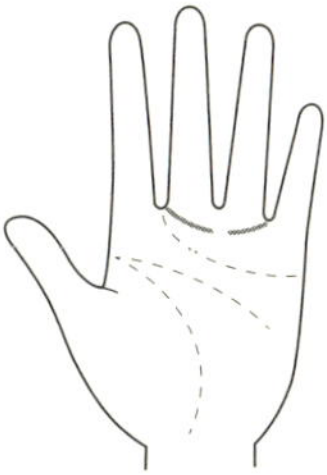
金星帯の色が悪く、線が沈んでみえる

男性にモテる気配なし　外見に気を配って女を上げて

金星帯の色が悪いのは、性的な関心が薄く、モテ期がやってこないことを暗示します。異性を惹きつけるエネルギーがなく、自分が女であることも忘れていそうです。外見に気を遣ってキレイに装うことで、本来の魅力が出てくるでしょう。

恋愛
結婚

38

ケンカばかりでうんざり 夫と離婚するべき？

夫の浮気が原因で不仲になり、今では毎日ケンカしています。別れたいと思っているけど、離婚後の生活などを考えると不安でどうしようか悩んでいます。

A 結婚線が深く下がっているのは、夫婦の関係が冷え切って不平不満を抱えている状態をあらわします。ただし、結婚線が感情線についていなければ、離婚するのも大変で、もめることになりそうです。今はあわてずに、離婚後の生活を考えてみましょう。結婚線が感情線を横切っている場合は、夫との生き別れや死に別れを暗示します。

BAD ✕ 離婚話でもめるかも

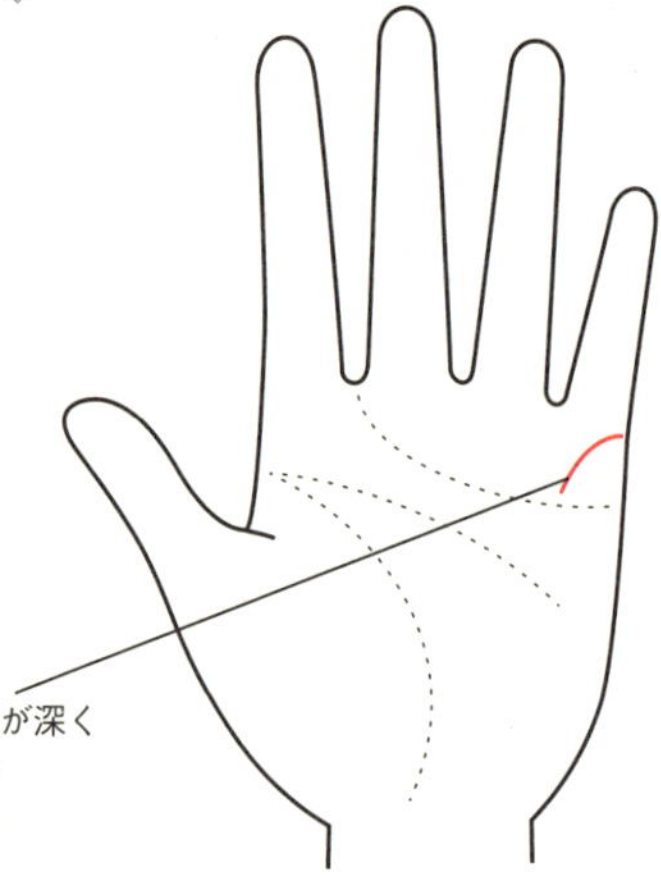

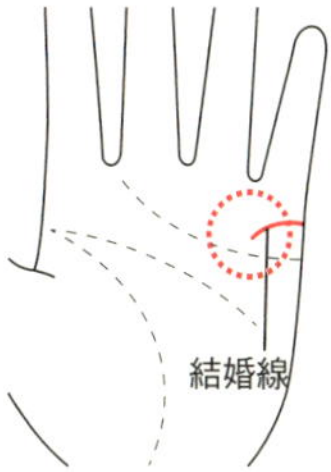

結婚線が少し下がる

言い争いが絶えない暗示 ふたりの仲を修復する努力を

些細なことでの言い争いが多い暗示です。相手のことが信頼できずに、余計なことまで考えてイライラしてしまうでしょう。離婚という形ですぐに問題を解決しようとせず、時間をかけてふたりの仲を取り戻すよう努力してみて。

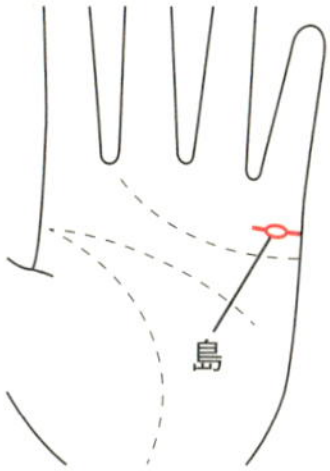

結婚線に島がある

気持ちが冷めきっていても 離婚することなく一緒にいそう

結婚線に島があるのは、ケンカが絶えず夫婦とも暗い心でいることをあらわします。相手の欠点を知るほどに気持ちが冷めていきそうです。ただし、離婚となると話は別になり、ケンカしながらも一緒に暮らしていくでしょう。

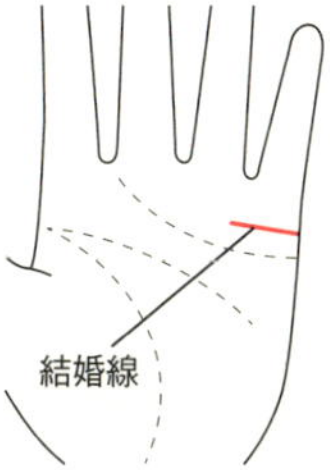

結婚線がまっすぐ長い

ケンカするほど仲がよい証拠 離婚する必要はありません

結婚線が長くてまっすぐだと、よい夫婦であることをあらわします。ケンカが多いのは、山あり谷ありの人生の中で、たまたま谷の時期なのかもしれません。結婚生活自体に問題がないのであれば、長引かせずに自分から解決しましょう。

恋愛
結婚

39

このまま結婚しないかも
おひとり様の人生になりそう？

なんとなく結婚のタイミングをつかめず、気がついたら35歳になっていました。結婚願望はあるけど、もしかしたらずっと独身？

A 結婚線が小指の付け根と感情線の中間点より上に出ていると晩婚タイプで、そろそろよい出会いがありそうです。今までは、おつき合いしてもタイミングが合わず、結婚に至らなかったようです。結婚したいなら、より強い気持ちで願い、仕事よりも男性を選ぶようにしてみると素敵な結婚をすることができるでしょう。

GOOD 出会いの時期が近づいている

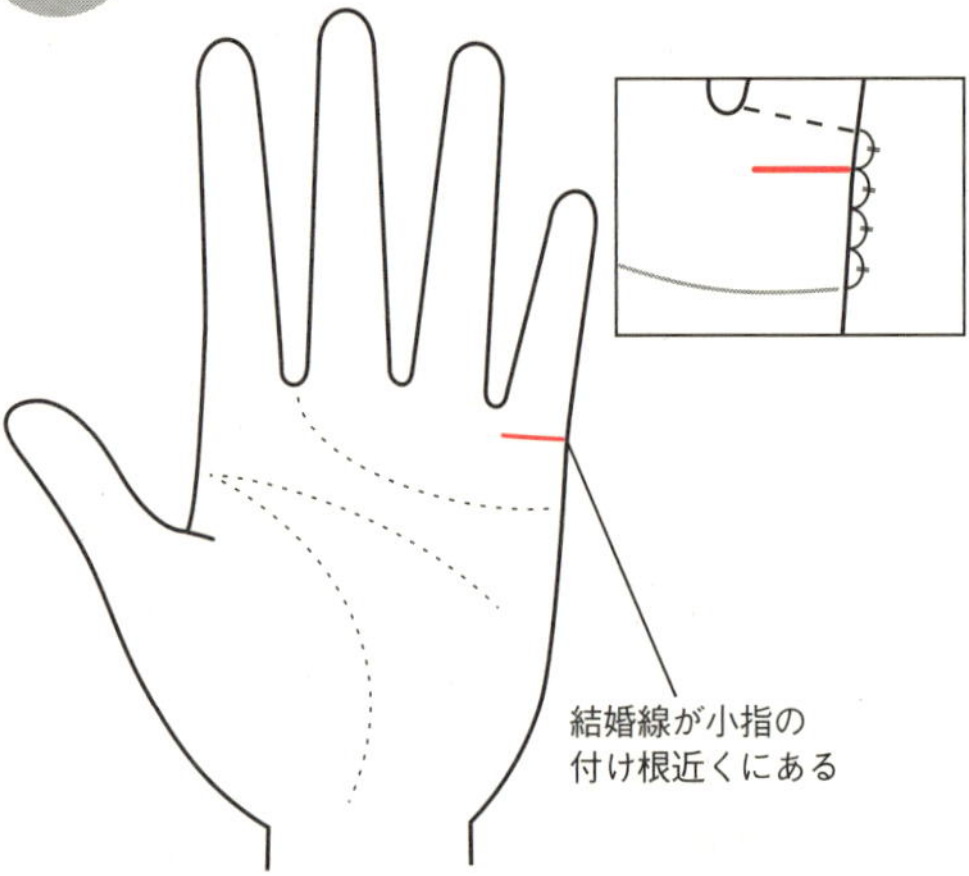

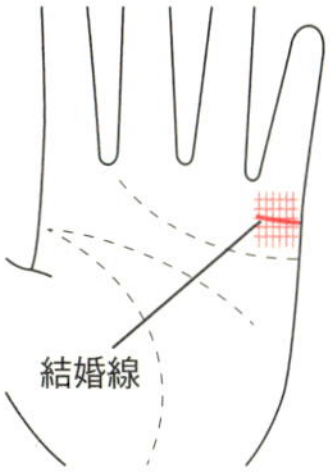

結婚線に格子マークがかかる

結婚のチャンスはまだ先 常識を捨てると運気がアップ

結婚する縁があっても、まだチャンスがきていないことをあらわします。格子マークが消えるまで、結婚するのは難しそうです。自分の常識を一度捨ててまっ白な状態になればマークがなくなり、結婚運を引き寄せられます。

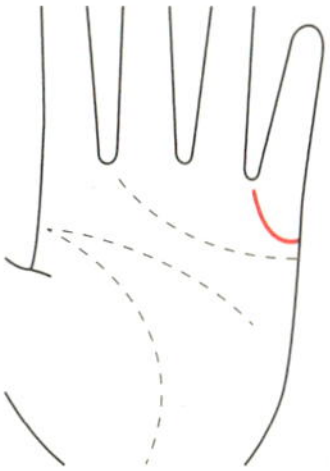

結婚線が急カーブして上昇する

結婚という形にこだわらず 仕事を頑張るキャリアウーマン

結婚よりも仕事優先で、独身のままでいることをあらわします。カレがいれば十分と考え、結婚という形はとらないでバリバリと働く人でしょう。結婚したいのであれば、結婚後も自由に仕事させてくれる人を選んで。

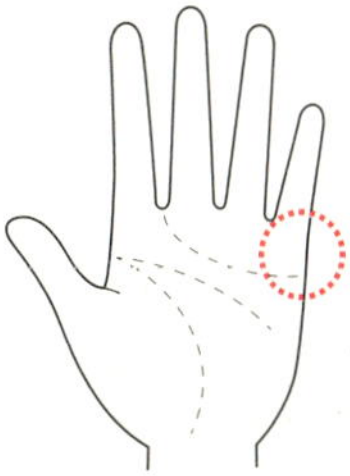

結婚線がない

このままでは結婚できないかも…… 真剣になって縁を引き寄せて

結婚線が全くなければ、今のままでは結婚することが難しいことをあらわします。結婚の必要性を真剣に考えていないからかもしれません。結婚したいのであれば、「絶対に結婚する」と口に出して言うことで、縁がやってきます。

恋愛
結婚

40

国際結婚でワールドワイドに
外国人イケメンとの結婚あり？

日本人よりも外国の男性が好みで、結婚も外国人としたいなぁと思っています。できればハンサムで優しい人が理想ですが、よい縁に恵まれますか。

GOOD 外国人と結婚する可能性大

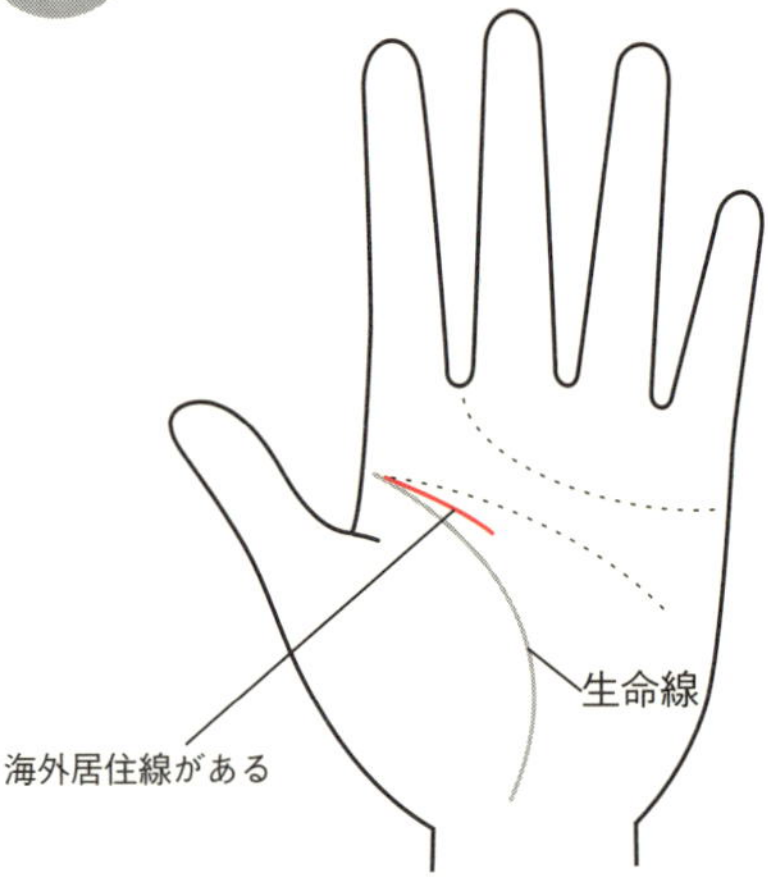

A 生命線の始点から、生命線と並行するように短く出ている線を海外居住線といいます。この線が出ていると、海外に住む縁があることをあらわします。女性の場合は外国へ行く機会が多く、外国人と結婚してそのまま移り住むこともあるでしょう。水星丘が盛り上がって張りがあれば、コミュニケーション能力が高く、新しい土地にもすぐ慣れます。

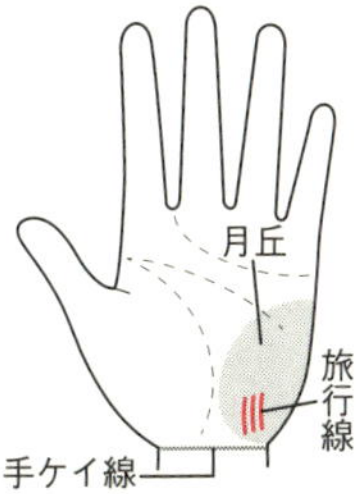

月丘下方に手ケイ線から上がる旅行線がある

旅先で素敵な出会いがあり国際結婚につながる相

旅行線が２本平行して出ていると、旅行先でよい出会いがあることをあらわします。素敵な男性との出会いも多く、結婚するケースもあるでしょう。この線は、国内よりも海外での出会いをあらわすことが多く、国際結婚する人もいます。

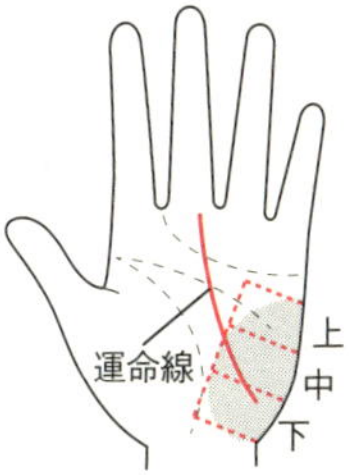

月丘の下方から運命線が上る

国内よりも海外が合う人外国に定住することもありそう

自分の故郷を離れ、ほかの場所で生活することをあらわします。さらに、知能線と生命線が離れていれば型にはまらない性格で、海外で生活するほうが性に合っています。外国人と結婚し、外国に定住する可能性も大きいでしょう。

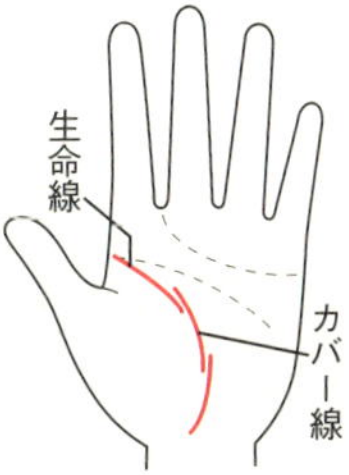

生命線が切れ、外側からカバー線がある

環境に大変化があるサイン外国人と結婚して移り住むかも

この相は、環境に大きな変化があることをあらわし、特に住居が変わることが多いでしょう。生命線とカバー線の幅が大きいほど、海外などの遠方になります。さらに月丘下方の肉づきがよければ、外国人と一緒になることもあります。

幸運をつかんだ手相エピソード①

手に輝きとツヤが出て モテ運がアップした小島さん

40歳目前で仕事に生活に極めて多忙
はじめまして小島です
手先も心も荒れ放題
ボロ…
仕事と反比例するように恋だけはヒマ…
MA—
HI
ボリボリ
恋
女としてモテたいしもっと楽しく毎日を過ごしたい——
どうしたらいいの—!?

恋愛の充実度&トラブルは手相を見れば一目瞭然

40代になると女性は体も心も変化し、まるで第2の思春期のように恋の相談が増えます。そのなかでも、小島聡子さん(仮名)は、大きく変化したひとりでした。

4年前の鑑定時、30代後半だった彼女は生命線、知能線に比べて、感情線が薄い手相でした。金星帯が出ていても薄いので、セックスは好きなものの、あまり充実していないことがわかります。また、結婚線は太い線が3本、細い線が2本ありますが、生活に追われて自分のことをゆっくり考える余裕がないようです。指先も荒れて、いろいろなストレスを抱えていることが手にもあらわれていました。

そして先日、42歳になった小島さんを鑑定すると、手のひら全体がツヤツヤしていてびっくり！　以前よりも前向きになって自立心が生まれたことで輝くような手に変わっていました。感情線は、支線が細かく出て性的魅力がアップし、多くの異性を惹きつけていることがわかります。さらに、金星帯が濃く周囲がピンク色に変わって、性生活の充実をあらわしていました。

ただし、結婚線の近くにホクロができていて、危険な恋の暗示もあります。彼女は、好きな人ができて毎日楽しいようですが、私は「この恋は失うものもあるので覚悟してください。自分の立場を考えて慎重に行動したほうがいいですよ」とアドバイスしました。それを聞いて彼女は「考えます」と言ったので、トラブルは回避できたのではないかと思います。

★手相の変化は P172 を参照

Before

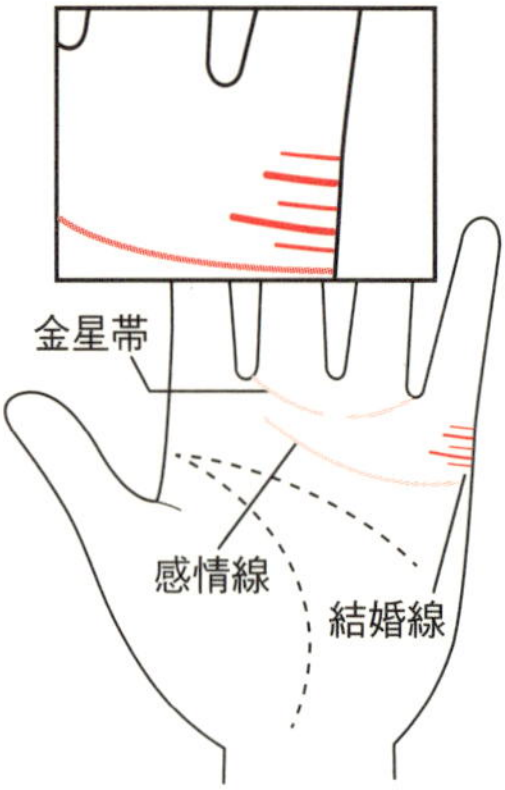

◆感情線が薄く、支線がない
◆金星帯が薄い
◆太い結婚線が2本、
細い線が3本ある
◆指先が荒れている

感情線に支線がないのは、女性らしさに欠けていることをあらわします。金星帯が出ていれば恋愛への関心はありますが、線が薄いと満足できていない状態でしょう。荒れた指先も、運気を下げるのでNGです。

After

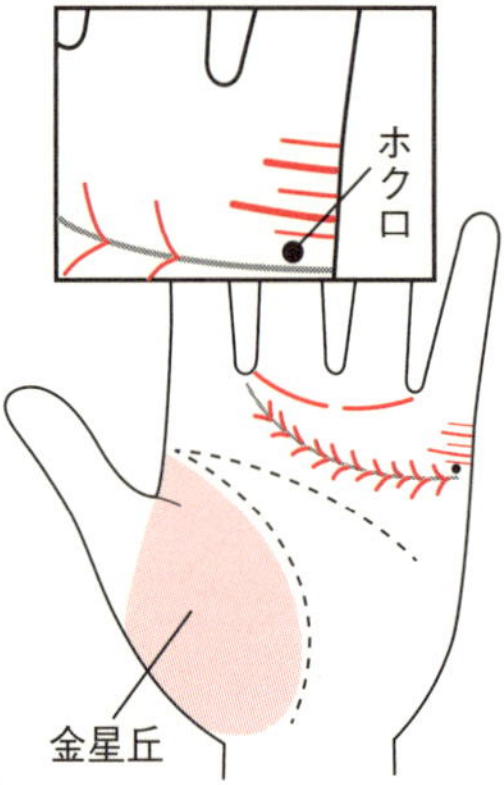

◆手のひら全体にツヤがあり、
金星丘の肉づきがよい
◆感情線に支線が多く出ている
◆金星帯が濃く、ピンク色
◆結婚線の近くにホクロがある

感情線から多くの支線が出て適度に乱れていれば、異性の惹きつける魅力にあふれています。さらに、性的関心度をあらわす金星帯がピンク色だと、恋愛が好調なサイン。ただし、ホクロはアンラッキーの意味です。

Part 4

天国？地獄？マネー人生がわかる
金運

パッと見でわかる!

お金に愛される? 愛されない?

人生のマネー状況を教えてくれる線

セレブ手相

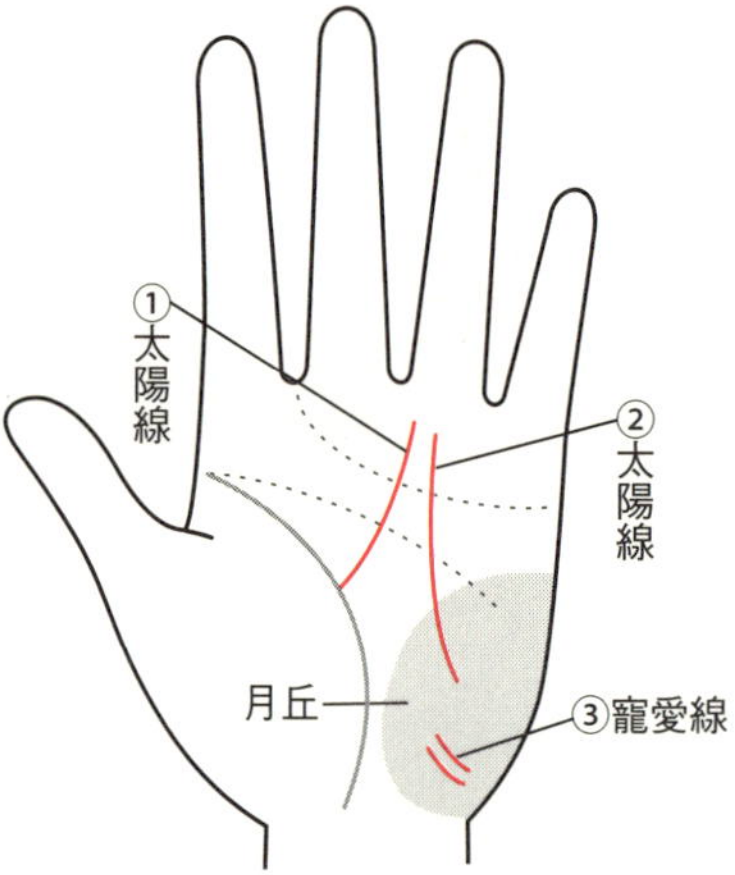

マネー&サクセスが約束されたラッキーな相

❶生命線上から薬指に向かって太陽線が伸びているのは、金運と成功運に恵まれるあらわれです。この線がはっきり出ていれば大金が得られ、お金を動かすことができます。

❷太陽線が月丘から上っているのは、人との出会い運がよく、華やかな生活を送れることをあらわします。

❸月丘下部から寵愛線が出ていると、人からかわいがられ人気者となります。

貧乏手相

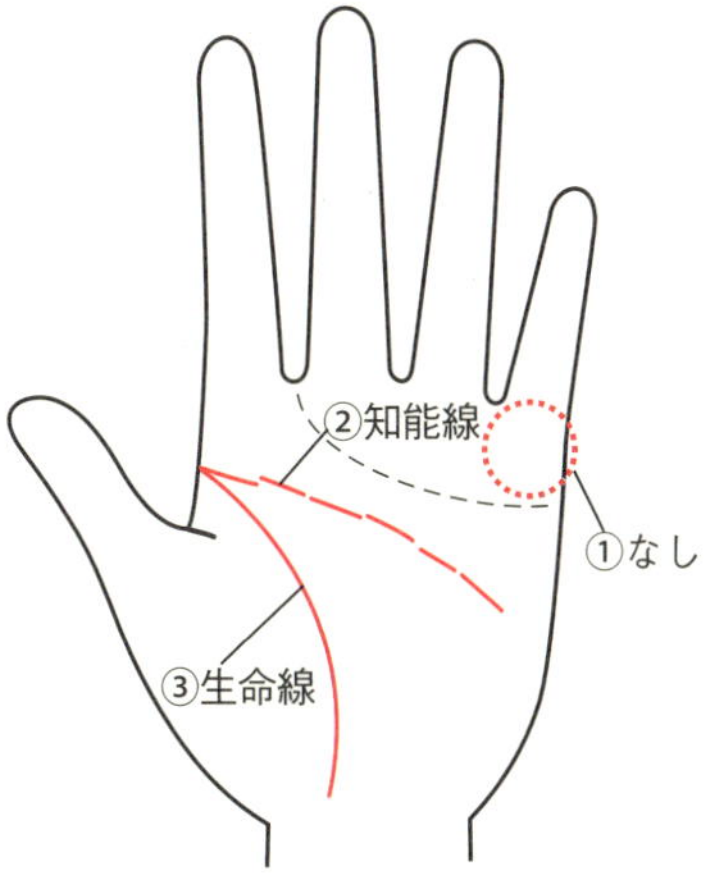

お金との縁が遠く貧しい生活を強いられそう

❶水星丘の上に財運線がなく、肉づきも盛り上がりもないのは、お金と縁がなく、貧乏の中にいることをあらわします。

❷知能線が切れ切れの場合、どうすればお金を得られるのかを考える力が不足しています。仕事をしても、飽きっぽく、お金に結びつきません。

❸生命線が内側に細く入っているのは、体力がなく、疲れやすいことをあらわします。欲もあまりなく、向上心に欠けます。頑張りもきかないため、貧しさからなかなか抜けられないでしょう。

金運

1

大富豪になるのが夢 億万長者になれる？

お金は、たくさんあるほどよいと思っています。将来、お金に困ることなく、リッチな生活を送れる大金持ちになれますか？

GOOD お金を儲ける才能がある

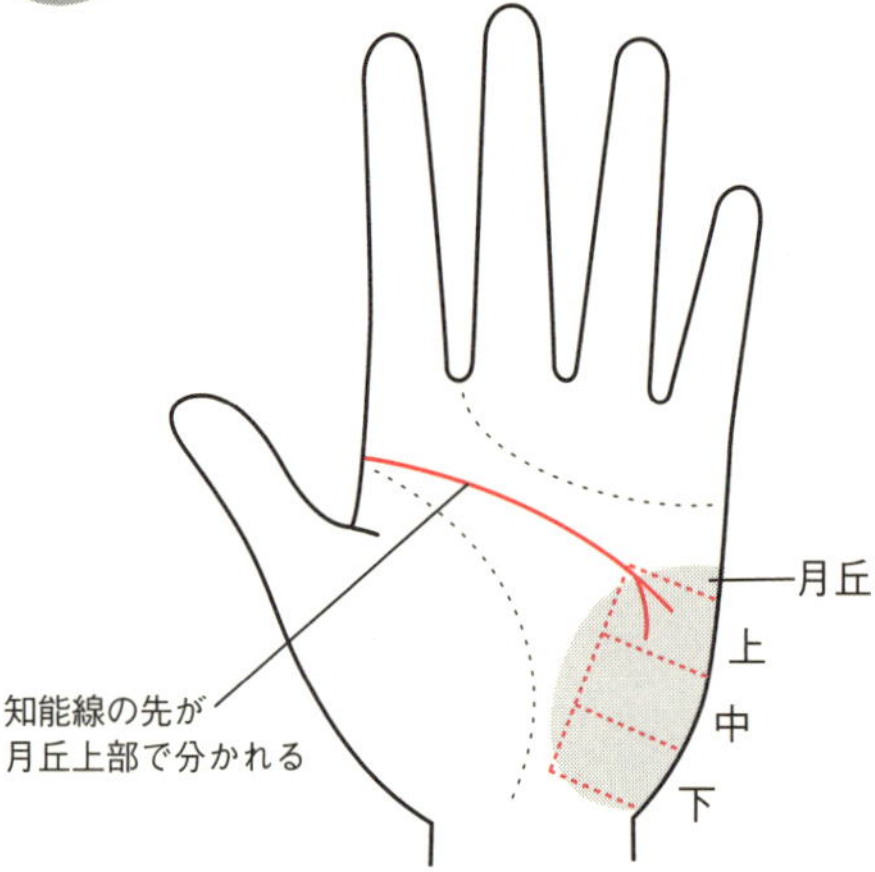
月丘
上
中
下
知能線の先が
月丘上部で分かれる

A 大金を動かし、手に入れることをあらわします。この相の人は、お金を儲ける能力にすぐれていて、何もないところから大金を生み出すことができます。人が気づかないところに着目してよいものを提案していく力や、自分を売り込む能力、決断する勇気を兼ね備えています。力のある人から才能を認められ、引立てを受けるでしょう。

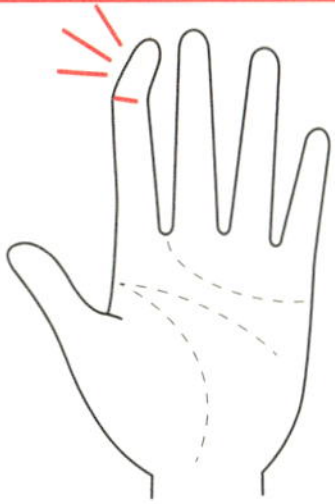

人さし指が長く、第1関節が中指に曲がる

逆境をプラスに変えて大富豪になれる人

巨万の富を得られる手です。一つのことをあきらめずに続けることで、自分の夢などを叶えていきます。何かトラブルが起きてもあわてずに対処でき、それをプラスに変えていける力も持っている人です。

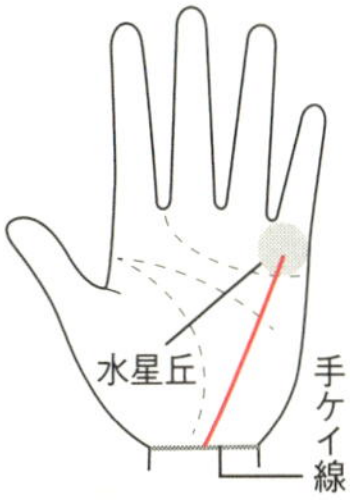

手ケイ線の真ん中から水星丘に線が伸びる

思いがけない成功で一気にお金持ちになれる人

突然、財産を得られる相です。思いがけず財産を築いたり、商売が成功して儲かったりします。お金をたくさん手に入れて、生活も一気に豊かになるでしょう。努力を怠らず、人にも親切にしていけば、成功を維持できます。

開運テクニック

手ケイ線と小指をつなぐ線はお金の流れをよくして運気アップ

白色のキラキラペンで手ケイ線から小指に向かって線を描きます。小指は繁栄の指でもあるため、ここに線を描くと滞っていたお金の流れがスムーズになります。

金運

2

不景気で安月給のまま……

将来、収入は上がる？

不景気で会社の経営状態が悪くなり、今年は昇給、ボーナスともにありません。この先、給料が上がる見込みはあるのか知りたいです。

A 着実に収入を増やしていけることをあらわします。この相の人は、努力家で社交性があるので、仕事も少しずつ軌道にのるでしょう。今の給料にこだわらず、日々の仕事をしっかりして10年後、20年後を見据えると次第に収入が上がっていきます。また、将来の収入アップにつなげるため、資格をとって独立する人にも多くみられる相です。

GOOD 着実に収入アップ

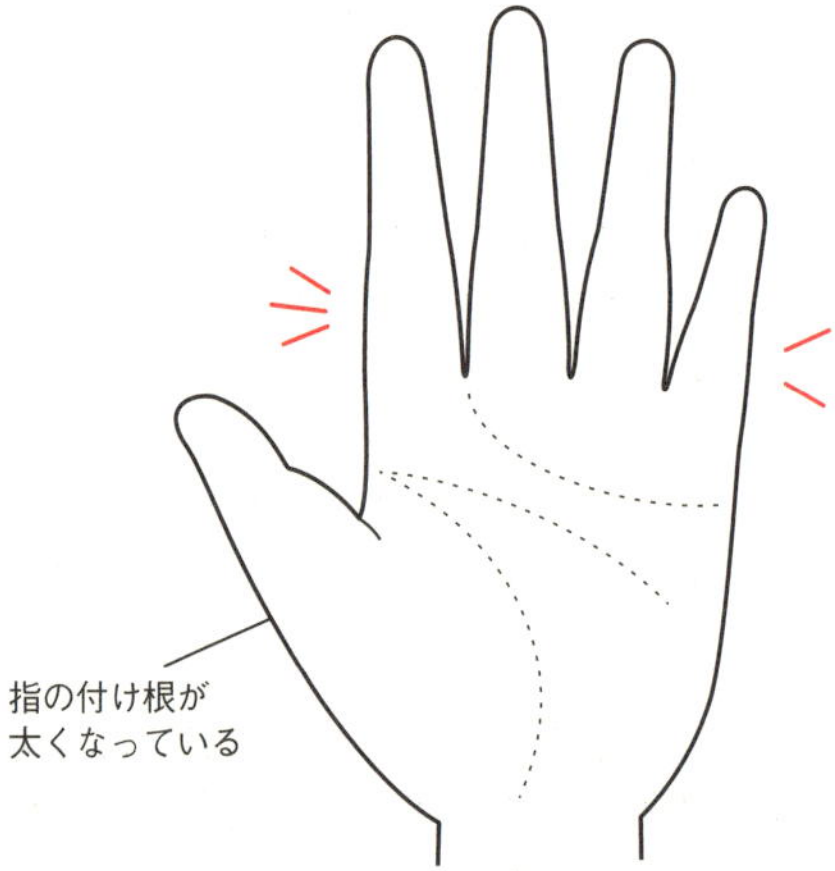

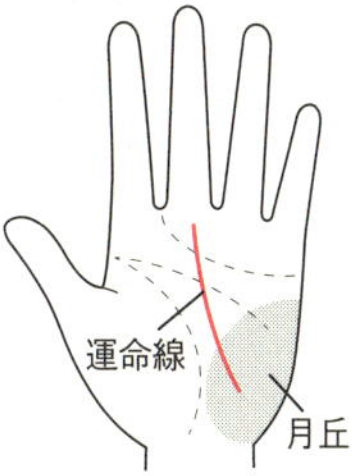

運命線が月丘から出ている

仕事ぶりが認められ収入アップ 人を楽しませる職業も適職

まじめな仕事ぶりが認められ、給料にも反映されます。目上の人からの引立てがあるので、同僚や部下よりも実力のある先輩と行動したほうが◎。また、人を楽しませるような職種であれば、より才能を発揮して収入も上がります。

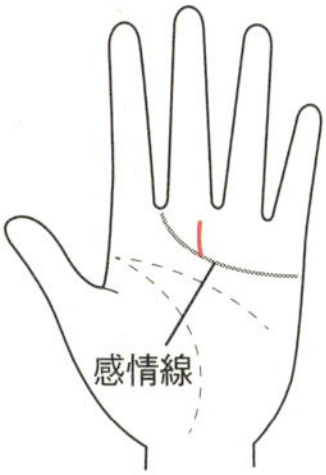

感情線から運命線が出ている

中年以降に幸運が到来 努力でさらに大金をゲットできそう

50歳以降から仕事が軌道にのってくることをあらわします。この相は、今のままでも給料がアップして生活していけるでしょう。さらに努力してほかの線を強化すると、大金を得られて生活が安定します。

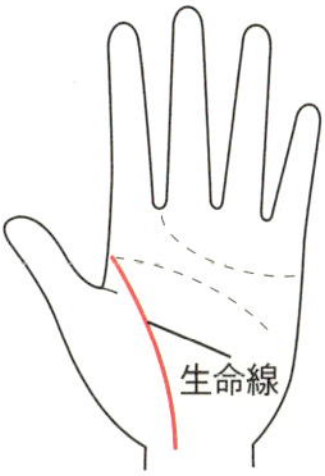

生命線が張り出さず、内側に入る

会社のトラブルなどに巻き込まれ 収入ダウンの危機がある相

収入が変わらないか、現在よりも下がってしまう相です。頑張る気持ちでも体がついていかなかったり、会社のトラブルに巻き込まれてイヤな思いをしそうです。規則正しい生活を心がけ、明るい人たちとつき合うようにしましょう。

金運

3

お金の使い方は常識的？

カレの金銭感覚が知りたい

もうすぐ恋人と結婚します。今までカレの金銭感覚を気にしなかったけど、結婚したらひとつの財布になるので心配。カレの金銭感覚を知りたいです。

A カレの手をみて知能線が手のひらの真ん中を横切っていれば、お金の管理はバッチリな人です。お金の計算が早く、必要なものには投資して不必要であればカットするように、ムダなお金は使いません。将来の貯蓄をしつつ、友だちとの交際費にも適度に使っていきます。自分の価値観がしっかりしていて頼りがいのある存在です。

GOOD お金の管理をまかせてOK

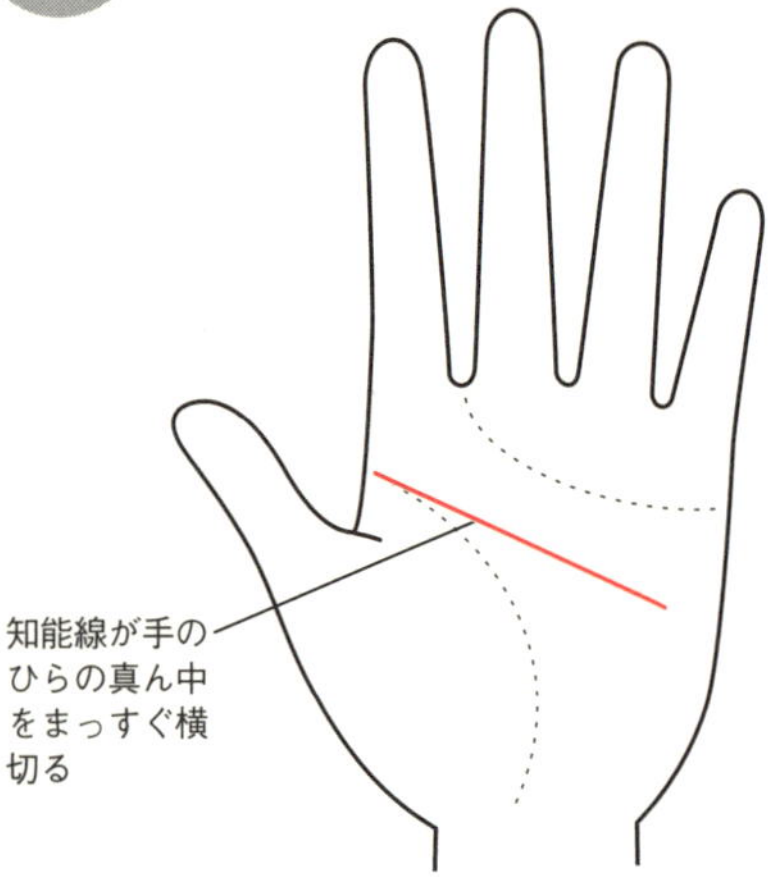

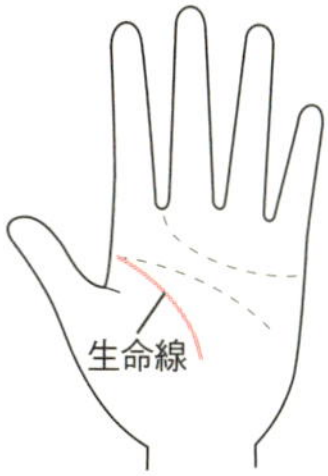

生命線が薄く短い

結婚して家族ができても自分の好きなように使う浪費家

カレの手をみて生命線が薄く短いなら、将来をあまり考えない浪費家です。金運はあるものの、お金を貯めるエネルギーに欠け、結婚後も自分の趣味や買い物などに使ってしまいそうです。お金の使い方について結婚前に話し合ってみて。

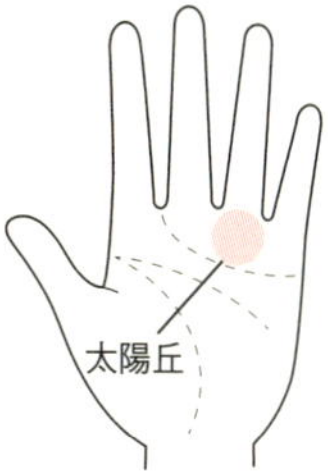

太陽丘が発達している

やがて自分に返ってくるよう生きたお金の使い方ができる人

カレの手をみて太陽丘が発達しているなら、お金の使い方が上手な人。大金を使っても、その後自分に戻ってくる投資のような使い方です。自分に協力してくれる人にもお金を出しますが、金運がよいので経済的な心配はないでしょう。

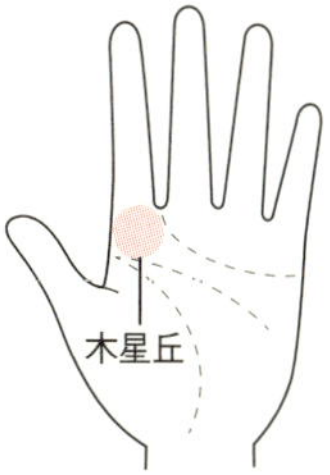

木星丘が発達している

お金は交際費として消えていく金遣いが荒いタイプ

カレの手をみて木星丘が発達していれば、かなり金遣いの荒い人です。この相は人づき合いがよいので、交際費が多く派手な生活になります。ただし、相当な金運に恵まれていて、お金はいつも入ってくるので困ることはなさそうです。

金運

4

気前よくお金を使うタイプ？

私はおごる派、おごられる派？

気がつくと、いつもちゃっかりおごられているラッキーな友人がいます。自分はおごる派かおごられる派か、手相でわかりますか。

A 運命線が手のひらの真ん中に伸びていると、基本的にはワリカンで、おごることもおごられることもない人です。お金に細かく、よほど必要に迫られない限り、自分がおごることはないでしょう。人からお金に関してシビアと言われても気にならない性格です。おごってもらうのは好きでも、その機会は少ないでしょう。

GOOD ワリカンが基本の相

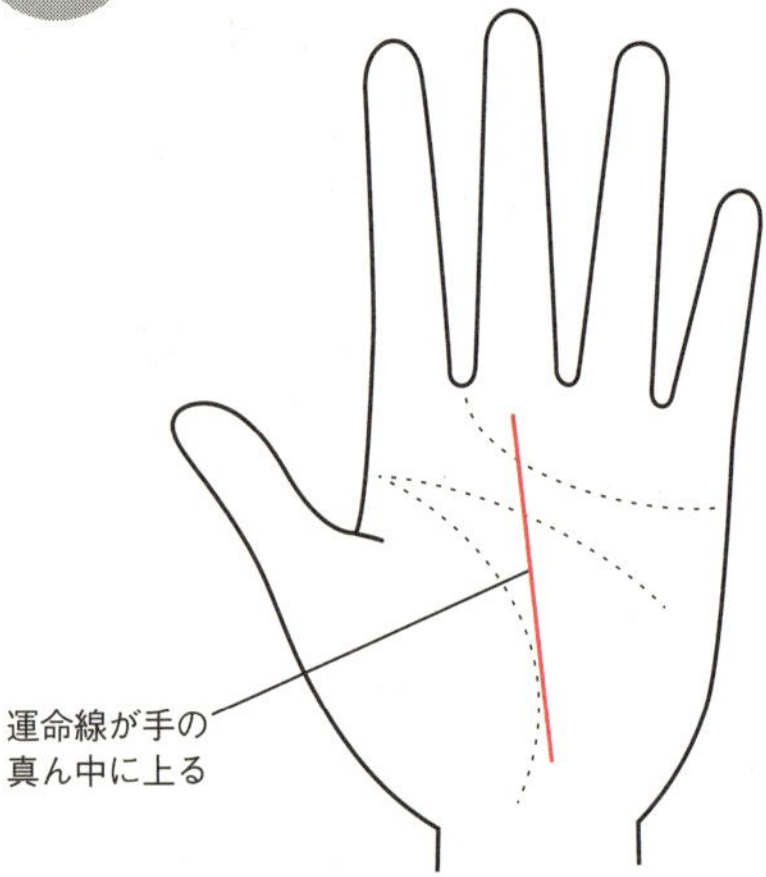

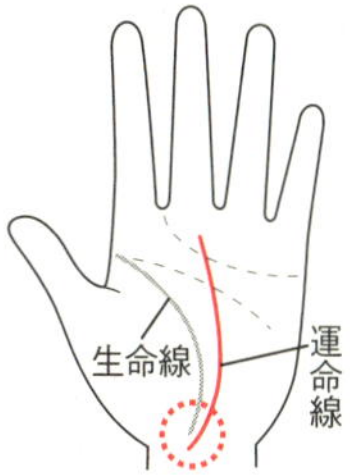

運命線が生命線側から出ている

仲のよい人たちには気前よくおごるタイプ

この相の人は、おごり派です。人づき合いに人一倍気を遣っていて、食事などの会計も自分が持つ気持ちがあります。もともとお金に縁のある人なので、おごっていても大変ではなさそう。仲のよい人とだけ深くつき合うタイプです。

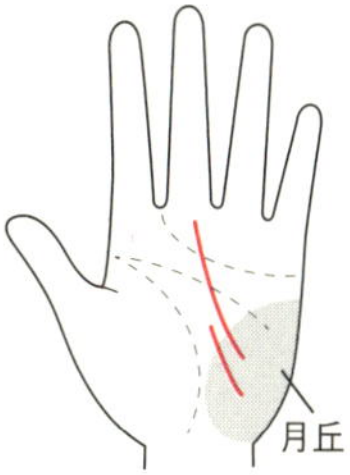

運命線が月丘に２本以上出ている

裕福な人にかわいがられておごってもらえるタイプ

この相の人は、おごられ派です。自分よりも地位や権力のある人と仲よくなり、かわいがられるタイプでしょう。一緒にいると楽しく、魅力的な人なので、食事をおごってもらうことも多そう。相手もおごることに喜びを感じています。

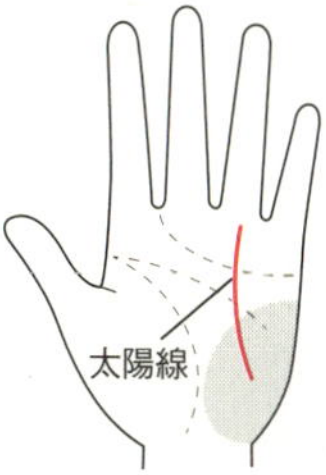

月丘から太陽線が伸びている

基本はおごられ派だけど気配りができて愛される人

月丘から始まる太陽線があると、おごられ派です。この相はスター性があり、あなたにおごって仲よくしたいと考える人が多くいます。また、おごられるだけでなく、相手にプレゼントを用意するなど気遣いができる人なので愛されます。

金運

5

何をやってもうまくいく 金運のよい時期ってわかる？

人生で大金に恵まれる時期、金運が好調な時期があれば、何歳頃なのか知りたいです。また、幸運期が何回くるのかもわかりますか。

A 生命線から小指の方向に出ている支線を開運線といい、その流年の年が大幸運期であることをあらわし、大金を手にすることができます。それまで大変な生活をしていても、突然、ケタ違いの大金が入ってくることも多いでしょう。自分の夢や、やりたい仕事を続けていれば、この時期に社会的に認められて成功しそうです。

GOOD 巨万の富を手にできる線

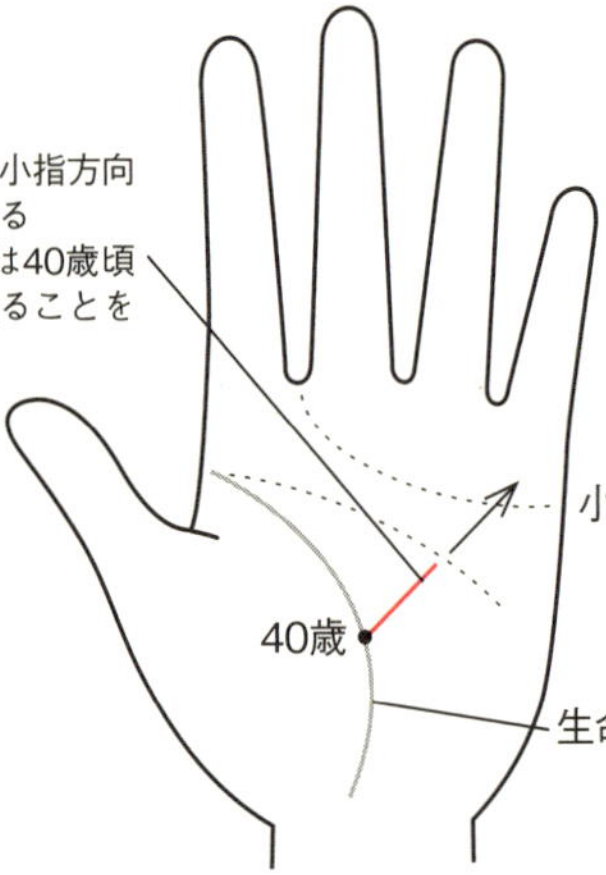
生命線から小指方向に支線が出る（この場合は40歳頃にお金が入ることをあらわす）
小指方向
生命線

★流年法→P40～P47参照

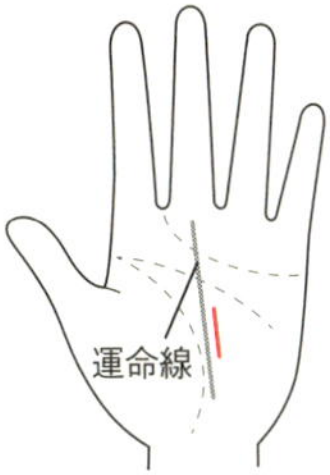

運命線に沿った細い線がある

流年があらわす年は すべてがプラスになる幸運期

運命線に沿った細い線があれば、流年法でみて、線が続いている時期は金運が好調であることを暗示します。事業なども援助者があらわれ、大きく広げていけるでしょう。この時期は思い切った投資もプラスとなって返ってきます。

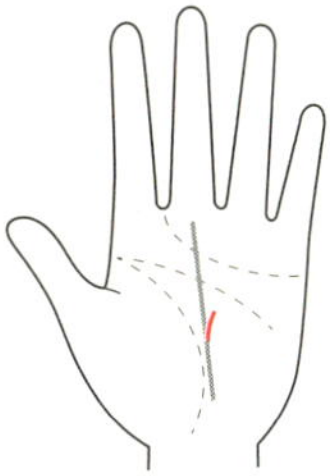

運命線から小指方向に支線が出る

流年の年にお金が入ってくるサイン 人生で何度もある人もいそう

運命線から小指方向に支線が出ている場合、その流年の年に開運し、お金が入ることをあらわします。さらに生命線にも同じ流年で支線があれば確実です。運命線からの支線が複数ある場合は、それと同じ回数、幸運期が訪れます。

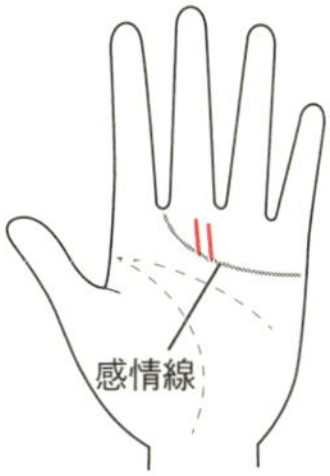

感情線から運命線が数本出る

若いときは苦労しても 晩年に開運し、豊かな生活に一変

この相は、晩年になって初めて金運が訪れることをあらわします。それまでは、努力してもそれほど評価を受けられないかもしれません。晩年になって突然お金を得るようになるので、豊かな老後を送ることができるでしょう。

金運

6

チリも積もれば山となる

コツコツ貯金できるタイプ？

将来、何があっても困らないように、貯金を始めたいと思っています。コツコツと着実に貯金して、ある程度の金額を貯められるでしょうか。

A 親指の関節が硬く、後ろに反り返らないと、お金を貯められる人です。一度自分の懐に入ったお金はできるだけ使わないようにするので、自然と貯まっていくでしょう。ただし、極端に人との交際費や買い物を抑えると守銭奴になりやすく、人生の楽しみが少ないかもしれません。適度にお金を使ってバランスをとりましょう。

GOOD 手堅く貯金するタイプ

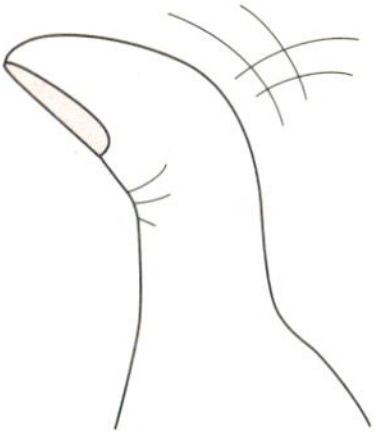

親指がやわらかく、後ろに反る

お金は手元に残さず さらに増やす才能がある人

お金を貯められないタイプ。お金が入ってくれば、そのまま違うものに変えようとします。お金の投資で才能を発揮するのも、この相の人でしょう。ただし、使ったお金以上に稼ぐようになるので、適度に節制していれば問題ありません。

指と指の隙間を空けずに手を出す

通帳を見るのが趣味!? 我が道を貫いて貯金するタイプ

しっかり貯蓄ができる人です。収入があるとムダ遣いをしないで、できるだけ多く貯金しようとします。人に惑わされずにマイペースに貯蓄に励み、通帳の金額が上がることが何よりの喜びで、かなりの大金を貯められます。

開運テクニック

貯蓄運のアップには お金の漏れを防ぐため 手を握る

普段から手を軽く握っていると貯蓄運がアップします。手を開いているとお金が出ていってしまうので、特に会話するときは、できるだけ手を握っておきましょう。

金運

7

金銭問題とは無縁でいたい
お金は順調に入ってくる？

現在は安定した収入がありますが、お金のトラブルにあったり収入がなくなるなど、お金に困る事態にならないか、手相でわかりますか。

A 生命線からはっきりとした太陽線が出ていると、金運に恵まれている人であることをあらわします。成功運を持ち合わせているので、生涯お金に困ることはありません。人づき合いもよく、金銭トラブルにあうこともないでしょう。太陽線が薄かったり、途中で途切れている場合、運の強さは弱まりますが、同じ意味を暗示します。

GOOD 一生お金には困らない

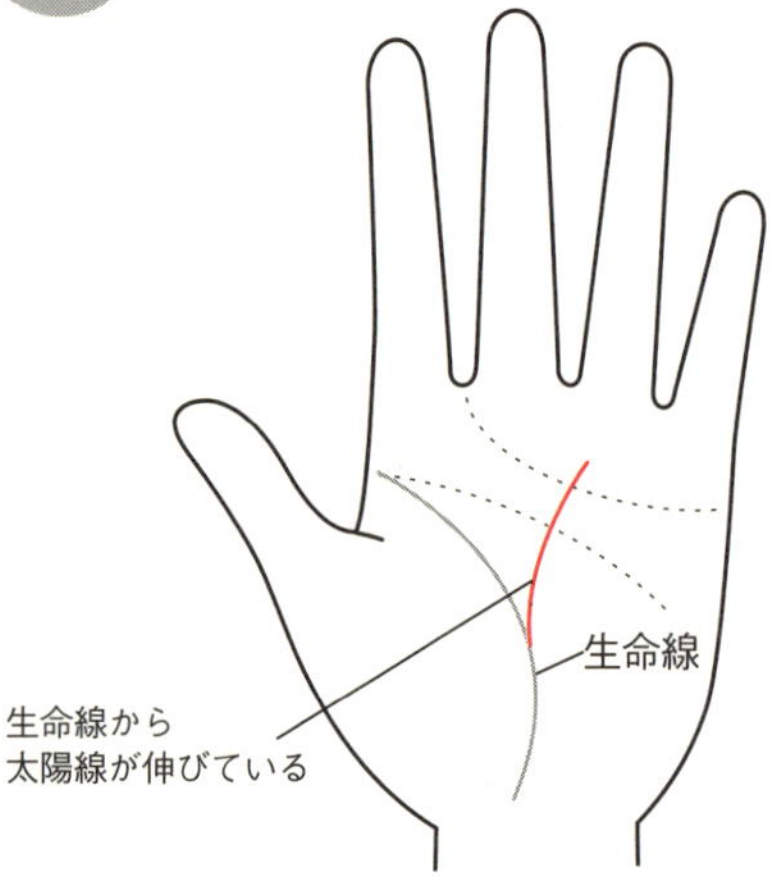

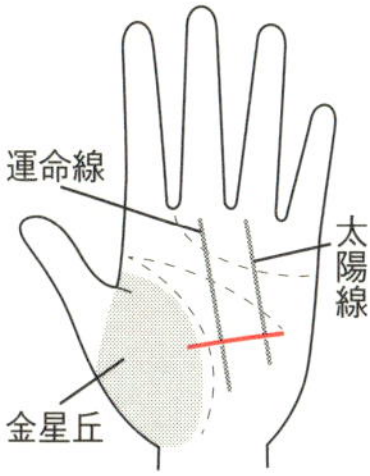

金星丘からヨコ線が運命線と太陽線を横切る

トラブルに巻き込まれ大金を失うことになるかも

大金を失うなど、大きなダメージがあることを暗示します。自分というより、第三者によってトラブルを持ち込まれてしまいそうです。ほとんどの場合、仕事での問題で、うまく乗り切らないと人生に大きな影響を与えることになります。

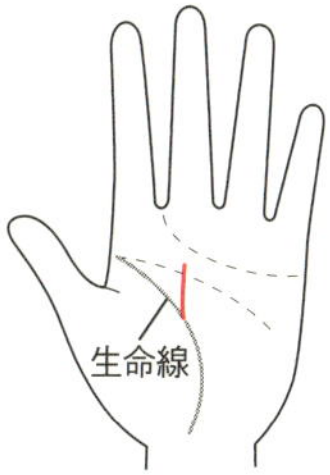

生命線から中指に向かう支線が出ている

着実に収入が増えていきお金の心配はない相

どんどん収入がアップする人です。この相は金運に恵まれていて、努力もするので着実にお金が入ってくるでしょう。年を重ねるごとに収入が増え、一生お金に困ることはありません。支線が濃くなるほど、金額も多くなります。

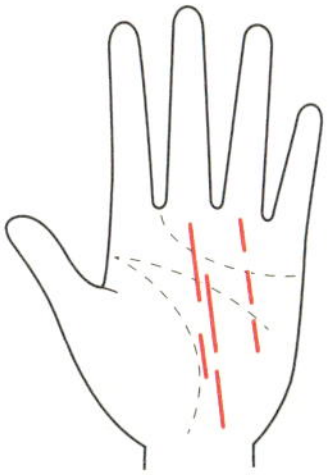

運命線と太陽線が切れ切れ

仕事関係でトラブル発生の暗示できるだけ貯金しておいて

会社が倒産したり、職場の人間関係でトラブルが発生する暗示です。現在順調ならば、できるだけお金を貯めたほうがよいでしょう。もしものときに備えて情報集めしたり、人づき合いに気を遣うと、これらの線がつながってきます。

金運

8

やりくり上手になりたい
お金の管理をしっかりできる？

もうすぐ結婚して、専業主婦になる予定です。独身の頃は好きなようにお金を使えたけど、これから家族のためにきちんとお金の管理ができるか心配です。

GOOD やりくり上手な人

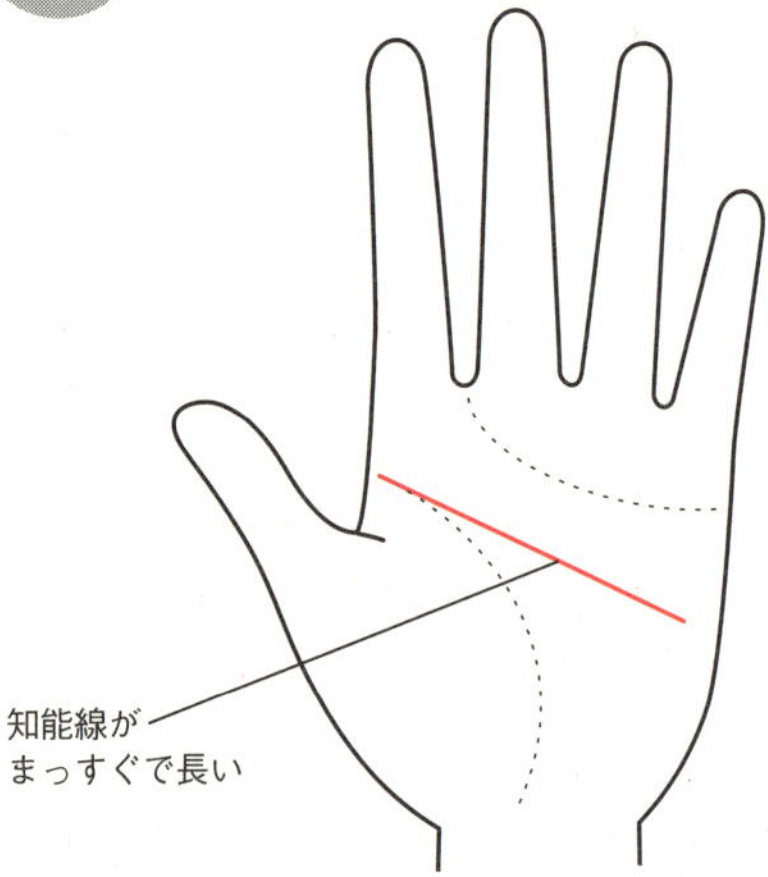

A 知能線がまっすぐで長ければ、お金の管理がしっかりできる人です。決まった予算の中でムダを抑えながら、家族の将来を考えてやりくりしていけます。太陽線が出ていれば、さらにその傾向が強まります。

　この相の人は、よく考えてから慎重に行動するタイプなので、かなりの財産を残せるでしょう。

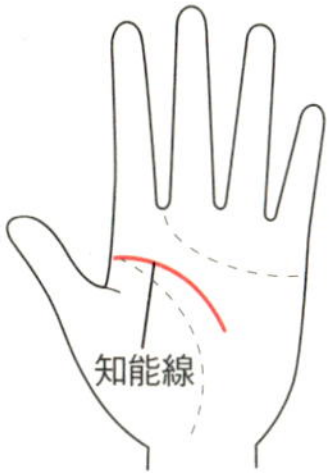

知能線がカーブしていて短い

家のお金をつぎ込んで自分のものばかり買うタイプ

知能線がカーブしていて短いと、新しいもの好きで、何でもすぐに欲しがることをあらわします。この相の人は結婚後、家族のお金を自分のお金と錯覚しやすくなります。使い込まないように気をつけましょう。

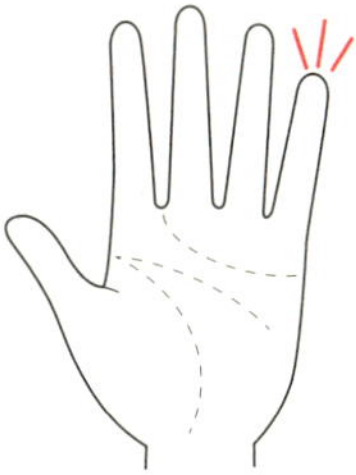

小指が太くて長い

細かい計算も得意でムダなくお金を使えるタイプ

この手の人は、お金を上手に運用できます。結婚すると独身時代よりもまとまった金額を扱うようになるため、貯金するのを楽しく感じるでしょう。数字の計算も得意で、ムダのない生活で財産を築いていきます。

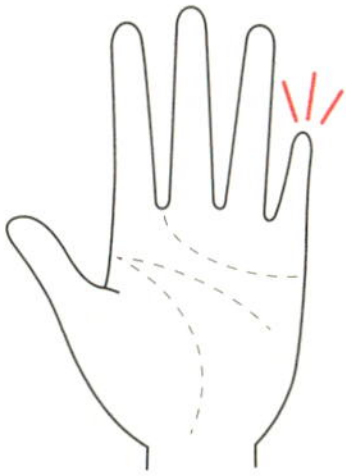

小指が細くて短い

計画性に乏しい人お金の運用術を学んでみては

お金を持っていても、よい使い方ができない人です。ムダ遣いが多く、お金を計画的に運用することができません。やりくり上手を目指すならお金に関する勉強をして、貯めたいときは定期預金などに入れたほうが安全です。

金運

9

大人になっても甘えん坊
親のスネはいつまでかじられる？

現在、実家暮らしで生活費はすべて親にまかせ、給料はほとんど自分のお小遣いとして使っています。このまま親のスネをかじって暮らしていけますか。

GOOD 親の財力に甘えられる

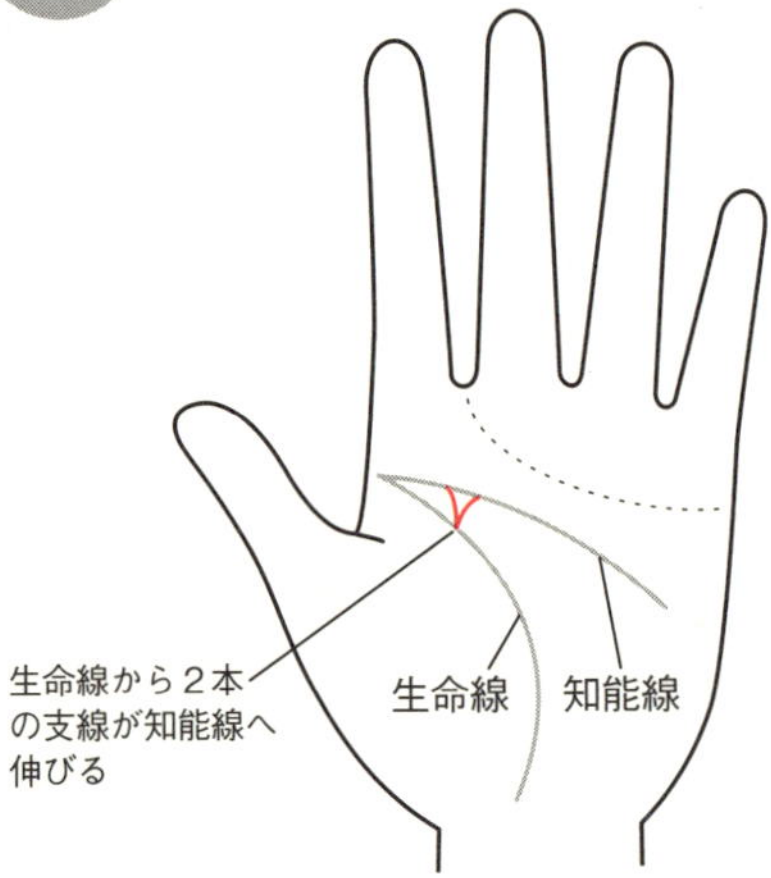
生命線から２本の支線が知能線へ伸びる
生命線
知能線

A 生命線から出る2本の支線が知能線に伸びていると、親からの援助を受け、さらに遺産も手に入れることをあらわします。親に財力があるので、ずっとスネをかじることも可能です。

ただし、親から財産を受け継いでも、浪費していると資産がマイナスになる可能性もあるので気をつけたほうがよいでしょう。

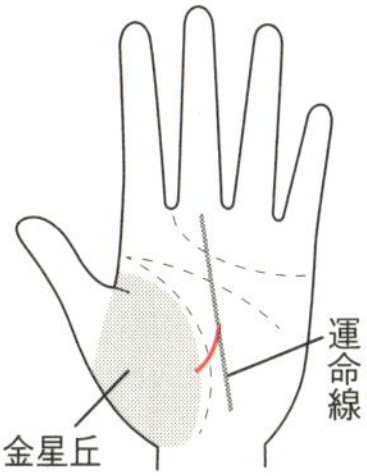

運命線に金星丘から細い線が合流する

親の遺産を受け継いで家族の面倒をみていく人

金星丘からの細い線が運命線に合流していると、親から遺産や仕事などを受け継ぐ相です。家から離れられない運命ですが、それによって幸せになれます。親に援助してもらう分、家族の面倒をみることになりますが、協力できそうです。

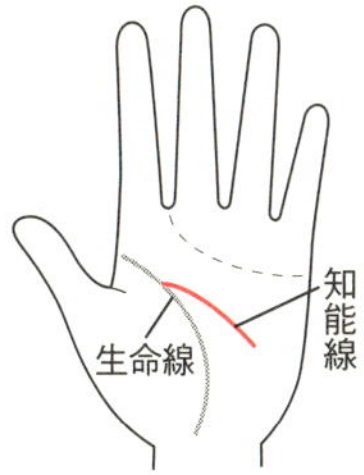

生命線の2cmくらい下から知能線が出る

自立できず、結局親のスネをかじっていく人

この相の人は自立心がなく、親元から離れられないことをあらわします。親が何かと面倒をみてくれるので、自分が苦労する必要を感じていません。家を出ても長続きせず、結局は親元に戻ってきそうです。

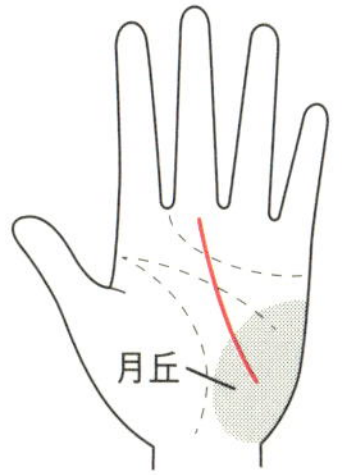

運命線が月丘から出る

結婚などによって自立する人今のうちは甘えてOK

親子関係は良好ですが時期がくると自立し、距離ができることをあらわします。その時期は、結婚であることも多いでしょう。親は子どもへの援助を楽しみにしている場合も多いので、甘えられるうちは甘えてもよさそうです。

金運

10

金欠なのにやめられない
もしかして買い物依存症？

買い物が大好きで、必要のないものを衝動買いすることも少なくありません。よく考えずに買ってしまうので、いつも金欠で困っています。

A 手のシワが多いのは、ストレスがたまっていて買い物で解消しようとしている暗示です。衝動買いによって一時的にはストレスが緩和されても、すぐに買い物したくなって止められないでしょう。さらに基本の三大線（生命線・知能線・感情線）が薄いと、その傾向が強まります。精神を落ち着けて、体を休めることが大切です。

BAD ストレスから衝動買いする

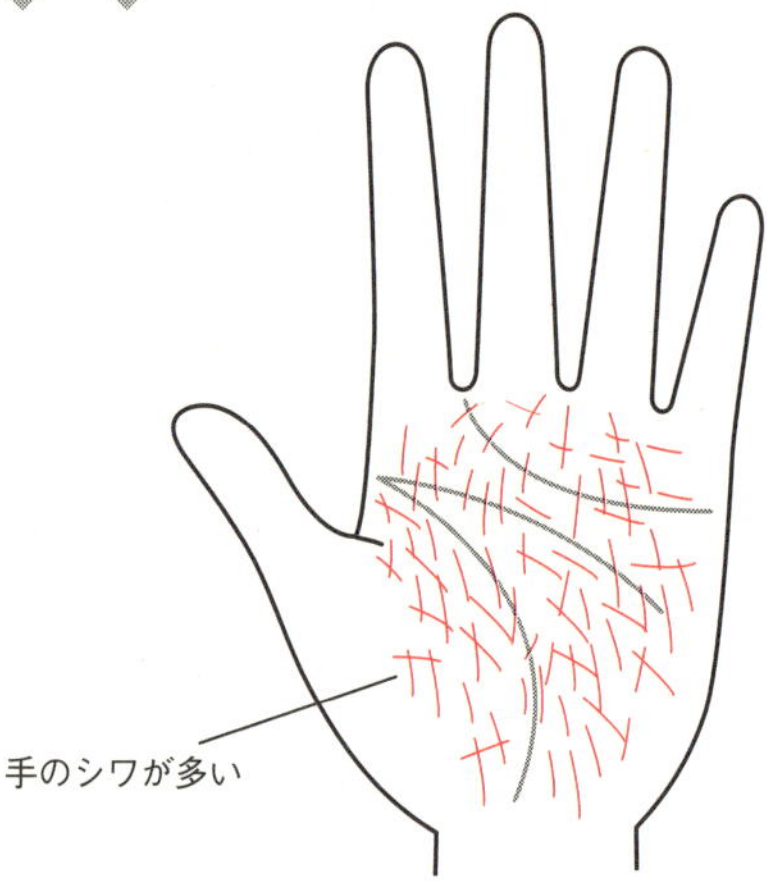

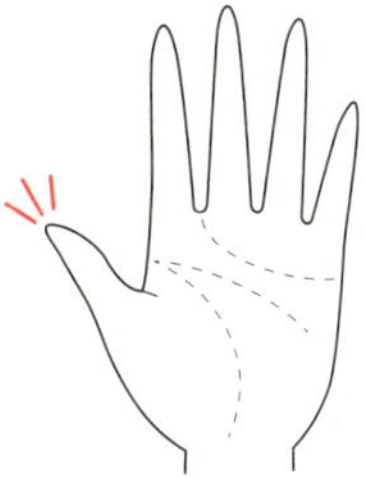

指先がとがっている

買い物好きだけど買った物には興味がないタイプ

キレイなもの、美しいものが好きで、そのためには大金を使える人です。ただし、お金を使ったり、買うこと自体に快感を感じていて、買った物には関心がなくなる傾向もあります。「必要なものを買う」と意識するとよいでしょう。

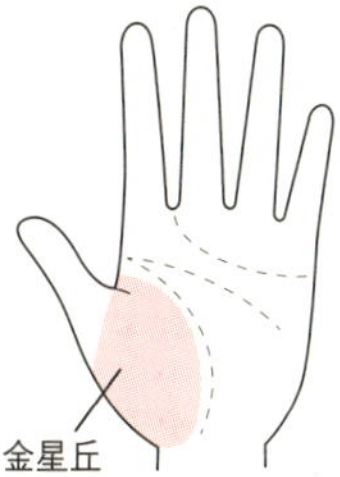

金星丘がふくらんでいて肉づきがよい

お金を稼ぐ力があり節度のある買い物ができる人

金星丘が発達していると、もともと欲が強い人です。買い物も大好きで、欲しいものは可能な限り手に入れますが、必要なければ買わないでしょう。お金を稼ぐ能力があるので、使いすぎて金欠になってもそれほど心配がなさそうです。

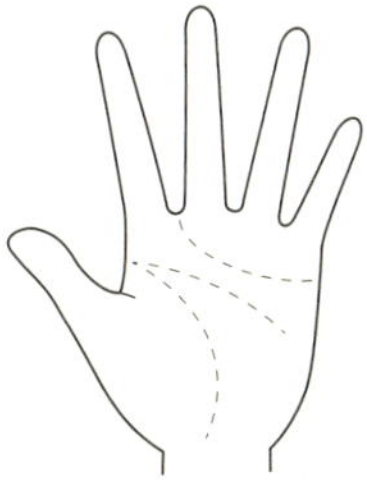

手を出したときに指と指の間が開く

お金があればあるだけ使う大ざっぱな性格の人

大ざっぱな性格で、お金が入るとつい買い物で使ってしまう傾向があります。このような人はお金を貯めることが性に合わないため、貯蓄は苦手でしょう。お金があればあるだけ使いますが、ないときもあまり無理はしないタイプです。

金運

11

悪人に利用されるかも……

お金をだまし取られる？

人をすぐに信用してしまうので、今後、振り込め詐欺や結婚詐欺にあわないかと心配です。お金のトラブルに巻き込まれないか、手相でわかりますか。

A 知能線が中指の下あたりから急に薄くなったり、切れ切れになっていたら人にだまされることを暗示します。

この相の人は、人のよさにつけこまれ、うまい話に惑わされて大金を失うこともあるので注意が必要です。押しに弱く、断れない性格なので、自分に必要のない場合は、はっきり断るようにすることが大切です。

BAD ✕ お人好しでだまされる

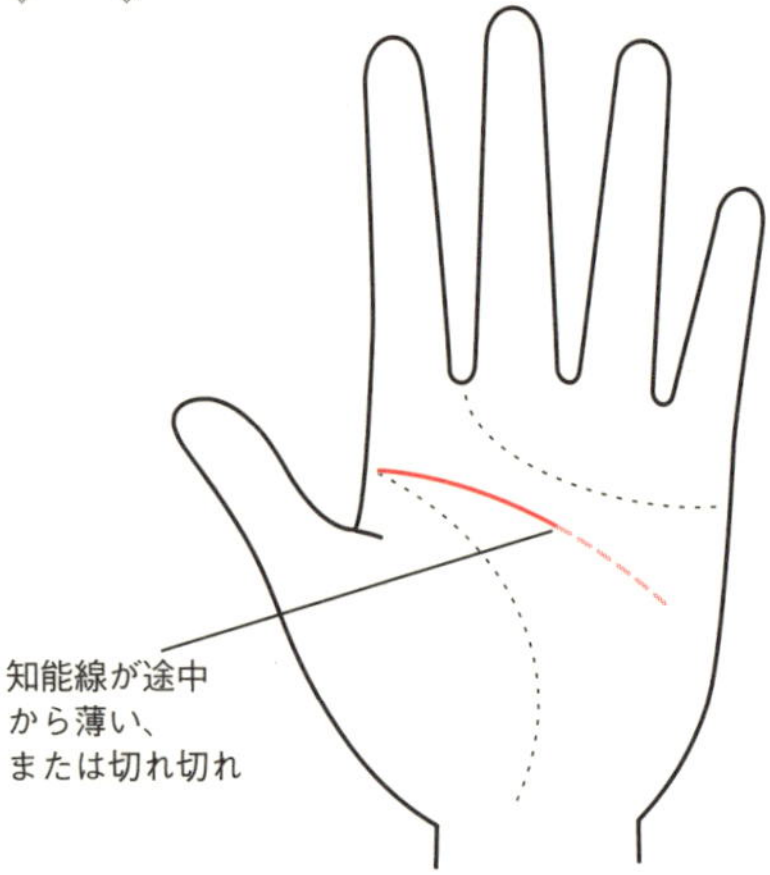

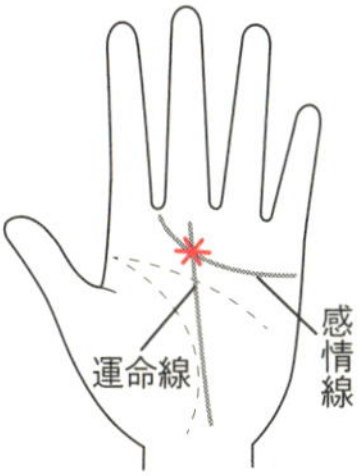

運命線と感情線の交差部分に星マーク

体を許した人には大金を貢いでしまうタイプ

悪い男にだまされて、大金を貢いでしまう相です。お人好しで相手の話を信じ込んでしまうため、相手が困っていると何でもしてしまいます。特に、体の関係を持つと、自分の全財産を渡してしまう可能性もあるので気をつけて。

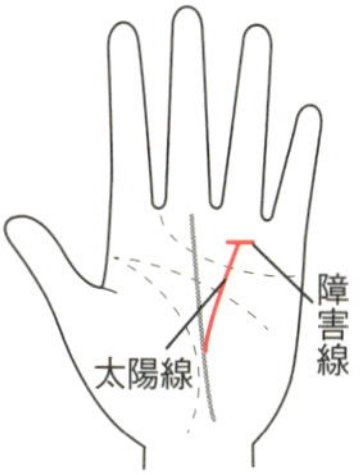

運命線から出た太陽線を障害線が止める

大金をだまし取られる相 うまい話にはご用心

運命線から出た太陽線が障害線で止められていると、うまい儲け話にのってだまされることをあらわします。大きな利益を求めて大金を投資しても、ウソだったり、うまくいかなかったりして、お金が戻ってくることはないでしょう。

開運テクニック

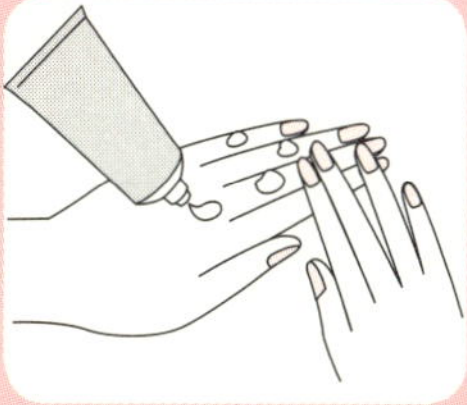

指先をケアしてお金のトラブルを防ごう

手が荒れているとお金のトラブルが多くなる傾向があります。特に、爪の両側などは荒れやすいので、日頃から保湿を心がけると金銭トラブルを防げます。

金運

12

幸運で大金が舞い込む
棚ボタで大金を手にできる？

宝くじが当たったり、親や先祖の遺産が入ってくるなど、予想外の大金を手にする可能性はありますか。また、その時期がわかれば知りたいです。

A 金星丘から太い運命線が出ていると、経済力のある人にかわいがられて、大金を投資してもらえることをあらわします。この相の人は、外見的にも魅力があるので、異性からの人気もあるでしょう。自分が生まれ持っている素質と運を生かして、大金をつかみます。日頃から自分磨きを怠らずに努力すると、さらに開運できます。

GOOD 愛される人柄で大金ゲット

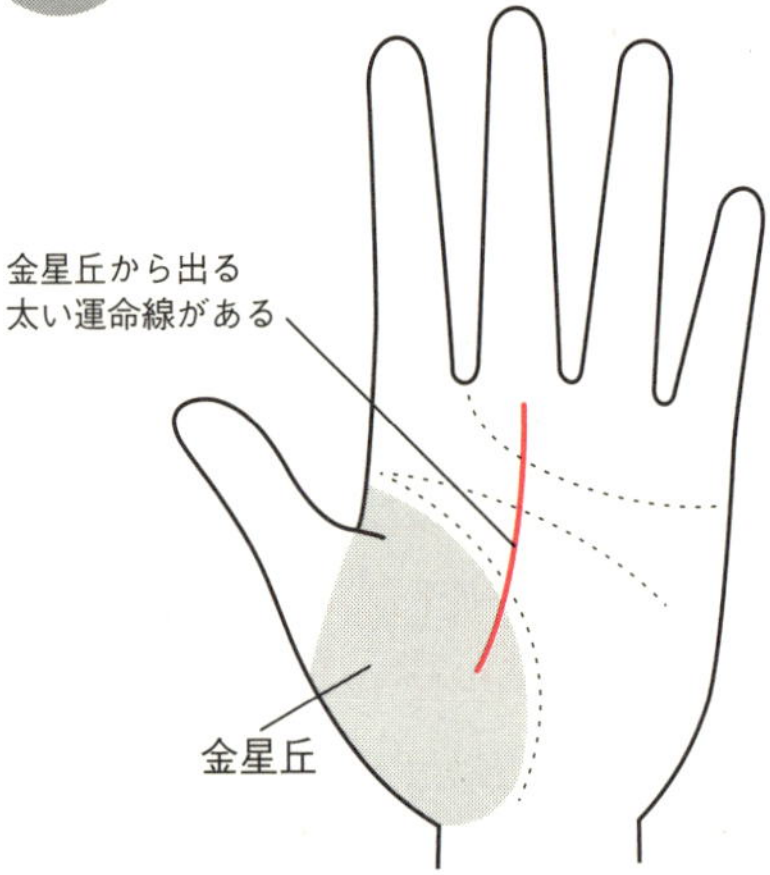

★流年法→P40～P47参照

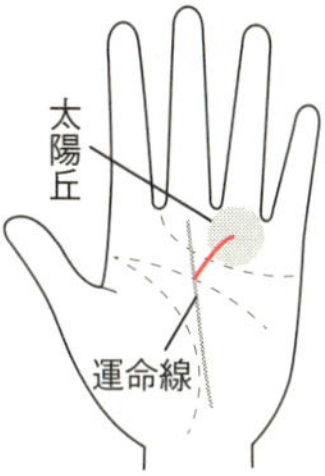

運命線から太陽丘に向かう支線が出る

流年の年にチャンス到来 お金を手に入れて安定した生活に

支線が出ている流年の年にチャンスが到来し、大成功をおさめられる相です。ほとんどが仕事や結婚などの喜びごとで、生活が安定したりお金を得られるでしょう。現在、流年の年になっていなければ、さらに努力することで開運します。

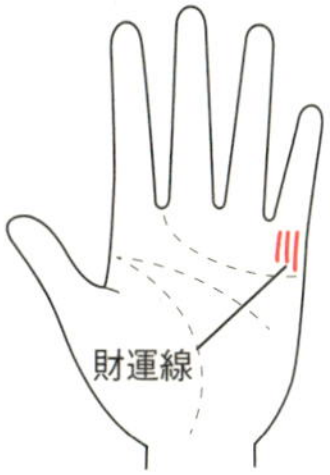

財運線が３本以上ある

もともと金運が強い相 くじやギャンブルなどにもツキあり

お金に関しての運が強い人です。いろいろなところから収入を得られ、ギャンブルにも持ち前の勘の鋭さを発揮できます。ただし、財運線は変化しやすいので、はっきりと出ているときに勝負したり、宝くじなどを買うとよいでしょう。

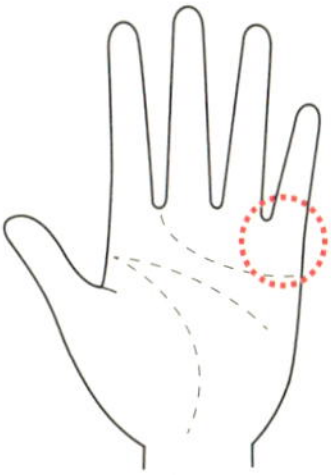

財運線がない

現在、金運に見放されている相 ギャンブルにも勝てません

財運線がない人は、ギャンブルをしないほうがいい相です。現在は金運がない状態なので、勝負すれば負けるでしょう。また、財運線がないときに限って大きな勝負をしたくなるので、財布に大金を入れておかないことです。

金運

13

セカンドライフはのんびり暮らしたい
老後はお金に困らない？

老後は、年金や貯めたお金で悠々自適な生活を送りたいと思っています。お金持ちではなくても、人並みの生活ができる程度のお金が欲しいです。

A 感情線から太陽線が始まっているのは、老後が安泰であることをあらわします。健康に恵まれて経済的にも心配なく、おだやかな日々を過ごせます。また、何事も計画的に進める努力家で、チャンスをつかむ能力があるので、お金で苦労することはまずないでしょう。また、困っている人たちの役に立って、感謝されたり頼りにされる存在です。

GOOD 老後は平穏な相

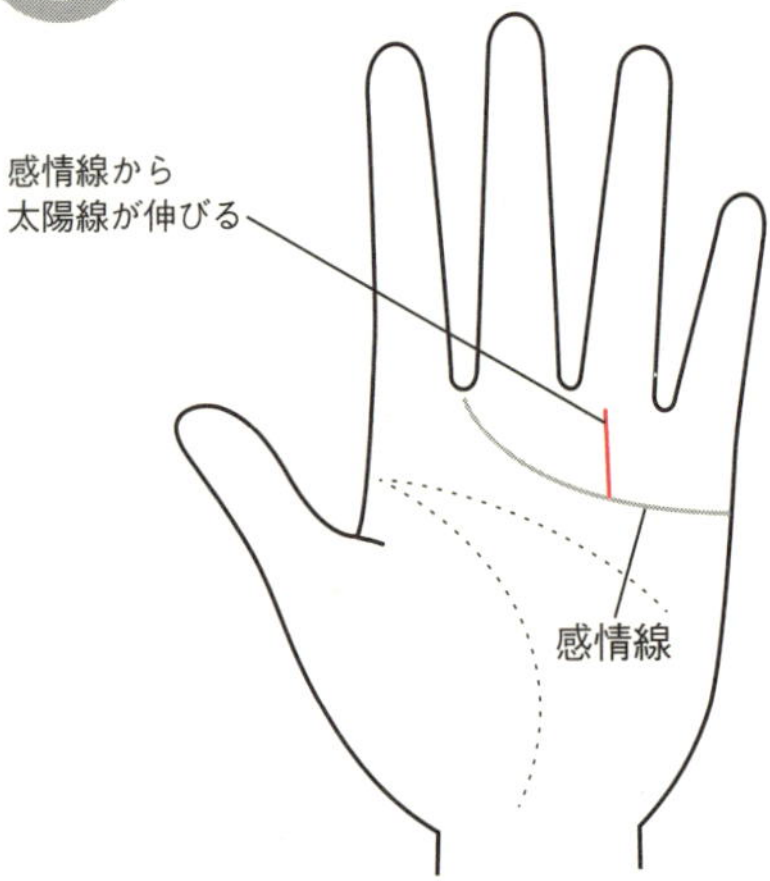

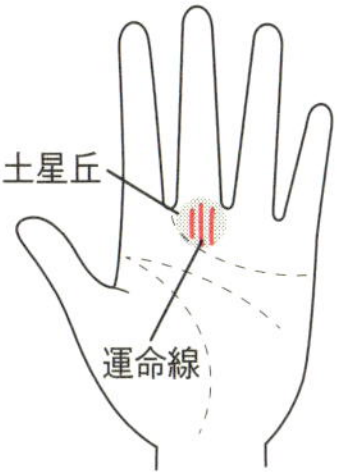

土星丘に運命線が２本以上ある

晩年になるほど元気で お金に困らず暮らせる人

土星丘に運命線が２本以上あれば、年齢を重ねるほど元気になり、安定した生活を送れる相です。人に頼らず、ほとんど自力で生活できるので、お金を使う機会も少ないでしょう。若い頃に頑張りすぎなくても、自然と運が開けます。

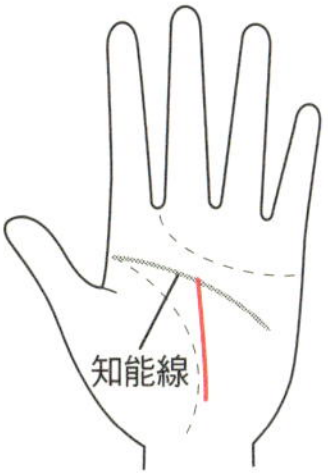

運命線が知能線で止まっている

楽天的でツメが甘い人 不測の事態でお金がないことも

計画の立て方が甘く、あとでトラブルが発生しやすい人です。老後のお金の運用についても、楽観的に考えすぎているところがあります。突然の事故や病気などを想定できず、そのときになってお金が足りないことに気づくでしょう。

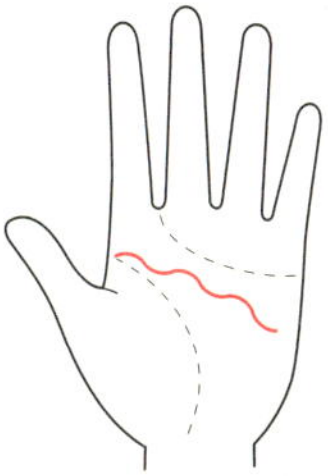

知能線が大きく蛇行している

人づき合いのストレスから解放され 晩年に楽しく生きられる相

のんびりとした性格で、老後は蓄えたお金で静かな生活を送れる相です。老後は人づき合いのわずらわしさから離れて、ひっそりと暮らしそうです。華やかさはないものの、忍耐力がある人なので、晩年のほうが生きやすいでしょう。

金運

14

お金に縁がない もしかして貧乏体質？

贅沢せずに節約しながら生活しているつもりなのに、なかなかお金が貯まりません。もしかして、お金に見放されているのでは……と不安に思っています。

A 運命線がクネクネしているのは、人生を通してお金と縁が薄く、不安定な生活になることをあらわします。頑張って節約していても、なぜか出費が多く、お金が手元にそれほど残ることはないでしょう。

ケチケチと節約しても大差ないので、交際費など使うべきところにはお金を使ったほうがよいでしょう。

BAD × お金と縁が薄いタイプ

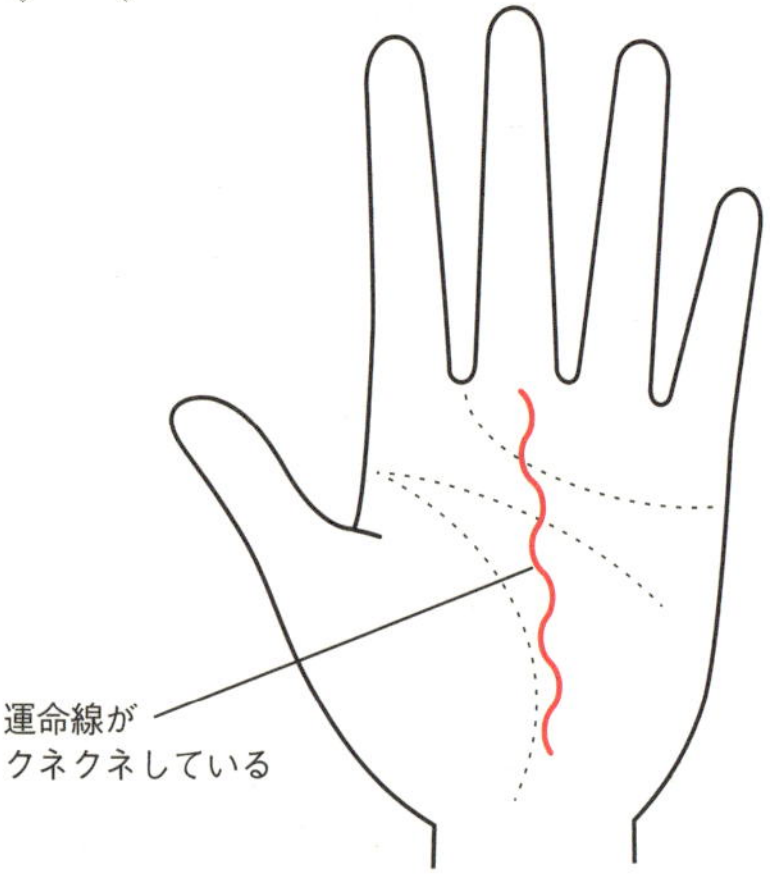

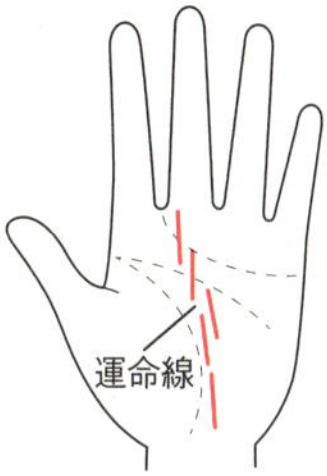

運命線が切れ切れ

環境がよく変わるため お金の出入りが激しいタイプ

人生に変化が多いことをあらわします。環境の変化に伴う出費が多く、引っ越しの費用などもかなりかかるでしょう。やりくり下手ではないので、人一倍働くようにすると、環境の変化が金運のチャンスへと変わっていきます。

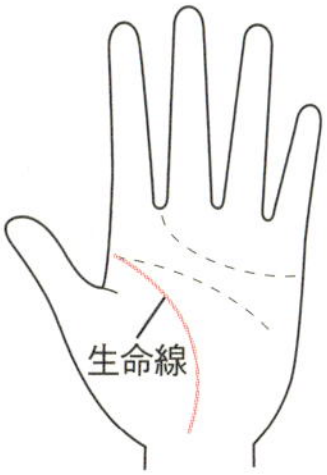

生命線が細くて薄い

満足いく収入を得られない相 健康面から改善すると吉

お金を引き寄せる力が弱いことを暗示します。頑張っていても社会に認められにくく、自分が満足する金額で返ってくることが少ないようです。健康面にも不安のある相なので、食生活を見直してお金を呼ぶ体をつくりましょう。

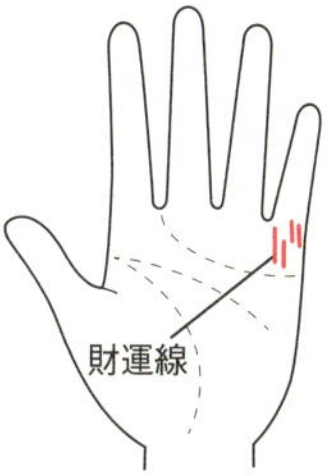

財運線が何本かある

いつくかの収入源を持ち 大きな収入が期待できる人

収入源がいくつかあることをあらわします。ただし、全体的に線が細い場合は、まだ収入のルートを発掘している段階。大金を手にするまでには、少し時間がかかるでしょう。自分を信じてしっかり働けば、大きな収入を得られます。

金運

15

お金を借りたら借りっぱなし

お金にルーズなタイプ？

困っている友人にお金を貸したら、返済の約束の日を過ぎても返してくれません。お金にルーズなタイプか手相でわかりますか。

A 知能線が短くて下にカーブしていると、人のお金を当てにする人です。自分で働いてお金を得ようとは思わず、人からお金を借りて生活しようとします。現実をみずに「何とかなるだろう」という考えのままなので、お金を貸してくれる人も次第にいなくなります。もう少し、お金の管理をきちんとするように心がけたほうがよいでしょう。

BAD ✕ 人のお金を当てにする人

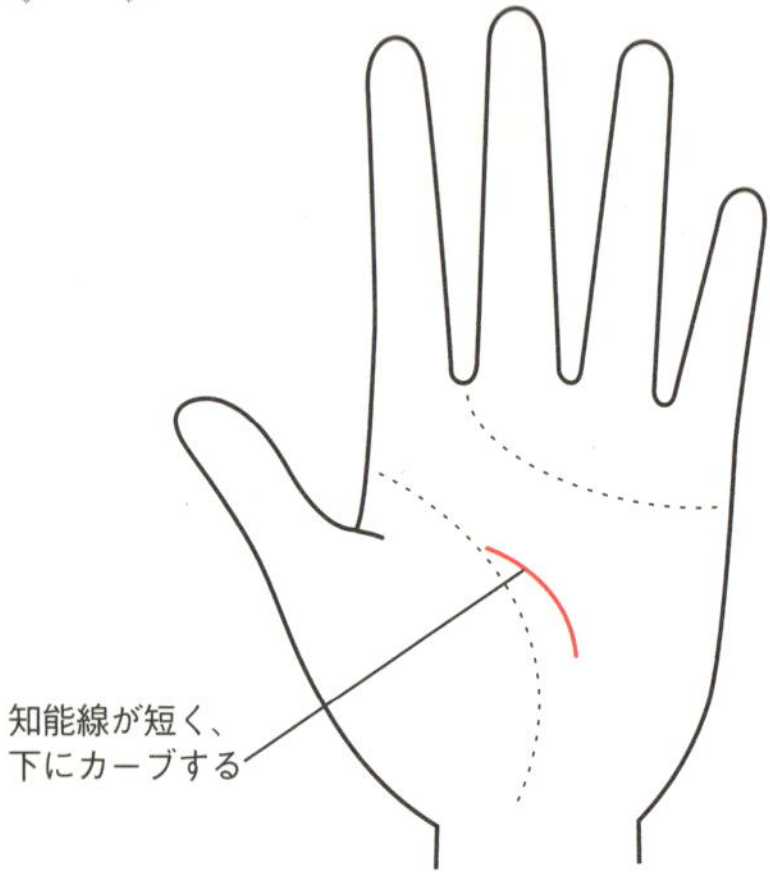

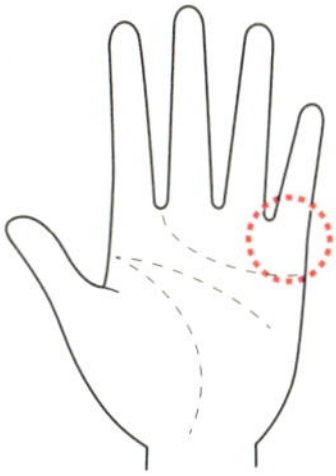

財運線がない

返済する気が全然ない お金にルーズすぎる人

財運線がないのは、もともと借りたお金を返す気がないことをあらわします。お金にあまり執着がなく、自分で頑張って働く気もありません。お金を借りられるだけ借りようとするので、この相の人にはお金を貸さないほうがよさそうです。

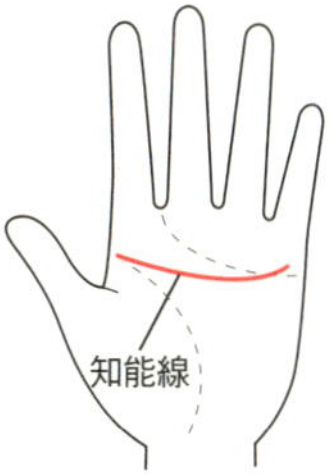

知能線が小指に流れる

お金の貸し借りに厳しく しつこく取り立てるタイプ

お金の貸し借りに細かい人です。お金に強い執着があるので、一度借りるとうるさく取り立てられ、利子まで請求されるかもしれません。返済しても恩着せがましく言ってくるので、この相の人にはなるべく借りないほうがよさそう。

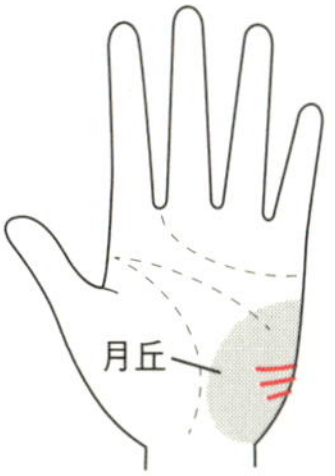

月丘に何本か細いヨコ線がある

お金の管理が苦手で 他人のお金にも無頓着な人

月丘に細いヨコ線が何本かあるのは、お金にルーズな相です。自分の収入を理解していない場合も多く、お金の管理は苦手でしょう。お金を持っていそうな人に近づいて親しくなり、お金を借りようとしますが、返す気はあまりないかも。

金運

16

お金がなくても豊かな人生 貧乏でも人生楽しめるタイプ？

お金持ちになれなくても、必要最低限のお金があればいいと思っています。貧乏でもそれなりに楽しく暮らしていけるタイプでしょうか。

BAD × お金がないと楽しめない

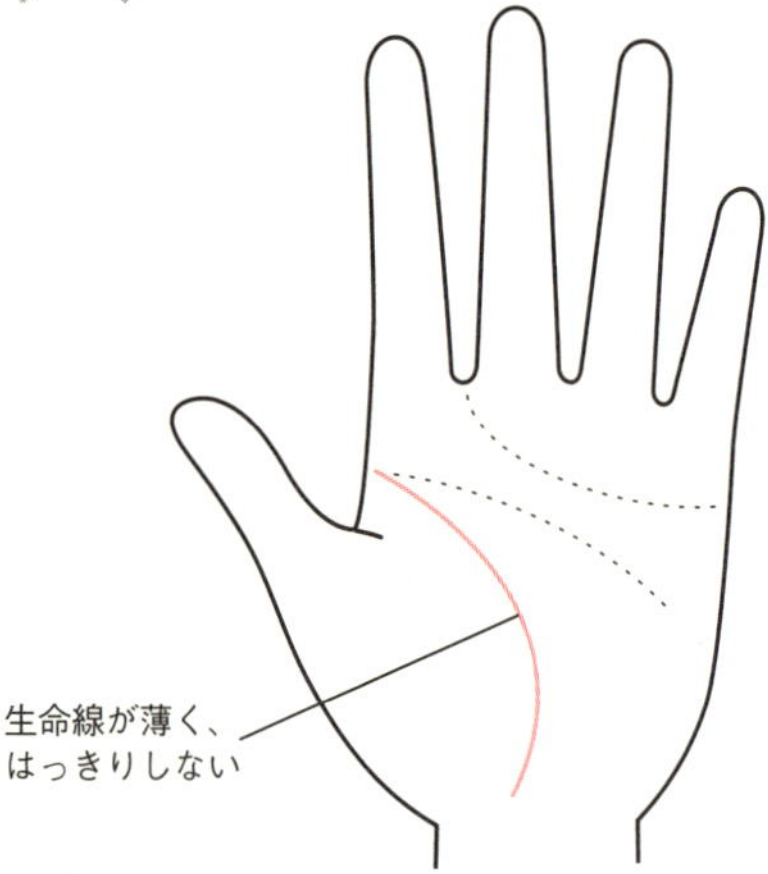

A 生命線が薄くはっきりしていないのは、不安定な人生で、お金がないとさらに不安になる人です。自力で貧乏を切り抜ける力がなく、ただ不満を言うだけで幸せにはなれません。

また、この相は体が弱く、病気にもかかりやすい傾向があります。まずは、ちゃんと仕事をして、収入を得られるように努力してください。

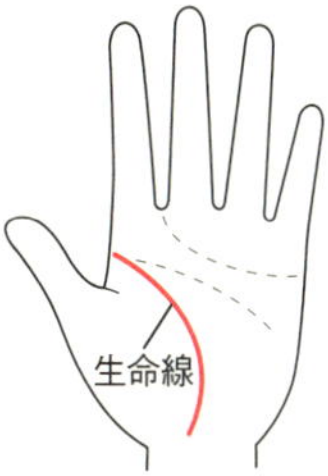

生命線が太く、切れ目がない

平凡でもトラブルのない おだやかな生活を送れる相

生活に派手さはなくても、健康で安定した人生を送れる人です。欲張らず、周囲の人からも好かれる性格なので、対人関係で苦労することもありません。トラブルと無縁の幸せな生活を維持していけるでしょう。

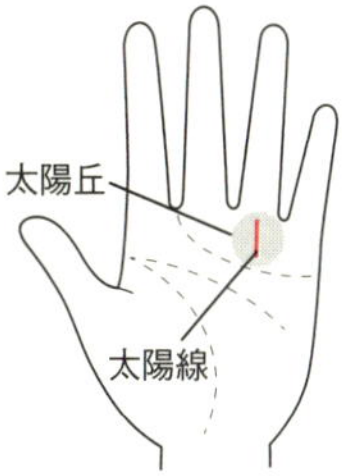

太陽丘にだけ太陽線が出る

暖かい家庭をつくり 地道に幸せを築いていく人

太陽丘だけに太陽線が出ているのは、一般的な幸せを手に入れられる相です。家庭を持って安定した収入があり、子どもも順調に育っていくでしょう。地道に人生を歩むので、失敗することはありません。平凡ながら、とてもよい相です。

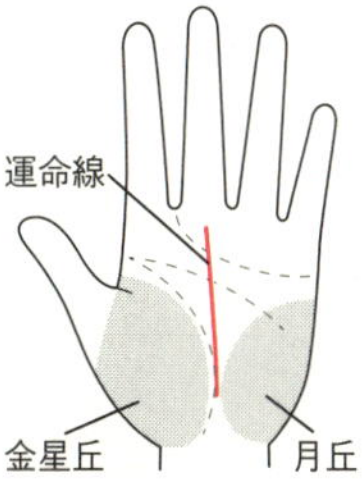

運命線が金星丘と月丘の間から伸びる

お金の有無にこだわらず 質素な生活を好む堅実な人

人に頼らず、自分で堅実に運命を切り開く人です。まじめで仕事をきちんとこなし、ムダ遣いもしないので収入も安定します。もともと質素で、豪快にお金を使うことが苦手なタイプでしょう。お金があってもなくても安定した生活です。

金運

17

足長おじさんがあらわれる？

お金持ちからの貢がれ運はある？

お金持ちのパトロンからプレゼントをもらったり、金銭面で援助してもらうのが理想です。今すぐではなくても、貢がれ運があるかどうか知りたいです。

A 月丘から太陽線が出ているのは、人との出会い運がとてもよいことをあらわします。特に、社会的に実力のある人から認められ、引き上げてもらえる相です。金銭面の援助についても、こちらから求めれば応じてもらえるでしょう。パトロンからの援助を継続させるには、常に自分を美しく保ち、才能に磨きをかけて頑張ることが大切です。

GOOD パトロンに援助してもらえる

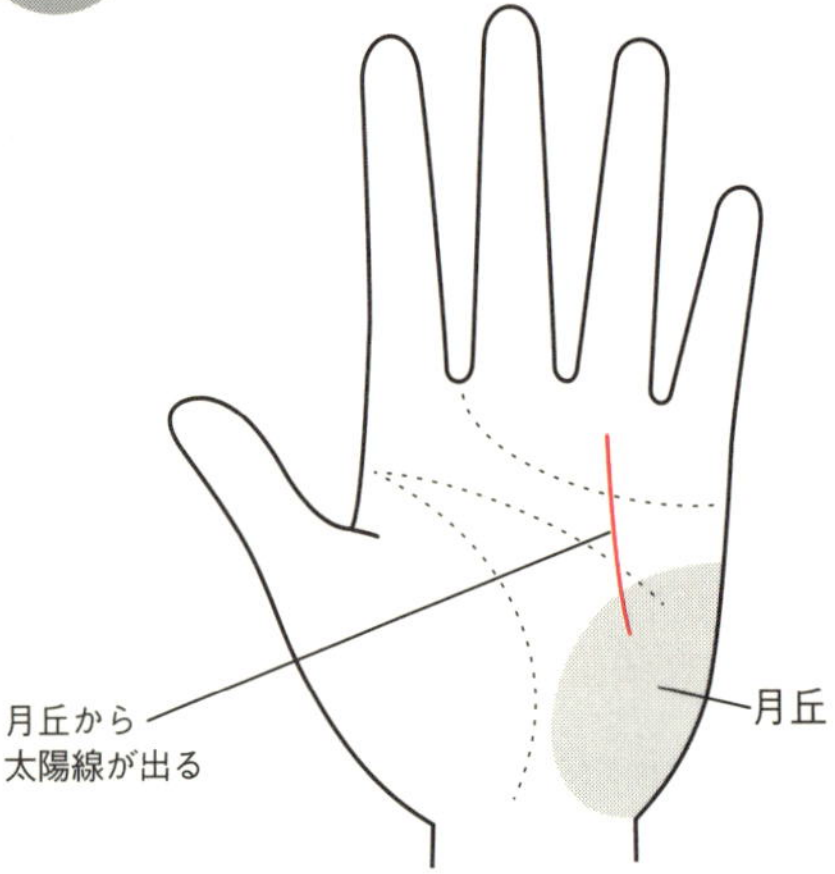

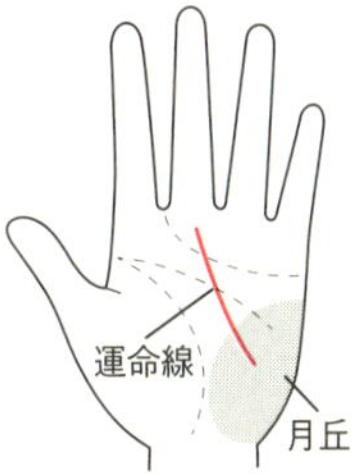

月丘から運命線が出る

財力がある人の援助を受け自分の能力以上の成功をゲット

他人から金銭的援助を受けられることをあらわします。そのおかげで欲しいものを手に入れたり、仕事でもよいポジションを得られて成功をおさめます。パトロンの援助によって、自分の実力以上に大きく飛躍することができるでしょう。

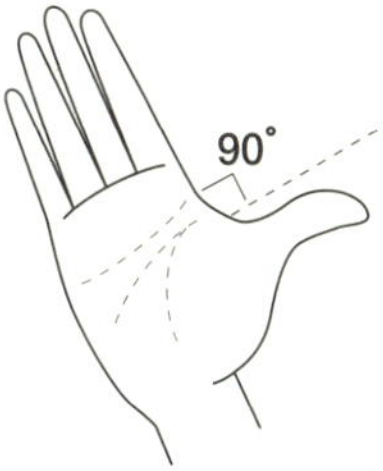

親指と人差し指の間が
90度以上開く

持ち前の性格が愛されてパトロンに恵まれる人

手全体に柔軟性があり、特に親指と人さし指の間が90度以上開く人は、パトロンに恵まれます。自信家で度胸があるうえ、考え方が柔軟なので、実力者からかわいがられます。今の環境を楽しみながら、もっと高いところを目指して。

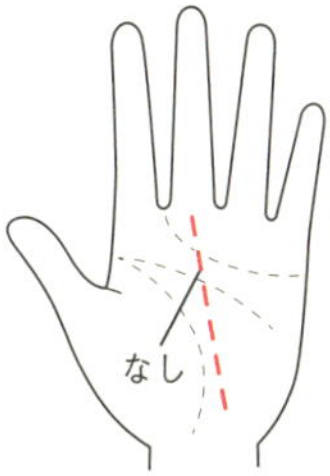

運命線が全くない

人からの援助を待つだけで出会い運に恵まれにくい相

運命線が全くないと、人との出会いによって自分が変わることが少ない人です。自分から動かず、人から何かやってもらうのを待っているだけの傾向があります。もし援助を受けられても相手の同情によるもので、長続きしないでしょう。

金運

18

資格取得やお稽古ごとでステップアップ

自分への投資にお金をかけてよい？

1年前から英会話を習ったり、いろいろな資格を取るために勉強しています。正直、毎月の月謝が高いのですが、将来の収入につながるかわかりますか。

A 生命線から水星線が出ているのは、コミュニケーション能力にすぐれ、事業を広げていく力があることをあらわします。自分の能力や技能を伸ばすことも投資と考え、しっかり勉強するとよいでしょう。きちんとした資格や技術を持てば高い評価を受けることができ、財産を築けるでしょう。水星線が途中で途切れていても、意味合いは同じです。

GOOD 投資が実って収入アップ

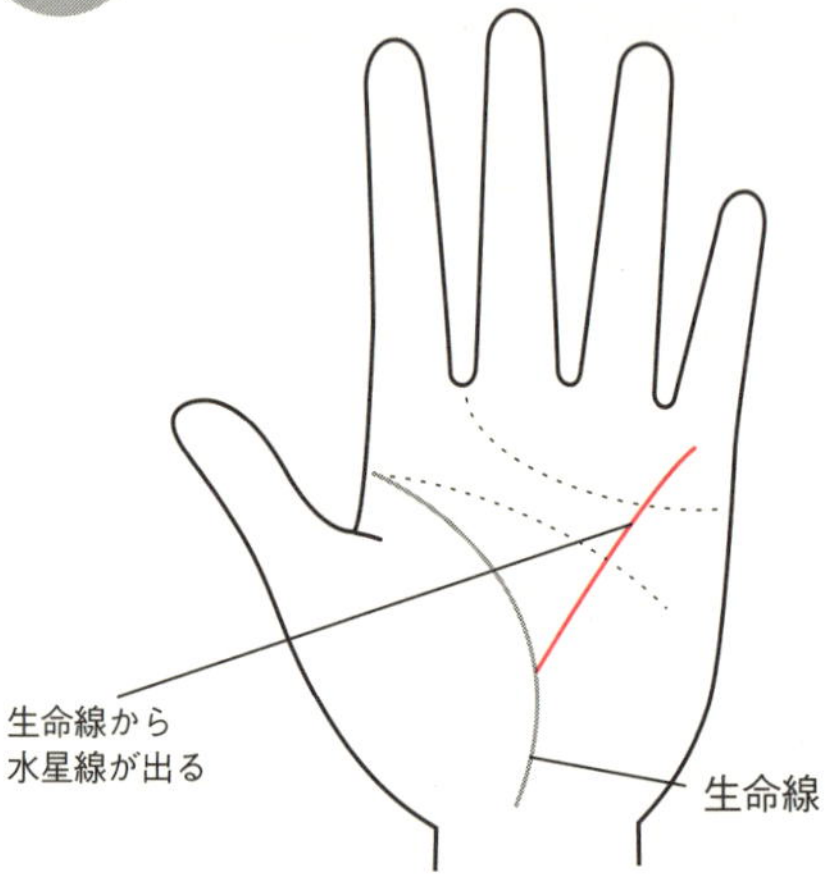

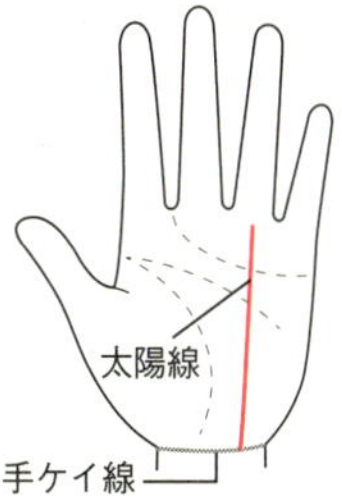

手ケイ線から太陽線が伸びている

才能を伸ばして成功につなげられる人

手ケイ線から太陽線が伸びているのは、自分の才能を開花させて財を築ける人。集中力が高いので、本気で取り組めば資格なども短時間で取得できるでしょう。太陽線が濃くはっきりと出ていれば確実で、社会に認められて成功します。

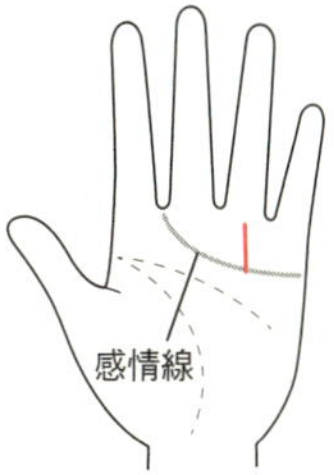

感情線上から太陽線が伸びている

地道な努力で中年以降にチャンスをつかめる人

コツコツと地道に努力して才能を磨き、財産につなげられる相です。特に50代から運が開けていくでしょう。普段から勉強していれば、チャンスを逃さずにつかむことができ、富と名誉を手に入れられます。

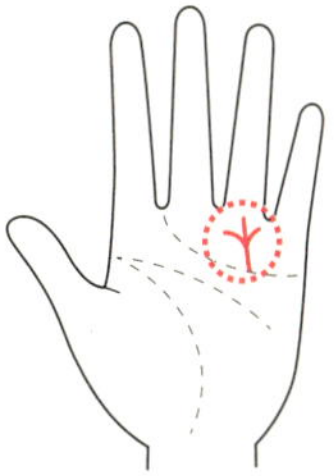

太陽線の先が細かい線に分かれる

飽きっぽい性格で器用貧乏に終わるタイプ

器用な反面、趣味が多くなって何でもそこそこで終わりやすいタイプです。能力があっても一つのことを落ち着いて勉強できないため、才能を仕事につなげ、大成するのは難しいでしょう。強い心を持って取り組むことが必要です。

金運

19

ムダ遣いは敵 財布のひもが固すぎる？

ムダ遣いしないようにお金を管理していたら、友だちから「ケチ」と言われてしまいました。もしかして、私ってお金に細かすぎるんでしょうか。

A 知能線からの支線が水星丘に伸びるのは、お金の管理能力にすぐれていることをあらわします。ただし、ときどき人に対しても細かくなるときがあり、「自分が絶対損をしないように」という姿勢が、ケチと誤解されてしまいそうです。

人にイヤな印象を与えないよう、会話や行動に注意するとよいでしょう。

GOOD お金をきちんと管理できる人

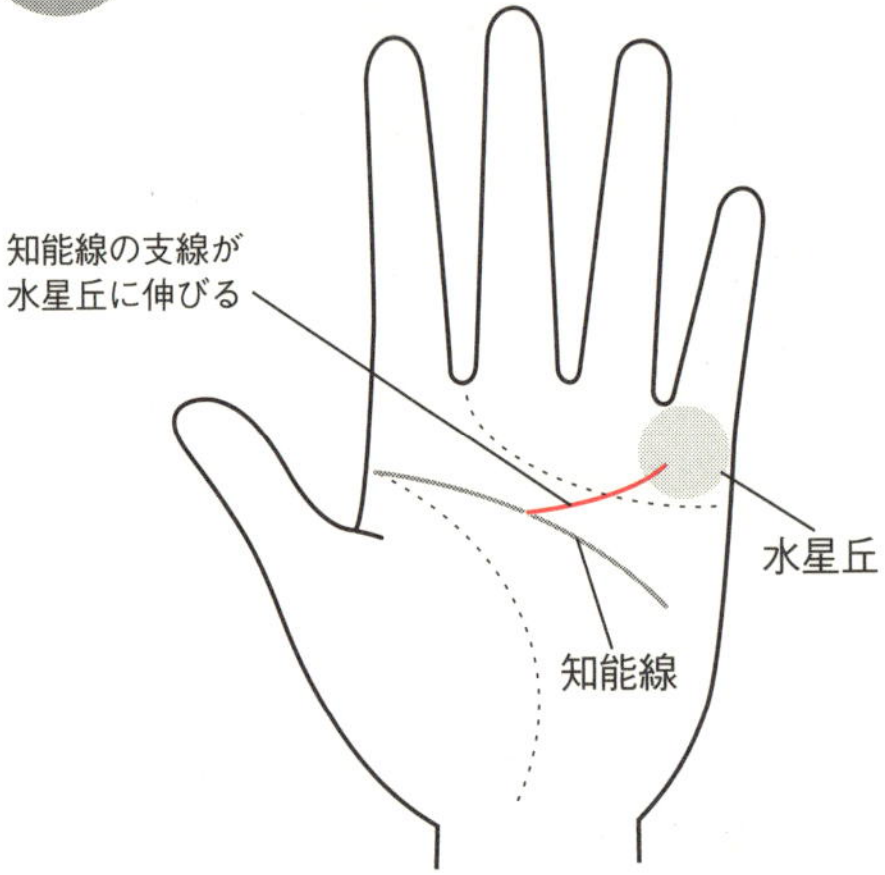

知能線の支線が
水星丘に伸びる
水星丘
知能線

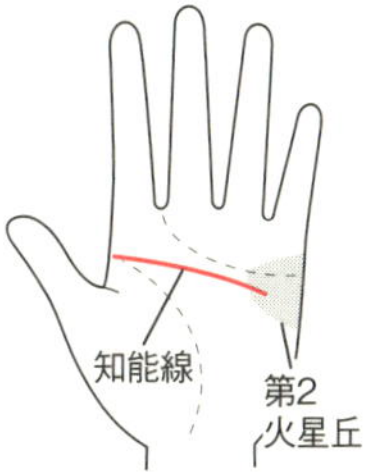

知能線の先が第２火星丘に伸びる

自分がおごるのはイヤな打算的でお金に汚い性格

物欲が強く、お金に関してシビアな人です。打算的な性格で、自分の得になる人としかつき合おうとしない傾向があります。自分が人におごるのはイヤで、自腹は絶対に切りません。人間関係では何かとトラブルが多いでしょう。

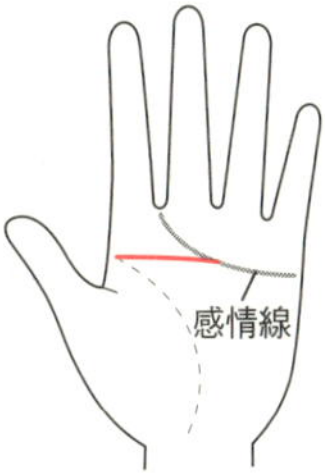

知能線が感情線に合流する

ムダ遣いを嫌うあまり周囲の人にケチと思われる人

お金への関心が強く、少しでも貯金しようとムダ遣いはしないので、周囲にケチな人と思われることもあります。自分の価値観を信じて、気にせずに貯蓄してＯＫ。ただし、貯めたお金を使わないまま生涯を終える場合もあります。

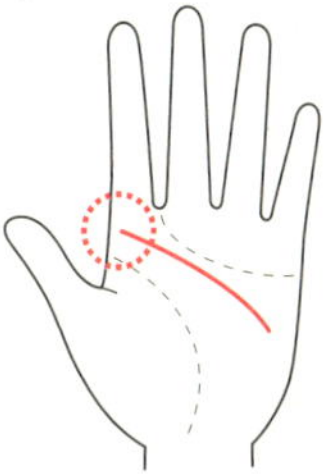

知能線がかなり上から始まる

お金の管理は超ルーズケチな人とは正反対の性格

お金に対してアバウトで、ケチとはほど遠い人です。お金の管理は普通で、ムダ遣いを抑える意味でも少々の節約は必要そうです。ただし、「類は友を呼ぶ」ように、友だちも浪費家タイプかもしれません。散財しないように気をつけて。

金運

20

競馬やパチンコが大好き
ギャンブルにハマりやすい相？

カレは競馬やパチンコなどのギャンブルが好きで、大金を賭けることも。どんどんギャンブルにハマって大損したり、借金をつくらないかと不安です。

A カレの手をみて財運線の上に障害線があれば、近い将来、お金に関して大損する暗示です。ギャンブルの可能性もあるので、しないに越したことはありません。また、この線が出ていると、不思議と大きな勝負をしたくなるので要注意。さらに、水星丘全体が薄黒かったり紫っぽい色をしていると、それが2～3日前後に起きることを暗示します。

BAD ✕ **大損する可能性あり**

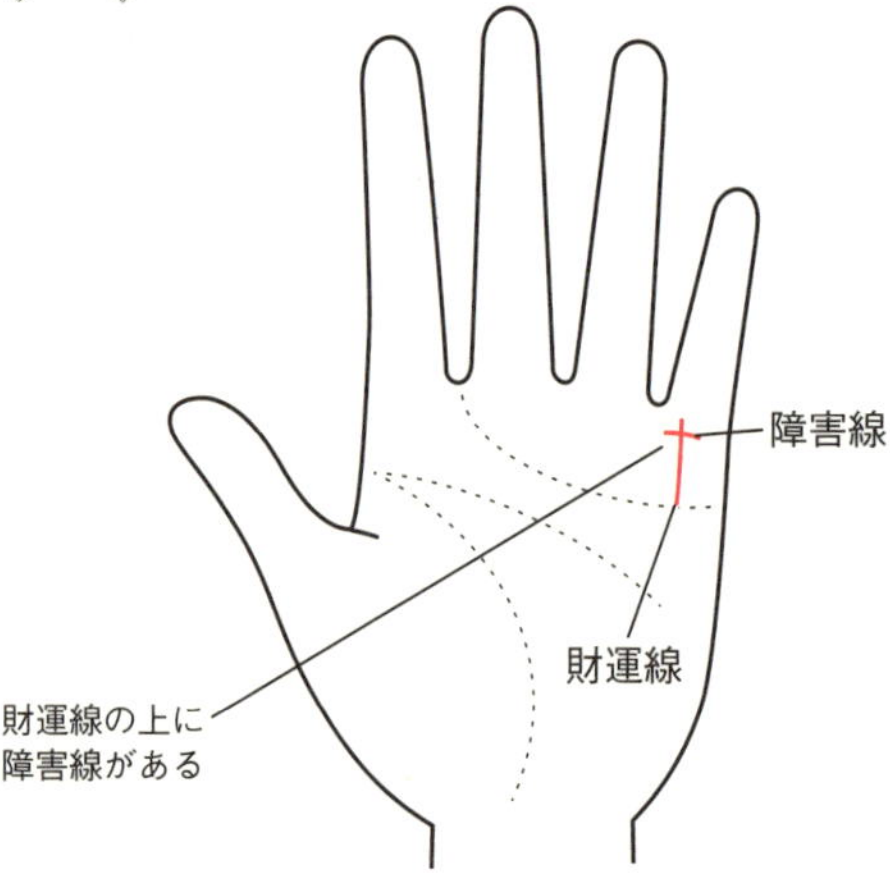

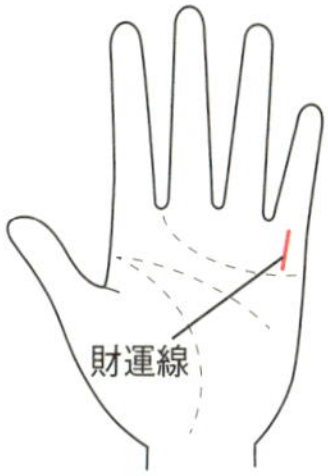

財運線がまっすぐ1本出ている

無理のない範囲で遊び無茶なギャンブルはやらない人

カレの手をみて財運線が１本あるなら、自分の許容範囲をわきまえてギャンブルできる人です。それほど無茶はしないので、借金などの心配はないでしょう。ギャンブルがストレス発散にもなっているので、ある程度は認めてあげて。

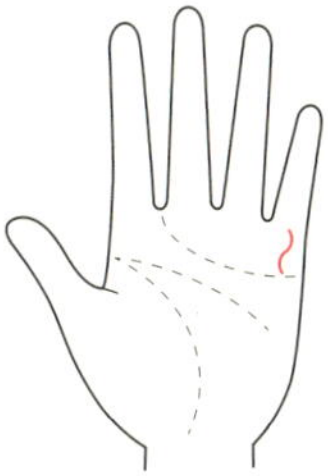

財運線がクネクネしている

勝負に弱いギャンブル好き一緒にいるとお金は減るばかり

カレの手をみて財運線がクネクネしていたら、ギャンブルで勝てないのに、好きで止められない人です。勝負に勝つことがあっても、それまでの賭け金に比べたら微々たるものでしょう。カレと一緒にいる限り、お金の心配は続きそうです。

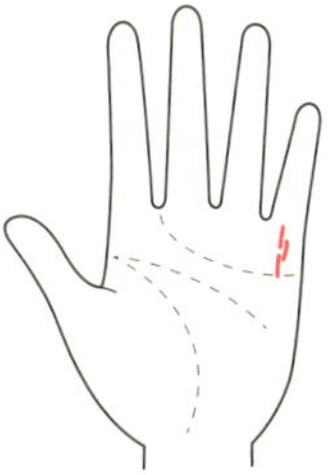

財運線が切れ切れ

ギャンブルで赤字になっても平気で借金してくる人

カレの手をみて財運線が切れ切れなら、ギャンブルで儲けても結果的には損します。収入があってもすぐに出て行ってしまい、生活は不安定でしょう。また、この相の人は借金することに抵抗がなく、お金に苦労するタイプです。

幸運をつかんだ手相エピソード❷

自分の才能を生かして独立し、大成功をおさめた田中さん

★手相の変化はP218を参照

才能豊かでチャンスをつかむ相が成功してさらに幸運な手に変化

田中仲宏さん（仮名）にお会いしたとき、「独立を考えていて、自分のやりたい仕事を充実させたい」という相談を受けました。

彼の手をみてみると、短めの指で三大線（生命線・知能線・感情線）は濃くしっかりしていて、適度にカーブしています。それ以外に余計な線は見当たらない、じつにシンプルな手相でした。大胆で行動力がある人をあらわす短めの指、勢いのあるきれいな三大線から、私は「思い切って独立してみては」とアドバイスしました。

それから3年後、独立した彼の手をみて、まず目についたのは、各指の付け根の太さです。以前と比べて、第3節間がぷくっとふくらんでいました。この指は、強いエネルギーの出入りが可能で、強運な人である証拠。仕事で大成功をおさめている人にも多くみられる相です。知能線からは水星丘に向けて支線が伸びていて、事業を大きくしていく才能が発揮されています。さらに、財運線もまっすぐ出ていて、現在のお金回りが好調であることがわかりました。

彼に話を聞いてみると、以前の鑑定後に自分の技術を生かして独立。会社は順調に業績をあげ、今では一等地にビルを所有するまでになっていました。

彼はもともと成功する要素を持っていた手相ですが、実際に成功してからも手相が変化したことがわかる興味深いケースといえます。

Before

◆指が短い
◆生命線・知能線・感情線の三大線がはっきりしていて、適度なカーブがある

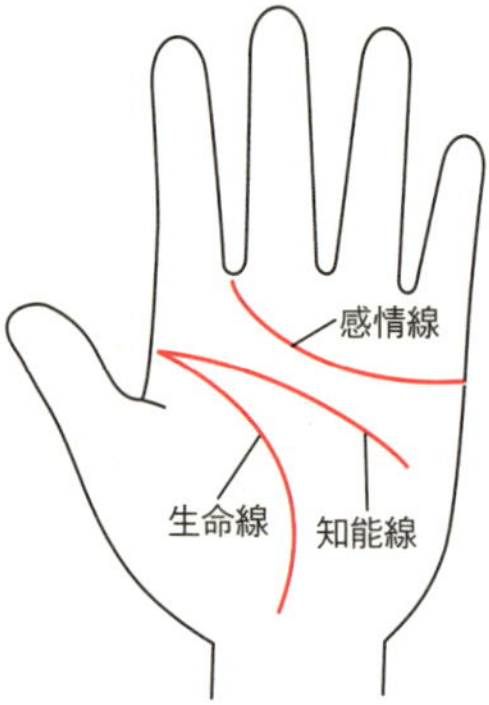

指が短いと、前向きで積極的な性格をあらわします。才能豊かで、仕事面では新しいアイデアを出しながら活躍できる人です。また、三大線が濃くはっきりしてれば、生まれ持った意志の強さがあり、自ら運をつかんでいくタイプです。

After

◆指の付け根がふくらんでいる
◆知能線から水星丘への支線がある
◆財運線がまっすぐ出ている

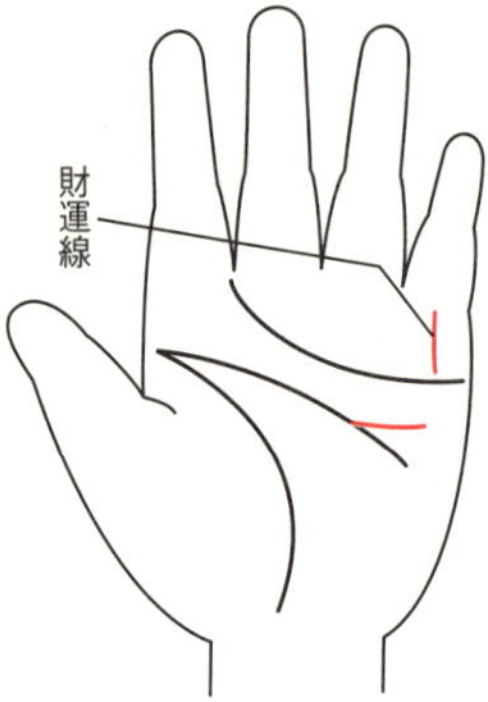

指の付け根が太いのは、普通の人よりもエネルギーを取り入れるパワーが強く、仕事ができる人に多い相。水星丘へ伸びる支線があると、チャンスをつかむ商才があります。また、財運線の有無で、納得できるお金を手にしているかを判断できます。

Part 5

天職&成功パターンがわかる
仕事

パッと見でわかる!

仕事力&仕事運に恵まれている？
サクセスを手にできるかがわかる線

成功者の手相

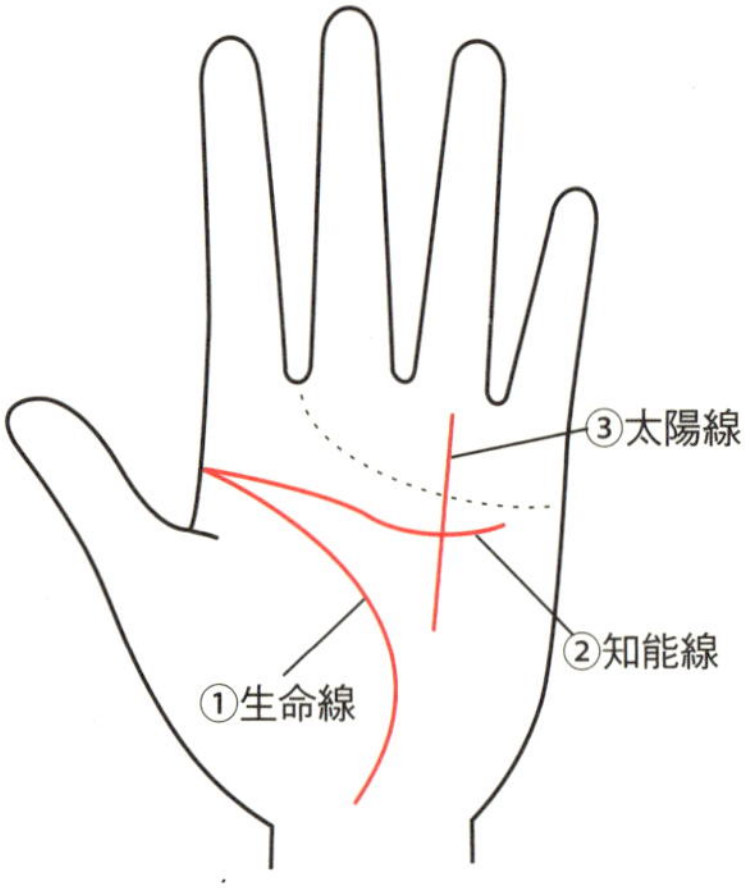

成功を自ら呼び寄せる強いエネルギーの持ち主

❶生命線が大きく張り出しカーブしているのは、生命エネルギーが強く自分の願いを実現させる力があります。

❷知能線が小指方向に向かっていれば、自分の能力がお金によって適切な評価をされるため、大きな財を得ていきます。

❸太陽線ははっきりと長めに出ていれば、成功を自ら呼び寄せていく力も持ちます。仕事でも大きなプロジェクトなどを任されてもうまくいくでしょう。

ツキがない手相

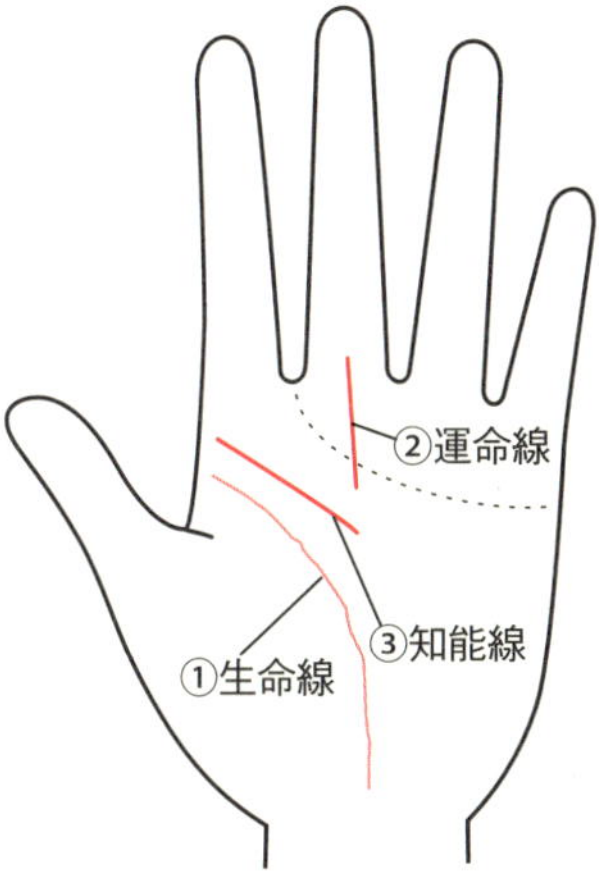

なかなか立ち直れず人生の波に翻弄される

❶手の全体の肉づきが悪く、線が薄ければ力がありません。

❷真ん中にある運命線が中指の付け根よりもさらに上に伸びているのは、波乱万丈で自分で自分を傷つける性質を持ち、仕事で行き詰ると、なかなか立ち直ることができません。

❸知能線が高めから始まり、短い場合、思いつきで発言や行動をし、計画性がありません。生命線は波を打つように歪んでいるので、人生にも波が多く安定しないでしょう。

仕事

1

眠っている才能があるかも!?
自分にはどんな仕事が向いている？

現在、普通のOLですが、周囲からは話がおもしろいし、個性的だからお笑い芸人のほうが向いていると言われます。もしかして、そっちが天職？

A この相は、話上手でよい声を持っていることをあらわします。知能線がまっすぐ横に伸びて薬指下まであるなら、頭の回転が速く、話題が豊富でテンポもよいでしょう。運命線が月丘から始まり、急カーブを描いているなら大衆の人気も得られます。手の硬さが適度にあれば、体力も気力もあるので、お笑い芸人として頑張っていけるでしょう。

GOOD お笑い芸人向きの人

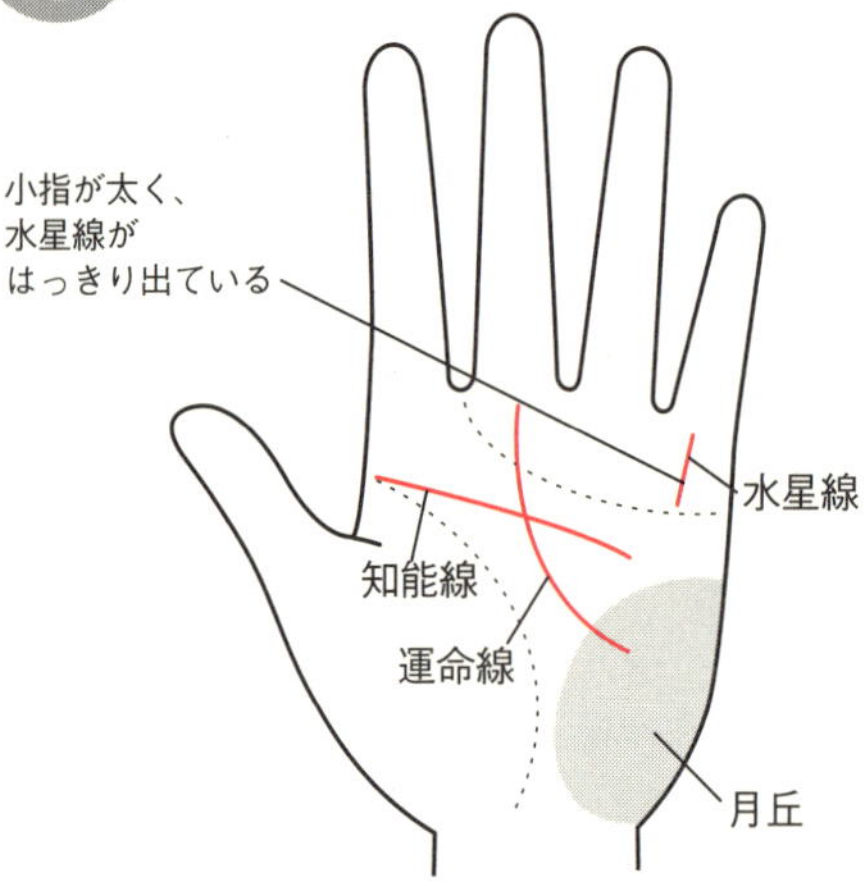

小指が太く、
水星線が
はっきり出ている
水星線
知能線
運命線
月丘

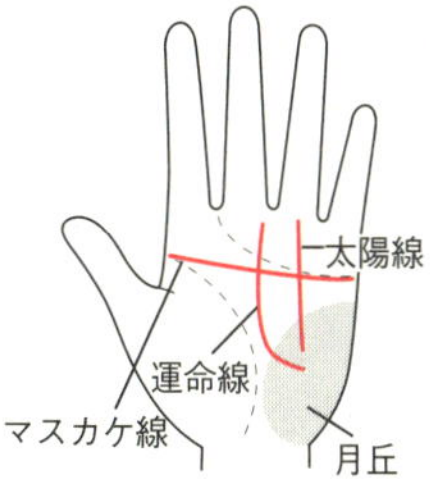

運命線が月丘に流れている

チャンスをつかんで人気者に ミュージシャン向きの人

月丘からの急カーブの運命線があれば、チャンスをものにして人気を得ることができます。月丘から長くはっきりした太陽線が上っていれば、人を惹きつけるスター性があります。感情線と知能線がつながっていれば、カリスマ性があります。

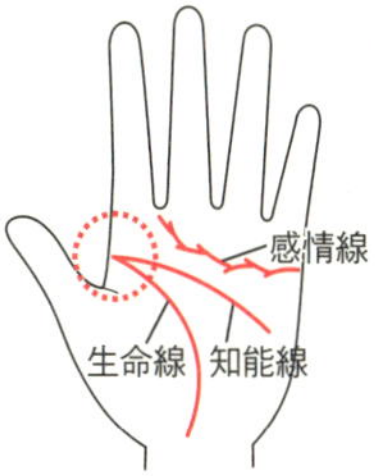

生命線と知能線が重なって始まり、長い

組織の中できっちり働く OL向きの人

生命線と知能線が重なって始まっているのは、常識があり、組織に上手に適応し、毎日、与えられた業務をこなしていけます。知能線が濃くはっきりなら、仕事が早く、要領がよいでしょう。感情線に適度な乱れがあれば、人間関係も良好。

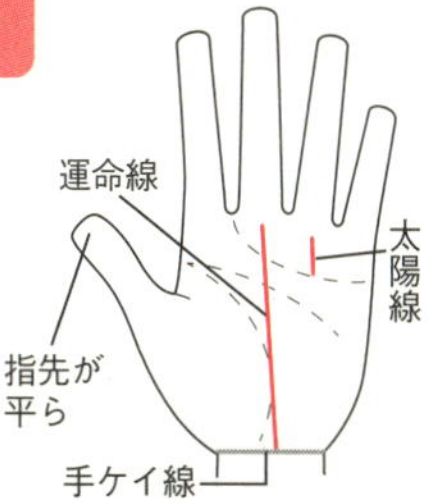

運命線がまっすぐ太く手ケイ線から上がる

器用でセンスがある パティシエ・料理人向きの人

器用な人で、お菓子や料理づくりに必要な正確で細かい作業も、ていねいかつ迅速にこなすことができるでしょう。センスもあります。加えて、太陽線があれば独創性にもすぐれているので、その分野で評価を受けられ独立することも。

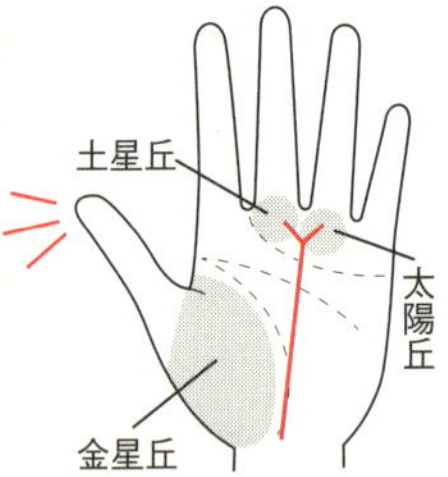

親指が長くしっかり金星丘がふくらんでいる

芸術的な才能がある アーティスト向きの人

このような手の人は芸術的センスがあるので、デザイナー、美容師、ネイルアーティストなどに向いています。さらに、運命線がはっきり長く、運命線の先の1本が土星丘へ、もう1本が太陽丘に向かっていれば、大成功をおさめます。

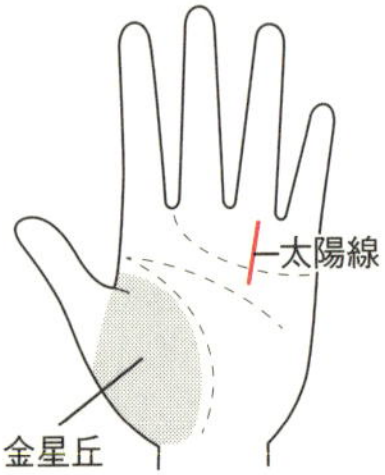

太陽線がはっきりで金星丘がふくらんでいる

スター性がありステージに映える ダンサー向きの人

はっきりした太陽線は、スター性をあらわします。ステージでも目立つ性質でしょう。また、金星丘がふくらみ、親指も太ければ、タフで、肉体を使っての芸術的な表現能力も備わっており、ダンサーに向いています。

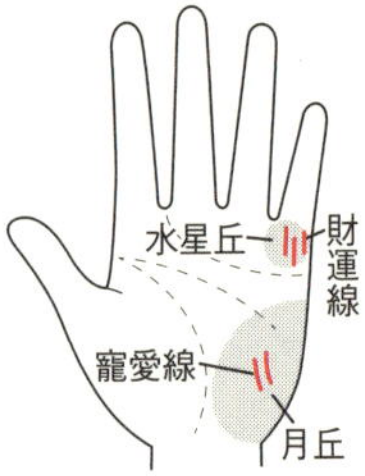

月丘がふくらんでいて、寵愛線がある

愛きょうと接客力を持つ キャバ嬢向きの人

月丘の肉づきがよく、そこから寵愛線という線が出ている人は愛きょうがあり、キャバ嬢、接客業に向いています。お店でも人気を得ます。さらに、水星丘に財運線が何本かあると、よいお客さんに恵まれて収入も上がるでしょう。

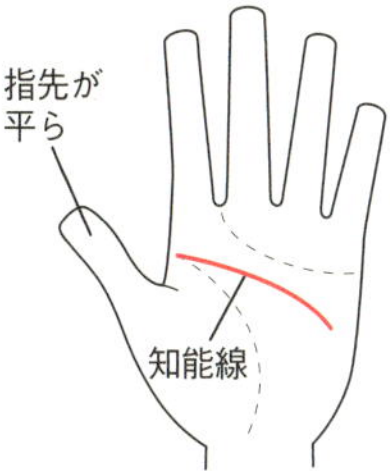

知能線が長く、手のひら中央を横切る

理系で数字やメカに強い エンジニア向きの人

知能線が長く、手のひらの中央を横切っている相は、頭の回転が速く、数字に強い性質をあらわします。手のひら全体が角ばっているイメージで、指も長めで四角い印象なら、几帳面で何事も正確にこなす力があります。

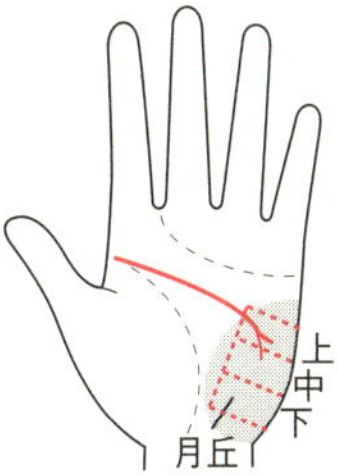

知能線が月丘上部で枝分かれ

文才に恵まれている 作家・ライター向きの人

知能線がはっきりしていて、さらに月丘上部で２〜３本に分かれていると、文学の才能に恵まれて、成功する資質を持っています。知能線がはっきりしていて月丘にカーブしているなら、文才に加えて想像力も旺盛です。

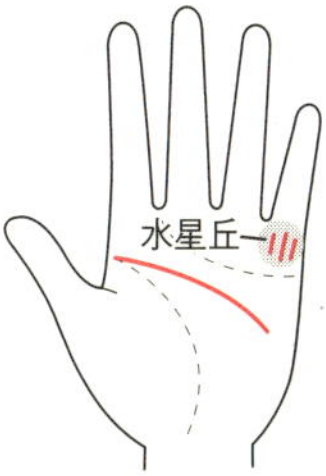

水星丘に短くまっすぐな線が数本ある

人の役に立つことを望む 医師・看護師向きの人

水星丘に短くてまっすぐな線がいくつかあるのは、医療の紋とも呼ばれる相。弱い人を助け、治す力が授けられています。また、知能線の乱れがなく、まっすぐな場合、即断即決して対応していけることをあらわします。

仕事

2

大抜擢にドキドキ！　できるか不安
今の仕事は成功する？

大きなプロジェクトの責任者に抜擢されました。社内からの期待やプレッシャーも大きく、仕事が無事に成功するかどうか不安です。

A 運気は上昇し、今抱えている仕事がうまくいく相です。人の評価を気にせず、そのまま自信を持って仕事をすれば、よい成果が得られるでしょう。途中で障害線がある場合は障害を暗示しますが、細心の注意を払うことで難を抑えられます。体調を整えておくと、大きなエネルギーが薬指から入ることで、太陽線もはっきりとし、成功に導きます。

GOOD　自信を持ってやれば成功

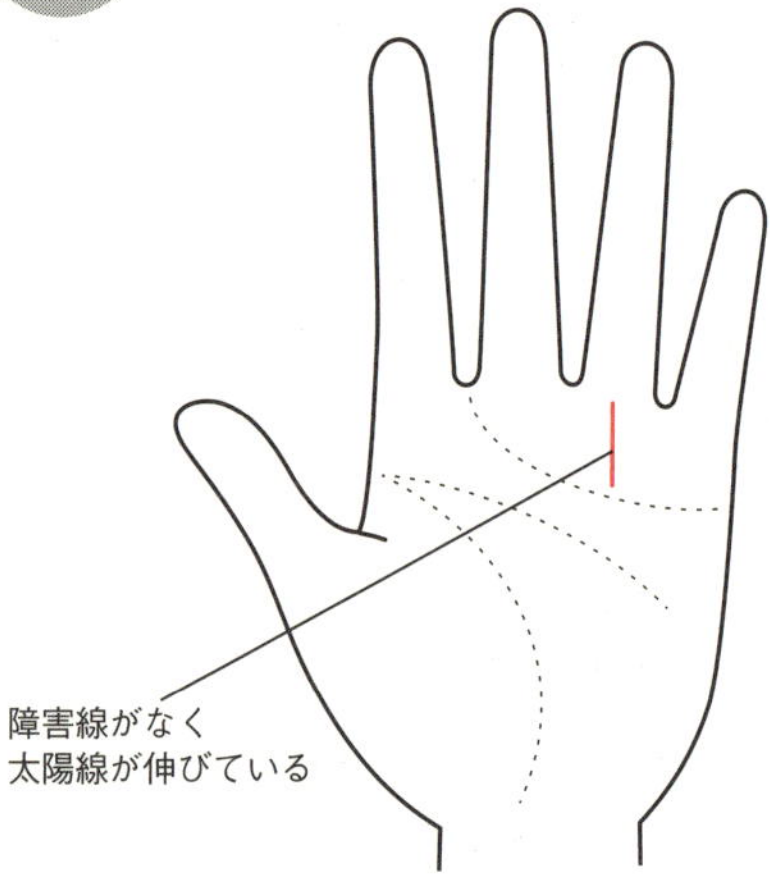

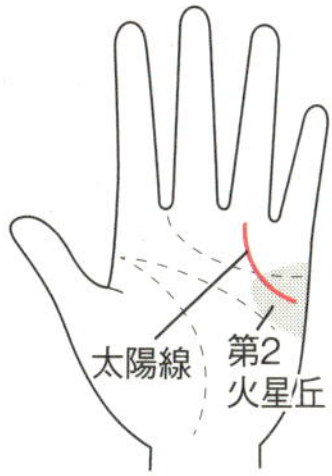

第２火星丘から薬指へ
太陽線が伸びる

まじめで努力家の性格 仕事も真摯に取り組み成功

粘り強く努力家であり、与えられたことをコツコツとこなす人。任された仕事もしっかりできます。性格的にもきっちりとしていて、人に迷惑をかけたり、損をさせたりすることがありません。人望も厚く、仕事も成功するでしょう。

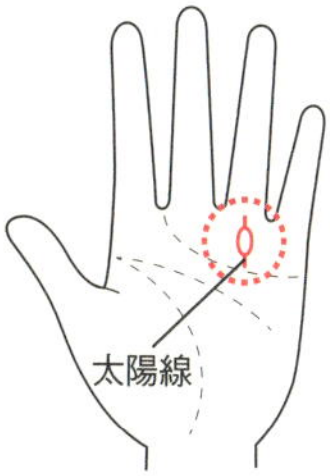

太陽線に島がある

プロジェクト自体が暗礁！？ 周囲と相談して乗り越えて

今までのプロジェクトが暗礁に乗り上げる不吉な暗示をあらわします。この相が出ていたら、再度計画を見直す必要があるでしょう。無理をせず、周囲の人とよく相談しながら、進めていくようにすると、よい道がみえてきます。

開運テクニック

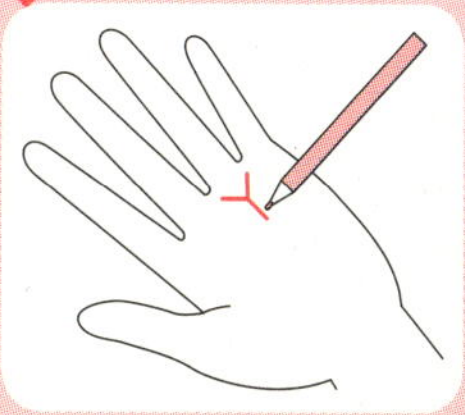

先が枝分かれする太陽線を金色のペンで書くと仕事が成功

太陽丘に、フォークのように先が枝分かれする形の太陽線を、金色のペンで書きましょう。運を味方につけて、仕事での成功を呼び寄せることができます。

仕事

3

今からビビリまくり！鬼上司とうまくつき合える？

新しい上司は、社内で一番怖い人と言われています。部下が失敗するたびにものすごい剣幕で怒るので、辞める人も多く、うまくやっていけるか不安です。

A 難しい人とも上手につき合える才能のある人です。もともと人とは距離を置く性格で、はじめから上司の厳しさも当然と思って接します。厳しく注意されても、そういう人だという話を聞いているので、ダメージはほとんどないでしょう。自分の気持ちは顔には出さず、ていねいに話をするので、逆に上司からは気に入られるかもしれません。

GOOD 鬼上司と上手につきあえる人

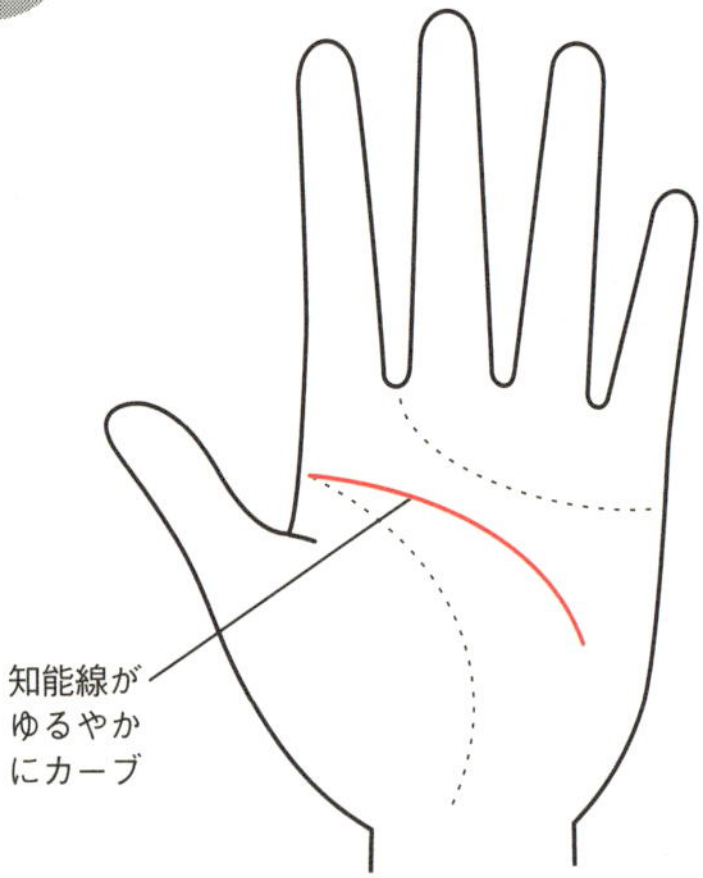

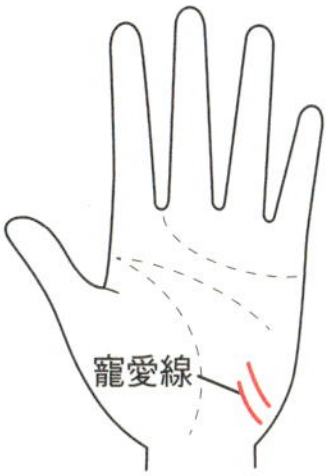

寵愛線（かわいがられ線）がある

難しい上司はもちろん 誰からも愛される運命の人

誰からもかわいがられる人です。特に、異性からは特別な配慮を受けます。難しいという上司も例外ではなく、はじめは厳しくしても、次第に態度を変えていくでしょう。この相の人は、人の話をよく聞くので仕事もできるでしょう。

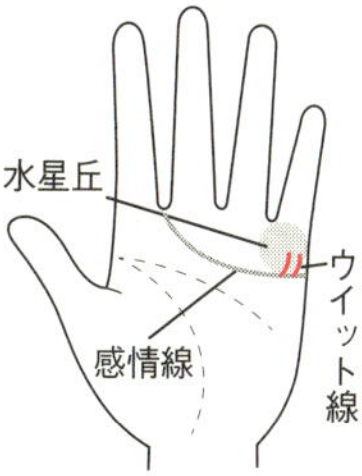

感情線上から水星丘に向かうウイット線

頭がよく、気配りできて 上司から信頼を得られる人

機転が利き、相手がどんなことを求めているか、すぐにわかる人です。目上の人と上手につき合うことができるでしょう。楽しい話をたくさんして、場を和ませる力もあり、小さな積み重ねで難しい上司からも信頼を得ることができます。

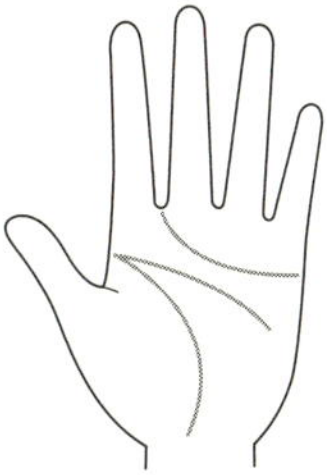

手のひらに細かい線がない

怒られてもすぐに忘れる マイペースさが吉と出る人

細かいことは気にしない、余計な気も遣わない人です。気配りができませんから、上司からは怒られることが多いかもしれません。ただし、すぐに忘れてしまうので問題ありません。笑顔で仕事をすれば上司の態度もよいほうへ変わるでしょう。

仕事

4

心機一転、今の会社に長く勤めたい!

転職先の会社と相性はよい?

転職して新しい会社に入社しました。できれば、今の会社に長く勤めたいと思っているのですが、会社との相性がよいかどうか知りたいです。

A 運命線が濃くはっきりとしているのは、現在勤めている会社とは相性がよく、充実した日々を送れることをあらわします。はじめは覚えることや対人関係で大変かもしれませんが、慣れてくれば楽しく、仕事のキャリアもどんどん積むことができます。これまでの職場以上に、自分を高めてくれる環境といえるでしょう。

GOOD 会社との相性はバッチリ

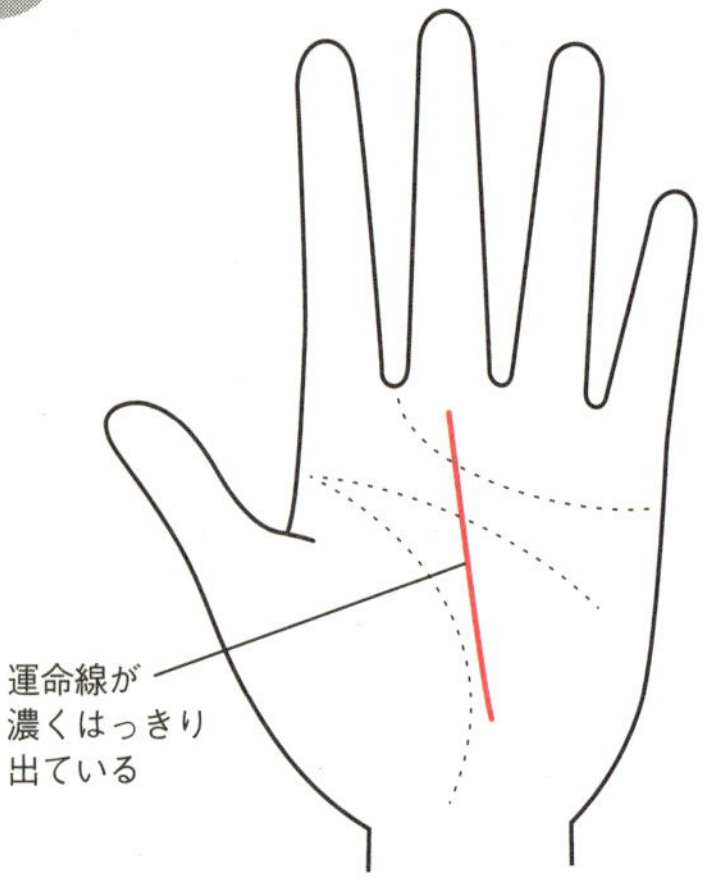

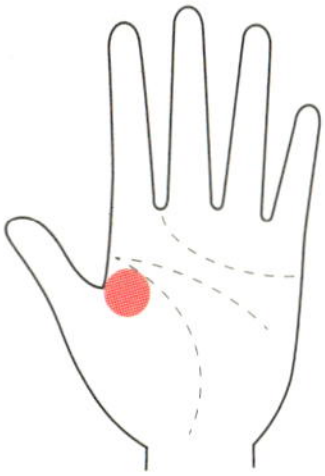

親指の付け根の色が明るく少し赤っぽい

まじめに仕事に取り組めば今の会社で能力が発揮できる

仕事に全力を注いでいて自分の能力を発揮していることをあらわします。まだ安定はしていないものの、しばらくするとペースがつかめるでしょう。親指の付け根の赤っぽいところも、次第に白っぽく変化し、肉づきも硬く厚くなってきます。

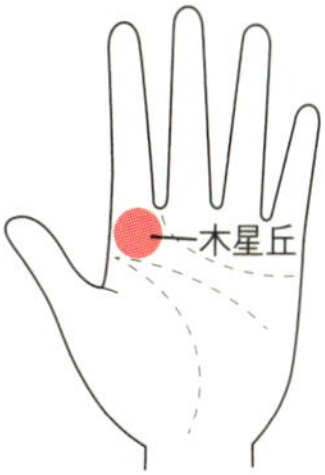

木星丘がツヤよく盛り上がっている

野心や向上心がアップ今の会社で評価が上がる人

順調に仕事を進めていることをあらわします。新しい職場は、自分の野心や向上心を高めてくれるところです。意欲的に仕事ができます。焦らずにていねいな仕事を心がけることで、周囲からの評価も高まるでしょう。

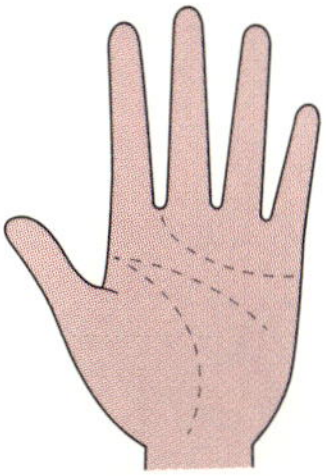

手のひら全体が青白い

ストレスがたまり気味？会社との相性はイマイチ

今、置かれている環境があまり自分とは合っていないことをあらわしています。転職した会社とは相性がよいとはいえず、かなりストレスがたまっているかも。どうしても合わないと感じたときには、無理をしないで転職してみては。

仕事

5

流れ流れるワーキングジプシー

仕事が続かないのは性格のせい？

どの仕事も、1年ともたず辞めてしまいます。周りからは「我慢が足りない」と言われるのですが、長続きしないのは飽きっぽい性格が原因でしょうか。

A　一つのことを継続することが苦手で、特に仕事面はその傾向が強いです。楽なほうへと流れるために、職を転々としたり、それに伴って住所も転々としたり、なかなか落ち着くことがないでしょう。性分なので、転々とするのは仕方ありません。それで生活が成り立っているなら、それでもよいのかも。ただし、収入増は望めません。

BAD ×

仕事が長続きしないタイプ

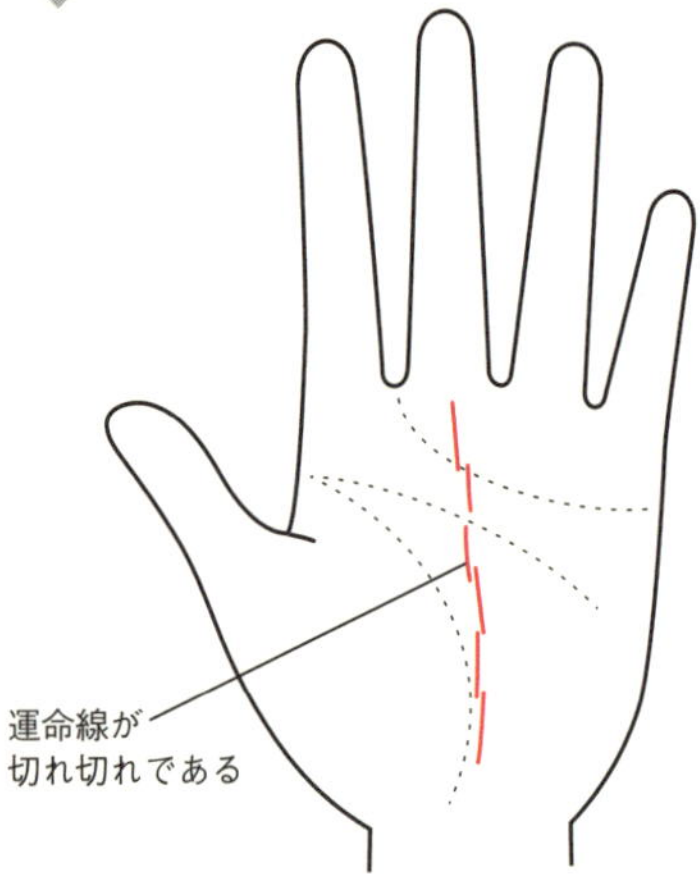

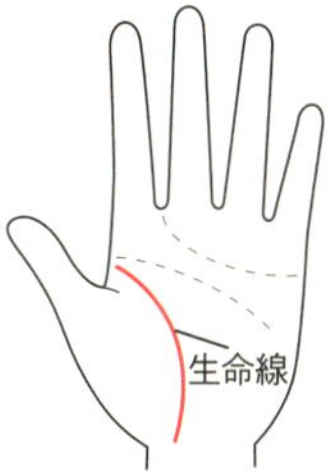

生命線が内側に入っている

体力・気力面で問題あり 自分に合った仕事選びを

頑張ろうとしても、体がついていかないことをあらわします。疲れやすく、気分も変わりやすいため、同じところにずっといるのが苦痛です。できるだけ体力的にきつくない仕事を選ぶとよいでしょう。資格を習得して仕事を生かしても。

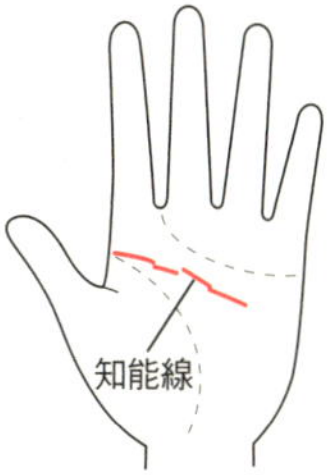

知能線が切れ切れ

どれも中途半端に終わってしまう 飽きっぽいタイプ

何事も集中できず、飽きてしまう相です。器用さはあるものの、アレもコレもと思い、どれも中途半端に終わってしまいます。自分が信頼できる人のもとで仕事をするのが一番。謙虚な気持ちで取り組めば、仕事も長続きするようになります。

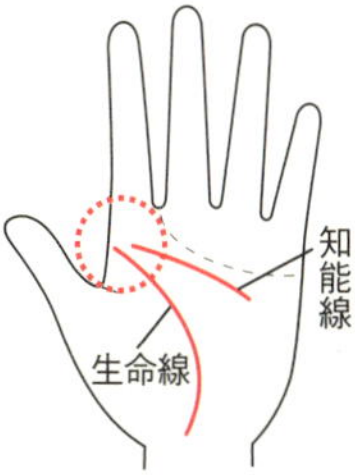

生命線と知能線が離れている

ルーティンが苦手 刺激を追い求めるタイプ

刺激が好きで、いろいろな仕事を体験してみたい人です。仕事や職場の環境に慣れるまでは楽しいのですが、毎日同じことの繰り返しに飽きてしまいそうです。ただし、転々とした後に、それを糧に自分の道を見つけることが多いでしょう。

仕事

6

イヤな顔せず、せっせと働く モーレツ仕事人間タイプ？

仕事よりプライベート優先のご時世ですが、仕事が一番というタイプの社員を求めています。手相で仕事人間かどうか、わかりますか？

A 人の倍、働く人です。働くことが大好きで、残業や休日出勤も必要なら自ら進んでやります。かといって、プライベートより仕事というタイプでもなく、プライベートもしっかり充実させています。仕事とプライベートのバランスのとり方が上手です。タフで、親切で、頼りがいもありますから、周囲からの評判もよくて、出世も早いでしょう。

GOOD 人の2倍、働く人

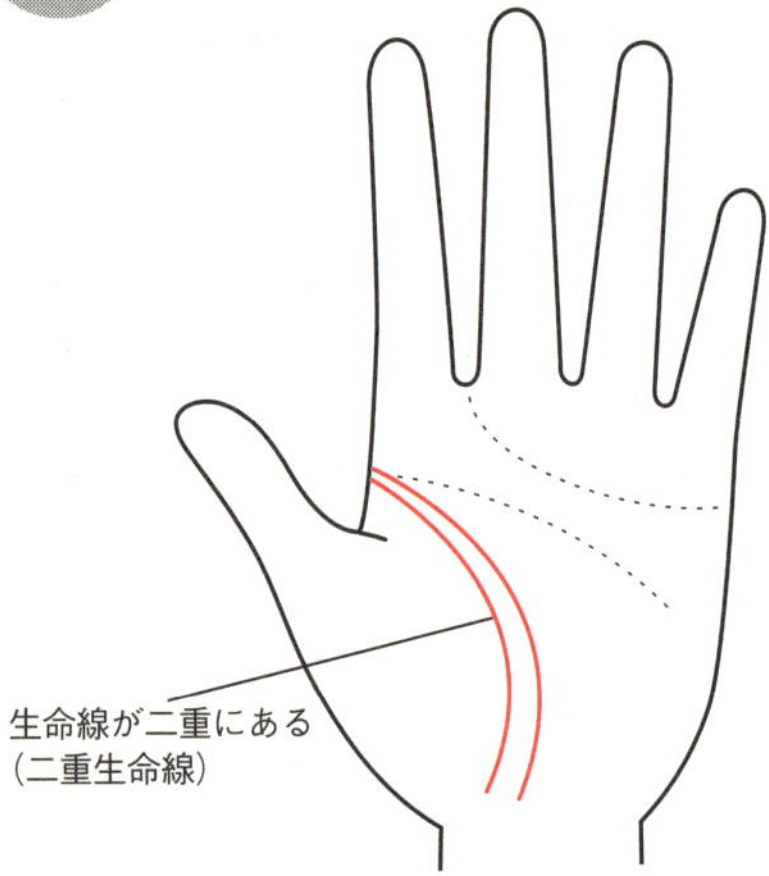

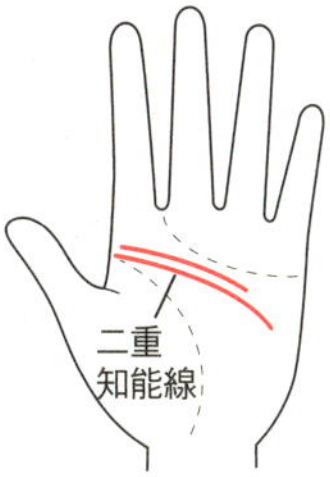

知能線が二重にある
（二重知能線）

会社で働くのが楽しい 仕事が趣味のような人

仕事をするのが趣味の人です。仕事をしていると安心でき、逆に仕事をしていないと不安になります。休日も、家で休んでいるより仕事をして、会社のためになるほうがうれしいと思っています。仕事は早く、数字にも強いでしょう。

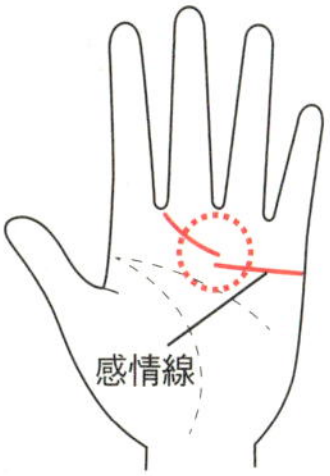

感情線がまっすぐで、
途中切れて先が上がる

仕事が一番、家庭は二の次 できる仕事人間タイプ

典型的な仕事人間の相です。仕事が一番、家庭は二番と決めています。異性関係も派手だったりしますが、それが仕事に支障をきたすようなことはありません。常に冷静に行動し、頭がいいので、かなりの成功をおさめるでしょう。

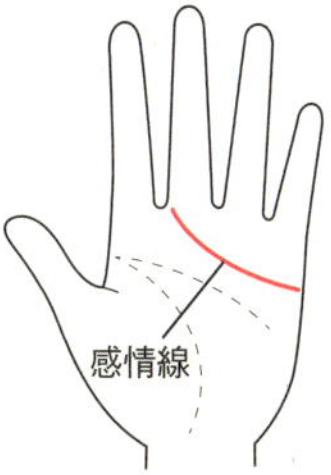

感情線が適度にカーブ
している

仕事もできるけど 家庭を一番大切にする人

温厚で、仕事も好きだけれども、やはり一番は家庭と考える人です。仕事がどんなに忙しくても、家族サービスは忘れないでしょう。家族も一致団結していて、それがまた仕事のエネルギーとなっていきます。着実に地位を高めるでしょう。

仕事

7

キャリアアップを目指したいけれど……

今、転職しても大丈夫？

転職してキャリアアップしたいと考えています。でも、不景気なのでスムーズに希望の仕事に就けるか不安。今、思い切って転職してもＯＫ？

A 野心、向上心を意味する木星丘にタテ線が何本かあるのは、転職などをしていきながら、最終的には自分のやりたいことでお金を稼ぐことをあらわします。そのタテ線がはっきりと、まっすぐ出ているようなら、転職しても心配ありません。転職先で、よい成果を出すでしょう。ただし、自分の好きな道で一流になるには、勉強も必要です。

GOOD 転職で成功するタイプ

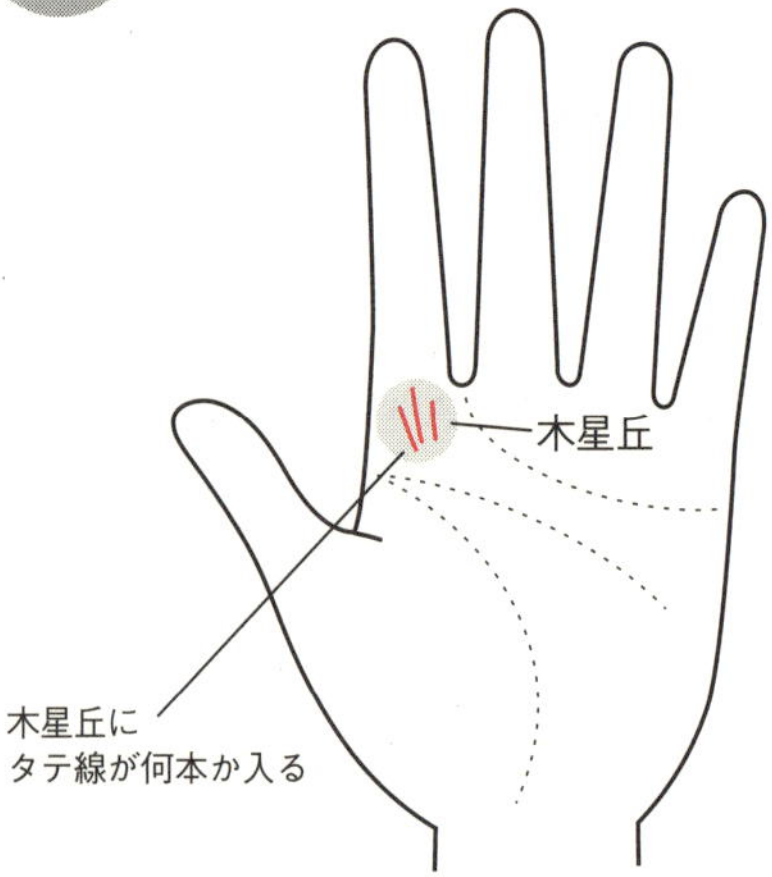

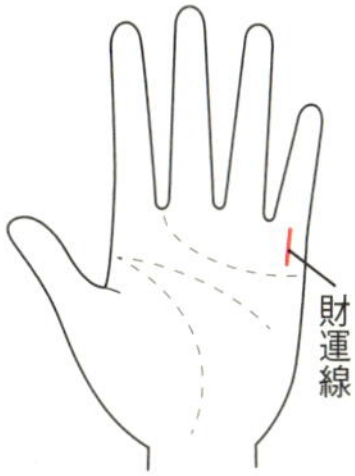

財運線が長めではっきりある

転職しても大丈夫
やりたい仕事にチャレンジを

今は経済的に安定しているので、転職しても大丈夫です。もし、希望する仕事があるなら、チャレンジしてみて。よい結果が期待できます。少し考えすぎるところがあって、せっかくのチャンスを逃すこともあるので気をつけて。

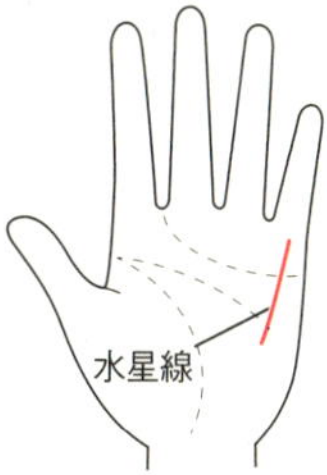

水星線が浮き上がっている

転職で世界が変わる！
チャンスがつかめるかも

水星線がはっきりと出ていて、浮き上がっているのは、転職によって世界が広がることをあらわします。やりたい仕事があれば、わりとスムーズにその仕事へのチャンスが到来するでしょう。収入もどんどん増えていきます。

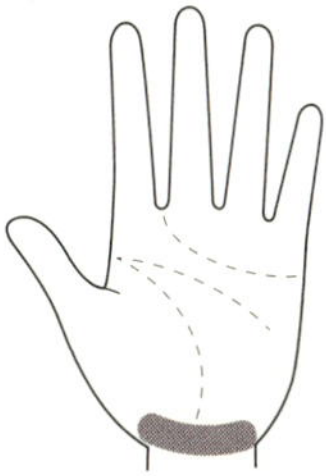
手のひらの下のほうが紫色

よくない状況なので
今は転職しないほうがよい

悪いものを引き寄せている状態です。何をしてもうまくいかず、八方ふさがりとなります。無理をしないで、少し状況がよくなるまで転職は待ったほうがよいでしょう。手のひらの色が明るくよくなってくれば、動ける時期となります。

仕事

8

職場のムードメーカーになりたい！
気配りができるタイプ？

同僚のCさんは、掃除やお茶出しなどを先回りしてやってくれるので、職場や取引先の評判もよいみたい。私も、Cさんみたいに気がきくようになりたいです。

A 手を触ってみて、手に適度なやわらかさのある人は、臨機応変に物事に対処できる人です。細かいところにまで気がまわり、人にイヤな思いをさせることもありません。そのため、人とも上手につき合うことができます。なお、やわらかすぎる人は、優柔不断で、わがままな部分があり、体調も崩しやすいタイプといえます。

GOOD 細かい気配りができる人

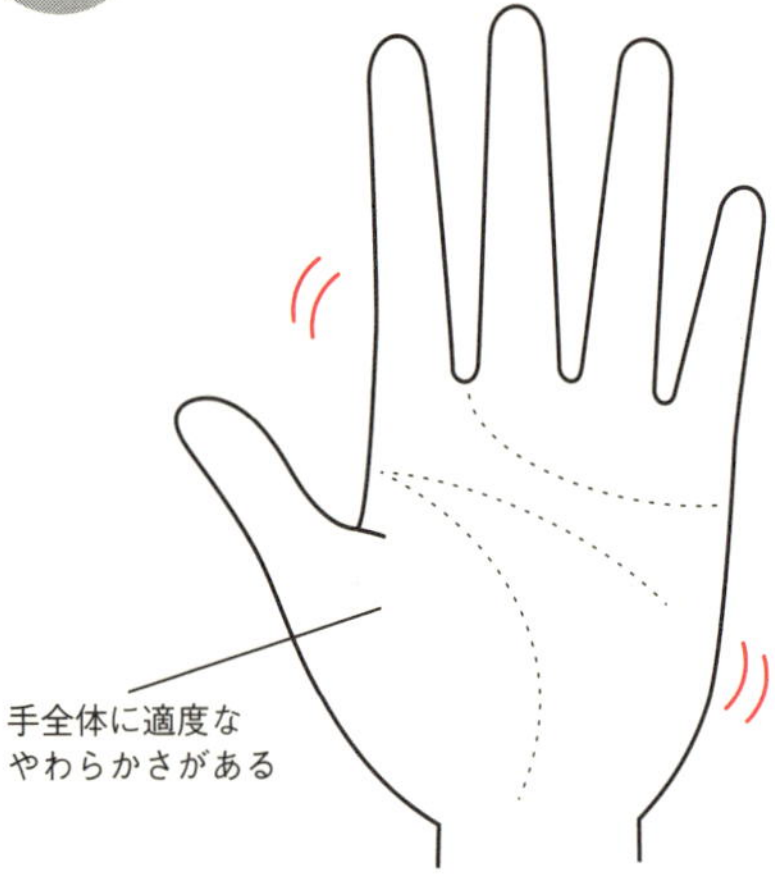

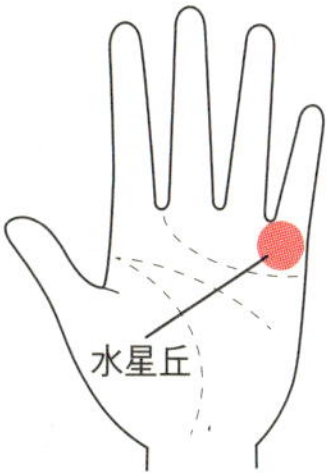

水星丘が盛り上がり発達している

気配り上手で人からの信頼度もバツグン

気配りができて、人と上手につき合っていける人です。人を使うのが上手で、人望も厚いでしょう。常に勉強しているため、話題も豊富で会話も上手。また、言語能力もすぐれているので、外国人とのコミュニケーションもうまいでしょう。

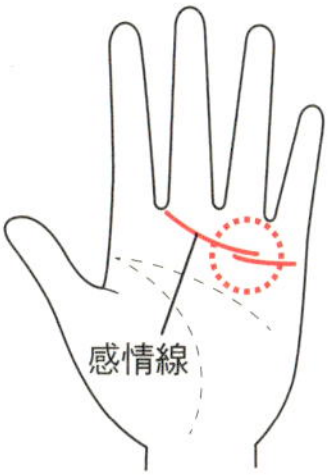

感情線が薬指の下で重なって出る

感情表現が上手で各人に合った対応ができる

感情のコントロールが上手で、その場にいる人と、最善な対応ができる人です。話も相手に気を遣わせず、相手に合わせた言葉で、リラックスさせることができるでしょう。一緒にいて休まると感じさせる気遣いができます。

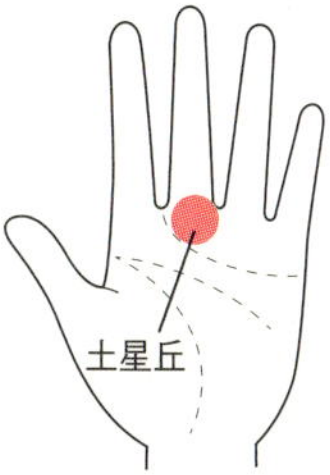

土星丘が盛り上がり発達している

気配りが苦手警戒心も強く心を開かない人

警戒心が強すぎて、人との関係を築くのもうまくありません。人が自分のことをどう思っているかが気になってしまい、なかなか人に心を許しません。気を遣うのがとても苦手なので、周囲とも溝ができやすいでしょう。

仕事

9

会社勤めは無理かも 思い切って独立したほうがいい？

人から指示されたり、チームで仕事をしていくのが苦手です。組織の一員として働くより、独立して仕事するほうが向いているのでしょうか。

A 能力があり、人の下で仕事をするのが合わない人です。よくも悪くもトップに立つ性質を持っていて、周囲をまとめる力があります。大きな組織の中で指示されることが嫌いなので、自ら会社を立ち上げてトップになるのがよいでしょう。また、大きな組織にいる場合には、専門的な仕事を持つと、その線のよさが生かされます。

GOOD トップに立って仕事をする人

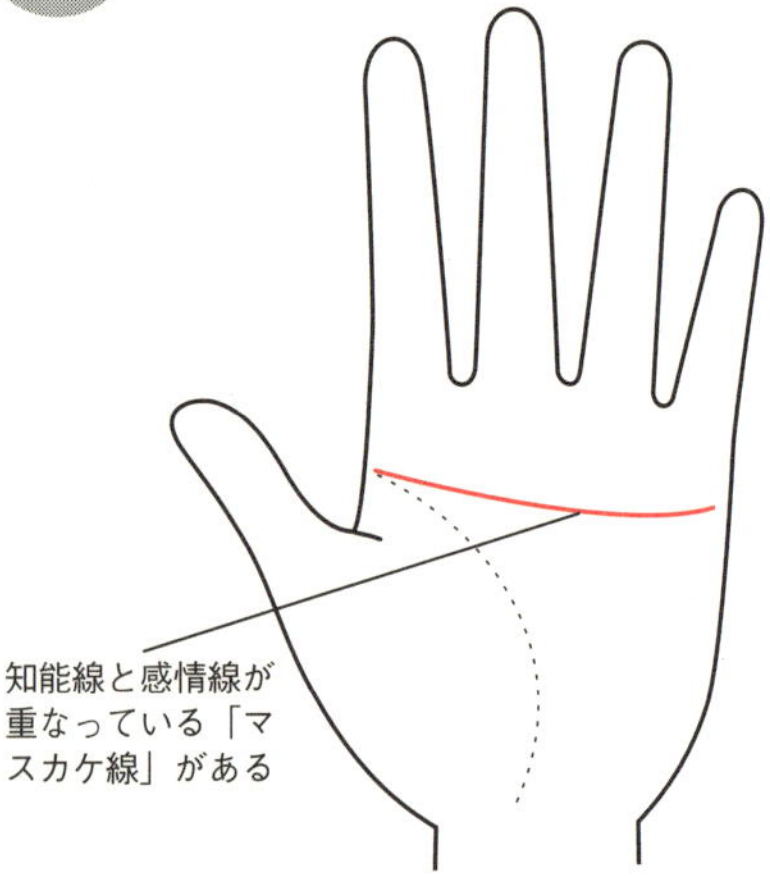
知能線と感情線が
重なっている「マ
スカケ線」がある

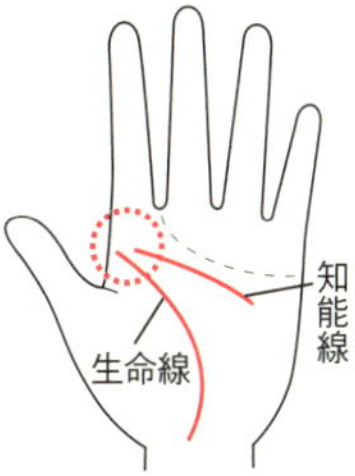

生命線と知能線が離れている

型にはまらない行動派 独立したほうがよいタイプ

型にはまることが苦手な人です。人づき合いはよいのですが、組織の中で仕事をすることには疑問を感じるかも。常に新しいアイデアがあり、行動派なので、独立したほうがよいでしょう。ただし、仕事でよきパートナーを持つことが必要。

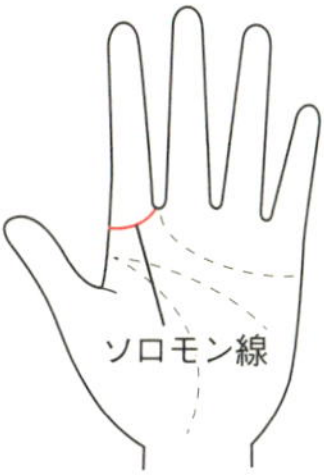

ソロモン線がある

カリスマ性で人を動かす トップに立って成功する人

カリスマ性があり、多くの人を導くことができる人です。どんな環境にいても、自然とそこのトップに立ち、仕事をしていくでしょう。自ら会社組織をつくる能力もあります。周囲の人の協力もあり、かなりの成功をおさめていきます。

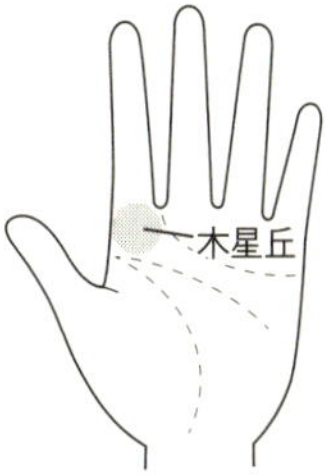

木星丘がそれほど盛り上がっていない

野心や向上心が不足 独立するなら力をつけて

独立するには、野心や向上心が足りません。独立したいなら、もう少し時期を待って。独立したい分野の勉強を深めてチャンスを待ったほうがよいでしょう。自分をアピールする力をつければ、組織の中でも上手にやっていけます。

仕事

10

この人なら安心して任せられる

仕事の信頼度100%タイプ？

若い後輩と仕事をすることになりました。今の人は約束にルーズだったり、注意も聞かない人が多いと聞いているので、うまくやっていけるのか心配です。

Aまじめで、いいかげんなことが嫌いな人です。努力家で、常に勉強することも怠りません。人の話もきちんと聞いて、自分ができることを最大限していくでしょう。仕事も一度教えると、それをきっちりこなすので安心できます。それほど社交的で目立つ存在ではないものの、その職場ではなくてはならない存在となるでしょう。頼りになります。

GOOD この人に任せて間違いなし

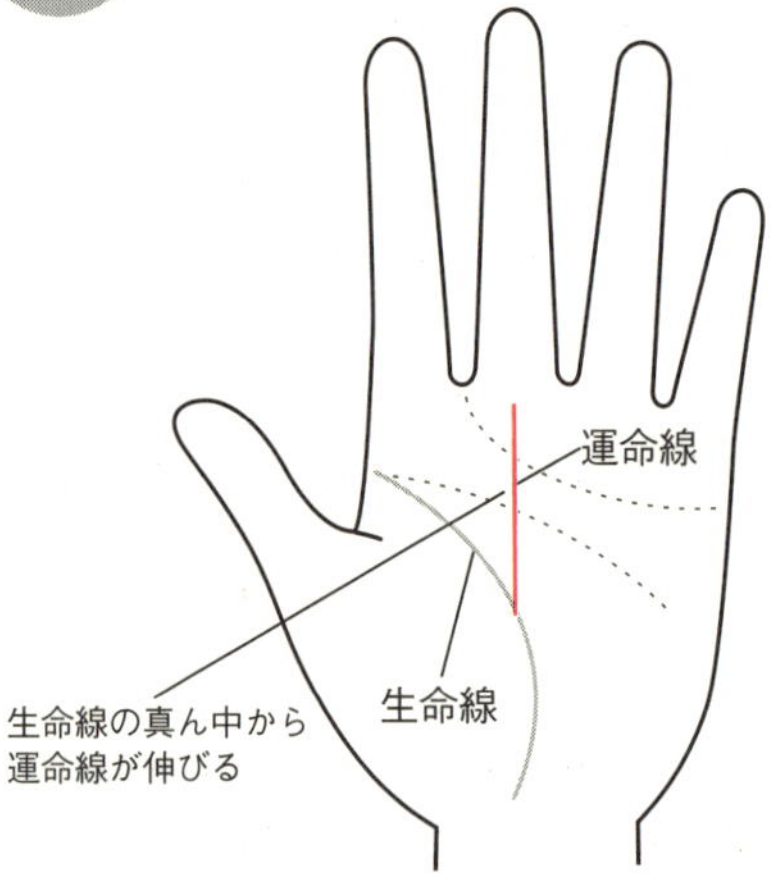
運命線
生命線
生命線の真ん中から
運命線が伸びる

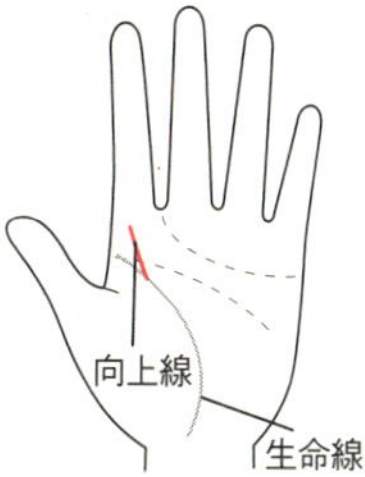

生命線から向上線が出る

頑張り屋さんで きっちりと仕事をこなす人

人がみているかどうかにかかわらず、きちんとした仕事をする人です。仕事が好きでよい仕事をしたいと、常に全力で取り組んでいくでしょう。具体的な目標さえ掲げれば、ほとんどの場合、努力でそれを達成することができます。

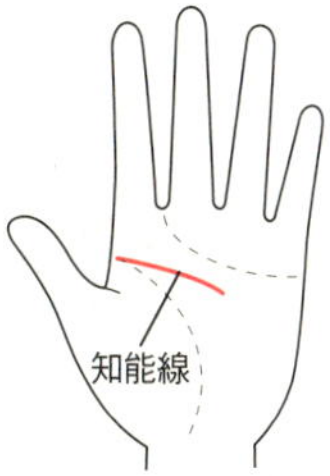

知能線が太めで短い

スポンジのような吸収力で 仕事をどんどんこなすタイプ

頭の回転が早く、思ったことを即実行に移していく人です。指示を出せば、それに従ってすぐにその内容を実行することができます。仕事を教えれば教えるほど、どんどんそれを吸収していき、一緒に仕事をしていて気持ちがいい人です。

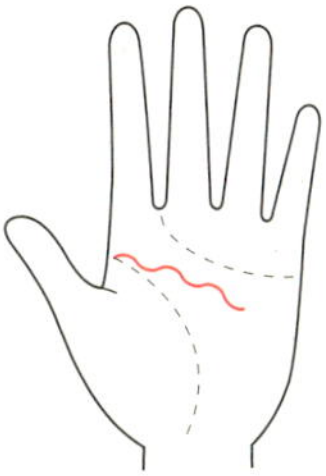

知能線がクネクネしている

人の話を聞かず逆ギレ 一緒に仕事するにはキツイ人

仕事ができるできない以前に、仕事に対する態度に問題のある人。話はよく聞かず、時間にはルーズ、迷惑をかけても悪いと感じません。仕事でミスをしても、言い訳をし、注意した人に対して逆ギレすることもあり、扱いにくいでしょう。

仕事

11

ピンチをチャンスに変えたい 副業でひと儲けできる？

Q 不況で収入が大幅にダウン。そのため、思い切ってサイドビジネスを始めたいと思っています。二足のワラジをはいて成功するでしょうか？

A サイドビジネスには向かない性質です。２つ同時に仕事を進行させていくのが苦手で、どちらか一方に集中しがち。バランスよく仕事ができないので、結局どちらも中途半端に終わってしまい、サイドビジネスで収入増はおろかマイナスになるかも。メインビジネスを充実させることを考えたほうが収入増になります。

BAD ✕ 副業には向かず失敗する人

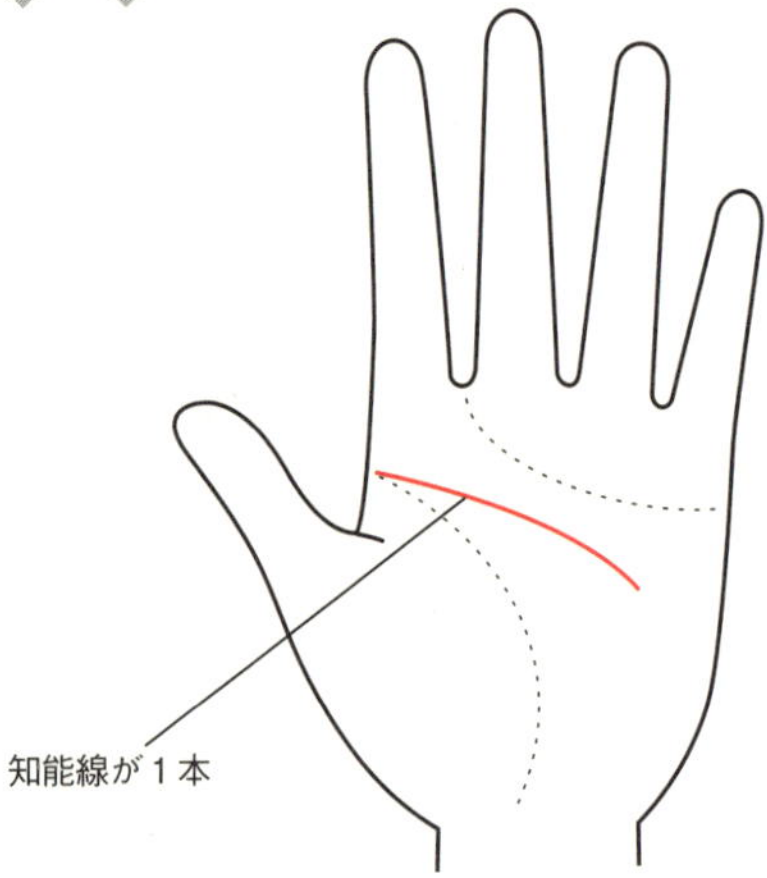

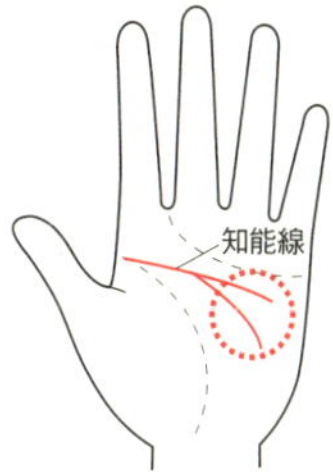

知能線が途中から２つに分かれる

2つの分野の才能あり両方のビジネスを成功させる人

2つの分野の才能があり、メインの仕事以外に仕事を持つことをあらわします。サイドビジネスのおかげで、メインの仕事もストレスなくすることができます。両方の仕事に携わる時間帯だけ上手く分けられれば収入もアップするでしょう。

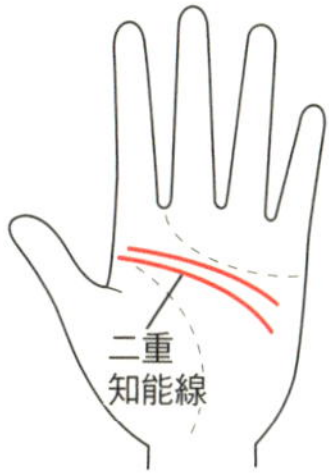

知能線が2本（二重知能線）がある

家業と自分の選んだ仕事両方を上手に兼業できる人

もともと2つの仕事を持つ相です。例えば、生まれつきやるようになっていた仕事（家業）と、自分から選んだ仕事の両方を持つことになります。現在、一つの仕事だけをしているなら、もう一つチャレンジしても両方とも順調にいきます。

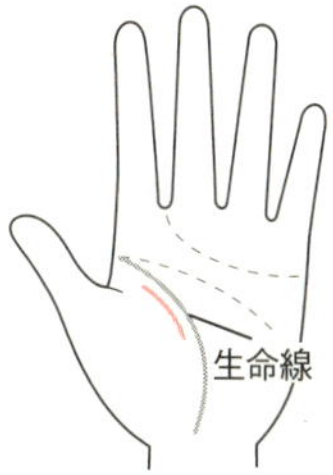

生命線の途中から一緒に走る薄い支線がある

頭と体を使った2つの仕事でグングン出世していく人

人の2倍働く人で、仕事も2つ持ったりする相です。サイドビジネスをする場合は、知能を使った仕事と、体を使う仕事がよいでしょう。生命線の終点が2つに分かれていれば、本拠地が2つになり、自分の会社も持つようになるかも。

仕事

12

できれば事前に防ぎたい

トラブルの予兆がわかる？

以前、うっかりミスで大失敗したことがあります。それ以来、慎重に仕事するよう心がけているのですが、手相でトラブルの前兆などがわかれば知りたいです。

A 紙や包丁などで人さし指を切ってしまうのは、仕事上でのトラブルが発生することをあらわします。現在の仕事の内容を再確認したり、これから会う人とのやりとりでトラブルが発生しないよう十分注意を払いましょう。指のケガをしている間は、「気をつけなさい」というサインが出ています。傷が治るまで、慎重に行動しましょう。

BAD ✕ 人さし指のケガは注意警報

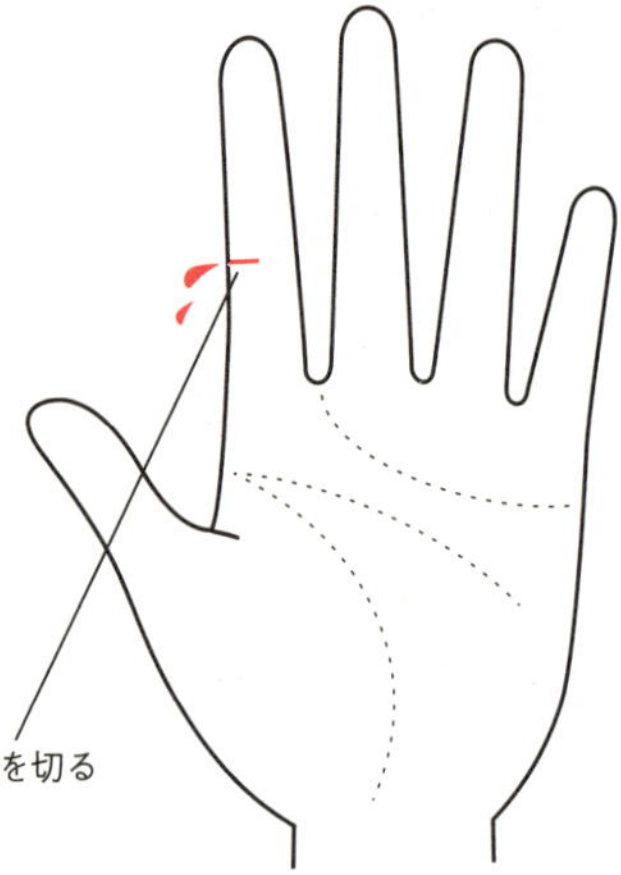

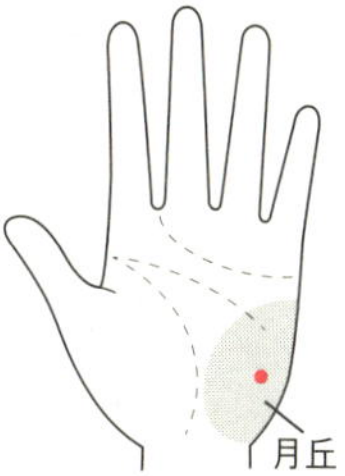

月丘に赤い点が出る

近くにいる妬みを持った人から被害をこうむるサイン

自分に害を与える人がいるというサインです。妬みなどから、あなたによい感情を持っていなくて、仕事の邪魔をしてきそうです。気を許している同僚の中にその人がいる場合も多いので、余計な会話は控えたほうがよいでしょう。

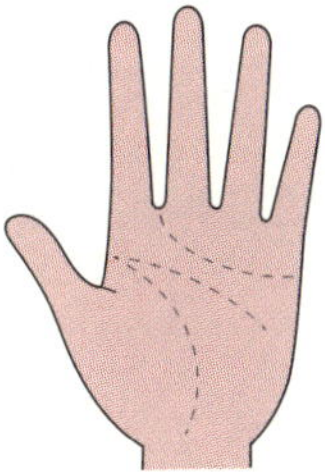

手のひら全体が赤い色になる

気持ちに焦りがあり人づき合いや仕事に悪影響

気持ちに余裕がなく、焦っていることをあらわします。冷静さが足りないために人との衝突が増えてしまい、仕事に悪影響が出てしまうでしょう。これが長く続くようだと、身体的にも高血圧など健康に問題があるかもしれません。

開運テクニック

ていねいなハンドケアで仕事のトラブルを防ぐ

手のマメは、仕事のトラブルを抱える暗示なので要注意。マッサージをしたり、手袋をするなど、できるだけマメをつくらないように気をつけましょう。

仕事

13

得意分野で活躍したい
理系と文系、どちらの職業向き？

医療系の仕事に就きたいと思っていますが、周囲からは「理系の仕事は向いていないかも」と言われます。理系と文系、どちらに向いているかわかりますか。

A 典型的な理系タイプです。頭の回転が速く、数字に強いでしょう。医療系の仕事であれば、学校に入ることは、努力を続けていれば問題ありません。ただし、現場に出たときには、やや言葉がストレートすぎたり、クールな感じになってしまいがちです。自分の思っていることをうまく伝えられるように、気を遣うようにしましょう。

GOOD 典型的な理系タイプ

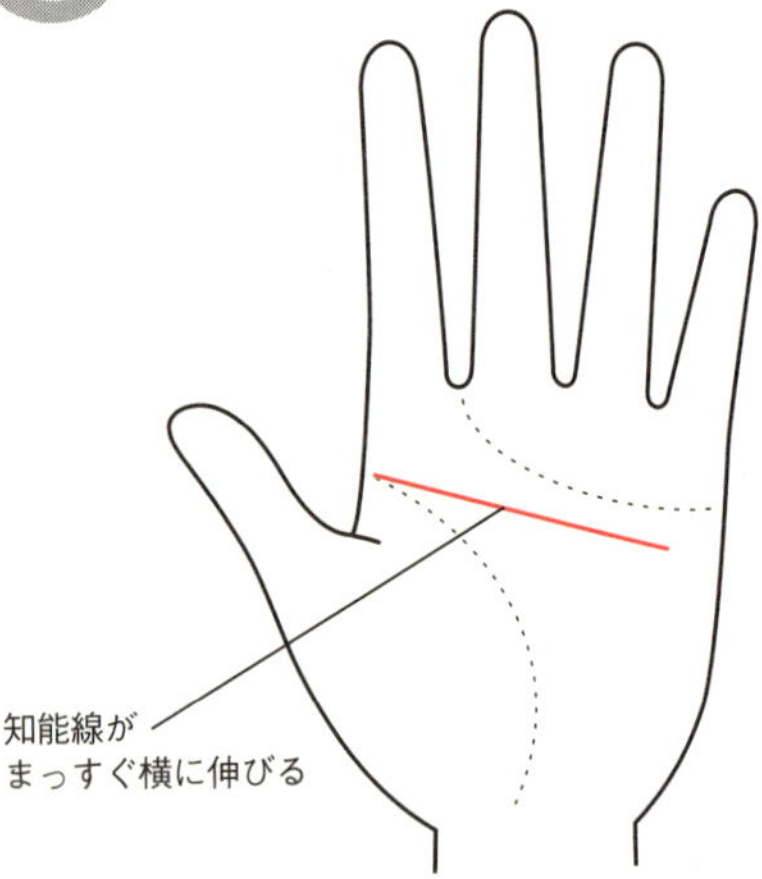

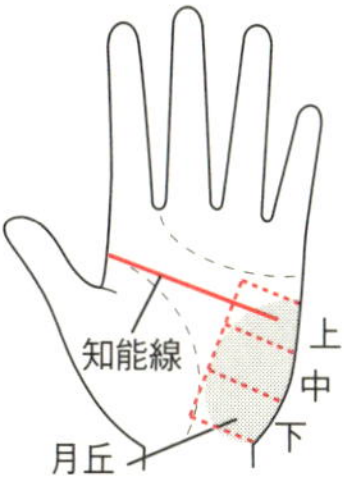

知能線が月丘上部に
まっすぐ伸びる

理系でも文系でもOK 得意分野の幅が大きい人

理系と文系の両方とも、バランスよく能力があることをあらわします。各教科の幅広い知識に加えて得意分野も持てるもっとも理想的な頭脳です。勉強すればするほど能力は発揮されるでしょう。もちろん、医療系にも向いています。

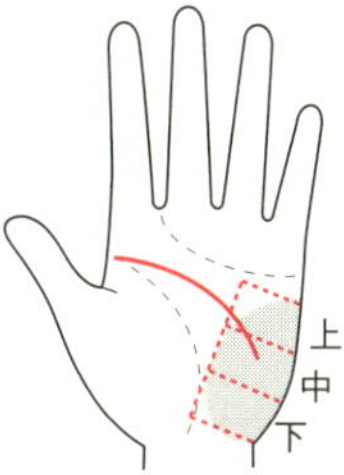

知能線が月丘中部に入る

文系タイプだが 努力をすれば医療系も大丈夫

理系と文系、どちらかというのであれば文系が得意であることをあらわします。ただし、理系も勉強すればできますから、理系の職業に就きたいのであれば、努力を惜しまず勉強を。本を読むのが好きなので、幅広い知識が得られるでしょう。

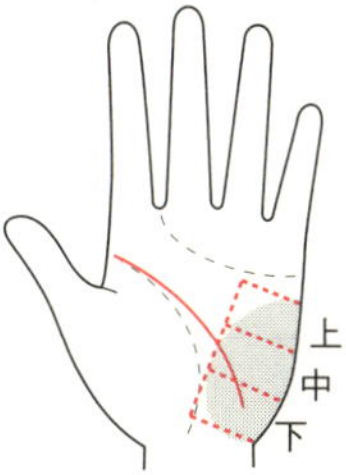

知能線が月丘下部に入る

文系のほうが得意で 理系は苦手なタイプ

知能線が1本だけ月丘下部に垂れ下がっているのは、文系が得意で、理系は苦手なタイプ。小さい頃に数字や図形などにかなりふれることがない限り、さっぱり理解することができません。ただし、暗記ものや英語は得意になる相です。

仕事

14

野心家でトップを目指す！
バリバリの上昇志向タイプ？

おっとりしているけど、仕事になるとバリバリ働く同僚がいます。じつは、地位や名誉に貪欲な上昇志向の強いタイプかもしれません。

A かなりの野心家であり、地位や名声を得たいと考え行動している人です。大きな夢を持ち、マイペースで進んでいきます。人を押しのけて前に出ようという小さい気持ちはなく、縁のある周囲の人と一致団結して前進するほうがよいと考え人を大事にしていくでしょう。誰よりも働いて頑張りますから、信頼されて、自然とトップに立ちます。

GOOD 大きな器の野心家

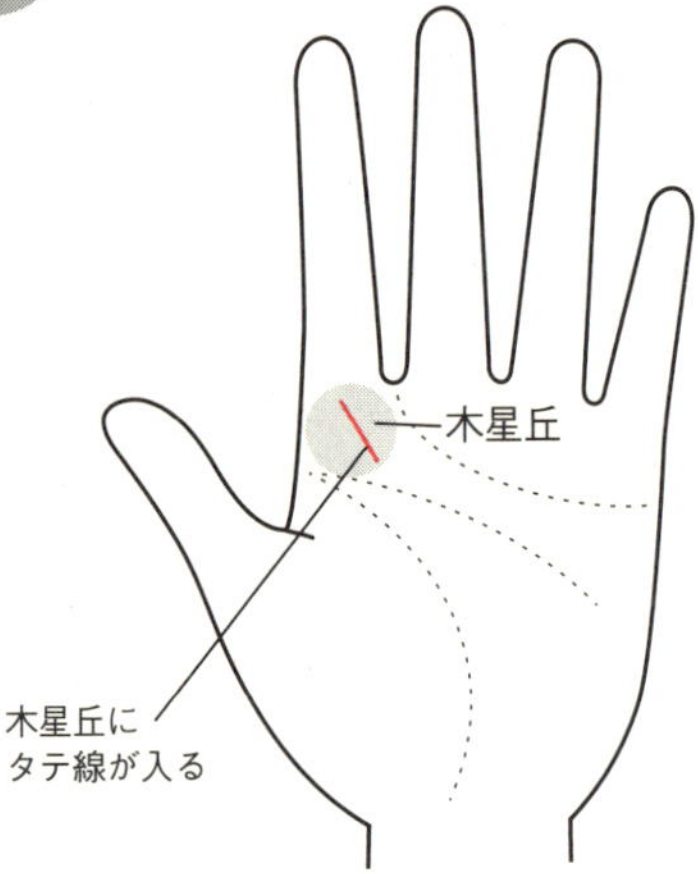

★流年法→P40～P47参照

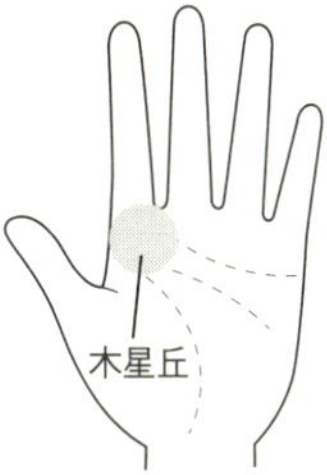

木星丘が広い

何事も全力投球！上昇志向の強い人

上昇志向が強く、常に頑張っている人です。何事も全力で取り組んでいこうとします。お金に関係なく、よく動きます。人をまとめる力もあり、特に後輩などをよくかわいがりますから、好かれていざというときに大きな力になってくれます。

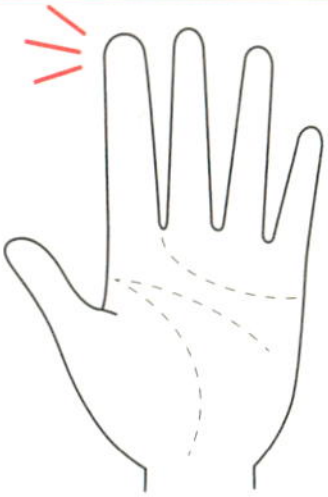

人さし指が長くて太い

志を高く持つ努力家　統率力にも優れている人

志は高く、活動的で、努力を怠らない人です。よく勉強し、考え、行動します。仕事で成功する人も多いでしょう。しっかり者で、どこへ行っても集団の中心になります。責任感が強く、人を大切にするため人望が厚いです。

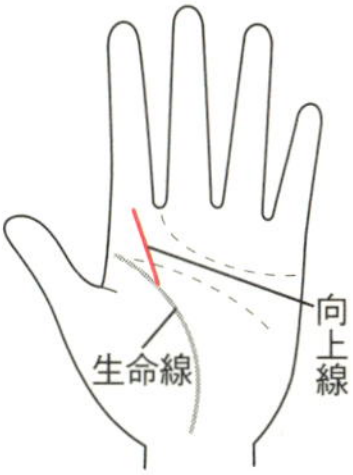

長くはっきりした向上線

目標に向かって頑張り　夢を実現する力のある人

生命線から木星丘に向かっての長い支線（向上線）がある人は、並々ならない努力をしていくことをあらわします。特に向上線の始点の流年の年に、生涯の目標を見つけて頑張ります。困難にも負けないで自分の夢を実現させるでしょう。

仕事

15

仕事のミスをカバーしてもらえる サポート線ってある？

同僚のTさんは仕事でミスしても、必ず誰かに助けてもらっています。仕事でミスをしたり困ったとき、周りのサポートを受けられる相ってわかりますか。

A 人が助けたくなるような、かわいらしい性格を持つ人です。輝きがあり、魅力的。人を惹きつけるオーラをいつも出しています。特に、異性に対しては強い印象を与えるでしょう。人との会話が得意で、よく笑い、人をほめるのも上手。目上の人とも、よく相手の話を聞きながら、自分の意見を言うなど、しっかりしたところがあります。

GOOD 助けたくなる魅力を持つ人

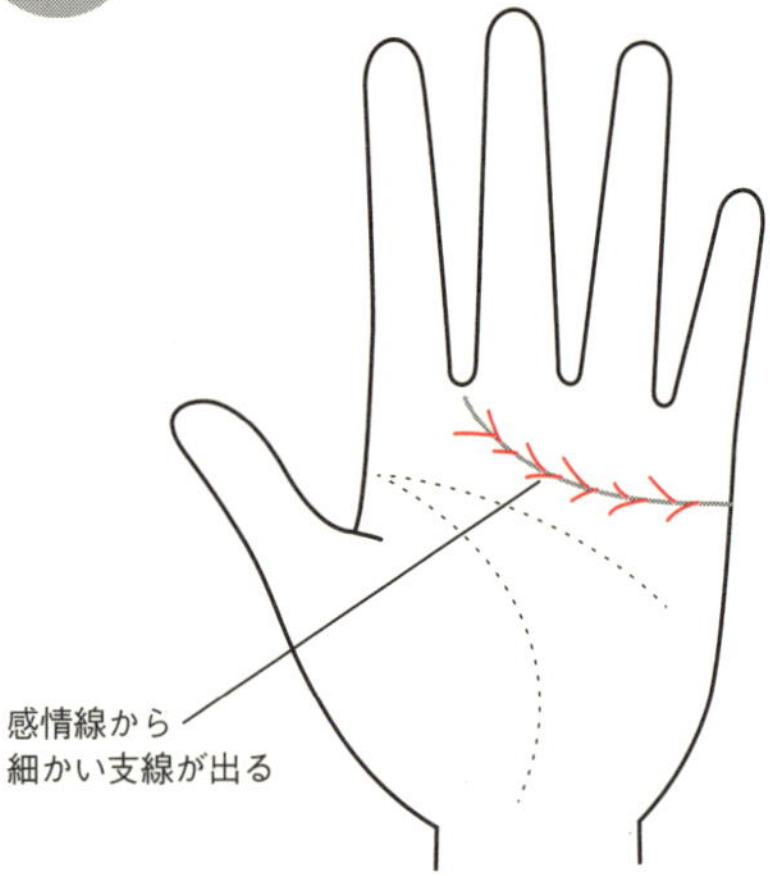

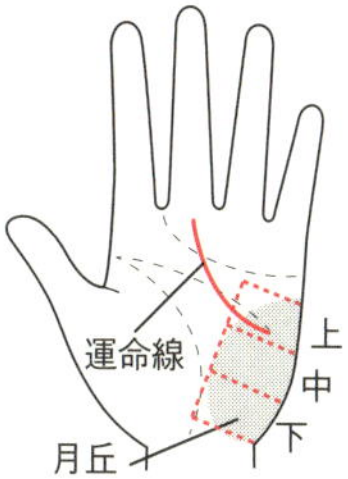

月丘上部からカーブした運命線

愛されキャラで人からの手助けも受けられる

いつも明るく、元気なので、目上の人からのウケがよく特別にかわいがられる相です。ミスをしても本人が怒られないように周りがフォローしてくれます。困ったことがあっても、少し誰かに相談をすれば、すぐに助けてもらえるでしょう。

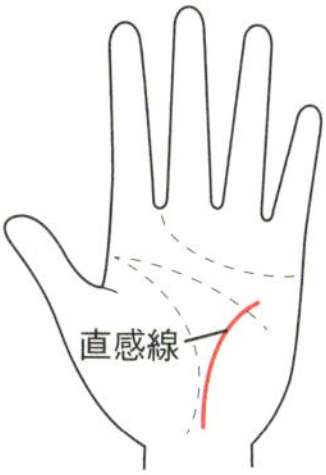

直感線がある

カンがよくて頼み方が上手サポート受けの技を持つ人

今やっている仕事で大変なとき、どの人に相談したら解決するのかがすぐわかる人です。相手の状況をよく理解できて、上手な頼み方ができます。ミスをしてしまってもあわてずに、サポートを受けることができるでしょう。

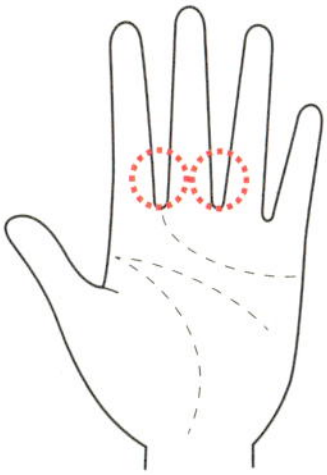

中指の付け根が薬指、人さし指にも触れない

ピンチは自力で抜け出して！人には助けてもらえない人

軽く手のひらを出したとき、左のようになっていたら、ピンチに陥ったときに誰にも助けてもらえないことをあらわします。サポートは受けられないと思ったほうがよいでしょう。人を当てにしないで自分ですべて解決したほうがよいかも。

仕事

16

仕事への関心、責任感ゼロ
テキトー腰掛けタイプ？

残業を頼んでも必ず断り、アフター5を優先する後輩がいます。自分勝手で周囲から嫌われていますが、仕事が適当な相ってありますか。

BAD ✕ **仕事には無関心の人**

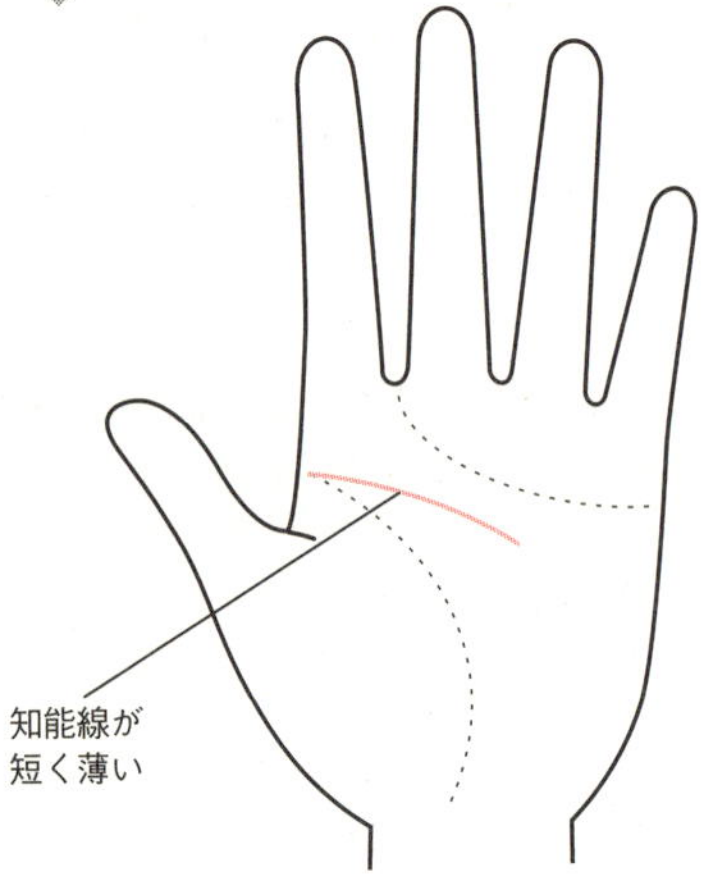

A 仕事にそれほど関心がなく、与えられたことだけすればいいという感覚の人です。仕事で力を発揮しようという気持ちは全くなく、実際に仕事も適当でしょう。遊びが大好きで、仕事は仕方なく決められた時間までやっている状態です。仕事関係の人と仲よくするつもりはないので、仕事以外のつき合いも望みません。

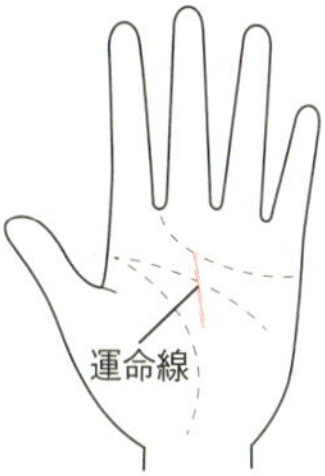

運命線が短く薄い

やる気がなく仕事も転々 アフター5になると燃える人

同じ職場でずっと働く気がない人です。楽な仕事を求めて、次から次へと仕事を変えていくでしょう。仕事を選ぶ基準もアフター5が充実できる早めに終えられるものを選びます。自分のせいで他人の仕事が増えても気にならない神経の人です。

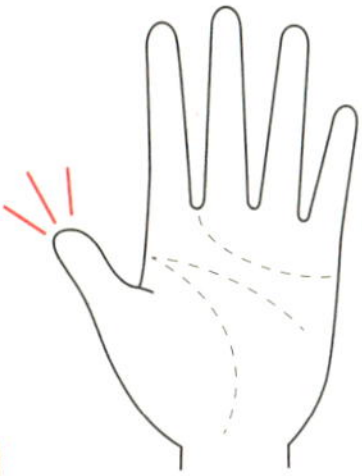

親指が小さい

本当は働きたくない! 結婚までの腰掛けタイプ

自分のやりたいことがなく、仕事も本当はやりたくない人です。仕事よりは遊びのほうがずっと熱心で、早く結婚でもして仕事は辞めたいと考えています。集中力が続かず、疲れやすいタイプ。人はよいのですが、友達に流されやすいです。

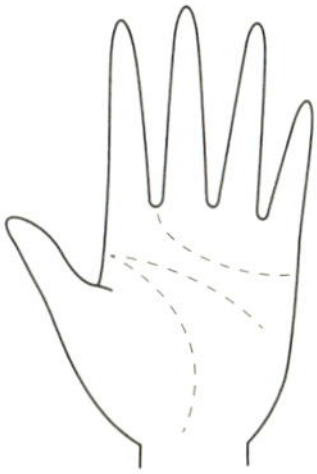

指先が細い

前世は貴族かも!? 働かずに優雅に暮らしたい人

働くことが性に合わない人です。労働することよりも、優雅に楽しく遊びたいと考えます。仕事もできるだけ、キレイになっていられる職業を選ぶでしょう。よい人間関係をつくらないと、次第に誰からも相手にされなくなるので要注意。

仕事

17

グイグイ部下を引っ張っていきたい
リーダーの素質はある？

人事異動で部長に昇進し、新しい部署に配属になりました。これから部下をまとめていけるのか、自分にリーダーとしての素質があるのか心配です。

A よき指導者として尊敬される人物。リーダーとしても素質を持っています。人を育てる能力があり、自分が身につけた知識や経験をていねいに教えていくことができます。人を惹きつけて、まとめる力がありますから、自信を持って進むとよいでしょう。ただし、やや人に厳しくなりすぎることがあります。そこは気をつけるとよいでしょう。

GOOD 魅力あるリーダータイプ

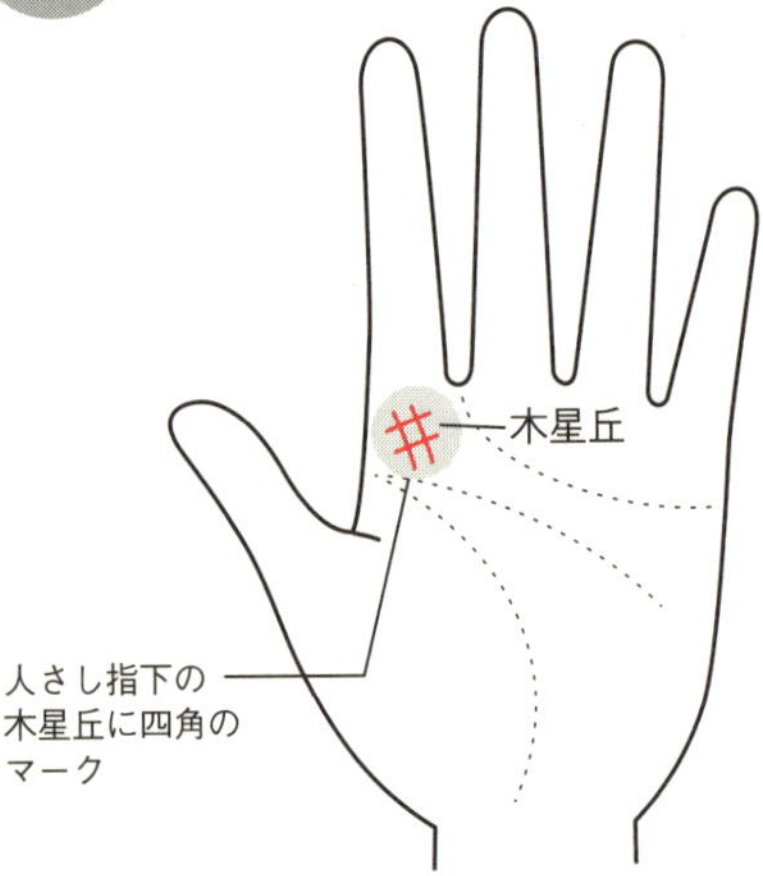

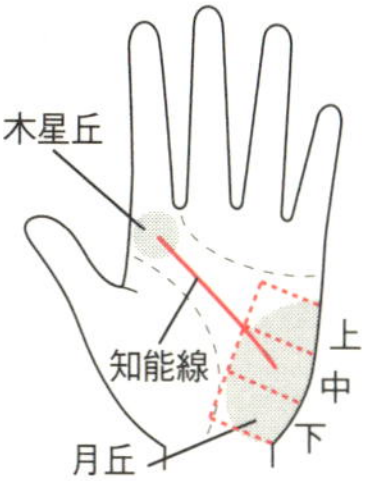

知能線が木星丘から月丘中部へまっすぐ向かう

頭の回転が速く勉強家 人の使い方が上手なリーダー

自分の得意な分野でのトップに立てる相。集中力にすぐれていて、頭の回転が速く、やるとなったら徹底的に勉強します。その人に合った目標を与えるのが上手で、少しずつ達成させながら自信を持たせて、力を伸ばしてあげることができます。

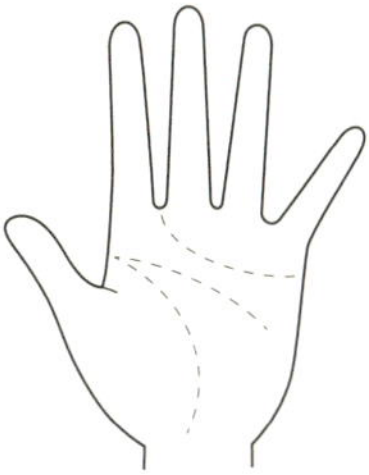

小指が他の指と極端に離れている

コミュニケーションが苦手 リーダーには不向きな人

人間関係で悩みやすく、人を使うのは苦手な性格。集団になると孤立しやすく、あまり人と親しくなろうという気持ちがありません。責任を持たされることがイヤで、できるだけ目立たないようにしますが、できるだけ人にかかわる努力を。

開運テクニック

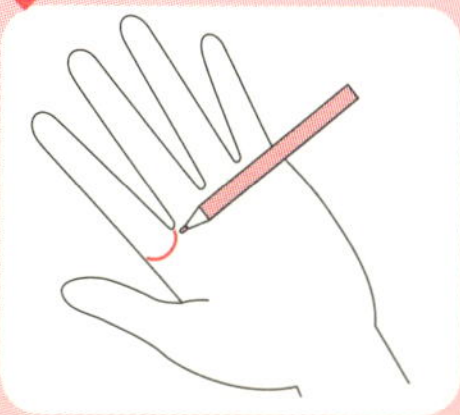

人望を集めるためには ソロモン線を描くとよい

カリスマ性を高めるには、男性なら左手、女性なら右手の木星丘にソロモン線を描きましょう。スター性が生まれて目立つ存在となり、部下からの信頼も得られます。

仕事

18

裏番長として職場を牛耳《ぎゅうじ》る お局様になるタイプ？

人間関係はもちろん、会社の裏事情を何でも知っているお局様がいます。目をつけられると怖いので気を遣っていますが、私もお局様になる素質があるかしら。

BAD ウワサ好きのお局様予備軍

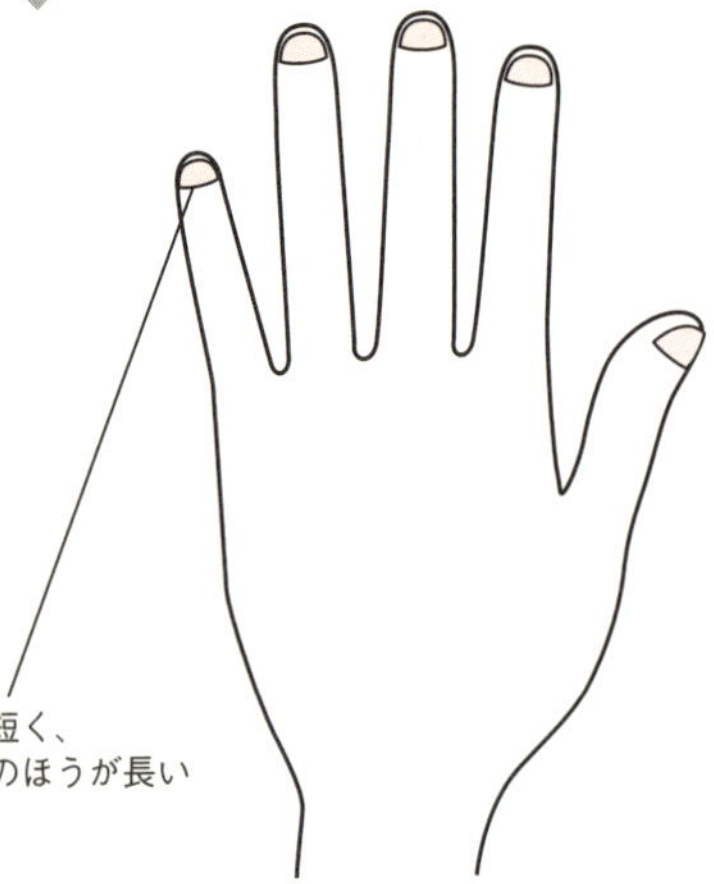

A ウワサ話が大好きで人の不幸を喜ぶ、典型的なお局様タイプです。クールに物事をみるところがあり、批判的。短気でちょっと気に入らないことがあれば、すぐにふくれて無視したり、若い人の行動にもいちいち文句をつけたがるでしょう。自分では気にしないでやっていることが後輩からみると信じられない、いじわるな行動になっていそう。

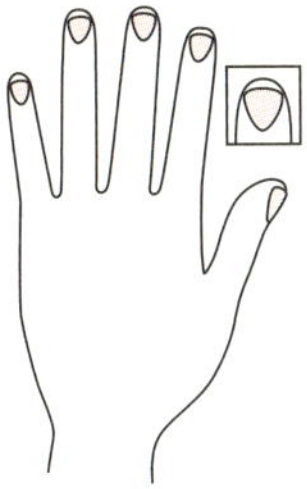

爪がくさび形をしている

人の行動に過敏に反応 うるさがられるお局様に

人がやることに対して、過敏に反応する人です。後輩が、少しでもミスをしたりすると、それに対して大袈裟に驚いたり、注意したりするでしょう。特に人に恥をかかせるつもりがなくても、相手の気分を悪くさせ、結果的に恨まれます。

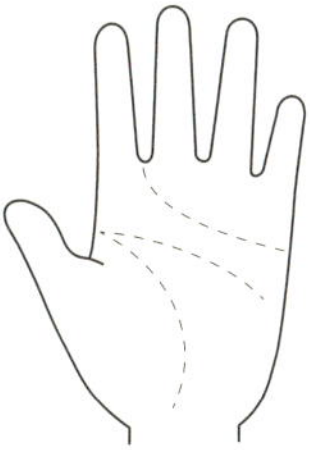

手のひらが長く、指が短い

パワフルで短気な性格 秘密が守れないウワサ好き

パワーがあり、じっとしていられない人です。短気な性格で、人の間違いなどは指摘しないと気がすみません。個人主義であり、自分のことを詮索されるのは嫌いなのですが、人のことは聞きたがり、それを秘密にしておけません。

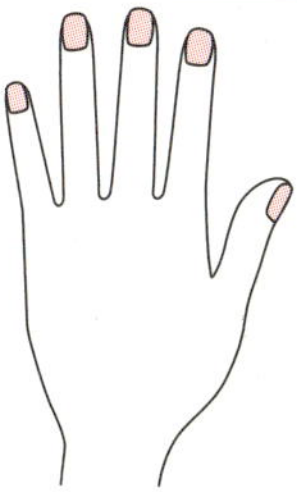

爪がピンク色

心優しい先輩で 後輩から慕われる人

心が優しくて、あたたかさがあります。いくつになっても、若い感覚でいられて、後輩をいじめたりすることはありません。困っていることがあれば、親身になって相談を受け、助けてあげますから、後輩からも信頼されるでしょう。

仕事

19

仕事と家庭をうまく両立させたいけど 出産後も仕事を続けられる？

今の仕事にやりがいを感じているので、子どもを産んでも続けていきたいと思っています。出産後、仕事と家庭を両立していけるでしょうか。

A 愛情豊かでバイタリティーがあり、仕事も家庭も、両方を大切にし、それをこなしていく力のある人です。仕事と家庭をはっきりと分けて、どちらかを頑張るというのではなく、両方を本気で精いっぱい取り組んでいきます。あまり深刻にならず、仕事も家事も完璧さを求めすぎず、楽しんでこなすので、ストレスもないでしょう。

GOOD 両立できる力を持っている人

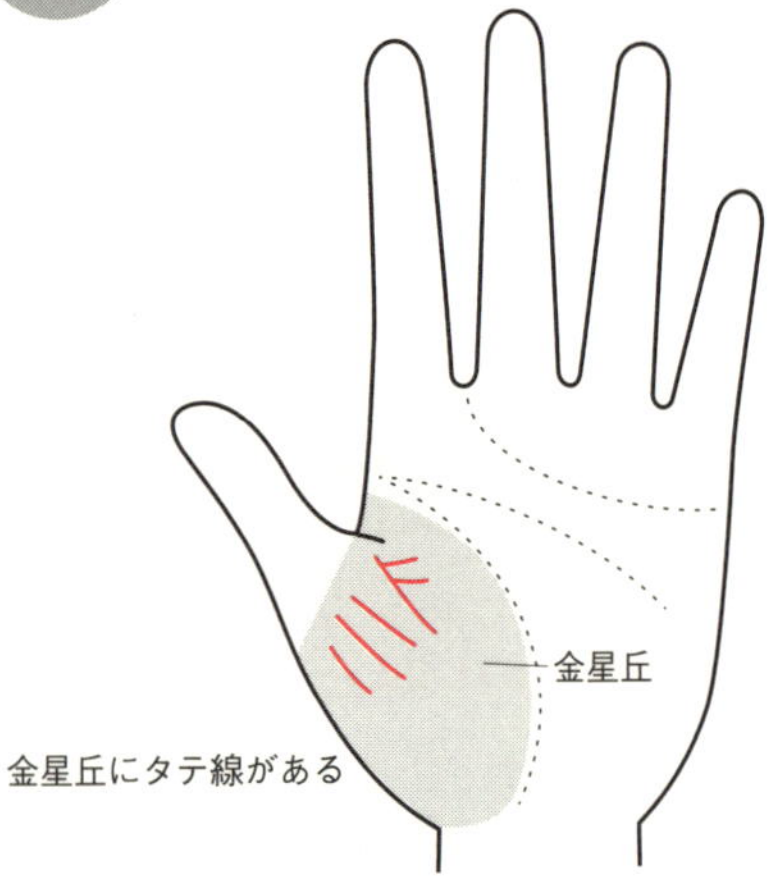

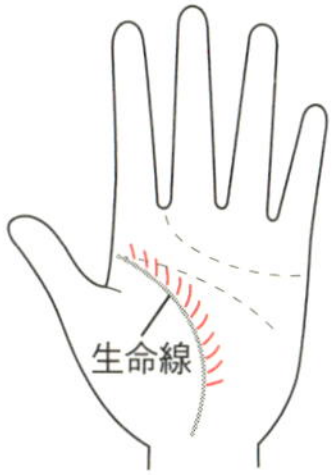

生命線から上に向かう細かい支線が出る

一生懸命に頑張って両立させる人

いついかなるときも、頑張っている人です。仕事も家庭も、どちらも一生懸命にやりますので、両立することができるでしょう。ただし、やや仕事を頑張りすぎて、家庭にしわ寄せが来る場合もあります。バランスを大切にしてください。

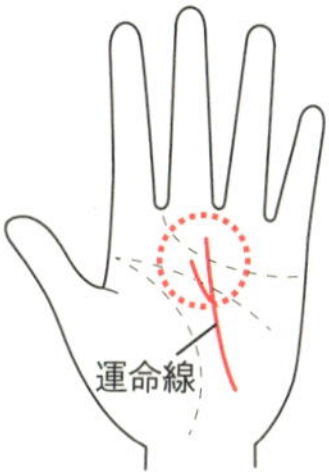

運命線が途中から2つに分かれる

子育て期間は勉強して手が離れてから活躍する人

出産後すぐではなく、ある程度子どもが大きくなってから本格的に働き始め、社会的な活躍をしていくでしょう。その際の両立はうまくいきます。子どもが小さいうちは、将来のために専門的な勉強をしっかりしておくと、役に立ちます。

開運テクニック

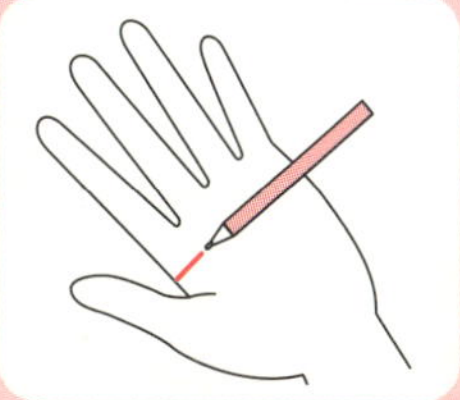

家庭と仕事の両立には人さし指下にヨコ線を描く

人さし指少し下の親指側に、ピンクのヨコ線を１本描くと、仕事運も家庭運も向上します。線を入れることによって仕事のエネルギーを家庭に持ち込みません。

幸運をつかんだ手相エピソード③

何もないどん底から脱出し、新しい幸せをゲットした中西さん

子どもを連れて離婚したものの…
養育費なし
振り込み ¥0
仕事なし
ぐー
こんな私が仕事をみつけて安定した生活って送れるの？
HELPー!
不幸の沼

★手相の変化はP264を参照

離婚を機に生き方を変えて別人のような手相が出現

中西由紀さん(仮名)は、彼女が離婚したばかりのときに鑑定しました。その頃の彼女は、子どもがいるのに養育費はもらえず、仕事もありません。そんな状態をあらわすように、手は薄っぺらで力がなく、肌も乾燥していました。また、生命線が短く、運命線がカバーしていても消えそうなほど薄くて細い線です。2本ある結婚線の1本は感情線にギリギリのところまで下がり、ほかの線もはっきりと出ていませんでした。

決してよいとはいえない手相ですが、細くてもしっかりした手先から、美に対して敏感でセンスがある人とわかりました。そこで、「まず子どもを預けて、美容関係などを勉強してみては。仕事につながるはずです」とアドバイスしました。

3年後、彼女の手をみると、しっかりとした厚みがあってパワーがあふれていました。弱々しい線しかなかった手は、別人のように線が濃く出ていて、地に足をつけて人生を歩んでいる相に変わっています。特に、以前は全くなかった運命線が濃く出ていて、自分の実力を十分に発揮していることを示していました。

現在の彼女は、美容関連の資格をとり、仕事が順調のようです。プライベートでは、再婚して幸せに暮らしているとのことでした。彼女の手は、何事も待つだけだった消極的な相から、積極的な手に変わっています。自分や家族のために一生懸命働き、自分で幸せを築いていることがあらわれた手相でした。

Before

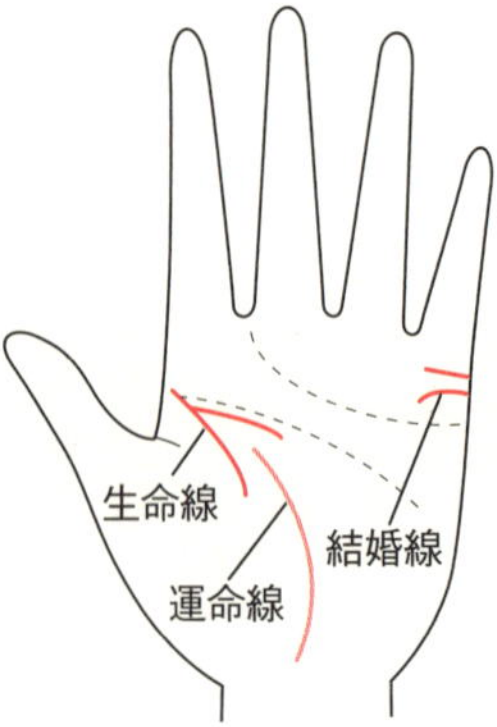

◆手が薄く、力がない
◆肌が乾燥している
◆生命線が短い、運命線が薄くて細い
◆結婚線の先が下がっている

手のひらが薄い人は、貯蓄が下手な傾向があります。さらに、潤いのない乾燥した手は運気もダウンします。結婚線の先が下降していると、結婚相手との離婚や、夫婦の運気が下がってしまうことをあらわします。

After

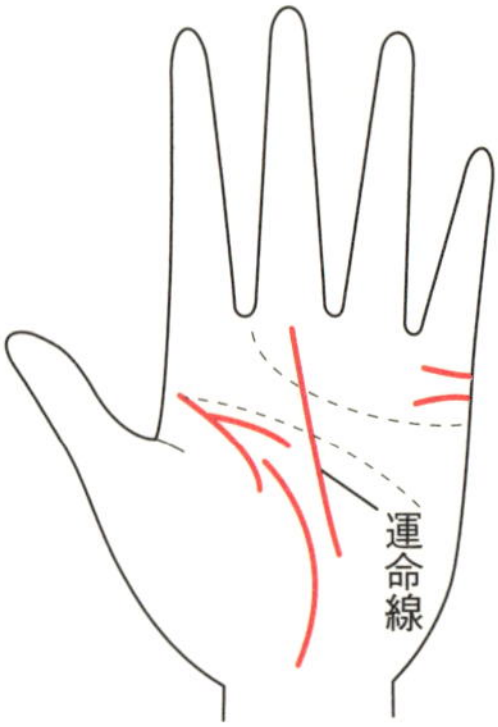

◆手に厚みがある
◆線全体が濃くなっている
◆濃い運命線が出ている

厚みのある手は感情表現が豊かな人。さらに手のひらがやや硬いと、金運がよく安定した生活をあらわします。運命線では現在の実力の発揮度や満足度を判断しますが、濃くて太ければ、力を出している状態です。

Part 6

隠れた性格&対人運をみる

交際・人格

パッと見てわかる!

人生を左右することもある!

コミュニケーション力をみる線

（人づき合いが上手な手相）

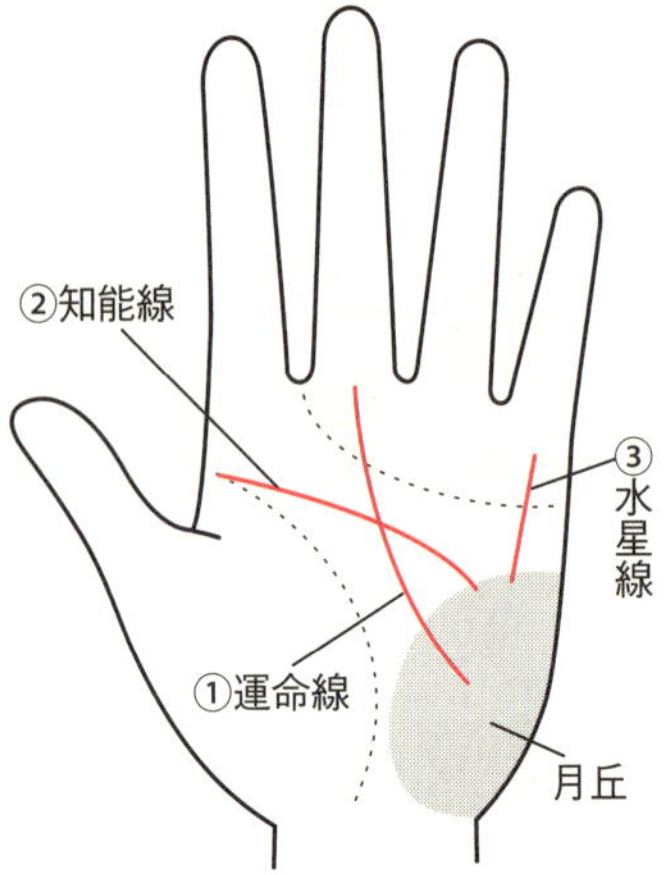

社交的で対人関係良好 人づき合いで人生トクする

❶運命線が月丘から上っているのは、人からも好かれ、助けてもらえることをあらわします。人当たりがよく、人とつき合うのが上手で、もめることはほとんどありません。

❷知能線が生命線と同じ起点から始まっていれば、社交的で、自分から積極的に人にかかわっていきます。

❸水星線があれば、話し上手で、おもしろい会話で人を楽しませることができます。

人づき合いが下手な手相

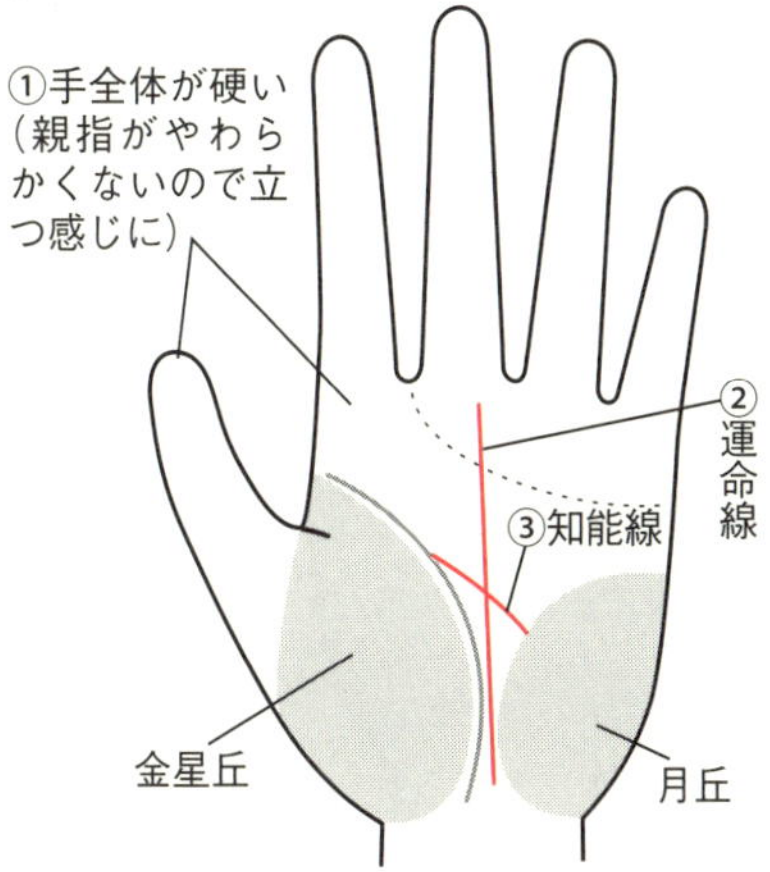

自分にも他人にも厳しく人間関係でソンしやすい

❶手全体の肉が硬すぎる人は、心がかたくなで閉鎖的です。人に心をなかなか開きません。

❷運命線が金星丘と月丘の間からまっすぐ伸びているのは、責任感が強いものの、人の助けを借りません。自分に厳しい分、人にも厳しく、人づき合いが長続きしにくい面があります。

❸知能線が生命線のかなり下方から始まっているのは、自分からしてあげることはなく、いつも人から何かをしてもらうのを待っています。

交際
人格

1

今後、裏切りや別れがあるか心配 今の友情は永遠に続く？

友人だと思っていた人に裏切られた過去があります。現在の友人とは長くつき合いたいですが、今後、トラブルなく友情が続くでしょうか。

A 友人の手をみて、中指とほかの指がほぼ同じ高さなら、その人は常識的で、あなたとも長くつき合えます。性格もおだやかで、人生の浮き沈みが少ないですから、あなたのほうが友だちをやめない限り、関係は続くでしょう。温かな人柄で親しい中にも礼儀あり。適度な距離を持ち、長くいても疲れません。よき相談相手となってくれます。

GOOD 友情が長く続く人

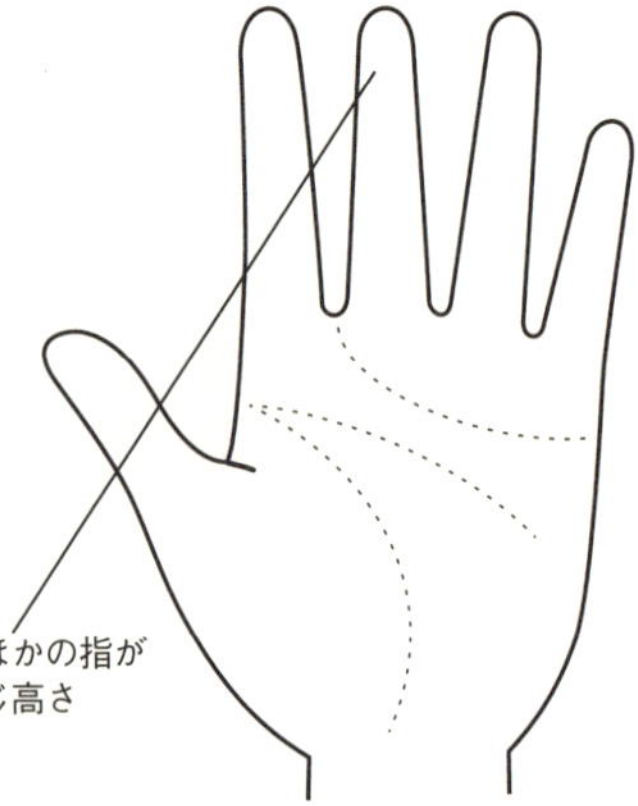

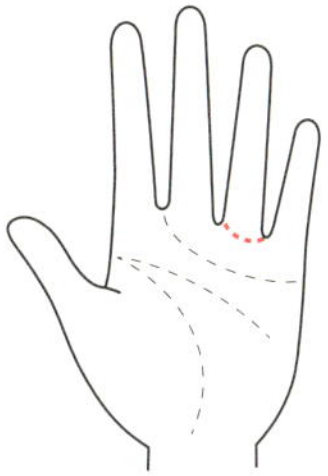

薬指の付け根が低い位置から始まっている

友情を長続きさせたいなら支配的な態度はやめて

友人の手が左図のようなら、今の段階で、友人はあなたとの関係に不満があることをあらわします。自分はあなたに合わせていると感じているからです。長く仲よくしたいのであれば、あまり強制するようなことを言わないほうがよいでしょう。

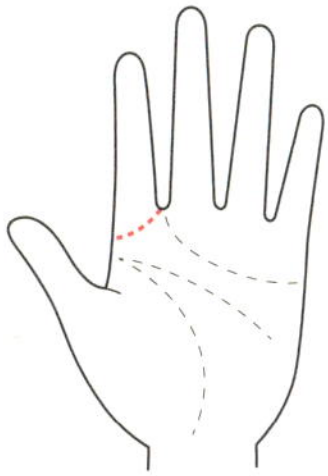

人さし指の付け根が低い位置から始まっている

あなたの地位が高くなると友情関係が疎遠に

友人の手が左図のようなら、その人は静かで控えめにみえても、自分のほうが常に上位と考えています。あなたが友人よりも立場が下であれば仲よくできますが、あなたが社会的に認められたり、経済的に豊かになると、関係は疎遠に。

開運テクニック

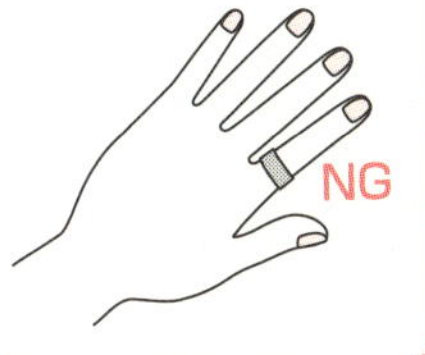

友人運をよくするには人さし指にリングをしない

人さし指は5本の指でももっともエネルギーが強く出入りする指であり、ここを指輪によって遮断すると友人関係もトラブルが生じたりしてうまくいかなくなります。

交際人格

2

勝手にひと肌脱いじゃう！
私ってアネゴ肌なの？

気がつくと、飲み会の幹事を任されたり、いろいろな人から恋愛相談を受けるなど、何かと周囲から頼られます。もしかして、私ってアネゴ肌なのかな。

A 豪快で、面倒見がよく、典型的なアネゴ肌です。心が寛大で宗教者のように人を包み込む性質なので、皆が頼りにするでしょう。人に対して指示するときも的確で、問題を早く片づけることができます。ただし、見た目よりは繊細で、気を遣うので、あまり皆のことをしてあげすぎると自分が倒れてしまうこともあるので気をつけて。

GOOD 典型的なアネゴ肌タイプ

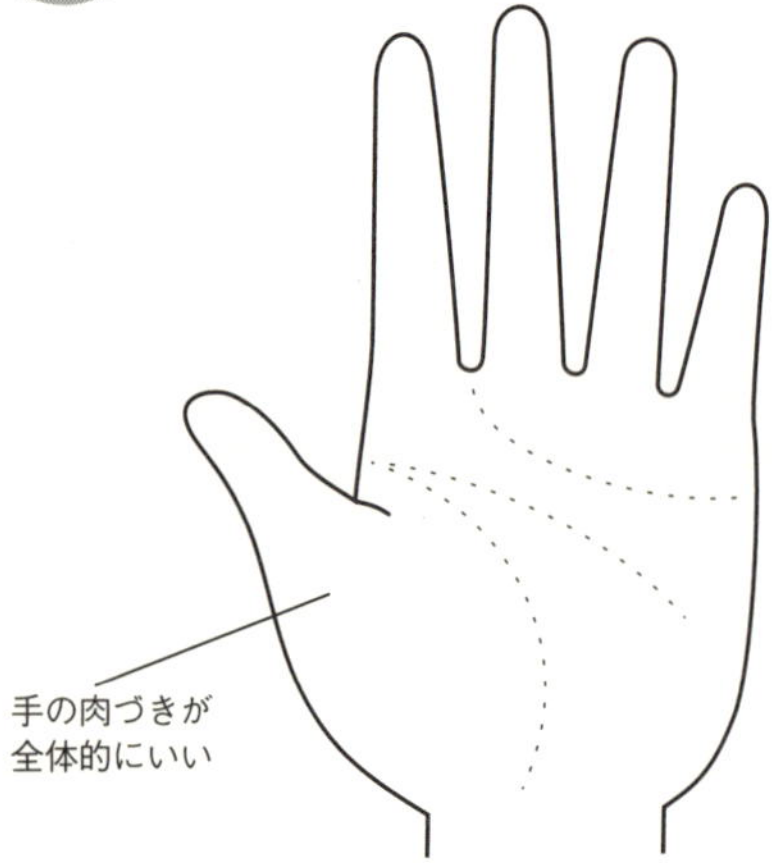

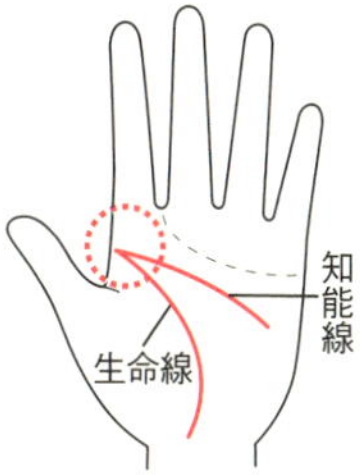

生命線と知能線の起点が同じ

アネゴ肌というより誰にでも親切にできる人

常識があり、人を大切にする、頼りになる人です。誰にでも親切にします。おせっかいでなく、人に尽くします。自分も尽くすのに疲れることはありません。また、人を甘やかさずに、その人が自分の力を発揮するように上手に見守ります。

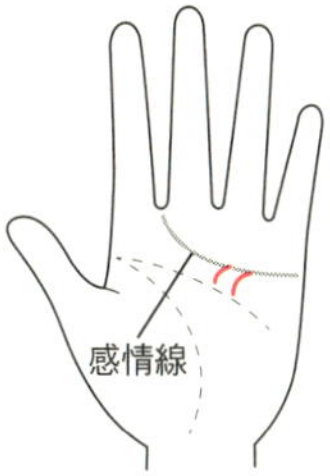

感情線から下りる支線がある

自分より年下の人をサポート気さくで面倒見がよい人

自分よりも年齢が若かったり、経済的に力がなかったりする人をサポートする人。心が優しくて、気さくに人に話しかけ、相手の心を和ませるでしょう。異性でも自分よりも年下や弱っている人と親しくなり面倒をみていきそうです。

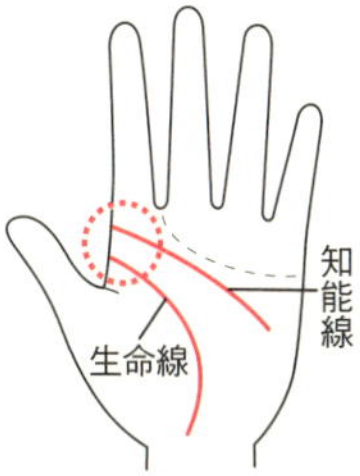

生命線と知能線がかなり離れている

年上にはかわいがられるが基本的に他人には関心がない人

アネゴ肌ではありません。人に関心が薄い人です。年齢が離れた上の人にはかわいがられ、仕事で引き立ててもらえます。ただし、同級生もしくは自分より下の人に関心がないため、人気もありません。人をまとめる力もないでしょう。

交際
人格

3

飲むと豹変する！酒グセの悪いタイプ？

Bさんは、普段は物静かな人ですが、お酒を飲むと大声で叫んだり、泣き始めたり、クダを巻いたり……。酒グセの良し悪しって手相でわかりますか？

A 普段思っていることをお酒の力で一気に爆発させてしまう人です。一回にお酒を飲む量も多く、酔うと暴れて手のつけようがありません。「酒は災いのもと」であり、ほどほどにしないといずれ仕事も健康も失う羽目になります。お酒を飲む以外にも、自分なりのストレス発散法を身につけて実行するとよいでしょう。

BAD ✕ 飲むと本音が爆発して暴れる人

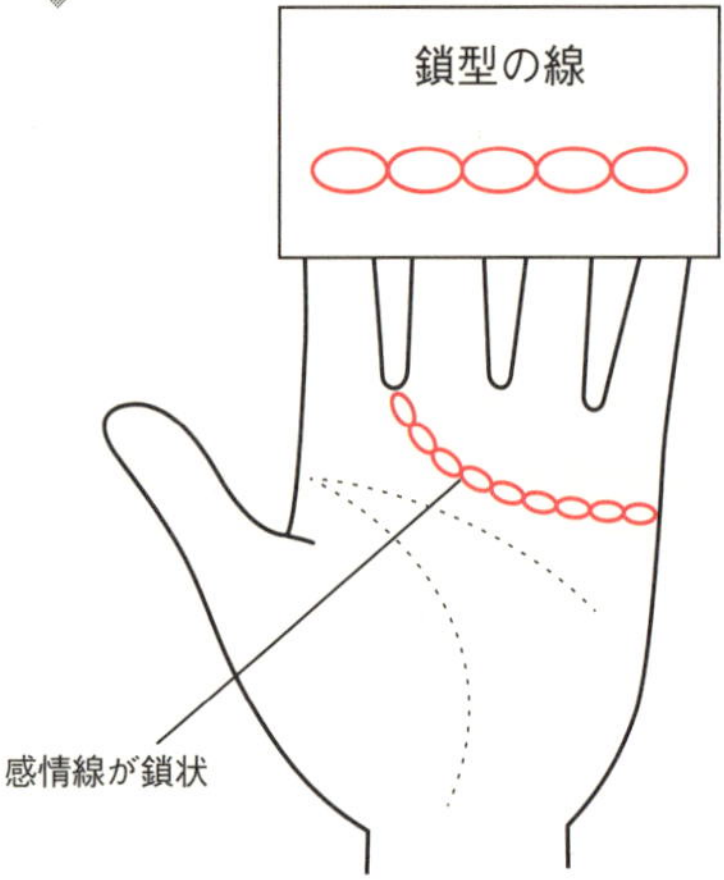

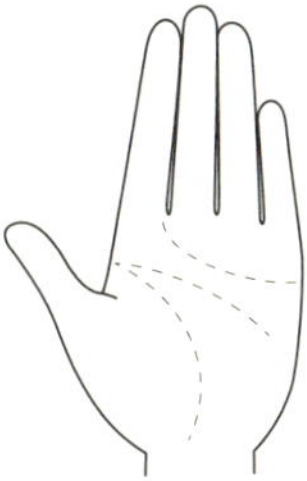

4本の指が硬く、まとまっている

普段はおとなしいのにお酒を飲むと人が変わる

普段は気が小さくおとなしいのに、お酒を飲むと突然人が変わります。ストレスがたまっていて、お酒の力で自分を解放しようとします。指が縮んだり、震えたりしているときには、暴力をふるったり、モノを壊したりするでしょう。

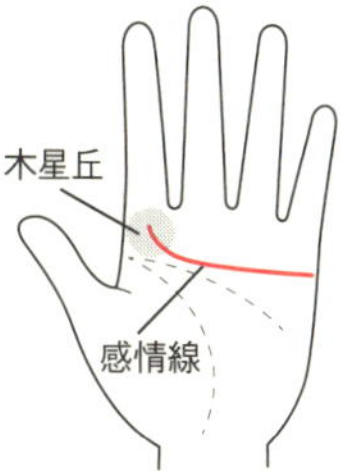

感情線が木星丘で急にカーブする

年とともに酒グセが悪くなるしつこく、からむ人

お酒を飲むと、しつこくなるタイプです。いつもは温厚なのに、飲んだとたんに自分が偉くなったように人にからんできます。それは年齢を重ねるにつれて、どんどん悪くなっていくでしょう。会社関係の飲み会では飲酒は控えたほうがよいかも。

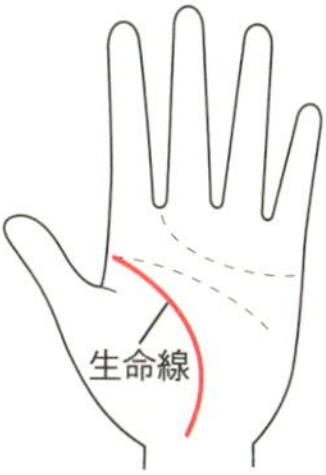

生命線が太い

お酒に飲まれないで楽しくお酒を飲む人

お酒に飲まれることはありません。いつも楽しいお酒をたくさん飲むでしょう。ただし、いつも限界まで飲むために内臓にかなりの負担をかけることになります。自分を過信して飲み過ぎると、寿命を縮めますから気をつけてください。

交際
人格

4

いつも標的にされちゃう
私って八つ当たりされやすいの？

BAD ✕ ストレスの標的にされやすい人

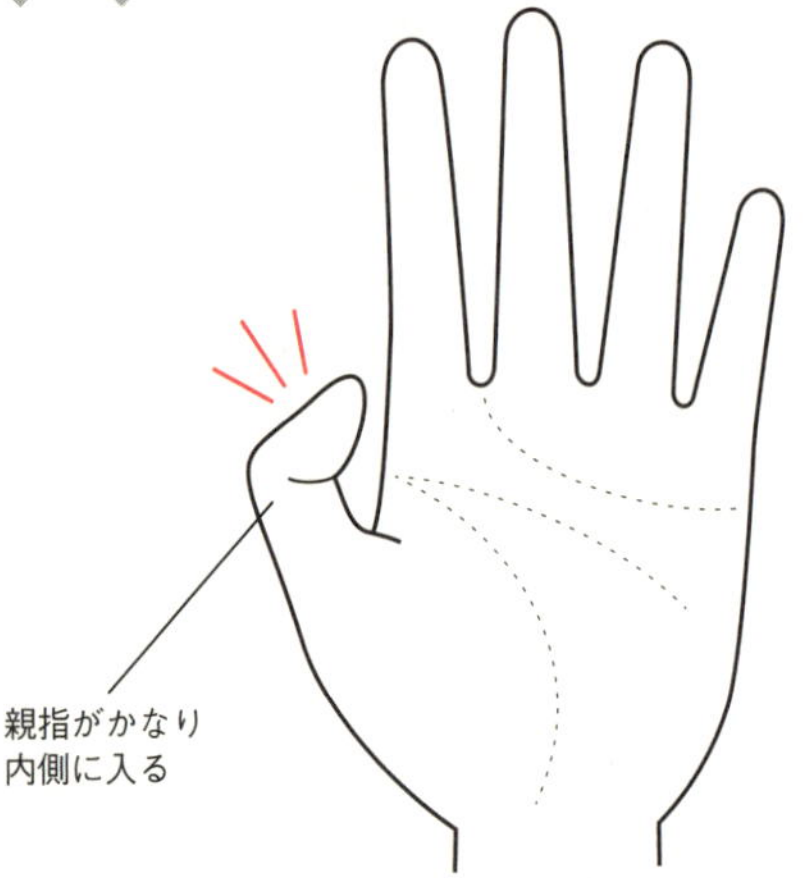

会社の上司は機嫌が悪いと、なぜか私にばかり八つ当たりします。ほかの人には「運が悪いね」と同情されるのですが、毎回なので気になります。

A 手を開いたとき、親指が内側に入っているのは、自分が悪いわけでもないのに、相手のストレス発散の標的になってしまいがちなことをあらわします。控えめな性格なので、納得いかないことも黙って聞いてしまうところがあります。自分が納得できないことは我慢せずに、はっきりと抗議し、主張する勇気を持つとよいでしょう。

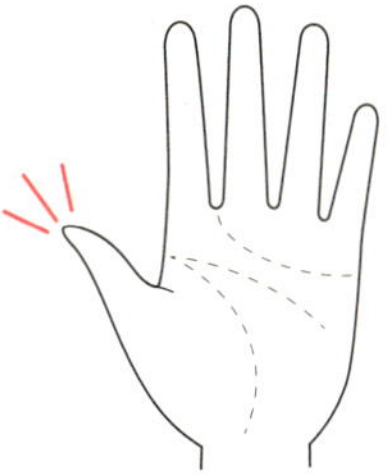

親指の先が細い

＊理不尽な八つ当たりも ＊仕方ないと受け入れる人

活力なく、戦う元気もなし。人に理不尽なことを言われても、仕方ないと受け入れてしまいます。仕事を頑張っても評価をされず、違う人の手柄にされてしまったりします。指をよく使うようにすれば、親指もしっかりし、戦う元気も出ます。

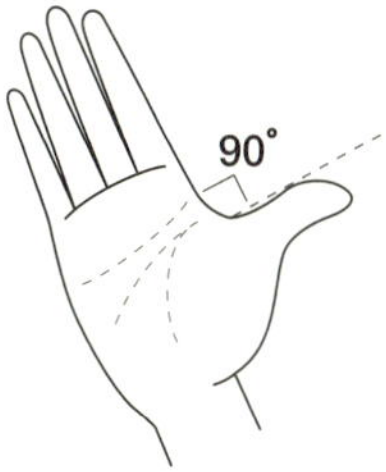

親指と人さし指を開いた角度が直角

＊八つ当たりされても ＊立ち向かっていく人

正義感が強く、自分が間違えていないと思ったら上司だろうと関係なく、向かっていく性質です。感じがよくないと思われているかもしれませんが、自分が間違っていないことはできるだけ通したほうがよいでしょう。

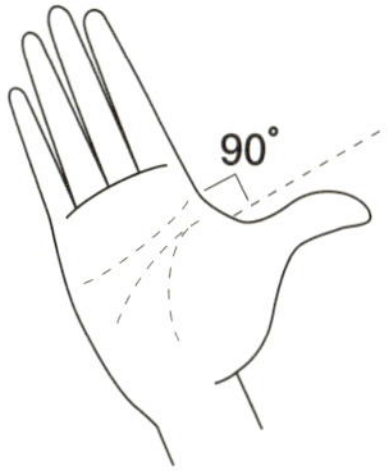

親指と人さし指が90度以上開く

＊八つ当たりを受け流す ＊人からも好かれるソフトな人

上司の八つ当たりを上手に受け流せる人。もともと人の話をそれほど真剣に聞いていないところがあり、自分の都合のいいところだけ覚えています。人から好かれ信頼があるので、上司も嫉妬してしまうかもしれませんが気にしないで。

交際
人格

5

バッチリ決めても周りの評価はイマイチ

美的センスがある？

洋服が大好きで、自分の個性を出したファッションを楽しんでいます。でも、周りの反応はイマイチ。自分では自信があるけど、美的センスがないのかしら？

A 金星丘の下部がふくらんでいるのは、美的センスがあることをあらわします。ハイクオリティーのセンスを持っているため、時代よりも少し先に行っているかもしれません。そのため、周りの人には、奇抜としか映らないこともあります。でも、自分のセンスを信じて、思い切ってファッションを楽しんで、感性を磨いていきましょう。

GOOD 時代の先を行くセンスの持ち主

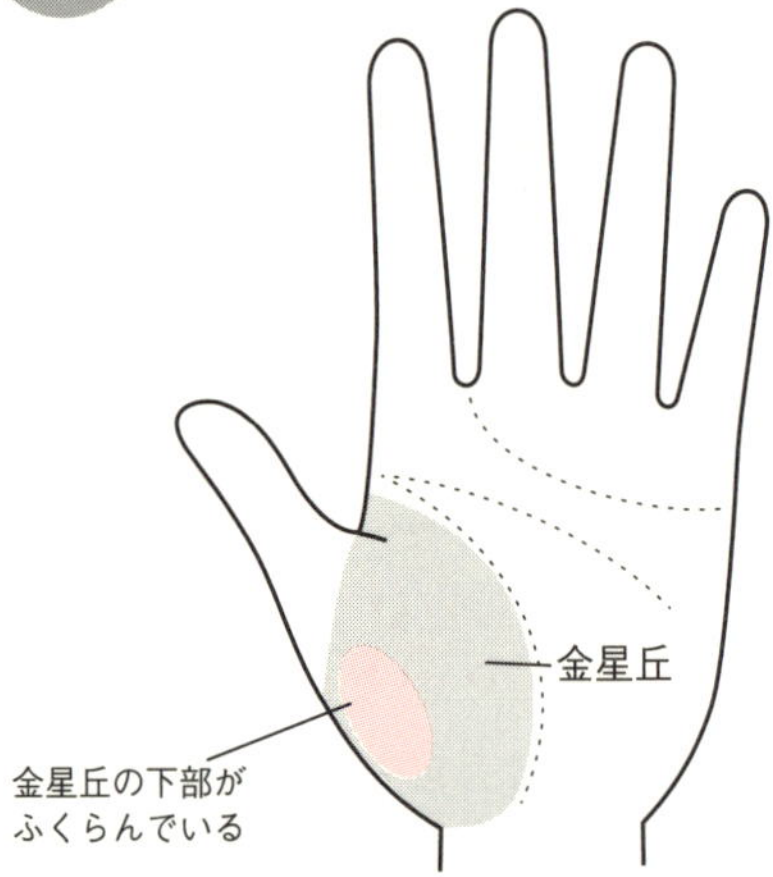

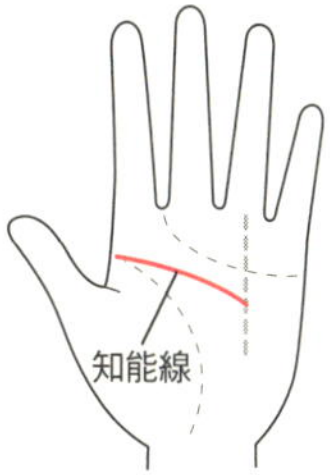

知能線が薬指下で終わる

今の流行に敏感！美的センスがある人

流行に敏感で、新しいものを上手に取り入れることができます。美的センスがあり、自分の洋服はもちろん、生活空間もおしゃれで凝っているでしょう。直接ファッションの仕事、あるいはそれを紹介する媒体の仕事で活躍できます。

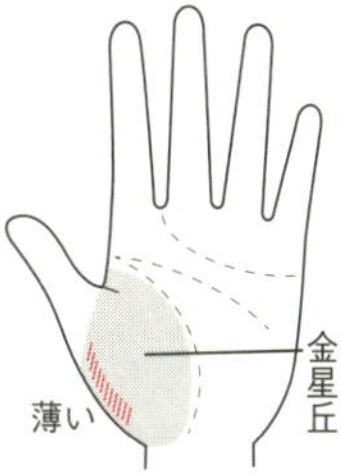

金星丘の下部が薄い

誰かのまねをするだけで独自のセンスはない人

美的センスは、それほどまだ発達していません。ファッションも何かの真似の段階で止まっていて、自分のものになっていないようです。美的センスを磨くには、まずは、美しいもの、キレイなものをたくさん見るようにするとよいでしょう。

開運テクニック

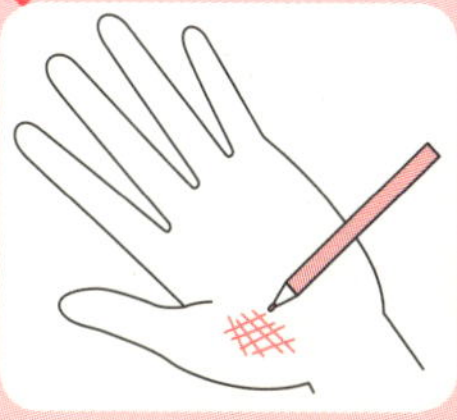

金星丘に白ペンでタテ線を描くと美的センスアップ！

金星丘にタテ横の細かい白い線を入れると、金星丘の持つ芸術的な感性のエネルギーが活発となり、美的センスもアップ。白い線は細めでタテヨコに細かく入れて。

交際
人格

6

笑ったり怒ったりコロコロ変わる

情緒不安定なタイプ？

BAD 情緒不安定な人

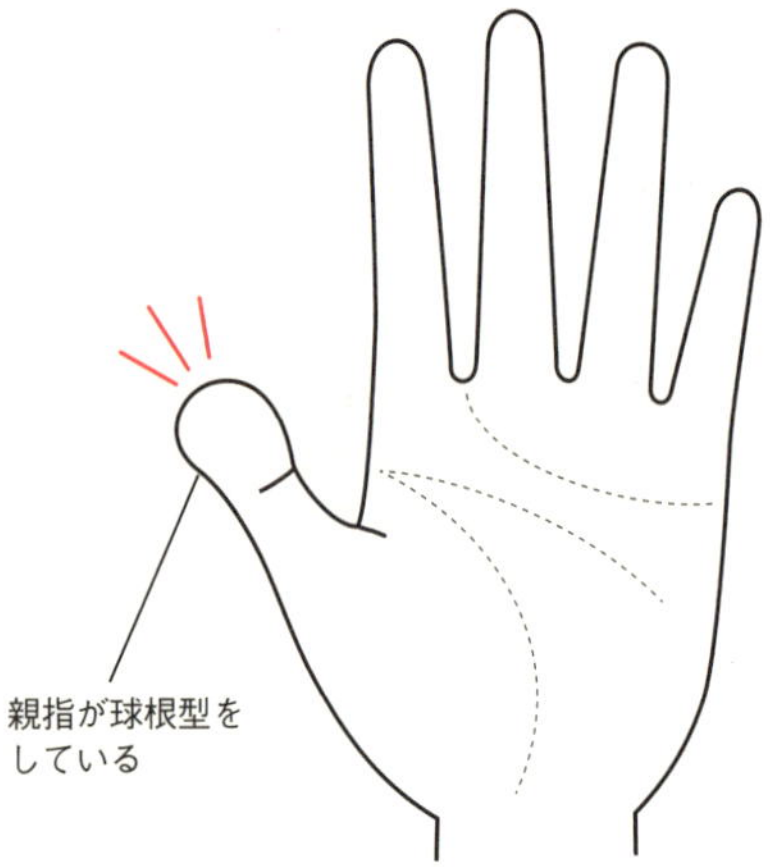

友人のA子は、会話の途中で急に泣き出したり、感情の起伏が激しい性格です。あまりにも情緒不安定なので、周囲の人は困っています。

A 感情をコントロールできない人です。精神的にも不安定さがあり、突然、スイッチが入ったようにおかしくなるので注意が必要です。本人も普段と違う自分であることはそのときは意識なく、後からわかるでしょう。今後、大きなトラブルが起こることも考えられますので、極力、飲み会などで席を一緒にするのは控えましょう。

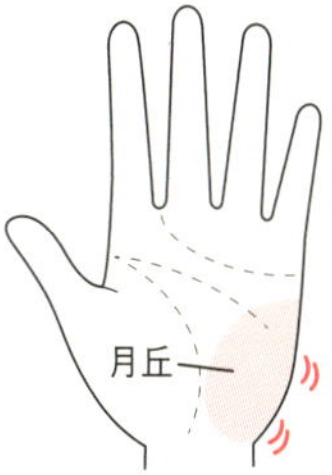

月丘が盛り上がってフニャッとやわらかい

思い込みが激しい気まぐれ屋さんタイプ

気まぐれで、神経過敏なところがある人です。思い込みもかなり激しいので、そばにいる人たちは振り回されることが多いでしょう。月丘にヨコ線が多い場合は、精神的に情緒不安定で、周りの人を困らせる相です。

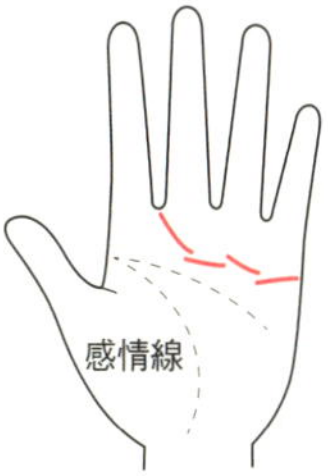

感情線が切れ切れ

表情、考えがコロコロ変わる感情にムラがある人

感情にムラがあり、急に楽しくなったり、悲しくなったりと、極端に変化します。考え方も変わってしまい、昨日まで言っていたことを一気に覆したりして、周囲を驚かせるでしょう。頑張ることが苦手で、根気もありません。

開運テクニック

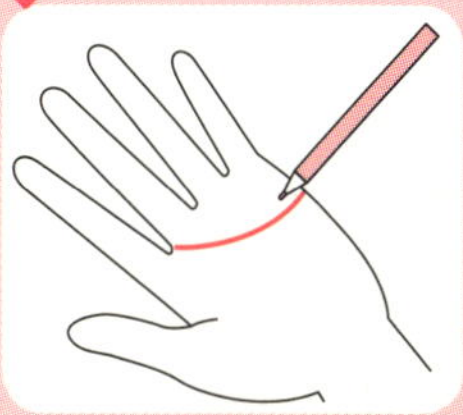

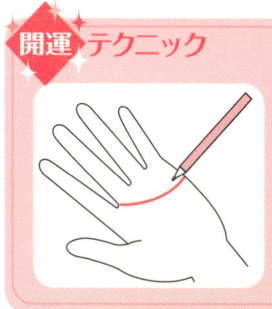

心を落ち着かせるには感情線を白色のペンでなぞる

白色のペンで、支線などの乱れなく、適度なカーブで感情線を人さし指と中指の間に向かうように描くと、次第に気持ちがおだやかになっていきます。

交際
人格

7

無知で世間知らずゆえに引っかかる！
だまされやすいタイプ？

知人のHさんは、いい子だけどちょっと世間知らず。この間も、キャッチセールスであやしい商品を買わされそうになったりと、何かと心配です。

A 思慮深く、納得しないと、変なものを買うことはまずない人です。商品購入に対して、少しでも疑問があればトコトン聞いて、おかしな点をつきとめます。販売する人のうまい言葉にだまされることもなく、欲しくないものはきちんと断われるでしょう。世間知らずとは関係なく、はっきりした態度をとるので、トラブルには巻き込まれません。

GOOD 思慮深くだまされない人

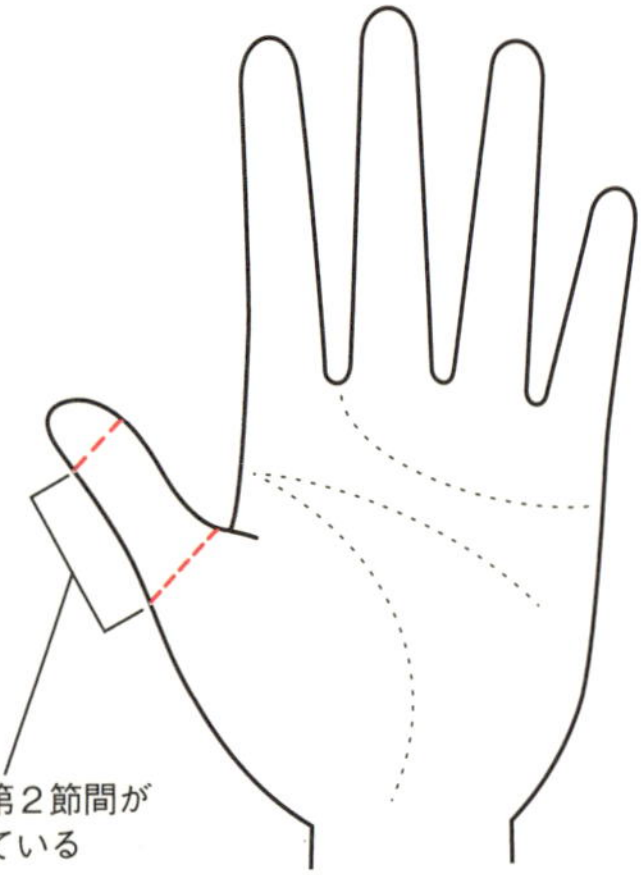

親指の第２節間が発達している

★流年法→P40～P47参照

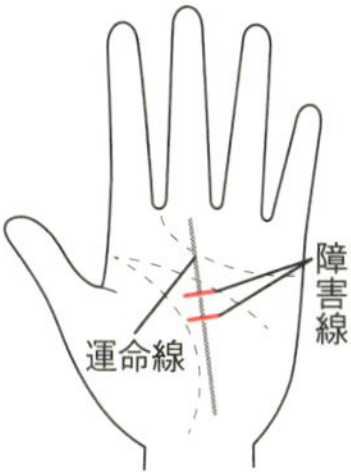

運命線に短い線（障害線）が横切る

被害をこうむるサイン だまされやすいので注意

トラブルの暗示。人にだまされて、被害をこうむる可能性大です。特に障害線が横切ったところの流年に問題が発生します。障害線は濃いほどダメージは大。このサインが出ていたら、人をみる目がなくなっているので十分に気をつけて。

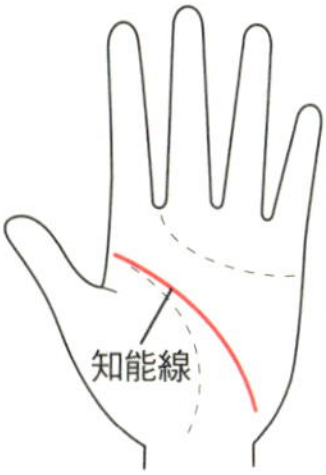

知能線が長く下部に届く

人を疑わずだまされやすい 浮世離れした世間知らずの人

現実社会とはかけ離れたところで生きていて、簡単にだまされてしまいそうです。本人は人を疑うことがなく、縁のある人は皆いい人と大切にします。だまされていてもなかなか気がつかず、お金を使い込んでしまうことも多いでしょう。

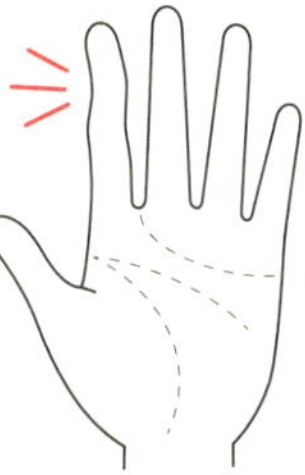

人さし指がゆがんでいる

カモの素質十分 簡単にだまされてしまう人

決断に誤りが多く、あまり考えずに行動して失敗していまいます。キャッチセールスなど、あきらかにおかしいものでも、安易にだまされてしまうでしょう。周囲でよほど気をつけてあげないと、詐欺のようなものに引っかかります。

交際人格 8

もしやカノジョが部屋に入れてくれないのは……ゴミ屋敷に住む片づけられない女？

ひとり暮らしのカノジョとつき合って2年。家に行こうとしても拒否されます。友人に相談したら、ゴミ屋敷だからだよと言われます。本当かな。

A 外に出ると、頭の回転は速く、行動力もあり、しっかりしているのですが、家事全般が苦手。特に、片づけることができない人です。元にあった場所にモノを戻すのが面倒で、そのまま散らかったままになってしまいがち。特別に何かない限り、片づけようという気持ちにすらなりません。みた目とは裏腹に、雑なところがあります。

BAD 頭はいいけど片づけられない人

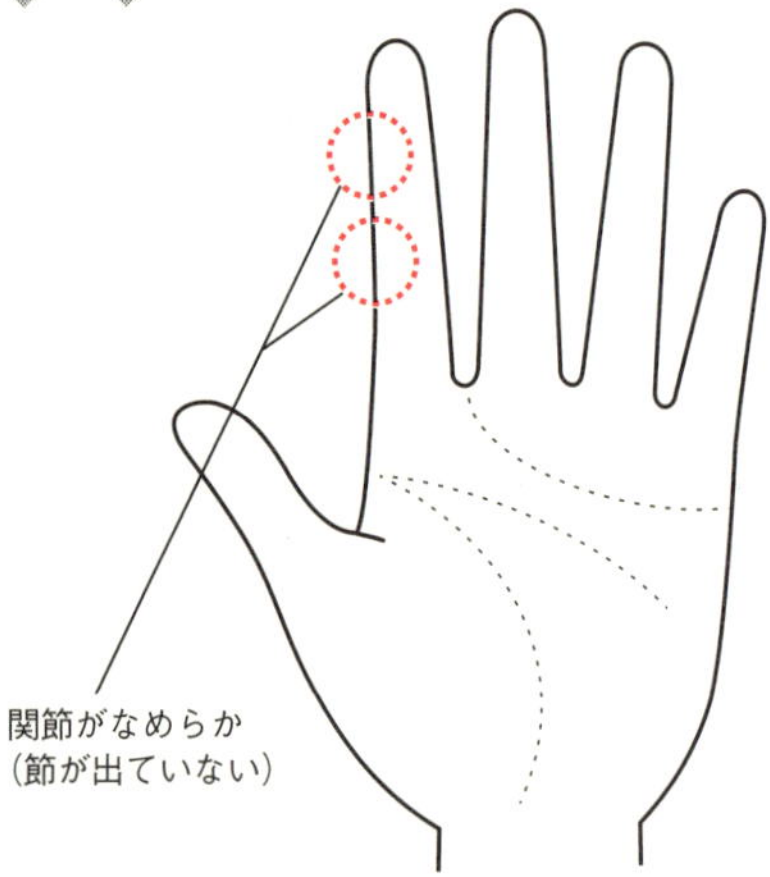

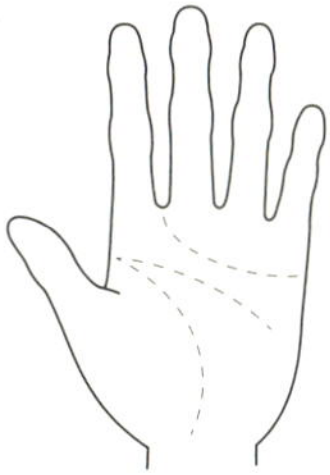

関節が少し出ている
（武骨）

部屋が汚いと気分が悪い
掃除をきちんとする人

まじめできちんとしている性質。片づけもできる人です。どこに何を置くのかが自分の中で決まっていて、そのように配置します。少しでも部屋が汚れると気分が悪くなるため、暇さえあれば掃除をしてきれいにしています。

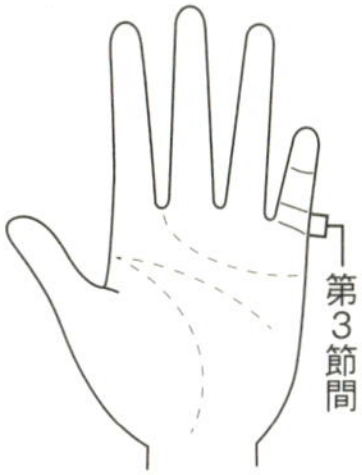

小指の第３節間が短い、ほとんどない

何でもやりっぱなしで
片づけができない人

全く片づけができない人です。洋服は脱ぎっぱなし、食べ物も食べっぱなし、ゴミもそのまま放置。活力もなく、堕落した生活となり、そばに人が近づかなくなってしまうので、少しずつゴミを捨てるように努力しましょう。

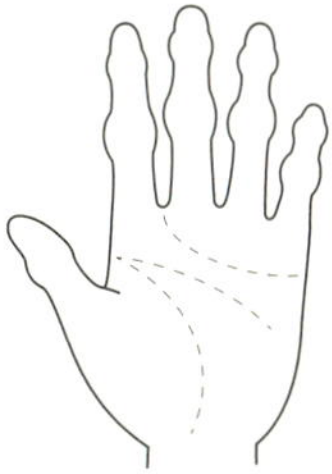

関節が大きい

ゴミ屋敷なんてとんでもない
几帳面なキレイ好き

几帳面で、整理整頓をきちんとする人です。部屋が汚れているのは嫌いで、常にキレイに整えておくでしょう。そもそもムダなモノは買わないといった徹底ぶりで、部屋はモノも少なく、すっきりしています。

交際
人格

9

平成のオオカミ少年に困惑
ウソつき線ってある？

BAD ✕ 注目を浴びたくてウソをつく人

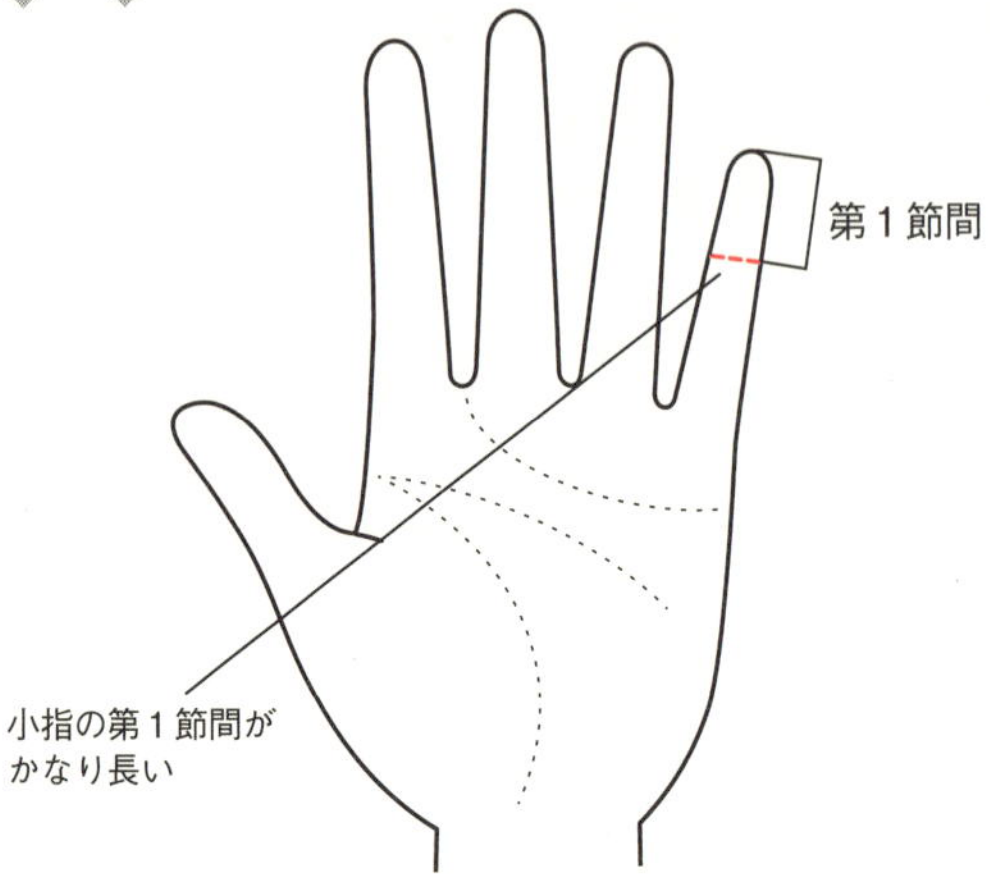

同僚はすぐウソをつきます。しかも、その内容が「芸能人と友だち」など、ウソだとバレバレのことばかり。大半がウソなので、仕事でつき合うのも疲れます。

A 物事を誇張して言うところがあります。サービス精神から、つい事実より大きなことを言ってしまいます。それがすぐに事実と違うことがわかるので、ウソつき呼ばわりされることも少なくありません。人から好かれたい気持ちゆえに、つまらないウソを言ってしまいます。しかし、それが原因で、かえって人がどんどん離れてしまいます。

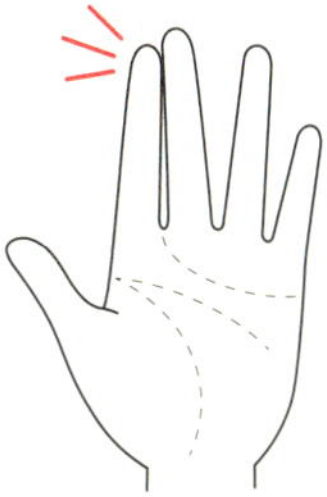

人さし指と中指が寄り添う

自分の身を守るためにどうでもいいウソをつく人

他人に自分のことを言いたくない秘密主義者。本当のことを言いたくないため、よく適当にウソをついて、その場をしのぐことが多いでしょう。ウソをついてもそれは相手に害になるようなものではなく、自分を守るためにつくウソです。

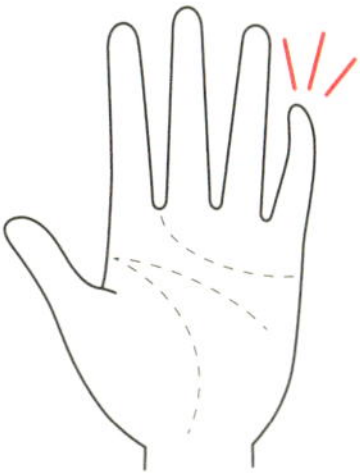

小指が曲がっている、ねじれている

詐欺など人をだますことも自分が得するウソをつく人

不正直で、ウソつきの相です。相手をだまして自分が得をするように考えてウソをつくでしょう。小さいウソから大きなウソまでいろいろなウソをつきますが、罪悪感を感じません。詐欺をして大金をだまし取ることも。

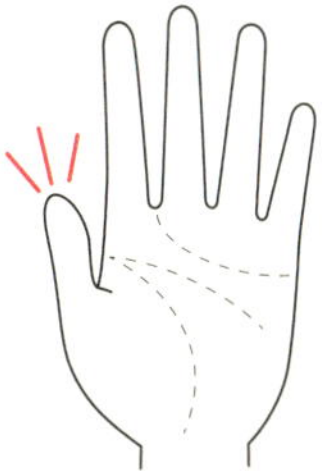

親指が手のひらに近い

自分の虚勢のために作り話をしてしまう人

正直に話をしない人。自分をよくみせようと、つくり話をしてしまいます。人と距離を持ち、本当の自分をみせません。大きな話をしてしまったと後から後悔しますが、ウソのうえにウソを重ねて、身動きがとれなくなることも。

交際人格

10

カレが男性にモテモテで心配
ゲイにモテる線ってあるの？

私のカレはストレートだけど、なぜかゲイの人たちにモテます。男子校時代は、何人にも告白されたとか。ゲイの人にモテモテの線ってあるのかしら。

GOOD 同性である男性を惹きつける

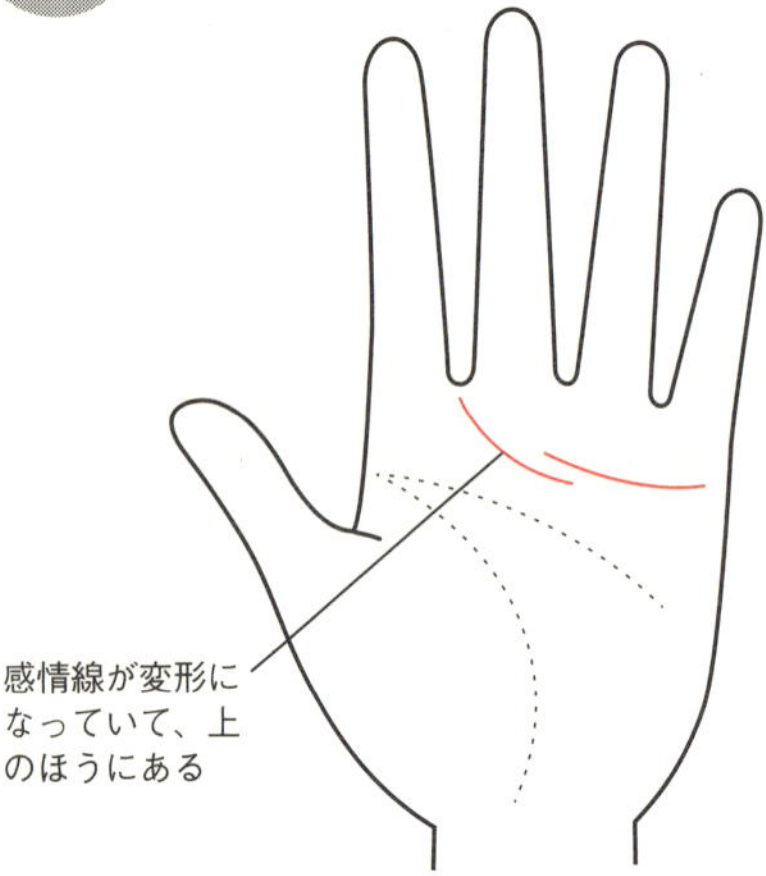

A カレの手をみて、感情線が変形になっていたら、性的なエネルギーが強く、特別な魅力のある人です。同性である男性から好かれる性質があります。男らしいというよりは、中性的な雰囲気を持つ場合が多く、純真無垢で汚れていない雰囲気を持っています。感性豊かで表現能力があり、それを仕事にしている場合が多いでしょう。

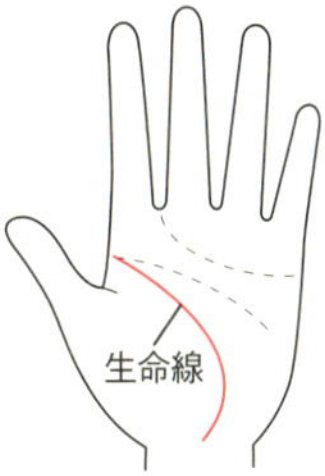

生命線が細めでカーブが張り出している

明るくやわらかな雰囲気
男性に好意を持たれやすい人

カレの手が左のようなら、行動力がある明るい人で、同性から好かれる性質を持ちます。男らしさを主張しすぎず、ソフトなので好意を持たれるでしょう。根気に欠け、誰かに助けてもらうことも多そうで、男性同士で住むこともあります。

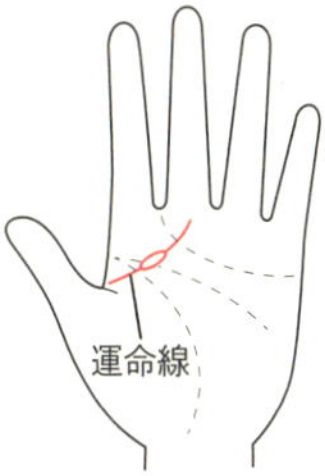

親指の付け根から島のある運命線が入る

性的魅力があり
バイセクシャルにもなる人

性的に魅力があるために、男性からも人気です。男性からのあまりの押しの強さに、はじめはそのような気持ちがなくても、次第に気持ちが動くこともあるでしょう。女性に限らず、男性のよさもわかり、性生活が充実しそうです。

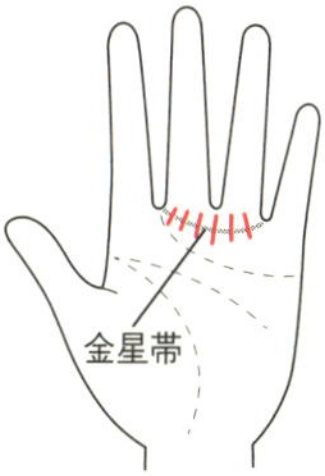

金星帯にタテ線が出る

同性の男性からモテモテ
性に対しても貪欲な人

おしゃれで目立ち、性的なことに強い関心があります。男性同士でもOKです。それは自然と雰囲気にもあらわれ、男性からもモテモテになるでしょう。性に対して貪欲で、どこまでも快楽を追求していこうと思っています。

交際
人格

11

頭の中はエロエロなことでいっぱい？ むっつりスケベタイプ？

気になるGくんは、見た目も爽やかな好青年。でも、そういう人に限って、実はHなことが大好きなむっつりスケベかも……と思っています。

GOOD 勉強家でテクもあるHな人

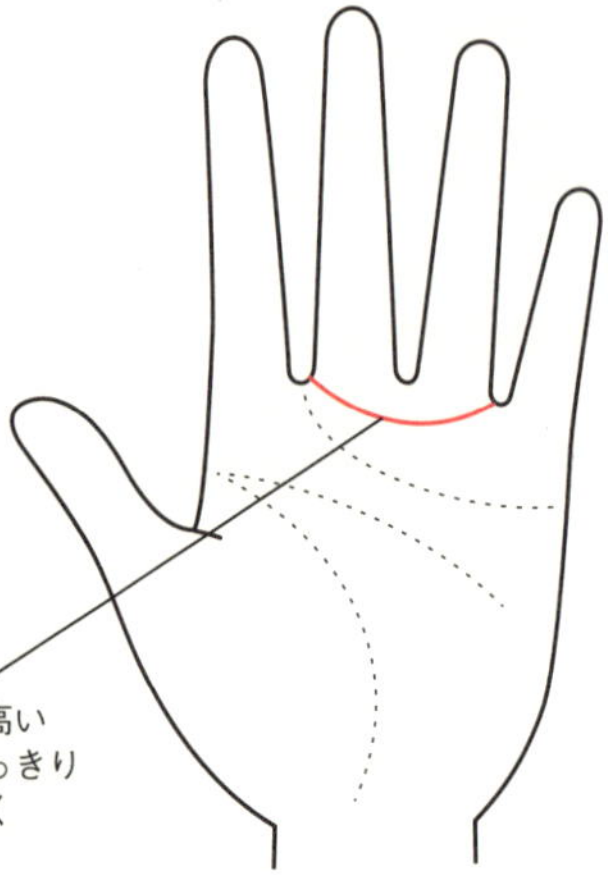

Aカレの手のひらの金星帯が、はっきり半円を描いているなら、スケベであることをあらわします。金星帯が少し切れ切れでも、同様の意味があります。見た目は好青年でも、性的な関心が強く、Hなことはバッチリと勉強していて自信があるでしょう。女性を飽きさせないテクニックを持っているようですから、密かに人気が高いでしょう。

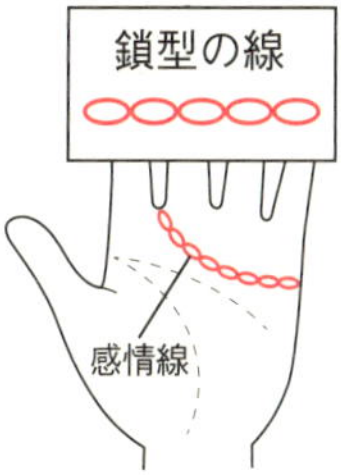

感情線が鎖型で急カーブ

頭の中はエロエロ異性とHに関心が高い人

異性に関心が非常に強いことをあらわします。ただし、知能線が薄かったり、短かったりして弱いと、その欲望を抑えられず強引に関係を持ちたがります。やや焦り気味で、せっかちではありますが、濃厚なセックスができるでしょう。

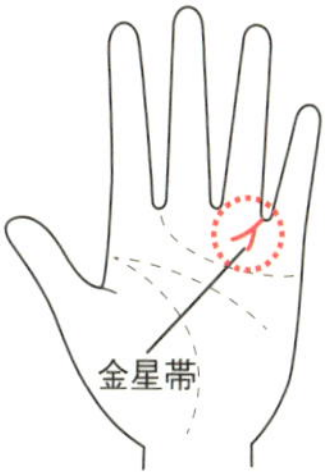

薬指と小指側からの金星帯が２つに分かれる

アブノーマルなプレイも！大胆なHもしたがる人

カレの手が左のようなら、変わったプレイを楽しみたがる人です。普通のセックスでは満足できず、新しいことを追求していきます。パートナーを変えてみるといった大胆なことも。ほかの線がしっかりしていれば、遊びで止めておくかも。

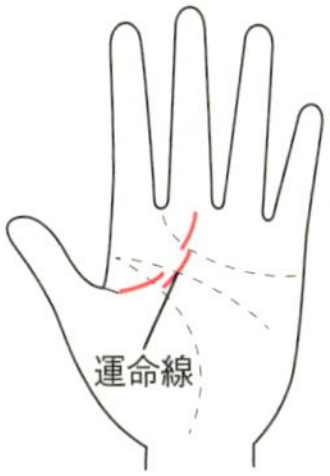

親指の付け根から切れ切れの運命線が入る

Hに関しては博士なみに知識がある人

カレの手が左のようなら、性的な関心が人一倍強く、いろいろ知りたがる人です。性については生き字引のように情報をよく知っています。でも、実生活では、飽きっぽく、セックスに対してそれほど貪欲ではありません。

交際
人格

12

わざと逆らう面倒くさい性格
あまのじゃく線ってある？

弟はひねくれた性格で、わざと周りに逆らって生意気なことを言います。誰に対しても素直じゃないので、周囲からも嫌われているんじゃないかと心配です。

BAD ×
社会に対して反抗的

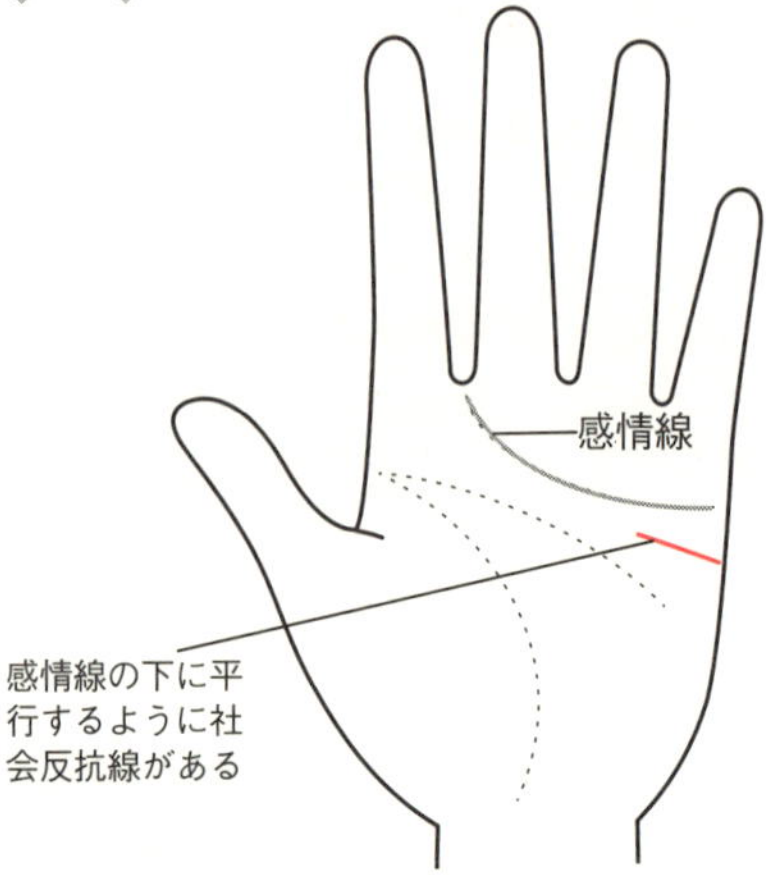
感情線
感情線の下に平行するように社会反抗線がある

A 社会反抗線が出ている場合、いつも社会に対して疑問を持っている人です。一般的に味方であろう警察も、先生も、医師なども自分にとっては敵となったりします。何が正しいのか、何が違うのか自分で考え判断していくでしょう。負けず嫌いで、集中力もあり、人は関係なく自分のペースで独自の世界を切り開くでしょう。

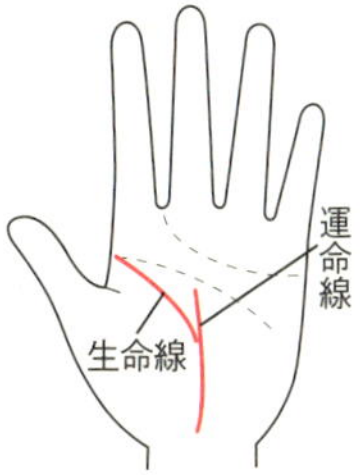

短い生命線が運命線でカバーされる

自分の道を進むマイペースな人

自分のやりたいようにやり、人の意見には流されない人です。マイペースで、自分の世界を楽しみ、平凡な中にも楽しみを見つけられる幸せな性格でもあります。人とは距離を置きながら、上手につき合います。

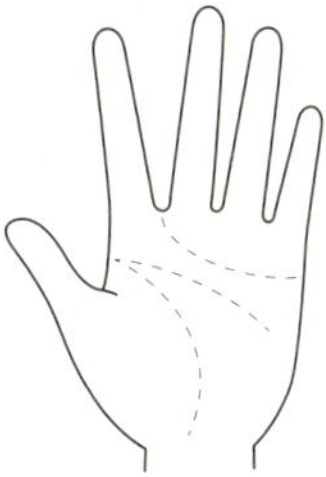

手を開くと人さし指と中指との間が最も広い

正直で疑問があれば率直に聞く自分をしっかり持っている人

自分の考え方がはっきりしています。人の話も聞くには聞きますが、流されることがありません。好奇心が強く、疑問に思ったことは率直に質問することができ、対等に意見を交換し、能力の高さを評価されて大抜擢されることもあります。

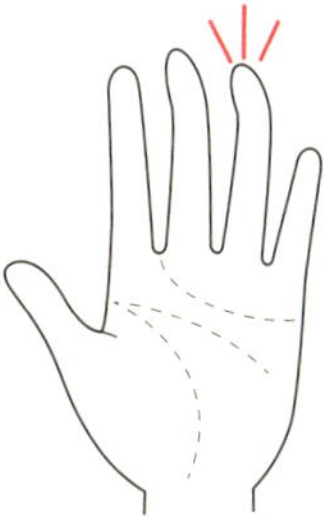

形が曲がっている指がある

素直になれず皮肉っぽいあまのじゃくの人

あまのじゃくで、皮肉屋。人の欠点をついからかってしまうところがあり、人が傷ついてしまうこともあります。自分ではそれほどいじわるしているつもりはないものの、相手はかなり気にしています。余計なことを言わないほうが吉。

交際人格

13

普段は優しい人だけど……もしかしてキレやすい性格？

BAD

突然、キレるタイプ

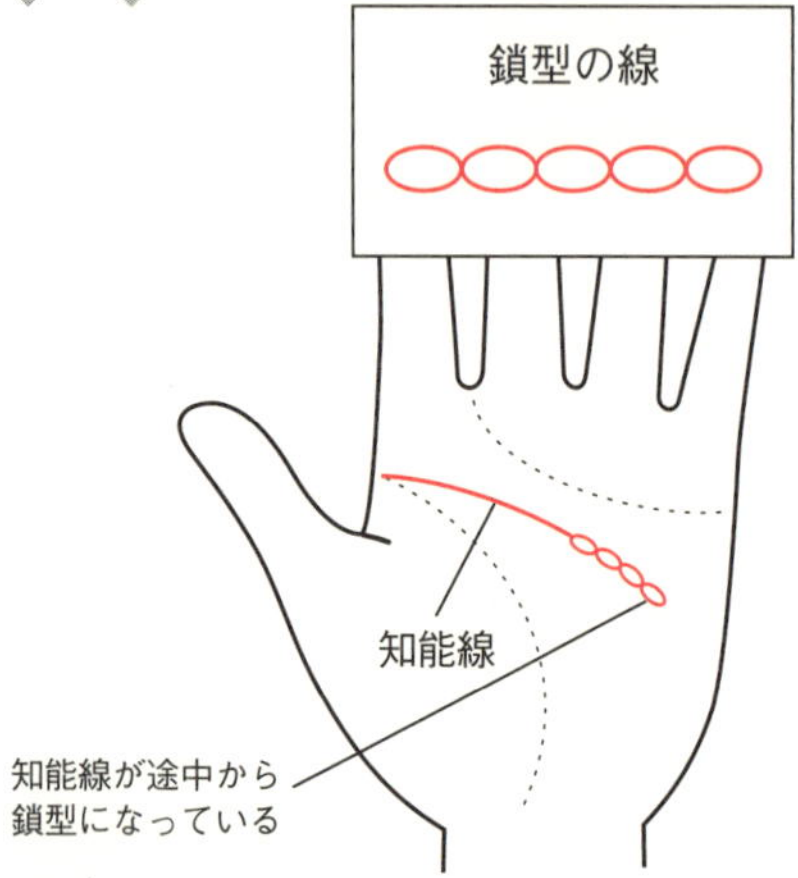

知人のYさんは穏やかな人ですが、突然怒って暴れることがあり、周りの人もビクビクしています。カッとなってキレやすい相ってありますか。

A 普段はおだやかですが、突然、キレてしまう人です。そのスイッチが、何で入ったのか、どこから入ったのかよくわからず、周りは唖然としてしまうでしょう。キレると何をするかわからないので、そのときは極力そばにいないほうがよさそうです。幼い頃の家庭環境に問題がある場合があります。反抗的で、すぐケンカをするので、気をつけましょう。

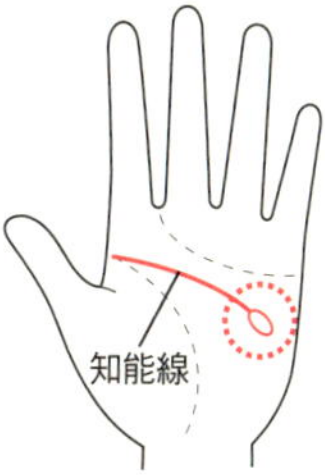

知能線の先が島になる

自分は間違っていないと主張するためにキレる人

自分を正当化するために、よくキレる人。徹底的に相手をやっつけ、倒すまで引くことがありません。独裁的な性質があります。頭の回転は速く、観察力があるので、感情のコントロールを心がければ状況は改善するでしょう。

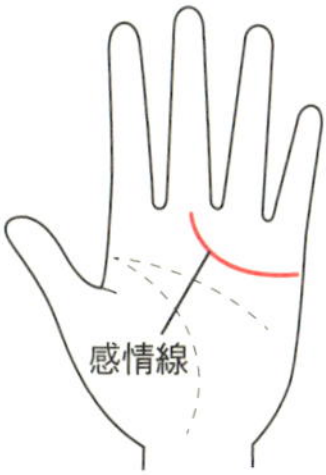

感情線が中指の付け根に伸びる

執念深いエゴイスト思い通りにならないとキレる

エゴイストの相です。自分の考えが絶対であり、それに従わない人は許しません。わがままさがあり、なんでも自分の思い通りにしていきます。執念深いところもあります。何をしてしまうのかわからないところがあるので気をつけましょう。

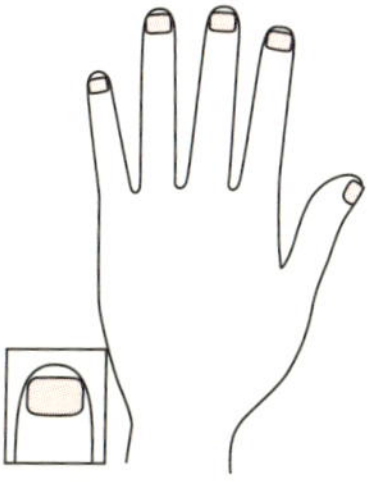

爪が短く四角い

批判するのが好き短気でよくキレる人

議論が好きで、短気。些細なことでもすぐにキレてしまって、周囲は驚くでしょう。人を批判するのが好きで、皮肉を言うために、人から距離を置かれがちです。人の話をするのをやめて、自分の時間を充実させると、キレにくくなります。

交際
人格

14

人見知りでなかなか打ち解けない
心が開きにくいタイプ？

引っ越し先の近所には、気さくに声をかけても無愛想な人がいます。その人が単なる人見知りかどうか、手相でわかりますか？

A 警戒心が強くて、人に心をなかなか開かない人です。時間をかけてゆっくりと人間関係をつくっていかないと、その人と仲よくなるのは難しいでしょう。明るさに欠け、近寄りがたい雰囲気があります。自分の土星丘が発達している場合、まずは笑顔で、人と接するように心がけましょう。自分を取り巻く世界が変わってきます。

BAD ×
警戒心が強く心を開かない人

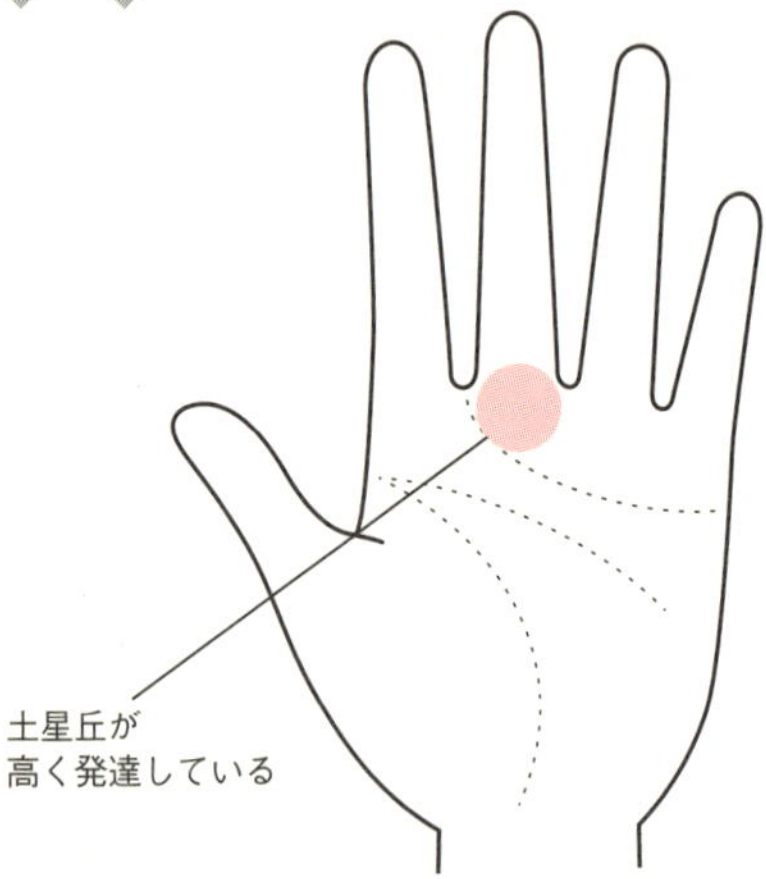

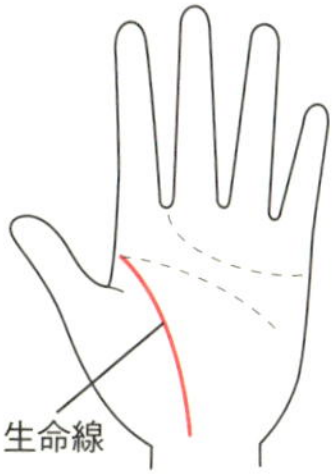

生命線がかなり親指側でカーブする

人前に出るのが苦手　消極的な恥ずかしがり屋さん

消極的で人の前には出ていかない性質です。いつも人の陰に隠れるようなところがあり、自分から積極的にあいさつしたり、話しかけたりすることはほとんどないでしょう。笑顔であいさつを続けていけば、次第に打ち解けてくるはずです。

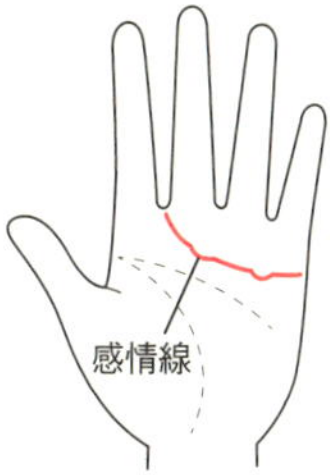

感情線の中ほどが、くぼんでいる

人づき合いが苦手　愛想がないけど悪い人ではない

愛想がなく、人との交流が苦手な人です。気のきいた会話もできません。いつも聞き役で、相手に話を合わせています。この手相の人と打ち解けるには、この人の話の聞き役になってあげるとよいでしょう。

開運テクニック

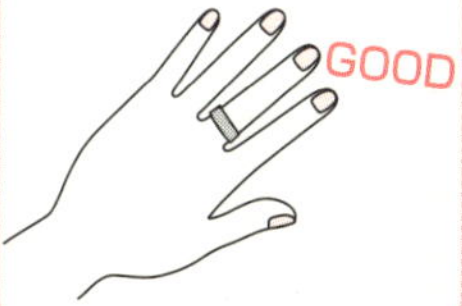

初対面の人に好印象を与えるには中指に指輪を

男性なら左、女性なら右の中指に太めのリングをすると、自信が生まれ、人と交わっていくことができます。ただし、1日1回、夜ははずして、寝るようにして。

交際
人格

15

本当はいい人？ 悪い人？
裏表がある性格がわかる？

職場に裏表の激しい人がいます。社内ではみんなに愛想よくしているのですが、陰では悪口を言っているので、自分も言われているのでは……と気になります。

A 感情線の支線が多く、しかも長い場合は、気分が変わりやすく、八方美人であることをあらわします。一緒に話をしているときにはこちらの味方のように話をしますが、違うところに行けばそちらの味方となります。全く悪気もなく悪口も言いますから、はじめから心を許さずに、当たり障りなくつき合ったほうがよいでしょう。

BAD ✕ 裏表ありの八方美人タイプ

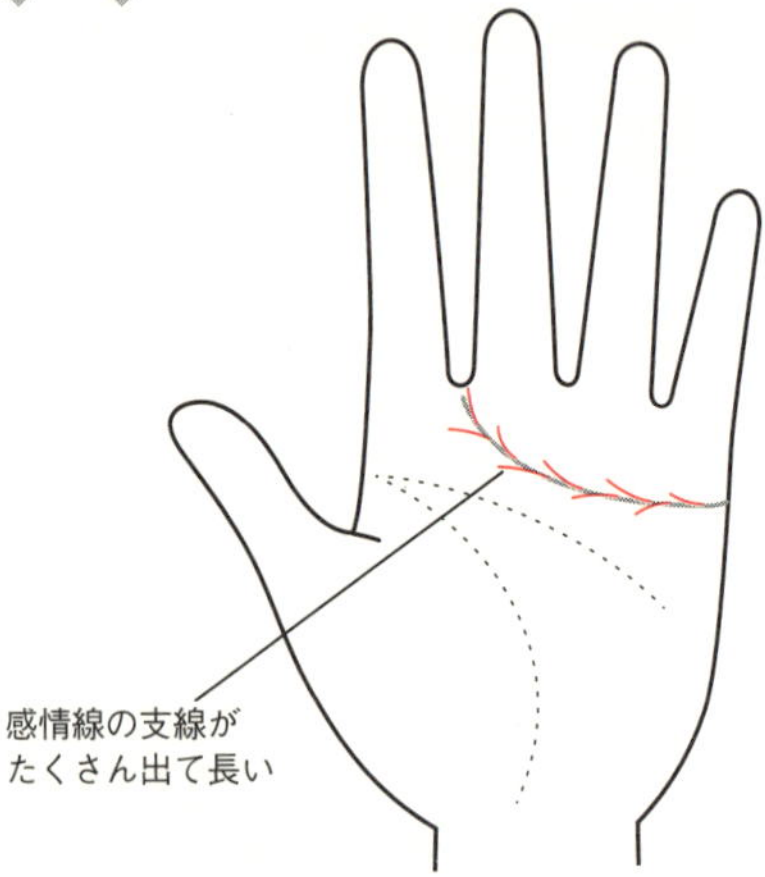

その場にいない人の脚色されたウワサ話をするのが好き

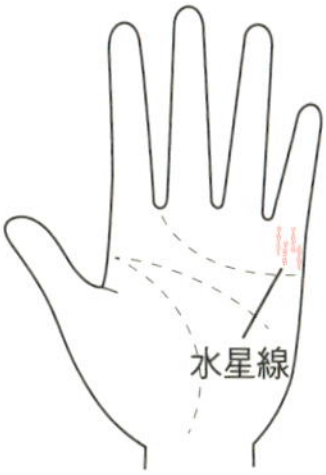

切れ切れで薄い水星線

おしゃべりが大好きでいつもウワサ話をしている人です。その場にいない人の話を面白く話す性格で、話はかなり脚色されたものでしょう。秘密を守ることが苦手で、この人に話したらすぐに知られることを覚悟したほうがよいでしょう。

いつも自分が優位になりたい人の欠点や悪口が好きな人

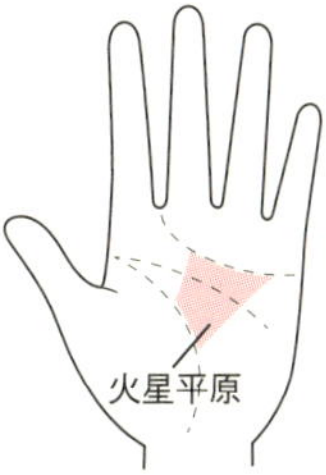

火星平原が肉づきよく高い

悪口を言うのが好きな人です。いつも人の欠点を見つけるのを喜びとしていて、自分を優位に立たせるところがあります。知能線がさらに短ければ、後先考えずに、思ったことをズバズバ言います。人を傷つけても全然気にならない神経の持ち主。

自分の保身のために平気で悪口を言う人

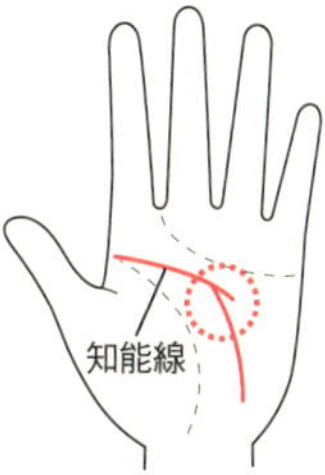

知能線の先が分かれる

自分を正当化しようとし、そのために人を非難する性格です。まずいことがあれば、それが正しいかどうかは関係なく、自分を有利に話をすすめていきます。人の悪口を言うのも自分の身を守り、味方を多くつけたいからに他なりません。

運気アップアイテム

指輪や時計などのアクセサリーは、手のエネルギーをコントロールすることができます。自分が上げたい運気のアイテムを身につけ、幸運を引き寄せましょう。

■指輪■

指輪は、手の指に流れるエネルギーを強めたり弱めたりすることができるアイテム。たとえば、結婚指輪を薬指につけるのは、ほかの恋愛運を遮断し、自分の欲も抑えるという働きがあります。各指はそれぞれ異なるエネルギーを持っているので、どの指にどんな指輪をするかで意味合いが変わります。

なお、人から譲り受けた指輪をそのまま使うのはNG。指輪をビニール袋などに包んで3日ほど塩の上に置いておき、気を清めてから身につけるようにしましょう。

目的別　開運リングはコレ！

仕事運

▶▶太めの指輪

中指に太めの指輪をすると、自信を持って行動できるようになります。指輪がゴールドなら積極性、シルバーなら慎重さがアップします。

対人運

▶▶華奢な指輪

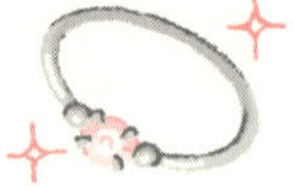

小指に細めのピンキーリングをつけると、コミュニケーション力がアップ。さらに、ダイヤモンドなどの石がついているとGOOD。

恋愛運

▶▶赤い石の指輪

ルビーなど赤い石がついた指輪を右手の薬指につけると、性的な魅力がアップします。異性を惹きつけ、出会い運を高める効果もあります。

■腕時計■

腕時計には、手全体の「気」を調節する働きがあります。特に仕事中に腕時計をしていると、ビジネスチャンスを引き寄せるパワーがアップします。

腕時計の文字盤は、できるだけ見やすく大きいものがよいでしょう。また、自分にとって少し高価に感じる腕時計のほうが、運気はアップします。どんな腕時計をつけるかによって「気」の流れが変わるので、自分にしっくりくるものを選ぶことも大切です。

時計の選び方

仕事

- 金属製のベルト
- 大きめの文字盤
- 文字盤を手の甲側につける

プライベート

- 文字盤が丸型
  ▶社交的
- 文字盤が四角型
  ▶才能を生かす
- 文字盤を手首の内側につける

ワンポイントアドバイス

時計&アクセサリーのつけっぱなしはNG

時計やアクセサリーは強い「気」を持っているので、毎日寝る前にはずすことが大切です。特に時計やブレスレットをつけたままで寝ると、エネルギーの循環が停滞する原因になります。できれば結婚指輪も1日1回ははずし、指輪のパワーを充電させるようにしましょう。

■ブレスレット■

手首につけるブレスレットは、手全体に流れ込んだエネルギーが体に入るとき、そのバランスを整える働きがあります。左右どちらにつけてもよいですが、素材によって強まるエネルギーが違うので、自分が高めたいエネルギーに合わせて使い分けるとよいでしょう。

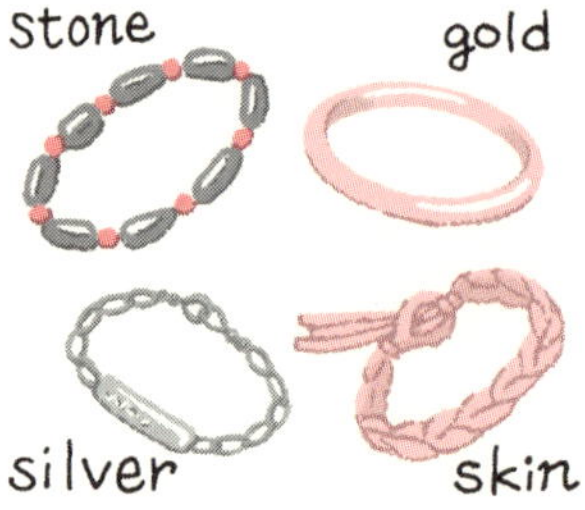

ゴールド	人やモノを惹きつける魅力がアップ
シルバー	知性や感性が身につく
皮	まじめさや協調性が身につく
石	インスピレーションが湧くようになる

■サングラス■

ついお金を使いすぎてしまう……というときは、サングラスがおすすめです。サングラスをかけると、余計なものにエネルギーを奪われにくくなります。自分に必要なものを見極められるので、散財を防ぐことができるでしょう。金運アップにもつながります。

Part 7

描く&ケアで手相をよくする！

幸運を呼びこむ開運法

幸運を引き寄せる！修正ワザ

「幸せライン」を描こう

ペンで線を描くことで手相は変わってくる！

手相は、心の持ちようなどでも変わっていきます。じつは、現在の手相は「今の心持ちのままなら、こうした人生を歩みますよ」ということがあらわれているもの。そのため、「こうなりたい！」という強い気持ちを持てば、手のひらの線は変わっていき、運勢も変わります。

また、叶えたい願いを強く思うだけではなく、幸せの手相を実際に自分の手のひらに描くことで、実際の線も動き出していきます。まさに、幸運を手につかむことができるのです。

願いを叶える！手相の描き方のポイント

★具体的な願い事別の手相の描き方は、３０４～３０９ページを参照してください。

1 願い事にそったラインを描く

願い事によって幸運パワーが宿るライン＝幸せラインは違います。自分が願うものに合わせて、手相を描きましょう。

2 願い事にそった色のペンで描く

恋愛の願い事ならピンク色のボールペンなど、願い事にそった色のペンを使いましょう。ペンは、ボールペンかサインペンでOKです。

3 強く願う

「こうなりたい！」と心の中で強く思いながら幸せラインを描いた手をしっかり組みましょう。ネガティブな気持ちだと、幸せは遠ざかります。必ず叶うと信じて！

モテモテになりたい

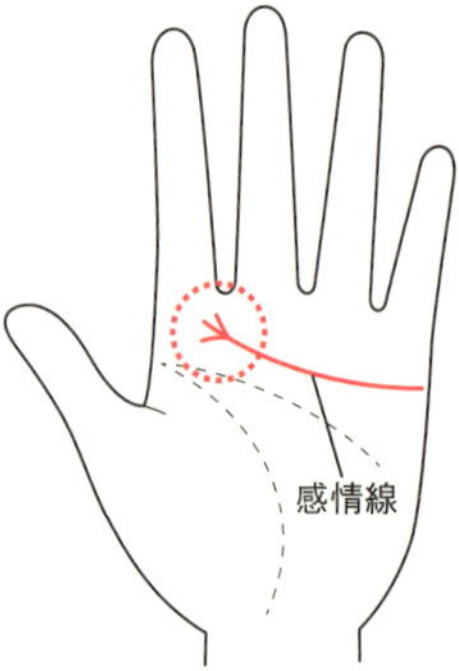

感情線の先が3つに枝分かれする線を描く

セクシーさが増し、皆をメロメロに

先が3つに分かれた感情線を描くことで、性的な魅力がアップ。異性を惹きつける効果があります。ただし、いろいろな人を惹きつけてしまうので、その中からしっかりと自分に合った相手を選んで、つき合うようにしてください。

両思いになりたい

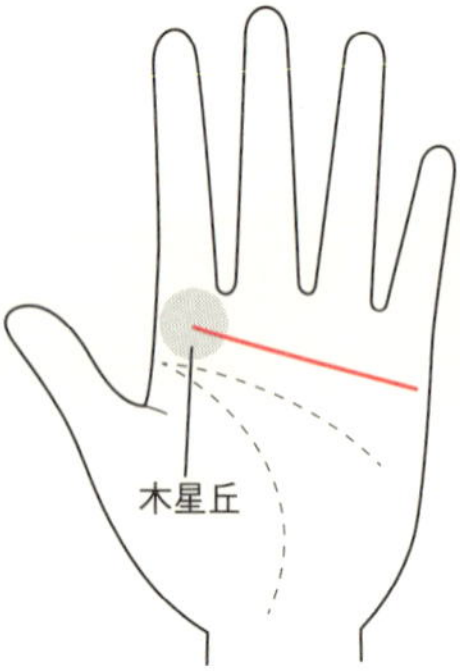

木星丘の中心へ向かうまっすぐな感情線を描く

振り向かせてハートを射止める

この感情線を描くことで、好きな人を自分のほうに振り向かせ、相手の心をつかめる効果が期待できます。この線を描いたうえで、好きな人の近くでいつもニコニコしていたり、メールをすると、次第にふたりの関係は近くなっていくでしょう。

素敵な人と出会いたい

出会い運をアップさせる

感情線からの上向きの支線を描くと、よい出会いを呼び寄せる効果が期待できます。自分にとって、必要な人を瞬時に見分けられるようになり、その人へ積極的にアピールできるようになります。

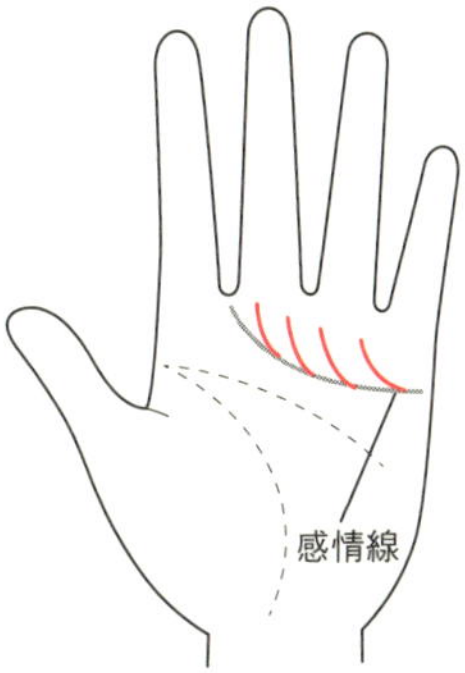

感情線から上向きに出る支線の線を描く

金色

幸せな結婚がしたい

結婚生活がバラ色になる

まっすぐな結婚線を描くことで、結婚後の生活が安定します。家庭内の空気も、おだやかになるでしょう。さらに、木星丘の上にクロスのマークを描き入れれば、最高に幸せな結婚生活を送ることができます。

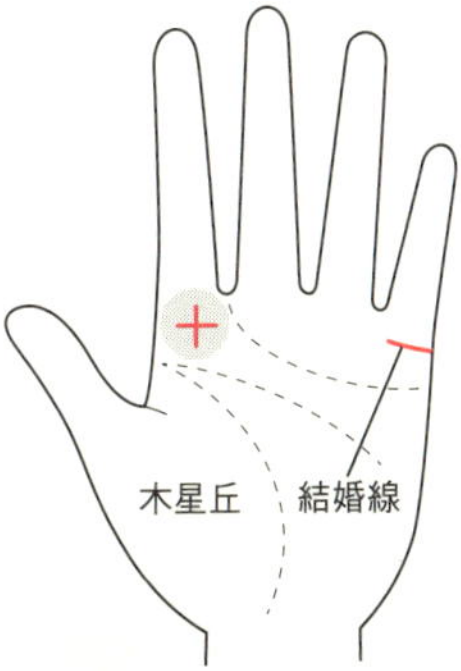

結婚線の上からまっすぐな結婚線を描く

ピンク色

もう、別れたい

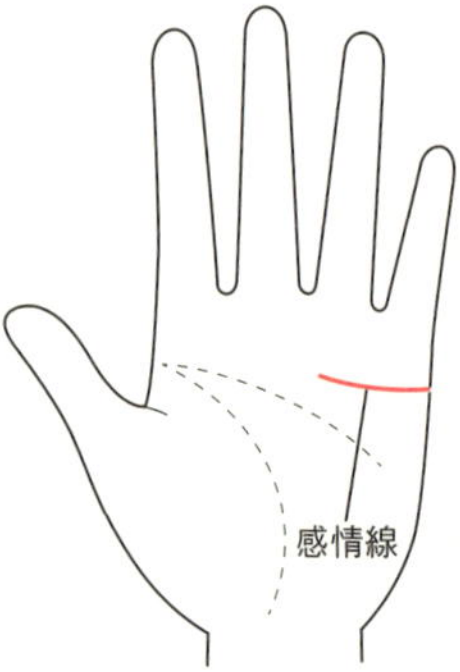

中指に届かない感情線を描く

別れてリセットできる

この短い感情線を描くことで、情もなくなり、相手の執着する気持ちをはねのける効果が期待できます。流されるようなダラダラとしたつき合いは終わり、いったん自分をリセットし、新しい出会いを呼び込むことができるでしょう。

夫婦仲をよくしたい

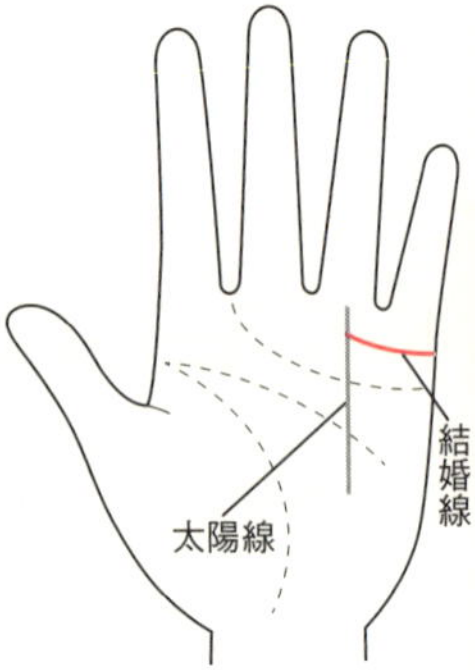

長い太陽線に接触する上向きの結婚線を描く

お互いを大切に思うように

この太陽線と結婚線を描くことで、お互いの必要性を感じてきます。経済的にも安定した生活を送れるようになるでしょう。夫婦の間でも気遣いが生まれるので、明るい雰囲気が生まれます。会話も増えていくでしょう。

お金が欲しい

お金が集まってくる

まっすぐな水星線を描くと、必要なお金を引き寄せる効果が期待できます。安定してお金が入ってくるので、生活は困らなくなるでしょう。欲しいものが得られるように、いい仕事の話が飛び込んできそうです。

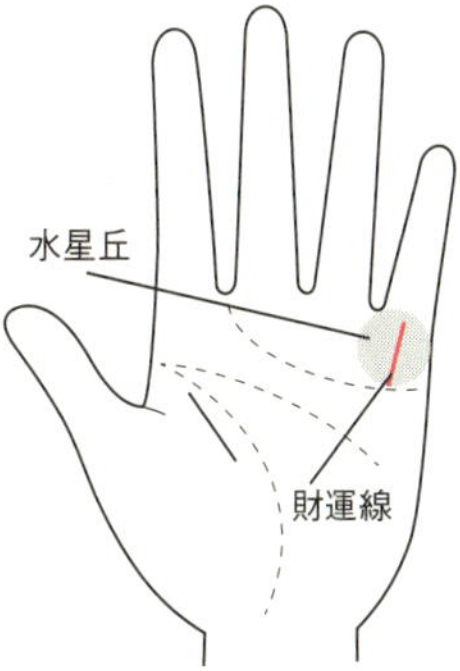

水星丘にまっすぐで長めの財運線を描く

勝負運を上げたい

ツキがまわってくる

太陽丘に長めの太陽線を描くことで、ツキを呼び寄せる効果があります。試験や出世など人との競争にも強くなり、交渉するときにも有効です。また、ギャンブル運やくじ運も出てきます。

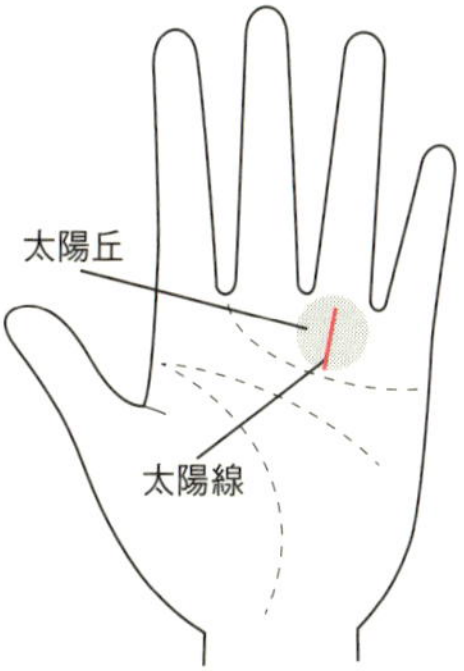

太陽丘の上に太陽線を描く

お金をたくさん貯めたい

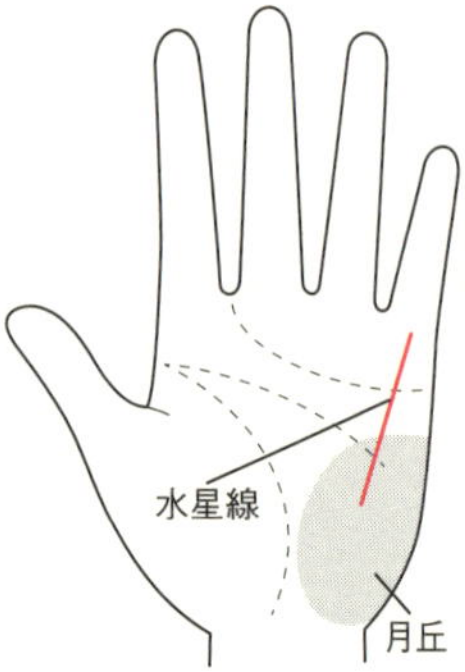

月丘から伸びる長い水星線を描く

水色

財運アップ！お金が貯まる

長い水星線を描くことで、多くの財を呼び寄せて、それを手元に残していく効果があります。次第に、金運が長期にみてもよくなってきて、使うお金以上に、入ってくるお金も増えてきて、少しずつ貯蓄も増えていくでしょう。

成功したい

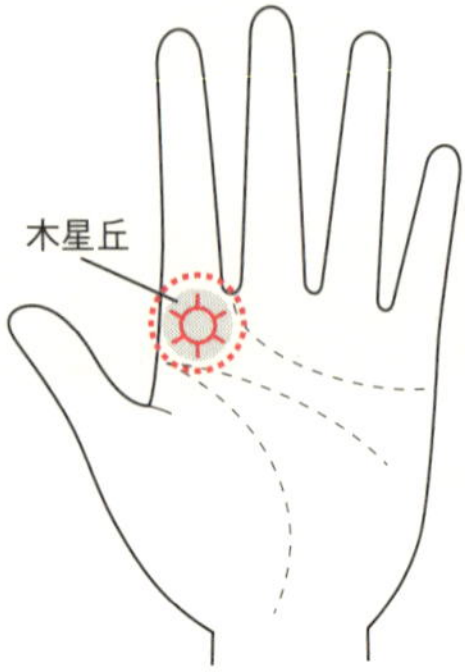

木星丘に太陽のようなマークを描く

金色

やる気が成功に導く

太陽マークを描くことで、仕事での成功を勝ち取る効果があります。自分の持っている向上心をより高めて、「やるぞ！」という力が湧いてきて、それによって周囲の人たちの心も動かせるようになっていくでしょう。

人間関係を円滑にしたい

コミュニケーション力がアップ

急カーブの太陽線を描くことで、人と積極的にかかわり、円滑な人間関係をつくる効果が期待できます。今の人間関係に加えて、新しい自分の可能性を広げてくれるような人物とも縁も持てるようになるでしょう。

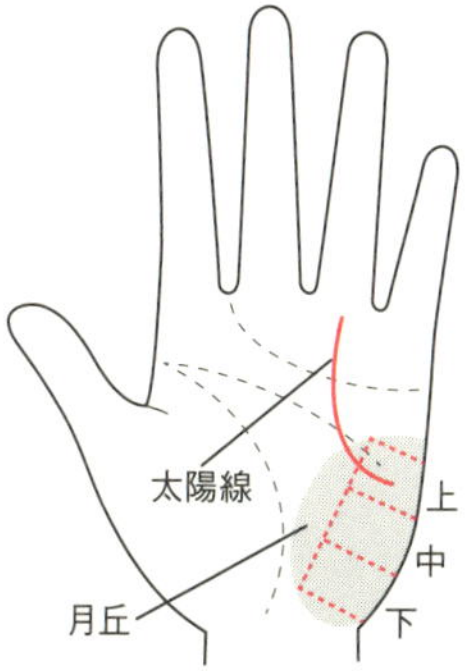

月丘上部から急カーブな太陽線を描く

長生きしたい

元気で長生きできる

3本の手ケイ線を描くことで長寿や、生涯を健康に過ごせる効果が期待できます。大病からも免れることができるでしょう。加えて、生命線も大きいカーブをピンク色の細めのペンで描くと効果がさらにアップ。

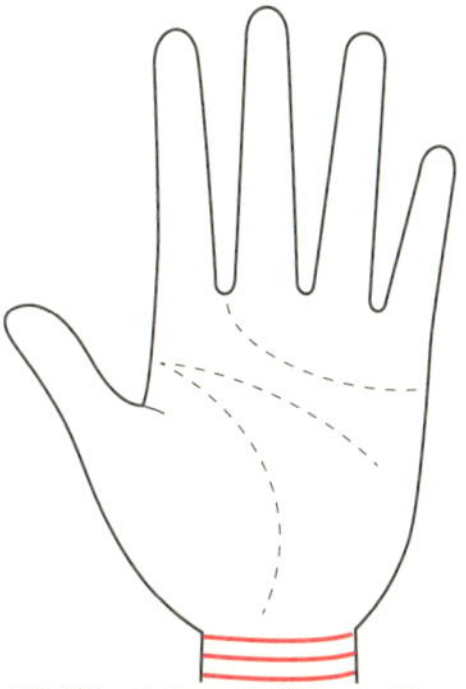

手首に3本の平行した手ケイ線を描く

幸運体質に変わって運気がアップ！

全体運が上昇！ 開運マッサージ

手をマッサージすると血行がよくなり、手のひらの線や丘で滞ったエネルギーが通りやすくなって運気が高まります。日頃から手全体をやわらかくほぐし、よい気を積極的に取り入れましょう。

Step 1 手のひら

中央から外側に向かってさする

1 右手の親指を左手の手のひら中央にのせ、ほかの4本の指を手の甲にあててはさむ。

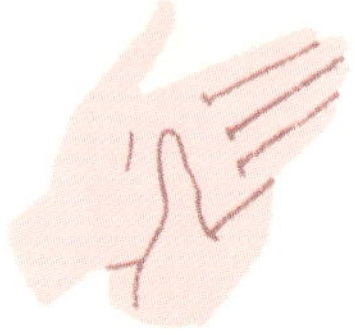

2 親指全体を使いながら、外側に向けて少し強めにさする。

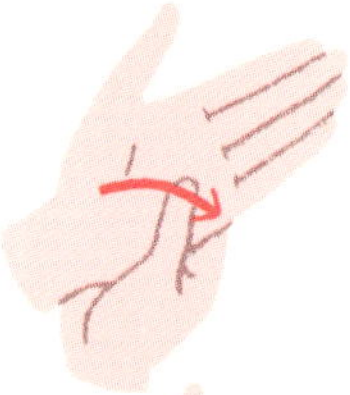

3 同様にして手首側から指の付け根に向かってこする。

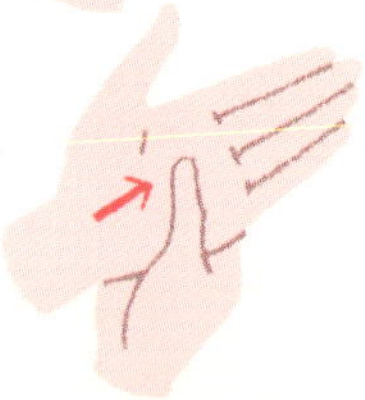

三大線を押す

親指の腹で、生命線・知能線・感情線をそれぞれ細かく押していく。

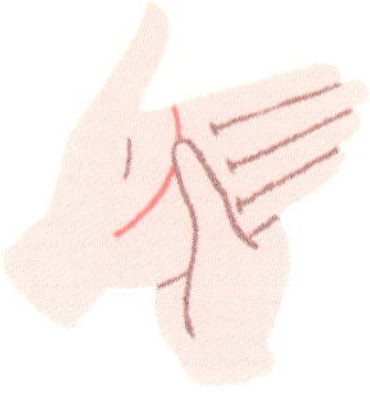

Step 2 手の甲＆指

指を回して爪をもむ

1 指を1本ずつ握って付け根を回し、指先に向かって押していく。

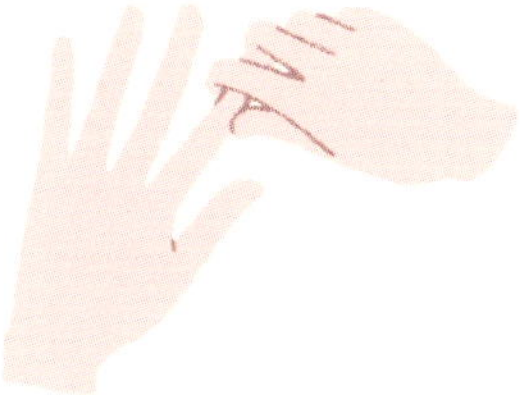

2 親指と人さし指で爪の両側をはさみ、ギュッと押してそのまま引っ張るように抜く。

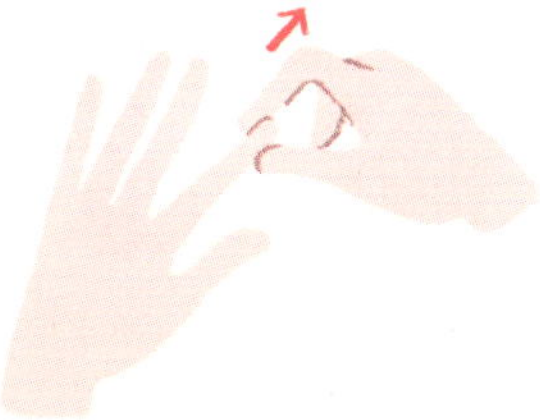

手の甲をさする

1 右手の親指を左手の手の甲にのせ、ほかの4本の指を手のひらにあててはさむ。

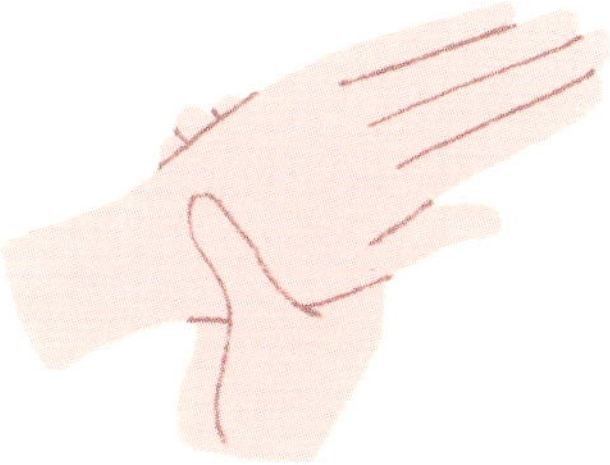

2 手首側から指の付け根に向けて、骨に沿って親指の腹でさする。

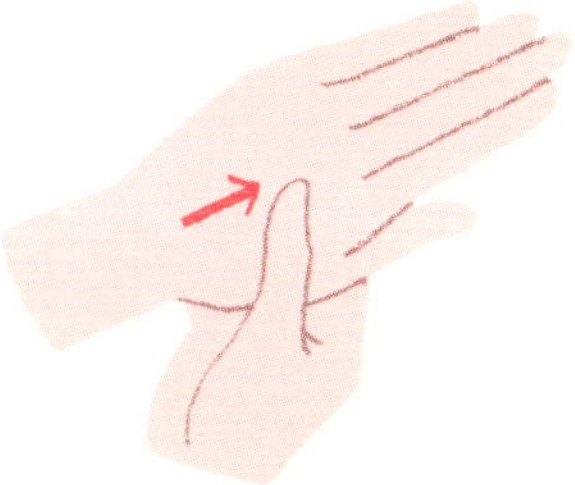

Step 3　手首&指の間

手首をさする

1　右手の親指を左手首の中央にのせてつかむ。

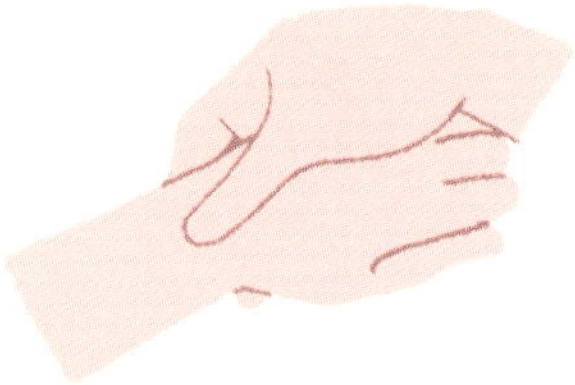

2　手首の真ん中にある少しへこんだ部分を、親指の腹でひじ側に向かってやさしくさする。

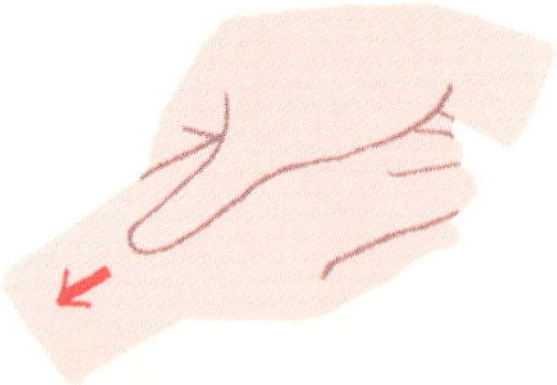

指をからめて握る

両手の指を交差させ、右手で左手の指の間をギュッと握る。

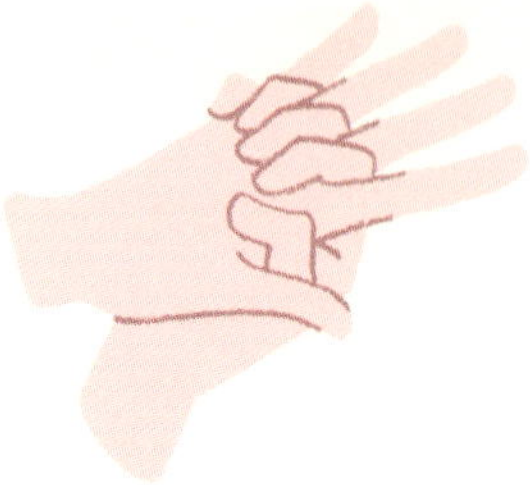

手首のマッサージでラブ度がアップ

手首のマッサージには、性的な関心を高める効果があります。気になるカレや恋人にしてあげると、相手はあなたの魅力に惹きつけられるでしょう。ぜひ試してみて。

Step 4　腕

手首から肩先までさすり上げる

1　右手で左手首をつかみ、肩に向かって腕の外側を親指で押していく。

2　肩の付け根（鎖骨の下あたり）をグッと押す。

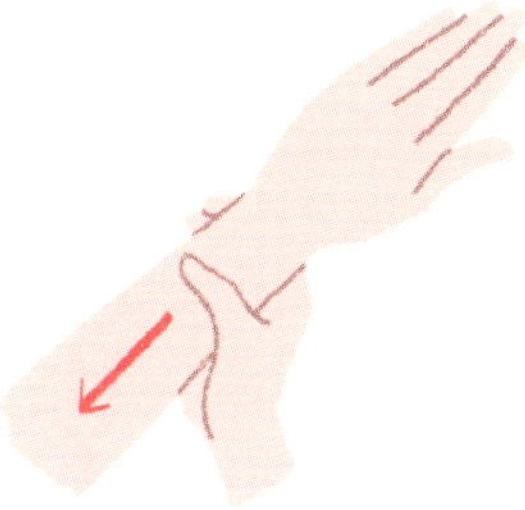

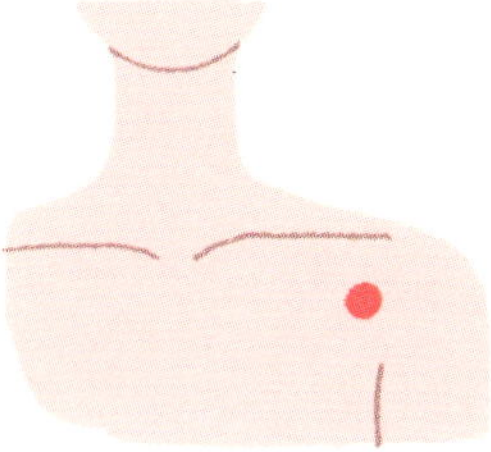

★右手と左手を替えてStep 1～4を同様に行う。

ふたりでマッサージし合うと親密度がアップ

マッサージは、ひとりで行うだけでなく、ふたりでやってもOK。体に触れることでコミュニケーションが深まり、相手への信頼度が増します。やり方はひとりで行う場合と同じですが、マッサージする側は常に相手の体に触れることがポイントです。こうすると、よい気が途切れずに相手へ伝わります。

生活習慣の改善で手相は変わる！

幸せ力をアップさせる手のつくり方

左右の手をよく使う

適度な硬さがある「よい手」をつくるには、毎日よく手を使うことが大切です。

手は、使えば使うほどエネルギーが循環し、運気がアップします。

さらに、利き手ばかりではなく、左右の手をバランスよく使うように心がけると、より効果的です。

料理をする

パソコンを打つ

手の運動をする

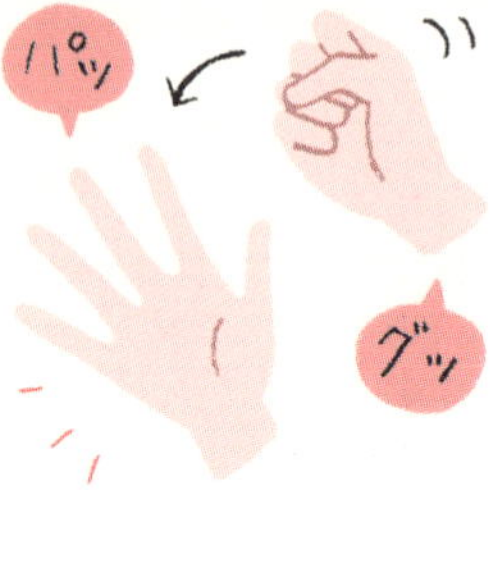

利き手と反対側の手で物を持つ

手を洗う

水には邪気を清める効果があるので、手を洗うと運気が変わります。気を引き締めたいときには、水で手を洗うとよいでしょう。さらに、塩で洗うと清めの効果を高めることができます。

ただし、神経質になって何度も洗いすぎるのはＮＧ。手が乾燥して荒れてしまうと、逆に運気が下がるので注意しましょう。

手を乾燥から守る

手が乾燥していると、それだけで運気を下げてしまいます。手を洗ったあとは、ハンドクリームを塗って保湿しましょう。

特に、エネルギーが強く出入りする指先は念入りに塗ってください。手がささくれ立っていると、幸運が入ってこないので、クリームをしっかり塗って潤いをキープしましょう。

爪をキレイに整える

指先はエネルギーが出入りする場所で、爪はその波長を左右します。爪の形や状態によってエネルギーの流れや運気に影響が出るので、爪が割れたり、ささくれ立った指先だと運気が下がります。

次に紹介するお手入れ方法で、キレイな爪をキープしましょう。

ヤスリで整える

爪先をヤスリで整えると、爪の割れや引っかかりなどのトラブルも少なくなります。

爪に栄養を与える

乾燥を防ぐため、爪とその周囲に栄養クリームを塗って、ツヤと潤いを与えると、よいエネルギーがたくさん入ってきます。

爪の形は目的によって変えよう！

恋愛運 シャープ型		爪の先をとがらせると、人の心を敏感に感じられるようになります。また、性的エネルギーが強まるので、相手へのアピール力も高まります。
対人運 ラウンド型		爪を卵型のようなラウンドにすると、第一印象がよくなり、話しかけられやすい雰囲気をつくることができます。人が集まってくるので、人脈を広げる効果も期待できます。
仕事運 スクエア型		爪の先が平らなスクエア型は、仕事の正確さや人への気配りがアップ。また、仕事への飽きっぽさを防ぎ、粘り強く取り組みたいときにもおすすめです。

ネイルの色を変える

ネイルカラーには、それぞれ意味合いや開運効果があります。普段、どの色を好むかによって性格がわかるだけでなく、目的に合わせて使い分けると、そのエネルギーが高まります。

なお、マニキュアはこまめに塗り直し、爪のケアをすることが大切です。

赤・ピンク系

人づき合いを大切にし、いつも刺激を求めている恋愛大好きな人。ピンクのネイルは、恋愛運アップに効果大。

黄・オレンジ系

感受性が豊かで、自分の才能を伸ばしていくアーティストタイプ。オレンジは金運を上げる効果もあります。

青・グリーン系

青・グリーン系は癒しのカラー。自分のなかの生命力を高め、リラックスしたいときにおすすめです。

黒

自分を守りたいという気分をあらわす色。外からの運気に惑わされず、内側のエネルギーを高めることができます。

ゴールド・シルバー

エネルギーが高まる「光」の意味合いがあります。この2色をつけると運気が倍増し、目標に向かうパワーを強められます。

ネイルアート

ネイルアートは、今の自分を変えたいときにおすすめ。爪に描くモチーフにも意味があるので、高めたい運気によって変えるとよいでしょう。

ハート型……………恋愛運アップ
水玉(円形のもの)…対人運アップ
星型…………………人気運アップ

規則正しい生活をする

暴飲暴食や、夜ふかしをするなどの不摂生な生活を続けていると、病気になりやすくなります。不健康な体では、運気もダウンしていくばかりです。そのなかで運気のよい手は望めません。幸せを呼び込む手をつくるためにも、正しい生活リズムを身につけましょう。

現在、悪い手相が出ていても、生活習慣を改善するとよい手相に変わってきます。

食生活を整える

食生活の乱れは、健康を損なう原因になります。もちろん、体の一部である手の運気も下げてしまうので、日頃から正しい食事をとることが大切です。偏食や欠食をせず、1日3食、栄養バランスのよい食事を心がけましょう。

また、「身《しん》土《ど》不《ふ》二《じ》」といって、自分の生まれた土地で収穫されたものを食べると、体や手によい影響を与えます。

ストレスをためずにポジティブ思考

手相は自分の気持ち次第で、よくも悪くも変わります。

常に柔軟で前向きな考え方をしていれば、自然とよい手に変わってくるでしょう。

また、ストレスをためないことも重要です。自分なりのストレス解消法を見つけて、心と体を休ませるようにしましょう。

動植物にふれる

動物にさわったり、草花を育てていると、不思議と心が落ち着いてリラックスすることがあります。これは、生物のエネルギーを受け取り、手におだやかな気が宿るためと考えられています。

活力のあるよい手をつくるためにも、動物や植物にふれて生命の力を取り入れましょう。

著者 **宮沢みち**（みやざわ みち）

運命学研究家。日本女子大学大学院修了。福祉コミュニケーションの観点から、人と人とのかかわりをより円滑にするために、手相、人相、姓名判断など、さまざまな手法を研究。観相学を通して「よりよく生きる」提案を行っている。著書に『驚くほど当たる！リアル手相占い』（永岡書店）、『世界で通用する子供の名前は「音」で決まる』（講談社）、『手相占い―習得レッスン帖―』（主婦の友社）などがある。
宮沢みち公式サイト
http://michi-miyazawa-official.com/

デザイン／まつむらきみこ
マンガ／藤井昌子
イラスト／藤井昌子、五十嵐亨、有栖サチコ
編集協力／株式会社フロンテア

怖いほど当たる！
開運！リアル手相術

著　者　宮沢みち
発行者　永岡純一
発行所　株式会社永岡書店
〒176-8518　東京都練馬区豊玉上1-7-14
TEL 03-3992-5155（代表）　TEL 03-3992-7191（編集）
ＤＴＰ　センターメディア
印　刷　精文堂印刷
製　本　コモンズデザイン・ネットワーク

ISBN978-4-522-42954-9　C0076
◎本書の無断複写・複製・転載を禁じます。　⑬
◎落丁本・乱丁本はお取り替えいたします。